高等院校通识教育
规　划　教　材

大学生创新创业

企业家型创业者的培养

第2版

杨炜苗 ◎ 著

中国传媒大学出版社
·北京·

再版前言

本书是《大学生创新创业：企业家型创业者的培养》的第二版。原书自出版发行以来，被国内十多所高校选用并作为大学生创业课程配套教材，每年发行量达3万多册，受到师生们的普遍认可和好评。随着我国经济的发展和社会的进步，大学生的就业结构和方式也正在发生明显的变化，特别是他们对创业的认识也在不断深化，择机创业已经成为大学生人生规划和职业选择的新热点。为了理性创业，他们主动学习创新创业知识的热情更加高涨，与之相适应的大学生创新创业教育与研究也渐成显学，其内容更加丰富，新理念更加多元。呈现在读者面前的第二版，集作者研究成果和众家所长，较全面地反映了大学生创新创业教育的新概念、新内容、新成果。作者也希望通过修订，为进一步丰富创新创业理论研究和创业教育成果贡献自己的绵薄之力。

回顾2015年5月，国务院办公厅专门印发了《关于深化高等学校创新创业教育改革的实施意见》，这不仅标志着国家层面对高等学校开展创业教育做出了系统设计、全面部署，同时也标志着国家期待着教育，尤其是高等教育在“双创”中集中发力，为国家经济转型提供新引擎。在中国的历史上，“创业”作为人们的一种经济行为，从来没有像今天这样受到社会的广泛关注。从党和国家领导人到普通百姓，越来越多的人认识到，我们国家要成为世界强国，必须营造一种有利于培养和发挥人们创业潜能的环境。党的十九大进一步提出了加快建设创新型国家的明确要求。教育部高等教育司司长吴岩曾在教育部新闻发布会（2020年）上表示，“深化高校创新创业教育改革是国家实施创新驱动发展战略的需要，也是中国高等教育综合改革的需要。”[①] 2021年11月19日，教育部、人力资源社会保障部召开了2022届全国普通高校毕业生就业创业工作网络视频会议，教育部党组书记、部长怀进鹏出席会议并做了专题报告，要求各高校要深入学习领会习近平总书记关于高校毕业生就业创业的重要指示批示精神，进一步统一思想认识，加强大学生职业生涯教育和就业创业指导，并对新一届全国普通高校毕业生就业创业等工作进行了动员部署。

建设创新型国家需要大量创新型人才，而在培养创新型人才方面，高校更是责无旁贷。为适应形势的新变化与新发展，满足大学生创新创业教育的新要求，同时也为了进一

① 教育部. 六大举措深化高校创新创业教育改革［EB/OL］.（2020-11-11）［2021-11-12］. http: //MOE. GOV. CN.

步完善和丰富第一版的内容，作者感到有必要在第一版基础上进行重新修订并再版，力争做到在理论上更加严谨，在内容上更加全面，在文字表达上更加准确，在选用案例上对大学生更具参考性和启发性。

本书再版修订的原则是与时俱进，更好地体现理论联系实际的宗旨；目的是通过提供更加系统、全面的创新创业相关知识和实务规范，培养学生的创业意识和能力，为他们立志做企业家型创业者奠定基础。作为本科院校开设创新创业课程选用或参考的教材，第二版的内容依然是参考教育部在《普通本科学校创业教育教学基本要求（试行）》（2012年8月1日）中制订的“创业基础”教学大纲（试行）的要求，突出培养学生创新创业思维和企业家精神的内容，增强学生建功立业的意识，提高学生社会责任担当能力和创业能力。

坦率地讲，目前适用于大学生创新创业教育的理论体系和实践指导远未成熟。大学生创业教育所涉及的内容非常广泛，既有大量跨专业的理论知识，也有很多实际经营管理业务的具体做法，要想通过一本书将所有内容阐述得面面俱到、结构严谨是非常困难的。尽管有很多新的创业理念和基本知识层出不穷且不断融入创业教育理论体系中，但在创业教材编写风格、创业理论体系构建以及创业人才培养模式等具体方面，目前还没有形成权威的标准，至少在高等院校开展创新创业教育认知方面还缺乏广泛共识，甚至还存在着不少争论。更何况创业活动本身具有很大的发展性、动态性和复杂性，影响创业成功的因素会随着社会的发展和人们对其认识的深化而变化。幸好国内有一批研究创业理论和教材的学者和教师，能够沉下心来，围绕教育部的教学大纲要求，努力尝试按照自己的理解和心得，撰写了不少充满真知灼见的大学生创新创业理论和教材，为丰富和完善大学生创业教育理论体系做了很大的贡献。本次修订，作者不仅吸收了很多国内外创新创业专著和教材的最新成果，同时也融入了作者近年来对大学生创新创业教育持续研究的收获和心得，力争向读者提供一个多层次、全景式的大学生创新创业理论与实务内容，除了重点介绍创新创业过程所需要掌握的基本知识和业务常识外，还列举了大量企业家型创业者所展现出的志存高远、责任担当、事业追求、百折不挠、开拓进取等精神的案例，为开设好创新创业课程提供了新的视角。

第二版在保留原书特色的同时，作者还对其中的一些内容进行了较大程度的补充与完善：第一，对第一版中的部分案例进行了调整，删除了第一版中部分发生时间较久远，特别是发生在国外的一些创业案例，增加了近年来比较有影响的中国大学生的创业案例，尤其是新增了一些大学生回农村创业以及利用移动互联网创业的成功案例，案例分布在有关章节并作为阅读、研讨时的参考资料。这些案例鲜活生动，回应了当下大学生学习创业理论和实践常识时所面临的很多关键问题，具有可触及性和可参考性的特点。第二，用专门一章论述了提升创业者领导力水平的问题。新增加的“领导力修炼”一章，把比较抽象的领导力修炼问题置于一种更易于理解的现实和理论语境中。由于创业者通常也要担负创业团队领袖的角色，引领追随者共同开拓事业，因此，创业者如何提升领导力具有关键意义。作者原本想在个别章节中分别增加有关领导力的内容，后来因其具有综合性和系统性特点，涉及内容也较多，分散到不同章节中的寥寥数语很难把领导力的相关内容说明白，因此单独增设了一章，专门针对领导力修炼的理论和实务内容做了较详细的介绍。第三，针对第一版各章节中表达不够准确、不够全面的地方进行了补充、修改和完善，有的改动只涉及词句，有的则是大段落的增补，当然也有删减之处，力争做到对相关内容的阐述更加完整、准确。第四，增加了不少创业实务方面的内容，特别是在创业过程中涉及筹融资、法律实务、财务管理、股权分配、团队建设等方面的内容。

本书的再版，首先要感谢使用该书进行课程教学的师生，没有众多师生的积极投入学习和认真反馈意见，再版是没有意义的。其次要感谢对大学生创新创业研究造诣颇深的一些专家学者们的大力支持，包括中国社会科学院研究生院原院长、博士生导师刘迎秋教授；中国社会科学院美国研究所原所长、博士生导师郑秉文教授；北华大学原党委书记孙德彪教授；北京建筑大学原副校长宋国华教授；首都师范大学原副校长王万良教授；北京工商大学赵学凯教授、瑞士信贷集团（CS）美国纽约投行部副总裁赵芳女士等都以不同形式阅读了本教材的书稿，他们都十分慷慨地向作者提供了自己宝贵的时间、帮助、卓识和鼓励，对本书部分章节的修订提出了不少建设性的修改意见。此外，中国传媒大学出版社编辑曾婧娴等人为本书的顺利再版与发行倾心投入了大量时间和精力。总而言之，如果没有各位专家、老师、家人和出版社编辑们多方面的鼎力相助，第二版的出版不可能顺利完成。在此，一并致以最诚挚的谢意！

大学生创新创业课程的开设，可以说是当今高校教育改革的一个亮点，为提升大学生创新创业能力提供了新的学习平台。由于本书贴近创业教育的实际所需，除了可以向创业者、高校教师、创业培训师、企业家、学者等提供创业教育理论研究参考和帮助外，还可作为高校和培训机构创业课程的配套教材或参考资料。

但相对于其他学科而言，创业理论与实践一直处于发展中，新理念、新知识、新模式等一直伴随着大众创业而层出不穷。本书虽然是在第一版基础上的修订和再版，增加了很多新内容，但由于作者水平和时间有限，错误、疏漏仍在所难免，敬请广大读者继续关注和支持作者，对本书中的不足之处提出批评指正。最后，希望第二版能在国内外创业理论的研究、教学、学术交流以及指导创新创业等方面再次起到积极的作用。

杨炜苗
2022.3

目　录

Chapter 1

第一章　概　论

- 第一节　创业的概念
- 第二节　事业型创业与企业家型创业者
- 第三节　事业型创业的主要形式
- 第四节　事业型创业成功应具备的条件
- 第五节　创业的基本准备过程
- 第六节　创业是一个需要不断试错的过程
- 第七节　大学生创业的优势与劣势

创业案例　全世界快餐领域第一品牌——麦当劳

1937 年，在洛杉矶以东的一个偏僻位置，麦当劳兄弟俩开设了世界上第一家麦当劳汽车餐厅。在兄弟俩的不懈努力下，餐厅生意越做越好，成为远近闻名的快餐店，一年就可以赚十多万美金。在当时，这是相当可观的收入。对此，兄弟俩早已是心满意足了。然而这家麦当劳餐厅自 1955 年后，却因为一个人的出现而逐渐发生了根本性的转变。这个人就是瑞·克罗克。当时他是一位奶昔设备推销员，时年 53 岁。一次偶然的机会，他得知有一家名为麦当劳的餐厅一下子订购了 8 台奶昔设备，而当时其他餐馆一般也就买一两台。于是，好奇的克罗克便动身前往洛杉矶，想具体了解一下这家餐厅订这么多设备的原因。

当克罗克走进这个仅此一家的麦当劳餐厅时，发现这里食客盈门，生意兴隆，了解到这家店一年就可以赚十多万美金。面对这一情景，他立刻有了扩张麦当劳的想法。尽管他本意是希望借助麦当劳的扩张，扩大自己奶昔设备的销路，但他很快就从中发现了更大的商机。事实上，作为一个精明的推销员，克罗克比麦当劳兄弟更加清楚麦当劳餐厅巨大的市场发展潜力和价值。克罗克知道，像麦当劳这样干净卫生、经济实惠、品质优良、方便快捷的餐馆，正好适应当时美国日益普遍的小家庭全家一起出门次数增多、生活节奏加快所引发的新需求。他认为，快餐服务一定会大受欢迎。他特别注意到郊区年轻家庭巨大的市场潜力，因为当时为这一市场提供服务的餐馆很少，麦当劳正好可以填补这个空白。另外，开设一家麦当劳餐馆的费用当时只需 7.5 万美元，用特许经营的方式实在是再合适不过了。只要能够得到麦当劳的特许经营权，其他人就可以在大小城镇开设麦当劳餐馆。1955 年克罗克成立了特许经营公司——麦当劳公司系统公司（1960 年改名为麦当劳公司），以实现“遍地都是麦当劳”的目标。但根据与麦当劳兄弟签订的合约，连锁店的作业费用与市场推广费用都由克罗克来支付，也就是说，市场开拓的投入和风险全部由克罗克承担，而麦当劳兄弟却只坐享其成。

与麦当劳兄弟“小富既安”心态形成鲜明对比的是，克罗克在经营过程中充满着勇于探索和创新的精神。在与麦当劳兄弟俩合作早期，克罗克就多次尝试创新各种特许经营的模式，经历了不少失败和挫折，但他始终百折不挠，不断从中总结经验和教训，注意凝练麦当劳发展壮大的精华。虽然麦当劳先后批准了十余家特许加盟店，但由于采取“大撒把”式的经营方式，从而造成了管理和运营上的混乱，严重损害了麦当劳的声誉及其方便快捷的独特经营方式。克罗克决定另辟蹊径，对特许经营模式进行规范化和创新性改进。经过与麦当劳兄弟洽谈，他获得了麦当劳在全美唯一的特许经营代理商的资格。当克罗克 1955 年在芝加哥东北部开设了第一家真正意义上的麦当劳特许经营店后，由于他一开始就打算把该店作为未来加盟店的样板，于是在总结过去经验教训的基础上，他创建了一套极其严格的经营制度和模式。该店体现了克罗克对快餐店的经营理念，即著名的“QSCV”。这是由四个英文单词首字母组合而成。Q，代表英文 quality，表示麦当劳重视各环节食材的品质和配方科学，确保所供食品制作精良、质优味美、营养全面；S，代表英文 service，表示餐馆要提供快速敏捷、热情周到的服务；C，代表英文 cleanses，表示餐馆店堂从内到外处处清洁卫生、窗明几净、环境宜人；V，代表英文 value，强调店内所提供的所有食品都让顾客感到物有所值、价格合理、经济实惠。特别是克罗克创新性地规定每家麦当劳加盟店的汉堡包品种、质量、价格都必须一致，甚至店面装修与服务方式也完全一样，从而率先在行业内实现了经营模式与生产工艺的标准化和可复制性，为实现规模化发展奠定了扎实的基础。

克罗克虽曾多次与麦当劳兄弟共商发展大计，但总是无果而终。看到麦当劳兄弟俩既胸无大志，又无商业智慧，于是，克罗克决定把麦当劳所有权全部买下来，在此基础上完全由自己打拼，开创一番新的事业。1961 年，克罗克不惜债台高筑，甚至妻离子散，向一些学校基金与退休基金借了 270 万美元，把麦当劳全部买断。麦当劳兄弟俩见钱眼开，拱手转让了餐馆全部经营权，克罗克由此成为名副其实的麦当劳之父。在他的努力下，麦当劳的业绩开始扶摇直上。后来，克罗克进一步创新发展，他率先以麦当劳公司名义买下或者承包人流集中之处的物业，然后，在绝大多数情况下，将此物业作为加盟店开店的地点，麦当劳在对加盟店除收取加盟费、市场营销费用和销售额提成外，还额外收取房屋租金。1965 年 4 月 15 日，麦当劳公司在纽约证交所 IPO，其股票也变成大家抢购的热门。上市时每股为 22.5 美元，不到一个月就涨了 1 倍。两年之后，公司首次在美国以外的加拿大和波多黎各开设门店。如今，麦当劳是全球最大的快餐公司，公司已在全球 120 多个国家开设了自营、授权合资和加盟店共 33 144 家，其中 81% 是加盟店、15% 是自营店。每天，全球的麦当劳餐厅都有约 6800 万名顾客光顾，成为世界快餐业大王。

思考与研讨：

（1）麦当劳兄弟与克罗克都是通过开餐馆创业，他们的区别是什么？

（2）为什么克罗克能把麦当劳做成世界快餐领域第一品牌？他的主要做法是什么？

（3）克罗克在麦当劳创业过程中所展现的商业智慧有哪些？

第一节　创业的概念

在中国的历史上，“创业”作为人们的一种经济行为，从来没有像今天这样受到社会的广泛关注。但是，关于“创业”的概念，人们却有着各种不同的解读。比较典型的观点认为，创业就是自己创办个企业或开个店，自己为自己打工，自己做老板。小到自己开店、摆摊、做小买卖，大到创建有一定规模的新企业。虽然这种对创业概念的理解不能说是错的，但至少是过于肤浅和片面，对大学生树立正确的创业理念没有太大指导意义。

其实，创业这个概念很早就在国外被提出来了，但是直到 20 世纪 80 年代以后才逐渐热起来。早在产业革命时期，通过技术创新提供了连续发明和创业的推动力，从而使 19 世纪成为创业活动的多产时期。19 世纪早期，当吉恩 · 巴普蒂斯特赛（Jean Baptiste Say）

提出创业所得的利润与拥有资本而产生的利润是不同的、是相互独立的这一理论后，把创业过程看作一系列独特活动的观点逐渐引起人们关注。

20 世纪 30 年代中期，经济学家约瑟夫·熊彼特（Joseph Schumpeter）提出，创业包括创新和未曾尝试过的技术，特别是他提出了“创造性毁灭”在创业中的重要作用。熊彼特认为，创造性毁灭就是用相应的更好的产品、工序、观念和企业，来替代现存的产品、工序、观念和企业的过程。通过创造性毁灭的过程，旧的和过时了的方法和产品会被更好地替代，通过对旧的方法和产品的毁灭迎来对新的方法和产品的创造。他还认为，企业家们是创造性毁灭过程背后的驱动力，他们是把突破性的思想和创新带入市场的人。由此，创新和独特性的概念成为创业活动不可分割的部分。

20 世纪经营管理大师彼得·德鲁克（Peter Drucker）为创业的概念添加了新的观点，他认为，创业是企业家们对机会的认知和采取的行动。德鲁克提出，创业不仅仅是在有蓝图的情况下发生，也是企业家对未曾使用、未曾开发的机会的一种回应。

尽管很多学者研究创业活动已经多年，但对创业的认识仍然在不断的发展中。进入 21 世纪后，研究者们仍在继续研究企业家精神及其创业现象。

杰夫里·提蒙斯（Jeffry A.Timmons）在其创业教育经典教科书《创业创造》（*New Venture Creation*）中提出他的创业概念，他认为：“创业是一种思考、推理结合运气的行为方式，它为运气带来的机会所驱动，需要在方法上全盘考虑并拥有和谐的领导能力。”

目前，国内学者和教科书对创业概念普遍接受的描述是：创业是创业者对自己拥有的资源或通过努力对能够拥有的资源进行优化整合，承担相应的财务的、精神的和社会的风险，从而创造出更大经济或社会价值的过程。

本书在结合理论与实践的基础上，对创业的概念强调如下几点：

第一，创业是一种需要创业者贡献必要的时间，付出极大的努力，通过创新、竞争、组织、运营等活动，将有限资源进行重新组合，从而产生新价值的行为。

第二，创业是创造出某种“有价值的”新事物的过程，是一个发现和捕获机会并由此创造出新颖的产品、服务或实现其潜在价值的过程。创业者在此过程中获得金钱的回报、个人的满足和独立自主。

第三，创业过程中，创业者不仅要贡献时间、付出努力，还要承担必然存在的风险和成本，包括财务的、精神的、社会的及家庭的等。当然，成功的创业者还能在此过程中获得财务的回报、自主的人生和自我价值的实现。

第二节　事业型创业与企业家型创业者

对于在人生规划中立志创业的大学生来说，创业无疑是一次改变自己人生命运的难得机遇。不少人对创业充满憧憬，跃跃欲试。但是，如何才能使自己在创业的道路上不断走向成功？如何才能成为人生赢家？这都是创业前值得思考的问题。为走好创业坚实的第一步，大学生首先需要清醒地认识和理解什么才是真正有意义的创业，然后再做出自己正确的选择。

创业有各种不同类型，但其中的差别很大。区别的关键点之一是创业所追求的目标和格局。为便于区别，本书将创业分为两大类型：一类是生存型创业。生存型创业者往往把创业只是作为自己和家人为维持生计而做出的无奈选择。对这类创业者来说，所有的其他职业选择不是没有机会就是干起来很不满意，他必须依靠创业活动来为自己的生存谋求新的出路，这类创业者具有很大的被动性。通常，生存型创业者的创业活动大多倾向急功近利，重复其他人已经做过的事，创业活动既缺乏创新，又无太多新知识和新技术含量，更谈不上引领新需求，广泛造福社会。对于此类创业者，在一般情况下，只要有创业所需的资金和体力，很快就可以启动自己的创业项目，如摆摊、开一小店、做个小买卖等，这类创业往往就是生存型创业者自谋生路的典型选择。

第二类我们称之为事业型创业。事业型创业的本质是创建新基业或新事业。其基本内涵是：在资源有限的条件下，创业者在发现、把握或创造商机的基础上，通过创新产品或服务，依托创业团队，实施一系列恰当的商业模式，承担一定风险，将各种资源整合并加以合理利用，创造出新价值并取得预期收益的过程。显然，事业型创业与生存型创业的根本区别就在于追求的目标和格局不同，前者追求的目标和格局是尽可能多地造福社会，在为社会提供更多新价值的同时，实现自身价值、事业梦想和保持基业长青；而后者则只是为解决自身的生存问题，没有太多远大的抱负。

一般来说，事业型创业者又可进一步分为工匠型创业者和企业家型创业者。工匠型创业者并不太在意追求大的创业格局，他们对现代企业管理机制和商业经营知识了解甚少，往往通过一丝不苟地工作来获得经济回报，但并不纯粹为钱而工作。他们代表着一种沉稳执着、独善其身的气质，创业是其人生态度的表现，他们对自己所提供的产品或服务质量孜孜以求、臻于完美、精益求精。而企业家型创业者则往往更加志存高远、格局更大。企业家型创业者不安于现状，敢于在陌生领域开创自己的事业，他们能凭借其超凡的个人能力和商业智慧来改变一家企业，甚至一个行业的发展路径，他们有着清晰的愿景和渊博的商业经营知识，有着强烈的使命感和责任感，不畏艰险，百折不挠，对自己的能力和创业项目充满信心，不放过任何开拓创新和抓住商机的机会。他们通过创新和不懈努力，变劣势为优势，化优势为胜势。

事业型创业有三个明显的特点：一是创新，二是建功，三是立业。

所谓“创新”，是事业型创业的精华所在。创新精神的实质是“做不同的事”，它意味着差异，而不是标准。通过创新，创造出独一无二的产品，尝试独一无二的方法。创新的概念可追溯到熊彼特于 1912 年出版的《经济发展理论》一书，在书中他提出，创新是指把一种新的生产要素和生产条件的“新结合”引入生产体系。他认为，创新具体有 5 种形态：开发出新产品、推出新的生产方法、开辟新市场、获得新原料来源、采用新的产业组织形态。德鲁克 1993 年在《创新与企业家精神》中谈道：“创新活动赋予资源一种新的能力，使它能创造财富。”德鲁克在这本著作中还列举了分期付款这一创新举措，这一创新有利于人们用未来的收入购买现在急需但却支付不起的物品，从而大大促进了市场的消费和生产。显然，创新主要通过改进、完善、更新换代以及新方法的引进等来实现产品或服务的差异化。而生存型创业的特征是创业知识含量低、主要靠拼体力、不追求创新、资源需求比较少、普遍采取模仿或照搬照套他人的做法等。

从麦当劳快餐店创业成功的案例中我们注意到，尽管麦当劳兄弟和克罗克的做法都可称之为事业型创业，他们都是把创业作为其职业生涯的一种选择，特别是作为一种事业追求，通过成功创业实现其自身的价值。但二者的创业又完全不同：麦当劳兄弟是典型的工匠型创业者，他们认真、执着，从选料到制作，精工细做，追求卓越；而克罗克则代表的是企业家型创业者，他的创业过程充满着企业家的商业智慧和雄才大略，他要创建的事业跨出了地域和经营范围的限制，走向了全国和世界，在创建事业过程中，他施展着众多的创新举措，如加盟模式、标准化操作、集约化运营、供应链优化、经营场所选址、房地产配套与出租、各种资源组合策略等，跨界之广泛，内容之丰富，令人眼花缭乱。从中可以看出，企业家型创业者所追求的目标是如何创新和充分发挥各种资源的作用，实现持久的发展，最大限度地造福社会。企业家型创业者在此过程中不断挑战创新，不断对旧的元素重新组合，或者对其产品和服务寻求突破与创新，甚至是颠覆性的改变。

所谓“建功”，体现了企业家型创业者为社会做贡献并建立功勋业绩的追求。建功是一个从无到有、从小到大、从弱到强，直至取得成功与创造财富的动态过程。事业型创业的特征是具有强烈的社会责任感，不断为社会创造价值和功绩，造福社会。通过追求大的格局，整合并发挥多种创业资源的协同效应，以求为社会带来更多福祉。因此，其对社会做出的贡献和影响也深远而重大。而生存型创业大都是低创新、低成本、低技术、低门槛、低风险、低利润的创业，主要集中在餐饮、副食、百货等微利行业，创业目的大多是养家糊口、补贴家用，因此，对社会的贡献度非常有限。

所谓“立业”，是指创业者以成就大业为己任。对事业的追求往往表现在创业者志存高远，以追求造福社会大量客户为目标，创业者所从事的往往是具有一定目标、规模和系统的且对社会发展有较大影响的经济活动，建立的基业往往独树一帜，其模式可以不断复制和扩展，开创新领域并引领潮流，比如，同样是开旅馆，沈南鹏等人就可以把如家快捷酒店做成一个品牌，不仅在管理经营上独具特色，而且还将其模式通过连锁店形式推广到了全国各地。

需要注意的是，生存型创业者与事业型创业者之间没有不可逾越的界限。现实中，绝大多数创业者都是从生存型创业起步的，其中不乏想通过创业解决生存问题并借此改变命运者。但随着创业活动的展开，特别是在成功与失败历练中不断学习，其中一部分创业者的眼界和见识得到拓展，由此完成了从一般生存型创业者向事业型创业者的华丽转变。比如马云，当初也许是出于对在原单位的收入或发展空间等问题的不满意，于是决定跳槽，但却遭遇了无数次招聘面试的挫败，最后在无可奈何之下走上了没什么创新含量的生存型创业之路。后来，经历无数次失败和挫折，不断调整创业思路和策略，最后终于成长为一代企业家型创业者的典范。类似的还有俞敏洪、任正非等人的创业经历，都是从解决生计问题的生存型创业开始，逐步超越自我，成就了事业型创业的辉煌。

第三节　事业型创业的主要形式

一、自主创业

自主创业是指由创业者个人自己创建组织平台（如公司等），并借助这一平台，自己承担风险，自己整合各种资源，然后将自己的创业理念、创新产品或服务通过一定方式而实现增值，最后取得实效的过程。

大多数自主创业都是在摸索中进行，开始创业时，虽然有目标，但并没有成功的把握，发展也可能不如意。随着创业过程的展开，可能会遇到一些难以克服的瓶颈问题或发现更好的机会，通过不断探索、实践、试错和调整，最终确定适合自己的创业项目。因此，一般来说，自主创业最好是从简单的做起，特别是创业初期不宜好高骛远，要脚踏实地。经过成功与失败的历练，逐步调整自己事业目标向更高层次发展。如联想，开始时只做简单的贸易和产品经销。一旦有实力，联想就开始做自主品牌。

当然，也有一部分自主创业者，从一开始就有着非常明确且独具特色的创新产品或服务项目，创业者可以在高起点的基础上通过不断完善和创新经营模式，使创业所依托的产品或服务的价值不断发挥出来。

创业案例　大学日语教师周文慧的创业故事[①]

周文慧原本在大学任日语教师，后来一次偶然的机会，她发现了一个绝好的商机。一次她参加同学的结婚典礼，在新房中摆放着一个鱼缸，透过鱼缸挂着新婚夫妇的结婚照片，显得很有情调，效果也非常好，现场的人都赞叹不已。与他人不同的是，周文慧心中却因此而萌生了创业想法，她在市场调研过程中发现，当时市场销售的家用鱼缸式样过于单调，既无美感，也占空间，于是她就有了设计壁挂式鱼缸的想法。她去潘家园市场主动帮助一位卖鱼缸的师傅销售，让师傅腾出时间按照自己的设计方案制作壁挂式鱼缸，历经多次失败，克服了墙上挂放不稳等困难，最后他们成功了。当这种壁挂式鱼缸摆放到市场出售时，吸引了很多人的关注。当第一次有人以 800 元买走鱼缸后，她赚到了自己的第一桶金。随着订单的增加，生意越来越好。这也使她发现了一个巨大的商机，那就是花式多样的鱼缸在市场上还是个空白。随着人们生活水平的提高，人们的欣赏品位也在快速提升，审美的需求也越来越高，丰富多彩的鱼缸将具有极大的市场发展潜力，于是不顾家人的反对，毅然决然辞掉了令人羡慕的教师工作，开始走上自主创业之路。在创业过程中，她也遇到过很多困难，如客户反映换水太频繁、很麻烦，于是她多次去市场调查，寻找解决问题的办法。她最初使用的一种添加剂可以使水质保持清洁，鱼缸长达 3 个月可不用清洗，但她对此仍不满意。当她听说农业大学一位老师正研

---

① 资料来源：根据青海卫视《我的创业故事——让水世界装点千家万户的周文慧》整理，2010 年 4 月 12 日。

究一个项目，可使水保持一年不换，于是主动上门寻求合作，最终将这一难题解决了。如今，她的事业越做越大，已经可以根据客户的不同要求做出各种不同的鱼缸产品，如鱼缸与家具结合，鱼缸与房子装修结合等，现在她的鱼缸产品已经从国内销往国外。

思考与研讨：

（1）周文慧自主创业成功的关键做法有哪些？

（2）通过周文慧自主创业的故事，你受到了哪些启发？

二、合伙创业

合伙创业通常是初期创业者选择的最佳创业方式之一。因为初次创业时单个人的能力和资源毕竟有限，比如没有太多的创业资金，或者没有足够的人才、技术和经验等。在创业过程中，如果能将那些志同道合者拉入创业团队是件非常有意义的事，特别是能吸收到一些经验丰富的、准备离职的企业经理人则更佳，因为他们原来的工作经历使得他们拥有丰富的技术资源、职场人脉资源、成熟的管理经验等。

创业案例

携程旅行网，1999年创建，创业注册资金200万美元（自筹），2004年纳斯达克上市，发行价16美元，目前股价约70美元，市值近100亿美元。

携程旅行网创始人分别是梁建章、沈南鹏、季琦和范敏。他们能一起合伙创业的重要基础有三个：一是同为上海交大同学，彼此了解；二是大家都有做一番事业的抱负，因此一拍即合；三是创业项目所包含的任务可以充分发挥每个人的专长——沈南鹏是耶鲁MBA，是资深的投资银行家和风险投资者，精于融资，负责筹资，因此做CFO；季琦是IT专业出身，归国后创立了多家高科技公司，有激情，负责疏通关系，因技术有专长，因此做CTO；梁建章在国外留过学，计算机硕士，懂IT、负责发掘商务模式；范敏当过酒店副总、上海旅行社总经理，有管理经验，负责运营管理，因此做COO（现任CEO）。他们通力合作，取长补短，最终铸就了携程网的辉煌。①

思考与研讨：

（1）携程旅行网为什么需要通过合伙创业的形式提高成功率？

（2）携程旅行网创业的故事对你有哪些启发？

三、借力创业（内部创业）

过去有人认为，只有自己独立门户创建企业才称为创业，其实，这是一种误解。即使

---

① 高级幕僚. 这才是最牛团队——从携程到如家、汉庭（I）［M］. 广州：广东经济出版社，2010：10.

一个人有一份稳定的工作，他也同样需要创业精神和创业能力，这对于在工作中不断进步并取得成绩非常重要。比如，借助目前所在工作单位的资源和品牌知名度等，通过组织的力量和方式去寻求机会，去创造价值和谋求发展，努力开创新局面，实际上也是一种创业。特别是当市场变化莫测、技术复杂、充满全球性的机遇和挑战时，企业要取得长期成功和生存的关键是员工要有创业精神。

相对于另立山头自主创业而言，借力创业有着很多优势。首先是创业初期可以利用单位现成的资金、人才、商誉、营销网络等资源，不用万事都从头做起；其次是个人承担的风险相对较小，即使创业失败，还有单位做后盾，个人损失不大；最后是起步较高，因为这类创业通常是在单位提供人、财、物等资源支持下开发与拓展新领域。如果一切仅凭个人从头做起，创业初期往往会受到诸多因素的限制，在有限资源的条件下只得从简单做起，慢慢积累。如果你很幸运在一家创业型企业工作，那么往往就可以获得这种借力创业的机会。因为这类企业就是一个在不断追寻着机会、以创新为特征、把盈利和发展作为主要目标的组织。这样的单位可以提供人们创业初期所需要的很多资源与网络关系，支持员工实现创业愿景，促成新创事业快速获利成长，进而形成彼此在业务上的合作联盟，这也是成熟企业推动二次创业的一种有效方式。比如，日本的丰田公司、美国电报电话（AT&T）公司、杜邦（DuPont）、3M 公司和惠普（Hewlett Packard）公司等，在致力于内部创业方面都非常有名。内部创业不仅为这些大型企业提供了快速适应市场变化的机会，提供了不必兼并现存企业就能进入新的领域的机会，而且提供了尝试新产品和新工艺的机会。

创业案例

简单地说，海尔的“自主创业”就是让员工自己去发现项目，自己来做，即自创意、自发起、自组织；“在册和在线创业”指的是员工可以把企业内的一些创业项目拿到企业外部去做，变成具备自主运营权的小微企业。这样的小微企业不仅可以利用海尔平台上的资源，也可以将社会资源引进到海尔这个创业平台上，小微成员可以是海尔的在册员工，也可以是在线员工，没有传统企业的边界。水盒子、车小微、天猫商城小微等创业团队背后孵化出来的正是一个个的小微创业企业，截至 2014 年 6 月底，海尔集团共有 169 个小微企业。也就是说，海尔将原来一个大企业，转变为众多相互紧密联系的小企业，共同组成海尔的生态系统。①

思考与研讨：

（1）海尔集团实施的内部创业会对企业产生哪些影响？

（2）如果你已经在企业工作，你将如何利用企业资源进行创业？

---

① 李珣 . 海尔目前正在进行的探索：自主创业、在线和在册创业［J］. 创业季周末，2014（14）：21.

对于首次创业者而言，采取“借鸡生蛋”的方式创业是一种不错的选择，比如，采取承包、加盟合作等方式，把一些成熟企业的管理模式、业务规范、品牌优势、社会资源等灵活变通地嫁接到自己的企业中，有效地确保企业协调有序运转，然后，在企业正常运转的过程中，不断地总结经验，从而形成具有自己特色的模式，实现借助原单位资源和实力创建创业平台的目的。

董明珠 1990 年进入格力电器做业务经理，1994 年开始相继任职珠海格力电器股份有限公司经营部部长、副总经理、副董事长，2012 年 5 月被任命为格力集团董事长。在格力电器工作期间，董明珠以企业家的气魄，大刀阔斧地实施改革，带领职工迎难而上、开拓创新，把一个生产普通空调的企业打造成国内行业领先、世界著名的品牌。2017 年 2 月 6 日，董明珠在 2017 年中国最杰出商界女性排行榜名列前茅；2020 年 2 月 26 日，董明珠以 70 亿元人民币的财富名列“2020 世茂深港国际中心 · 胡润全球富豪榜”第 2642 位。海尔集团的张瑞敏，联想集团的柳传志等，他们都是成功借力创业的典范。

创业案例

方正集团是由北京大学于 1986 年投资创办的，王选是集团当之无愧的技术决策人和奠基者之一。王选借助方正集团这一平台，利用自己发明的汉字激光照排系统开启了创业之旅。从起家到发展再到腾飞的过程中，王选不断致力于研究成果的商品化、产业化工作，成功地闯出一条产学研紧密结合的市场化道路。1989 年订货款额突破一亿元大关，为方正集团的发展奠定了良好的基础。他以前瞻者的魄力指引方正进军广电行业、开拓海外市场，又以战略性的眼光支持方正“专业化基础上的有限多元化”改革。从 1990 年到 1994 年，在王选以及一批年轻干将的努力下，又开发了报纸远程传版技术、彩色桌面出版系统、新闻采编流程计算机管理系统，以及符合国际开放潮流的新一代软、硬件系统。方正出版系统征战南北，所向披靡，使得汉字激光照排技术占领国内报业 99% 和书刊（黑白）出版业 90% 的市场，以及 80% 的海外华文报业市场，从而创造了巨大的经济和社会效益。①

思考与研讨：

（1）通过王选创业的故事，你认为借力创业成功的关键因素有哪些？你受到哪些启发？

（2）如果你毕业后到某个单位工作，你将如何借助单位的资源和平台，实现自己的创业梦想？

---

① 资料来源：根据方正集团主页《方正历程》介绍整理，http://www.founder.com/.

第四节 事业型创业成功应具备的条件

事业型创业的成功并非适合所有人，一般来说，如果具备以下四个条件，你在创业的道路上取得成功的概率将会非常高。

一、创业者从内心对创业充满兴趣和激情

创业导师李开复说过："如果我做的是一份我所喜爱的工作，那么我随时都会思考着这份工作，在这样的状态下，一个人不想成功都很难。"兴趣是最好的老师，只有感兴趣的事情，人们才会花时间和精力去行动。创办百度的李彦宏在一次媒体采访中也谈到类似的想法，他认为自己之所以不辞辛苦地创业，其动力并不是为了获得巨大的财富，而是非常喜欢挑战自我，非常享受创业的过程。

创业者将面临很多的困难和不确定性，创业是一个需要持久打拼的过程。因此，创业绝不能靠一时的激情，而是需要做好历经艰辛的心理准备。创业并取得成效是需要花很长时间的，创业之路很辛苦、很孤独，没有想象中那么美好，其过程充满了挫折、失败、忧虑、痛苦和徘徊，创业初期可能面临很长时间没有节假日，没有时间照顾家人，受了委屈没有诉说对象等问题。面对这一切，你首先就要问自己，是否喜欢这种状态，得到肯定的答复后才可考虑下一步的创业。现实中的创业成功者大都是在一个领域做得足够久，历经挫折和磨难，才最终取得成功。如果你对自己所做的创业项目充满激情和兴趣，没有任何困难能阻止你，那么，这说明创业过程对你来说就是乐趣所在。只有你对创业成功有着强烈的渴望和兴趣，才能不断激励自己，不断成长，不断进步。因为只有你从事感兴趣的事业，有着对优秀和成功的强烈欲望，甚至享受其"酸甜苦辣"的过程，你才能做到百折不挠、长期坚持。所以，有志创业的大学生要把握时光，不断提高对创业的认知水平和兴趣，真正理解只有对创业充满兴趣和激情，成功的概率才会加倍。

二、创业者具备创业的主要资源

创业需要长时间的努力和全身心的投入，这就需要在创业之前先认真分析一下自己的条件，如果你没有足够的创业资源，在开始创业前就要考虑如何获得并完善这些资源，努力寻求其他资源的支持以帮助你渡过创业初期的难关。创业资源主要包括：

第一，具备一定的初创资金，或者能获得一定的资金支持。

第二，拥有较广泛的、优质的、能助你创业的人脉资源。

第三，创业者在知识产权、专利技术、开发能力、管理和组织经验等方面具备一定优势，可以有效地启动创业项目。

第四，拥有基本的创业物质条件（如合适的生产经营活动场所、设备设施、原材料供应等）。

知识经济时代，知识产权是创业的重要资源。随着改革开放的深入，也涌现出很多利用自身资源优势成功创业的风云人物，比如，百度的创始人李彦宏成功创业所依托的重要

资源之一就是他在搜索引擎开发技术上的优势。比亚迪创始人王传福曾考入中科院北京有色金属研究总院攻读硕士，毕业后留院工作，主持“碱性镍铬镍氢二次充电电池”课题的研究。1995 年他毅然决定下海，从一个年轻的处长变成了生产电池的老板。到 2003 年，王传福已经把比亚迪做成了著名的手机电池制造商，成为中国的“电池大王”。当时有一个形象的说法，世界上每三部手机中就有一块电池是由比亚迪生产的。新东方创始人俞敏洪擅长英语教学，懂得教学法和教育规律，这些都为他成功创业奠定了良好基础。在创业资源中，面对所有可能出现的问题，尤其需要的是较高的领导力和管理能力，而且还需要较强的决策力和商业智慧。在这方面，创建阿里巴巴的马云、联想的柳传志、京东的刘强东等虽然没有突出的专业或技术能力，但他们在领导力、管理决策、市场判断、用人之道等方面都有过人之处。

三、创业者具备基本的企业家精神

具备企业家精神是事业型创业者的典型特征。企业家精神可以影响创业者的思维方式和行为模式，具有企业家精神的创业者往往有着强烈的事业追求，一旦开始自己的事业就会百折不挠、充满激情，他们的创业不是靠盲目蛮干，而是在干的过程中不怕挫折、善于学习、随机应变、勇于开拓。正如俞敏洪所说：“不要在乎选择哪条道路，关键是要坚持走下去。只要走得比别人久，就能走出别人所不能到的距离，走得比别人更远，你就能看到别人看不到的风景。”面对创业机会和风险，如果没有一位愿意去承担风险，就不会有事业型创业。因此，大学生应该充分利用在校学习的机会，主动阅读一些企业家创业的案例，积极参加成功企业家的励志讲座，在潜移默化中，努力培养自己的企业家精神。

四、有现实存在的创业机会

满足市场需求是创业者首要考虑的问题。创业项目的选择是以市场为导向，投资什么项目并不是凭空想象出来的，必须要从社会需求出发。而创业机会就是指具有较强吸引力的、较为持久的且有利于创业的市场需求，创业者据此可以为客户提供有价值的产品或服务，并同时使创业者自身获益。如果创业者能敏锐地发现或创造有利的商机，及时采取创业行动，创业的胜算就会很高。毕竟现在商机这么多，一旦抓住一个，距离成功就更近了。因此，大学生创业要善于抓住机会，把握住每个稍纵即逝的投资创业机会，抓住机会就等于成功了一半。创业机会主要包括：

1. 创业项目独特且市场潜力较大

事业型创业不仅需要创业者的投入和努力，也需要创业项目（包括产品或服务）自身有明显的优势，这一优势体现为具有一定门槛且有独特的创新性，而且还切实可行、为市场所接受，这样的创业才有可能推动社会的财富增长。熊彼特认为，在自由竞争市场前提下，经济的本质不在于循环流转式均衡，而在于创造性毁灭。创造性毁灭就是用更好的产品、工序、观念和企业来替代现存的产品、工序、观念和企业的过程。没有优势的项目很容易被别人仿造甚至超越，因此，创业要取得成功，就必须要有自己的核心竞争优势，体现在产品、价格、方案、专利技术、技术壁垒、地理位置、管理能力，或者扩展市场，以及人脉、创业资源、广告、宣传、网络、媒体等诸多方面。

2. 具备优势互补的创业团队

当下的创业早已不是过去那种仅靠单打独斗、个人奋斗就能成功的，特别是追求大格局的事业型创业更需要优势互补的创业团队相互配合。创业队伍中既要有人懂市场、技术、管理，又要有人懂财务管理，会经济核算，合理使用资金等。只有创业团队的决策人、核心成员等做到责任分工明确、优势互补、结构合理，才能相辅相成，形成合力，为取得创业成功奠定基础。

3. 外部环境有利创业

创业除了需要有自身优势外，外部环境优势也起着很重要的作用。2015 年 5 月，国务院办公厅专门印发了《关于深化高等学校创新创业教育改革的实施意见》，这不仅标志着国家层面对高等学校开展创业教育做出了系统设计、全面部署，同时也标志着国家希望教育，尤其是高等教育在“双创”中集中发力，为国家经济转型提供新引擎。在中国的历史上，“创业”作为人们的一种经济行为，从来没有像今天这样受到社会的广泛关注。如今，“大众创业、万众创新”已经成为当下时代主旋律之一，大力推进双创教育已成为全社会的共识。国家为了鼓励大学生创业，近年来也不断推出了很多新的鼓励政策。

第五节　创业的基本准备过程

每年都有许多人开始自己的创业之旅，但是成功的并不多，据统计，初创企业只有 20%~30% 可以熬过 1 年，而其中仅有 30% 的企业可以存活 3 年。这说明创业并不是一件简单的事情，创业者在创业过程中都会遇到许许多多的挑战和难题。尽管每一个创业者的经历都因为不同的条件和环境而各有不同，但是，在创业者开始创建和经营他们的企业过程中，他们的经历基本大同小异，具体如下：

1. 形成清晰的创业思路

为减少创业的盲目性，事业型创业者在创业之前一般先要对商机进行分析，在考察创业环境时，企业家们要注意收集信息，分析趋势，针对这些趋势分析有哪些项目是可行的，然后对潜在的风险和自己的竞争优势进行评估。如有人想网上开店创业，需要了解如何对店面进行“装修”，如何管理、营销、进货、送货、售后服务，以及对产品价格、特点、优势的推广宣传，绝不是在网上凑热闹。因此，如未在创业前对发展方向、市场定位等进行全方位调研和策划，很容易失败。在确定创业方向后，还要解决如何展开业务、如何寻找客户等一系列的问题。

2. 创业环境调研

环境对创业的成功率影响很大，包括对行业市场深度审视，对社会和大众消费深刻了解，还要关注竞争对手等。看看你的创业领域有多少竞争对手，如果都比你厉害，你进去就被吃掉了。所以，创业者也必须了解做出创业决策的环境。只有通过考察和环境调研，创业者才能发现未曾开发的机遇和竞争优势，而这些则会引导潜在成功的创业型企业向前发展。

3. 创造出某种“有价值”的项目

创业成功的基础是能够提供自己独特的且能为社会普遍接受的产品或服务。创业的核心是创造、创新，实质上也是一个解决问题、创造价值的系统。“创造价值”意味着通过创业者的创业活动，将新产品、服务、交易、方法、资源、技术和市场创造出来，以达到为社会大众提供有价值的、有用的产品或服务的目的。

4. 开展可行性研究

创业者通过考察外部环境，掌握了大量创业相关的信息，然后开始对创业进行可行性研究——包括市场可行性、技术可行性、组织可行性、经济可行性，以及对自身具备的优势、劣势、机会和威胁进行分析（即 SWOT 分析），还要研究竞争对手的情况，明确潜在的机遇和竞争优势。

5. 迈出实质性创业第一步

一旦确定创业商机具有很大的可行性，创业者就要全力以赴投身到创业活动中。虽然还有很多不确定性，甚至失败的风险，但此时最需要的是勇气和魄力，这一点非常关键也极为难得，因为如果不迈出这一步，就不可能在创业过程中发现问题、完善自我和历练成长。而大多数人在这一阶段往往是考虑风险太多，患得患失，退缩不前，结果导致错失良机，抱憾终生。

6. 不断整合和完善创业资源

作为事业型创业者，不仅需要专业知识，还需要其他创业资源，如创业合作者、创业资金、专利、专有技能、人脉关系、经验、实物等。创业者要在创业过程中特别注重找到能优势互补且全力以赴共同创业的合伙人，此外，还要寻找知识的转化点，充分结合专业元素，发挥特长，尽量选择与自己专业相关或自己有能力优势的项目创业，才能在以后创业中提高成功概率。

7. 创建创业平台

创业需要通过平台（实体、资源、机会、市场、管理等）来实现，如合适的公司或组织形式。一旦创业者研究完目标企业的潜力，估测过它成功的可能性之后，他（她）就必须要考虑如何组建企业。组建企业包括选择企业组织的合法形式，按国家要求办理必要的企业注册登记手续，撰写企业组织章程，以及签订合伙人协议，确保资金投入者的权益，申请专利或解决版权等一系列法律问题，同时，还要在企业内部创建合适的组织结构，以便创业后续工作的展开。

8. 新创企业运营

创业者创办企业并开始运营后，创业者就必须要认识到，创业行动并不仅仅是建立起一个企业，还必须通过经营管理，来有效地发挥新创企业的优势，尽快开拓适合自己的市场。这就需要创业者脚踏实地付诸行动，贡献必要的时间，付出极大的努力。事业型创业者不仅要有创新、革新的本领，也应该具备全面扎实的管理技巧、商业智慧和广阔的网络关系。经理人的主要职责是执行，而企业家型创业者则受商机的驱动，努力寻求突破与创新。技术发明人往往以创新力著称，但缺乏必要的管理技巧和商业技能，经理人的管理技巧很强，效率也高，善于控制、监督并确保企业的顺利运行，但不一定具备创新力。因此，在企业运营过程中，创业者要努力打造一个能让不同人才优势互补、形成合力的局面。

第六节 创业是一个需要不断试错的过程

创业对于大部分创业者来说绝不是一蹴而就的事，而是一个十分冒险和充满失败经历的过程。由于创业成功的概率往往受多种因素的影响，因此，取胜的道路只有在探索的过程中才能找到，也就是说创业应是一个不断试错的过程。所有成功的创业者，都是因为在一个领域长期坚持、长期积累的结果。即使是顶尖的大佬，创业也不是从一开始就能顺心如意，都是一步步犯错、不断试错走过来的。入一行至少三五年才能成器；同样，创业至少也需要三五年才可能盈利。敢于冒险与试错是企业家创新精神的文化根基，是积极开拓、持久发展的基石。很多创业者在创业之前往往把创业过程想象得过于理想化，认为只要有一分耕耘，就一定会有一分收获。但是，事实却并非如此，创业过程常常并不遵循这种规律：你投入一分，有可能会收获十分；而投入一百分也可能会颗粒无收。如果想要选择一个没有任何风险、稳赚不赔的创业项目，这无异于天方夜谭。每个人在进行创业之前都应该做好经历艰难曲折的心理准备。如果能够在不断失败和错误中吸取教训，并在试错的过程中展开深刻的思考，那么，创业的道路很可能会从曲折中走向成功。因此，创业者应该通过主动试错等市场行为来削减市场和技术的不确定因素所带来的风险。

总之，决定创业成败的因素有很多。世界上不存在完全不具备任何风险的创业项目，在创业之前做再多的功课也不能完全避免走弯路。因此，创业者在创业之前首先要从心理上做好可能会面临失败和决策失误的准备。同时，创业者要有足够强大的毅力和学习能力，能够不断从自己的失误中总结经验、吸取教训、更新观念，不断提高自己创业的综合能力。

当前，大学生对创业试错还存在以下三个误区：

1. 过于随意冒险

由于大学生创业者开始创业时往往自我感觉良好，看到一个新鲜事物，就会觉得只要豁出去干一把，就可以改变世界，取得成功。因此，他们很容易出现看问题简单化的情形，看到什么赚钱就盲目跟风，感觉到处都是机会，却从没有想过自己有什么实力。他们在情感上不能坦然接受创业失败，以致会去盲目地冒险。特别是对于一个注定会失败的项目，非但不放弃，反而是抱着“不撞南墙心不死”的态度，继续蛮干下去。还有的大学生在创业过程中纠错方法有误，比如同时去尝试不同的创业方向或者是动辄就改变创业方向，显示出很大的随意性和盲目性。正确的试错方法应该是先确定一个创业方向并以不断试错的心理敢于实施行动，如果发现方向正确，就围绕该方向继续对创业行动进行微调和完善。一旦发现大的方向错误，就应该立即取消该项目，另辟蹊径。

2. 过于急功近利

部分大学生不仅不能摆正心态，从基础做起，而且缺乏创业前的必要准备，过于急功近利，总想着创业一旦启动，就能立竿见影，全面开花。一些大学生创业者过于追求创业项目可以立刻带来丰厚的回报，这其实也是违背了试错理论。试错是创业的必经过程，既然是试错就必然存在失败的可能性，创业过程因失败导致亏本也很正常。但不少大学生对尽快盈利看得太重，一旦发现没有挣到钱，就灰心丧气、一蹶不振，在还没有静下心来认真总结得失原因的情况下，就错误地认为是创业项目本身有问题，于是就开始否定自己的项目并迫不及待地打退堂鼓。而真正的创业者，并不以挣快钱为目标，而是首先注重打好扎实基础，敢于试错并及时纠错。其实，创业者只要能积极从试错中不断总结经验教训，不断改进创业项目，重新振作，就意味着向创业成功又前进了一步。

3. 过于厌恶探索和试错

根据市场规律，不愿做探索和试错，你永远没有成功的机会。不少大学生所选取的创业项目虽然在未来的发展前景不错，但在项目实施过程中的风险却很大。创业遇到困难本来很正常，大学生创业应该勇于面对挫折并及时进行调整和纠偏，但由于大学生心理准备不足且缺乏经验，不愿意正视可能会遇到的挫折，甚至表现出厌恶试错和纠错的倾向。他们认识不到在面对挫折时，采取不屈不挠、善于调整和不断优化态度的重要性。其实，创业过程中每一次看上去很微小的改善都是一次创新和一次迭代，不断累加在一起，就是在向成功创业的目标迈出了一大步。

优秀的企业家型创业者有一点特别了不起，当发展不顺利的时候，当面对各种挫折的时候，当看到自己公司的战略可能会失效的时候，他并不会黯然离开，也不会非常固执地再去重复做错误的事，他们往往会换一个方向，并很快对公司的战略做出调整，这正是企业家型创业者创业成功率较高的重要原因之一。

第七节　大学生创业的优势与劣势

创业是当下大学生普遍关心的一个话题，有不少大学生明确表示，正在考虑和规划将来的创业项目。他们希望通过成功创业，实现自己的理想，证明自己的人生价值。但需要注意的是，大学生创业不要草率行动，更不要盲目跟风，重要的是要对自身优势和劣势有一个清晰的认识。以下列出一些大学生创业普遍存在的优势和劣势供参考。

一、优势

1. 专业知识和技能优势

知识经济对现代社会发展正在发挥着越来越重要的作用。在知识经济社会里，知识、信息逐步取代原材料、资本和劳动力成为最重要的资源，而目前我国知识产业的发展程度仍然很低，迫切需要具有丰富知识、先进技术、创新意识的大学生加入，希望他们在创业过程中更好地发挥个人在拥有专业知识和专业技能方面的优势。知识经济是以现代高新技术为主导的经济，知识经济发展的这一特点，要求掌握现代科学技术和富有创新精神的年轻大学生担负起建设创新型国家的历史责任。大学生在学校期间，普遍已经接受过多年系统化的专业知识和专业技能的培养教育，掌握了较高层次的专业技能和理论知识，有相对完善的知识结构和应用能力。可以说，基础知识扎实以及敢于利用所学知识创新的能力成为大学生创业的最大资源优势。一旦将他们的优势与解决社会需求结合起来，大学生创业者就可以形成一股巨大的力量，就能为国家创造更多的财富。

2. 学习和适应能力优势

对成功的创业者来说，百分之一是依靠自身创业起点时具有的优势，而其余的百分之九十九是后天的学习和努力换来的，也就是通过后天的不懈努力来使创业活动更加精彩。大学生大多数是社会中出类拔萃的一批人，他们精力充沛，对新生事物有很强的敏感性和适应性，他们学习热情高，学习能力和创新意识强，接受新科技快，敢于尝试新的挑战。为了创业的需要，他们会克服困难，主动寻求突破，挤出时间学习和调整自己，以达到学以致用的目的，特别是他们对新科技成果的反应和接受程度都很快，包括在专业技术、经营管理等方面都表现出了较强的领悟能力、运用能力和拓展能力。

案例

1985 年，20 岁的农村娃陆步轩以西安长安区文科高考状元的优异成绩考入了北大中文系。四年后，陆步轩没留在北京，他回到了老家西安。毕业后将近十年的时间里，他搞过装修、挖过金矿，开过小商店，那时的他生活窘迫、负债累累。女儿的降生，让他不得不重新思考人生。1999 年，因生活窘迫他开始卖猪肉。2009 年，他结识了另一位卖猪肉的北大学长，从而做起了猪肉的“学问”。此时已经将猪肉生意做成过亿资产的校友陈生，邀请陆步轩到广州，与他协商开设一所屠夫学校。他自认为接触了这么久的猪肉，还是能够胜任屠夫学校的工作。大学里的教授知识文化水平很高，但没有实践经验；猪肉铺的普通屠夫，实践经验很多，但又没有总结的能力。只有他才能将两者结合起来。后来陆步轩成了猪肉品牌“壹号土猪”的联合创始人，也是屠夫学校的荣誉校长，他还编纂了与猪肉知识相关的讲义“猪肉营销学”，并亲自授课。如今，他们已经把品牌连锁店开到了全国 20 多个城市，共有 2000 多家门店，公司有多款产品且都自产自销，年销售额达 18 亿元。很明显，他与传统意义上的“屠夫”不一样，创业过程充满知识和智慧的运用。他从一个小小的肉铺店主“华丽转身”，成为一名创业成功人士。陆步轩认为，读书不一定能改变命运，但是一定能改变思维，思维一变天地宽，高层次的思维能让你与其他人有不一样的格局，也就有了竞争的资本，这可能也是一种改变命运的途径。

3. 风华正茂且充满激情优势

年富力强并有创业激情是创业者的必备素质。大学生阶段正是人生最好的年华，他们对未来有着美好的向往，对自我价值的实现有着很高的期待，而且他们富有朝气，精力充沛，没有太重的生活负担，具有“初生牛犊不怕虎”的闯劲，对做任何事情都是有着敢想、敢干、敢为的激情，自信心较强，对自己认准的事物有胆量去体验、去拼搏，这一切都是形成创业激情的内生动力。不少大学生一直有着创业成功的梦想，他们非常想趁着自己年富力强、风华正茂的时候大干一场，通过创业平台施展自己的才华和能力，实现自己的人生价值和梦想。

4. 创新意识优势

创新是人类发展不竭的动力，没有创新，就没有未来。创新能力来源于创造性思维，而创业往往也是促进大学生将创造性思维变为现实成果的难得机会。当代大学生最突出的优势就是思想活跃、不安于现状、创新意识强，有对传统观念和传统行业挑战的信心和欲望，表现为性格独立，喜欢标新立异、与众不同、创意新颖。他们善于接受新事物，能将所学的知识很快内化为能力，外化为创造力。创新意识和能力影响着创业实践的特质，是促使创业实践活动顺利进行的重要条件，也是促使大学生勇敢走出创业第一步的底气。

5. 信息素养优势

信息素养是人的整体素质的一部分，是在信息社会实施创新创业必备的基本能力之一。大学生普遍有能力从各种不同信息源（图书馆、互联网等）来获取、评估和使用信息，具体来说，大学生信息素养包括以下三个方面：

（1）信息意识强烈

信息意识是信息素养的前提，反映的是人们对信息的持久敏感程度，表现为人们对信息敏锐的感知力、关注力和探索力，以及对信息价值的整合力、洞察力、判断力等。信息意识的强弱决定着人们捕捉、判断和利用信息的自觉程度。大学生具有强烈的信息意识，主要体现在信息主体意识、信息获取意识、信息传播意识、信息更新意识、信息应用意识、信息安全意识等方面。

（2）信息知识丰富

信息知识是信息素养的基础，包括信息的特点与类型、信息交流和传播的基本规律与方式、信息的功用及效应、信息检索等方面的知识。大学生群体是掌握信息知识的主力军，正是因为掌握了较多的信息知识，才使他们眼界比较开阔，认知比较超前，在创业过程中，不仅能够激活和应用他们原有的学科专业知识，而且会促使他们主动调整自己的知识结构以适应创业发展的需要。

（3）信息处理能力强

信息处理能力是信息素养的保证，是信息素养最重要的一个方面。它包括人们获取、处理、交流、应用、创造信息的能力等。大学生不仅对信息有很强的领悟力，而且善于接受信息中所蕴藏的各种新事物、新知识。此外，大学生普遍可以较熟练地应用信息技术，能在大量无序的信息中找到自己所需要的信息，并能根据所掌握的信息知识、信息技能和信息检索工具等，迅速有效地获取、分析和利用信息，并创造出新信息。

6. 政策鼓励优势

现在许多学校内部都有创业孵化园、创业基地等，大学生创业以极低的成本和代价就能拥有与外界同水平的办公、仓库等条件。不少学校和社会培训机构专门为大学生提供创业培训、创业项目孵化服务等，为大学生创业创造了有利条件。而且很多学校规定大学生可以利用无限期休学的机会进行创业，这也免除了大学生创业失败、学业无以为继的后顾之忧。

国家和地方为支持大学生创业也出台了很多鼓励政策，为新创企业成长建立了加速机制。特别是国家通过构建知识产权申请、保护、运用、服务体系，严厉打击假冒伪劣行为，这些都更有利于使大学生创业者的合法权益得到切实保护，有利于不断激发市场活力，提升人们的创造力，为大学生创业发展提供了有利条件。

二、劣势

1. 创业资源有限

大部分大学生的创业进程常常止步于光有想法却没有行动，其原因是创业资源有限。首先是缺乏创业项目所需资金，仅靠家长提供的资金支持创业通常是非常有限的，如果没有如天使投资或其他融资保障等后续资金的支持，要想度过创业初的资金瓶颈期是非常困难的；其次是缺乏具有优势互补的创业合伙人，由于创业充满风险，要想说服他人放弃原有的现成利益，全身心与你荣辱与共一起创业是很难的；最后是缺乏比较广泛的商业人脉网络，创业必然涉及市场开拓，没有一定的商业人脉关系，再加上缺少与人沟通的能力和技巧，完全靠自己或创业团队有限的成员包打天下，是很难在短时间内打开创业局面的。

2. 创业经验不足

大学生普遍存在人生经历较少、社会阅历较浅的短板，导致不具备足够强大的心理素质和坚定的意志力去面对创业过程中的失败。由于大学生在校期间最重要的任务还是学习知识，环境相对封闭，与社会接触非常有限，因此缺乏市场经验和职业经历。由于经验不足，在面对创业决策时，不少大学生喜欢纸上谈兵，设想大而无当，往往是心血来潮、盲目创业。他们把创业会遇到的挑战想得过于简单，把自己的项目想得非常美好，市场预测更偏向于乐观，可实际情况却要复杂得多。在不少大学生的创业项目中，普遍存在着细节粗糙的问题，对很多细节的判断基本上都是停留在感觉上。要知道，创业毕竟不是做游戏，搞不好就是真金白银的损失。因此，创业过程事无巨细，不仅要知道其因果关系，还要知道其背后的逻辑等。大学生要明白，创业过程的每个细节都要经过精心设计和验证，不能凭空想象，更不能敷衍了事、得过且过，否则就会留下各种风险隐患，甚至引发创业发展危机，因小失大。

3. 综合素质不成熟

当代大学生从小都是生活在比较优越的环境之下，基本没有经历过多少挫折和困难。创业又是一个充满不确定性的事业，免不了遇到各种各样的艰辛和挑战。但大学生普遍不成熟，在创业时往往不会想如果创业失败是否可以承受。有的大学生在创业时仅凭一时心血来潮就仓促做出决定，缺乏前期市场调研和论证。有的大学生缺乏自信心，做事患得患失，表现为一些大学生有创业想法，甚至也有可行的项目，虽然也想干一番事业，但又担心失败，害怕因失败而带来的一系列损失，不愿意承受失败带来的心理上和经济上的打击，结果导致他们不敢接受挑战和从事具有一定风险的创业活动。从实际情况看，大学生创业失败者，基本上都是综合素质方面出现了问题，其中包括：决策随意、目标不明、信息有限、盲目跟风、急功近利、意志薄弱、患得患失、人缘不佳、用人不当、忽视创新，等等。

4. 创业项目质量普遍不高

虽然大学生在创业起步阶段选择启动资金少、人手配备要求不高的项目，从小本经营做起比较适宜，但很多大学生所谓的创业项目实际上就是在做一些简单的复制，有些创业项目过于简单、技术含量低、质量不高，而技术含量和质量不高的项目，往往进入门槛也很低，竞争也会非常激烈，在创业之初极有可能受到同行或其他竞争对手的强烈排挤。对于大企业来说，由于规模效益或实力雄厚，可以通过包括短时间降价等在内的各种手段对新进入者进行打压，这对初创企业有可能意味着要遭遇彻底毁灭的风险。所以说，创业项目质量不高，经不起市场竞争的考验，就会导致创业的进程非常困难。而质量不高的创业项目要想取得创业投资机构的支持也更不容易，因为现在的投资人普遍看重的是创业项目真正的技术含量有多高，在多大程度上具有可复制和拓展性，是否可以有效形成竞争壁垒，市场盈利的潜力有多大，等等。

5. 创业知识结构和能力较欠缺

虽然不少学生在大学期间也学了一些经营管理方面的知识，但由于在校期间实践经历有限，对于企业运行过程必然会涉及的人事管理、财务管理、物资管理、生产管理、市场营销管理、法律、知识产权保护等知识了解相对缺乏。特别是理工科学生，在经营管理方面的知识可能更欠缺。他们尽管在知识和技术方面表现得出类拔萃，但在理财、营销、沟通、管理方面的能力可能普遍不足。如果不能有效地弥补这些短板，会在很大程度上影响实际创业的顺利展开。

综上所述，大学生实施创业要有自知之明，尽量做到扬长避短，减少创业的盲目性，力争以较少的投入获得最大的收益。所以建议大学生毕业后不要急于创业，而是先工作几年，在工作过程中，注意多学习、多观察、多实践、多积累，通过认真分析并实践业务流程和规范，努力学习经营管理经验和业务知识，不断提高自己的创业综合能力，积累经验，建立人脉，开拓思维，为将来顺利创业打好基础。

本章思考与研讨：

1. 请通过实例比较生存型创业者与事业型创业者的区别。
2. 请通过实例比较工匠型创业者与企业家型创业者的区别。
3. 查阅有关资料，试分析麦当劳是如何从一个地方快餐店成长为世界级品牌的。
4. 请具体分析一下大学生创业的优势、劣势。如何扬长避短？

Chapter 2

第二章　做企业家型创业者

案例 马化腾：莫忘创业初心 不太相信弯道超车①

20世纪90年代，一位20多岁的年轻人从公司辞职，在深圳创办了一家互联网公司。20年过去了，当年他创办的那家名不见经传的公司如今已发展成为互联网巨头，所生产的互联网产品改变了亿万人的沟通交流方式。

这位年轻人就是腾讯公司董事会主席兼首席执行官马化腾。他是如何一步步创业成功的？他如何看待当下的互联网创业前景？对年轻人的创新创业有何期许？日前，记者专访了马化腾，一起来听听他的故事。

“机会就像河流里的泥鳅，处处可见，但都无法轻易抓获”

记者：关于您的创业事迹网上流传有很多版本，能不能给我们讲一个您自己的版本，当初是怎么创业的？

马化腾：其实我们被命运眷顾，走到今天，应该归功于这个时代以及所有为之奋斗的每一个人。

我在大学学的是计算机专业，其实1993年毕业的时候就想过去华强北创业，当时的想法是给客户组装电脑，8086、286、386到486这些早期计算机我都动手组装过，但是很快发现在这种拼体力的工作上很难竞争过别人，后来就去了深圳一家寻呼通信系统，也就是BP机的公司工作。

到了1998年，我辞职和几个同学、朋友一起创办了腾讯，因为我们当时看到在国内如火如荼的寻呼系统与还在萌芽的互联网服务之间，存在着跨界融合的可能性与新机遇，于是决定自己创业，去开发一个即时通信工具。

实事求是地说，我们当时没有想过会把腾讯做到今天这样的规模。创业初期其实是非常艰难的。当时一边是用户数量暴涨，一边是尚未找到商业模式，融资也很艰难，甚至没钱买服务器，一度公司账上只剩寥寥无几的现金。幸运的是我们通过打造自己的造血模式和盈利方法，克服了初创时期的各种困难，慢慢发展起来。

记者：那个时候在做寻呼系统的公司上班也是一份不错的工作吧，是什么驱使您必须要去创业？

马化腾：从时代背景来说，我们身处改革开放的最前沿阵地深圳，蛇口街头竖立着“时间就是金钱，效率就是生命”的标语牌，你似乎从每个人的身上都能感受到一种敢试敢闯、不言放弃的闯劲和拼劲。我觉得我们当时之所以有创业的动力，与这种时代浪潮和深圳“拓荒牛”精神的感召是密不可分的。“拓荒牛”代表着深圳的开拓、勤勉精神。这种精神一直激励着我。

从个人意愿来讲，创业也和我的兴趣有很大关系。我和同伴们当时在传统的通信系统与互联网之间看到了一种跨界融合的可能，促使我想去用互联网的方法努力优化人们的通信方式。回过头来看，我和当时创业的伙伴都对互联网怀有一种狂热的态度。

记者：那个时代的年轻人创业和现在有什么不一样吗？

---

① 李昌禹．莫忘创业初心　不太相信弯道超车［N］．人民日报，2018-12-04（8）．

马化腾：那时候我们创业可以说没有任何规律和经验可循，靠的是对技术、对产品的兴趣和热爱，以及那个时代身处改革开放浪潮最汹涌、最前沿的深圳，流淌在每个人血液里的那种拼劲和闯劲。

时代赋予我们一种谋求新变化、新发展的紧迫感。从我在深圳上中学的时候，校园里就流行一个词叫“时不我待”。老师用无比急切的口吻告诉我们，如今是百年一遇的大时代，机会就像河流里的泥鳅，处处可见，但都无法轻易抓获。

那个时代的精神感召对我们这些创业的年轻人产生了巨大的吸引力和推动力。当时的创业环境也没有像今天这样丰富的资源支持，在公司最艰难的时候，我们几个创始人都把自己的薪水减半，收入只够填饱肚子。

时至今日，我们当年在赛格科技创业园的办公室还保留着，尽管已经空无一人。但它见证了那个时代的年轻人敢为人先、艰苦奋斗的勇气和毅力，凝聚着我们在那个时代的精神与激情。

“不太相信弯道超车，更欣赏仰望星空与脚踏实地”

记者：创业过程中难免会有各种各样的挑战和挫折，让您印象最深的是哪一段经历？

马化腾：除了早期创业阶段，有几次面临比较大的挑战让我印象深刻。一次是我们和MSN的竞争。那时候MSN很强势，但我们的产品每天及时迭代，做得比国外产品更适合中国人。我们针对中国特殊的网络结构做了大量优化，让用户的使用感受最好、传文件最快，还做了聊天室和个性化的创新，小步快跑，锲而不舍，帮助我们最终赢得了竞争。

另一次是2010年左右，随着智能手机的普及，互联网开始从PC端向移动端转移，我们面临着其他产品的严峻挑战，迫切需要全新的方向和移动端产品来实现转型。而微信正是在这个背景下诞生了。那一次快速的转型为我们赢得了一张宝贵的移动互联网船票。

记者：互联网行业竞争激烈，一着不慎被后来者弯道超车的案例并不鲜见。在您看来，一个创业公司如何能够实现弯道超车？

马化腾：我不太相信弯道超车，更欣赏仰望星空与脚踏实地。我深信企业的发展是以其价值观为根本基础的。在我心中，一个好的企业应该成为受尊敬的企业，公司的驱动力应当是提升人们的生活品质。如果进一步阐述的话，一是和时代、和国家的利益更加方向一致；二是和民众生活的方方面面更加融合；三是要和业界的合作伙伴共同发展。在这三个层次体现出企业的价值，才能成为一个受人尊敬的企业。

记者：您觉得年轻人创业应该具备什么样的素质，需要提前做哪些准备？

马化腾：首先是价值观。内心不渴望的东西，你永远不可能靠近。成功的基础是强烈的激情和愿望。这听起来很虚，却是最高的要求。技术和代码是死的，但使用技术和撰写代码的人才和用户是活的，真正的灵魂其实是产品背后技术的价值观与洞察力。

其次是应变力与行动力。在切入一个全新的领域之前，创业者应该先问清楚自己：为什么要进入这个领域，这个领域的用户的核心价值和体验是什么？研究清楚这些问题，才能着手开始制定战略。做任何一个战略决策，都要对公司、行业以及人进行通盘考虑，谋定而后动，一旦谋定，坚决执行。

但对的策略也要因时而变。特别是在节奏很快的互联网行业，我们的计划可能会在落实过程中不断迭代和调整。在这个过程中，我认为坚持两点是最重要的：用户价值与保持初心。任何时候，都不要忘了创业的初心。

"跨越难关的关键就在于坚持不懈地创新求变"

记者：其实在很长一段时间，腾讯也是在模仿别人的，曾经有人开玩笑说腾讯"一直在模仿，从未被超越"，然而现在我们看到，腾讯也逐渐通过自己的创新成了被别人模仿的对象。您如何看待这种转变？如何看待创新？

马化腾：的确，从公司的发展经历来看，跨越难关的关键就在于坚持不懈地创新求变。比如从PC互联网到移动互联网，这么一个看似简单的、只是终端的改变，却造成一个产业界的重大转型。而我们之所以能够拿到移动互联网的船票，核心就是以微信为代表的一大批产品技术创新。

当然，创新往往意味着巨大的不确定性，但不创造各种可能性就难以获得真正的创新。有时候为了创新而创新，反而会让创新动作变形。很多创新往往是自下而上的，总是在不经意的边缘地方出现。如果企业完全自上而下，给创新定好方向，这样往往没有活力，很僵化。

所以从机制上讲，在公司内部往往需要一些冗余度，容忍失败，鼓励试错。比如可以自我革命，在公司内部进行自下而上的小团队创新，逐渐形成创新的传统。

记者：对于年轻人来说，现在还是一个互联网创业的好时机吗？

马化腾：互联网给予人无穷的想象力，对年轻人来说永远都存在好的机会，关键在于你能不能敏锐地发现并做到最好。互联网精神其实是制造效率。我们每做一件事，都要想是否采用了最有效率的方式。对于现在创业的年轻人，不妨先想得小一点、细一点，专注高效解决一个痛点问题。

我们现在看到互联网进入下半场，也就是产业互联网阶段，各行各业都开始进入数字化转型升级的快车道，这个过程里会产生大量跨界的新商机。如何应时而变调整公司战略是关键。

管理者首先要有破局的能力，要有很好的支撑体系；其次，要选择"神一样的队友"。"破局"首先要有从0到1的创业精神，第一步是从0到0.1，找到用户痛点，不断尝试、思考、前进，最后从0.1成长为1。要鼓励小团队不断试错，挖掘从0到1的能力和机会。而从1到N也很重要，要有All-in的魄力，面临艰难选择时，要痛下决心做一些舍弃或变革。无论是从0到1，还是从1到N，在长期投入的道路上，要耐得住寂寞，一点一滴精工细作。最后，要确保团队执行力，保持组织活力。这是一种目标、计划、愿景达到结果的能力。

思考与研讨：

1. 请阅读有关马化腾创业的文章和故事，并思考马化腾是如何把一个只有五个人的新创企业发展成为移动互联网行业翘楚的？

2. 从马化腾创业的过程，分析他身上哪些品质与一般创业者不同？这些品质对于创业成功具有哪些重要意义？

第一节　企业家

无论是创业个人，还是创业群体，社会都十分关注他们。心理学家关注的是创业者的动机；投资家感兴趣的是创业者的某些特征，通过这些特征可以提前预测哪些创业者可能成功；商学院的教授们则对创业者的行为模式和可供传授的技能感兴趣。特别是在创业历史进程中企业家群体的出现，更为专家和学者们所津津乐道。他们注意到，企业家的创造性思维往往能够开发出一个突破常规的、全新的解决方案，从而开辟出一个迥然不同的领域。从发现和创造商机，到设计创造出新颖的产品或服务；从挖掘和实现其潜在市场价值，到改变社会、造福人类，正是企业家型创业者的独特表现和贡献具有极强的示范和引领作用，使他们成为人们研究和推崇的对象。

通常认为，“企业家”（entrepreneur）一词源于法语 entreprendre，原来的意思是中间人或中介。最早提出这一概念的是法国经济学家里夏尔・坎提隆。在他的论述中，“企业家”就是在市场中充分利用未被他人认识到的获利机会并成就一番事业的人。他认为企业家的职能就是冒着风险从事市场交换。其后，另一位法国经济学家萨伊将企业家的概念进一步推而广之，他在 1800 年说过，企业家是“将资源从生产力和产出较低的领域转移到生产力和产出较高的领域”的人。最早将企业家作为独立的生产要素提出并进行研究的是英国经济学家马歇尔，他认为企业家是不同于一般职业阶层的特殊阶层，他们的特殊性是敢于冒险和承担风险。

美籍奥地利经济学家熊彼特将企业家视为创新的主体，他把创新视为判断企业家的唯一标准。根据熊彼特的观点，企业家所从事的工作就是“创造性破坏”，也就是通常说的创新。熊彼特提出，创新是指把一种新的生产要素和生产条件的“新结合”引入生产体系，它具体有五种形态：开发出新产品、推出新的生产方法、开辟新市场、获得新原料来源、采用新的产业组织形态。

现代著名管理学理论大师彼得・德鲁克在《创新与企业家精神》（1985）一书中用了整整一章的篇幅来定义“企业家”。在他看来，“企业家”通常能够：大幅度提高资源的产出；创造出新颖而与众不同的东西，改变价值；开创新市场和新客户群；视变化为常态。他们总是在寻找变化，对它做出反应，并将变化视为机遇加以利用。

研究发现，企业家们显示出很高的成就需要和权力需要，他们具有强烈的成功欲和自我价值实现的心理需要，其成就欲一般要高于普通人群。他们寻求挑战性的工作，敢于承担责任，渴望自己将所从事的工作做得更完美、更有成效。他们追求成功的行为，表现在创立企业并自主经营的过程中敢于承担并接受风险，他们的存在是企业尤其是中小企业得以存在和发展的社会基础。张维迎认为：“企业家的突出能力之一，就是别人想不到的他能想到。企业家的这种能力来自他的想象力，这是多种知识的组合能力。但是只有想象力还远远不够，还需要具有把想象的东西变成真实的产品并得到市场认可的能力。”①

第二节　企业家精神

谈到企业家，必然会提到企业家精神。全球最大科技顾问公司爱森哲（Accenture）曾在 26 个国家和地区与几十万名企业家做过交谈，其中 79% 的企业领导认为，企业家精神对于企业的成功非常重要。爱森哲公司的研究报告也指出，在全球高级主管心目中，企业家精神是组织健康长寿的基因和要穴。事实也一再表明，企业家精神是创新型社会的时代精神，也是创业时代的核心文化内核。正是企业家精神造就了二战后日本经济的奇迹，也促进了 20 余年美国新经济的兴起。那么，到底什么是真正的企业家精神呢？虽然至今对此仍无统一、公认、标准的定义，但人们对企业家精神的研究一直没有停止，其研究领域也一直在扩大，共识也越来越多。1996 年，美国学者鲁宾和戴斯在广泛研究企业家精神文献和总结美国组织经验的基础上，提出了西方学者普遍接受的企业家精神的五大构成要素：冒险、创新、独立性、变革、竞争性进取。他认为，创新精神是企业家精神的核心内容，是企业家的灵魂。美国学者戴维森（Davidson，2003）认为企业家精神不仅是独立企业家的某些个体特征，而且也是一种社会现象，是在一定的社会人文环境和经济制度规范下，由企业家这一特殊群体在企业经营活动中形成的，一种以创新精神为核心、以风险承担精神为支撑的综合性精神品质和意志。通过观察，人们会注意到，企业家精神是由多种明显优于他人的精神所构成，主要包括：

1. 创新精神

熊彼特关于企业家是从事“创造性破坏”的创新者观点，凸显了企业家精神的实质和特征。创新应该是企业家的一种本能，也是企业家从事经济活动的典型特征，但创新不是“天才的闪烁”，而是企业家艰苦工作的结果，从产品创新到技术创新、市场创新、组织形式创新等。沃尔玛的出现取代了千千万万家杂货店，这种破坏是一种“创造性破坏”，因为沃尔玛的出现使数亿家庭的生活费用降低，社会效率提高，这就是对社会的创造性贡献。苹果公司创新推出智能手机后，用户看到了新的应用形式，他们从此爱上的不仅是苹果手机产品，还有其他公司类似的产品，从而引起全世界手机智能化变革。

2. 冒险精神

冒险精神是直面风险、正视失败和困难、克服心理障碍的第一关，也是敢想敢干、当断则断的动力源泉。企业家型创业者视变化为常态，他们大胆、执着、富有冒险精神。他们面对机会和变化，总能做出积极反应，并将变化视为机遇加以利用。这种甘冒风险的精神和承担风险的魄力成为企业家型创业者创建企业、成就事业的起点和驱动创业企业逐步做强、做大的信念。创新需要冒险，需要人们跳出思维定式，开放式地从多个角度思考如何解决问题。事业型创业只有在企业家精神的引领下才能最大限度地发挥其对社会经济增

① 张维迎．法治是保护权利，而非保护利益［EB/OL］．（2021-01-11）［2021-01-18］．http://new.qq.com/rain/a/20210128a001suoo.

长和社会发展的重大作用。许多企业家型创业者，能凭借超凡的个人能力改变一个企业的现有处境，挽狂澜于既倒，扶大厦于将倾，变劣势为优势，化优势为胜势。因此，组织需要依靠那些具有企业家精神的人来摆脱困境，向前发展。

3. 敬业与专注精神

现代社会分工日趋精细，敬业和专注精神已成为时代之需。对企业家型创业者来说，敬业和专注精神是一种发自内心的力量。做任何事只有一心一意地去做，心无旁骛，坚持不懈，才可能做得更好。自古以来，成就大业的人，一定是把敬业与专注精神作为不懈的追求，他们把敬业作为最大的能量，持之以恒地保持对事业的执着追求与热爱，甚至达到忘我的程度。美国联邦调查局在事关国家安全的一次调查中得出一个辅助数据：那些控制美国经济命脉的日本老板们，在创业时投入工作的时间每天在 17 个小时以上，而当有某个具体目标时，这个平均数将上涨到每天 22 个小时。他们近乎疯狂的工作态度来源于敬业和专注精神。敬业与专注精神不仅是一种被深植在企业家心中的观念，真正敬业和专注的人常常以苦为乐，这对很多人来说是无法体会和理解的。

4. 诚信守法精神

市场经济本质上是信用经济、法治经济。而法治意识、契约精神、守约观念是现代经济活动的重要意识规范，也是信用经济、法治经济的重要要求。无论在何时何地，诚信守法都是一个创业者和一个新创企业立足社会、回报社会的无形资产，也是创业者和企业长足发展、赢得口碑的金字招牌。正是因为诚信守法这一基本素质为企业家开展经济活动提供了稳定预期，企业家精神才能转化为优化生产要素配置，促进技术进步的重要依托，才能不断推动企业发展壮大和社会繁荣。而那些以身试法而“昙花一现”的所谓“企业家”，问题就出在缺乏诚信守法的企业家精神上，从而既败坏了企业的声誉，也给自己的企业带来了灭顶之灾。总之，诚信是市场经济的基本信条，只有诚信守法，注重声誉的企业家，才能引领新创企业在激烈的市场竞争中获得最大的利益。

5. 责任担当精神

所谓责任担当精神，是指企业家勇于改变落后局面，敢于承担开拓创新的责任，善于促进科技的进步，实现企业繁荣发展的品质与气魄。企业家型企业者从来都是不甘平庸、自强自信、言行合一、勇于担当的人物。他们这种责任担当精神突出表现在四个方面：一是主动性，即企业家在面对困难和挑战时，一定会主动挺身而出积极承担责任，敢于迎难而上，自觉肩负起扛大梁的责任。二是坚定性，即企业家在创新创业过程中所表现出的百折不挠、不达目的不罢休的坚强意志。三是实干性，即企业家在创业过程中所展现出的深入实际、脚踏实地、精于实干、言必信行必果的品质。四是创造性，即企业家在推动新创企业发展过程中，既能做到坚持诚信守法，同时也不拘于陈俗、不墨守成规、能够不断创造创新的产品或服务以造福社会。比如，在 2021 年国家推出“双减”政策时，新东方不得不砍掉所有与义务教育相关的业务，退租了近 1500 个教学点，遗下数以万计的新课桌椅，导致业绩大幅下滑。在如此情境下，俞敏洪却决定向农村学校捐献近 8 万套价值约 5000 万元的课桌椅。不仅如此，他还领导新东方忠实地执行了公司早期立下的规定：“如果新东方不做了或者倒闭了，账面上的资金必须足够同时退还学生学费和支付所有员工的离职工资。”从这些举动中，我们可以看到俞敏洪所体现出的企业家责任担当精神和做事原则，他在危难中勇于扛大梁的行为获得了社会一致称赞。

6. 利他精神

所谓利他精神，是指为了使别人获得方便与利益，而不图回报、助人为乐的行为，也是出于自觉自愿实施有益于社会的行为。在社会分工日益精细的今天，人们的一切经济行为都是围绕着需求展开的，一个不懂得他人需求的创业者不可能在商品社会的经济活动和博弈中获得成功。利他才是最好的利己，能为别人创造价值，最终才能获得人们的信任和支持。创业导师徐小平曾说过：“所谓成功，就是在多大程度上满足了他人的需求。利他的范围越大，就越接近世俗意义上的成功。反之，想要在越大范围内成就自己，就越需要得到来自更多人的力量和认同。所以，利他精神发展到极致终究是成就自己。”日本企业家稻盛和夫也说过，世界上有许多的企业家，无论企业规模有多大，无论积累了多少财富，无论信奉何种宗教，都是自己的境界在哪个层级最为重要。企业家的最高境界就是敬天爱人。“敬天”就是尊重自然、尊重科学、尊重法律和社会伦理办企业；“爱人”就是办企业要造福人类，促进人类的进步和发展，要至善，要利他。满足他人需求才能增进自己的财富，这已经成为掌控财富的基本原则。做一个利他者，才有可能成为商品社会的成功者。

综上所述，对高科技新创企业来讲，固然需要技术天才，然而，那些具有企业家精神的当家人和掌门人更不可或缺。他们有着清晰的愿景，强烈的使命感和责任担当精神，他们敬业专注，对自己的能力充满信心，在创业过程中敢于冒险，不放过任何创新的机会，既追求新奇而且又能使创新成果化。比如，IBM 的郭士纳、GE 的韦尔奇、微软的比尔・盖茨、英特尔的葛洛夫、甲骨文的拉里・艾利森、索尼的盛田昭夫、格力的董明珠、联想的柳传志、海尔的张瑞敏等，都是企业家中的佼佼者。

第三节　两种不同类型的创业者

在茫茫创业大军中，人们会发现，有一部分创业者表现得非常引人注目，他们开拓创新、理性务实、卓尔不群、勇于挑战自我、能带领创业团队不断为人类进步做出巨大的贡献。这些优秀的创业者有一个共同的名称——企业家型创业者。比如在本书第一章麦当劳创业案例中，麦当劳兄弟俩充其量算是成功的工匠型创业者，他们创建的只是一家餐馆及当地的一个深受欢迎的快餐品牌，经济上能获得较高的回报，过上了衣食无忧的富裕生活。而克罗克则属于真正的企业家型创业者，他的内心世界有着更加远大的格局和抱负。尽管克罗克为创业历经磨难，甚至倾家荡产、妻离子散，但他在创业过程中所表现出的那种超凡脱俗、百折不挠、一往无前的精神，以及企业家所特有的创新能力、商业智慧及雄才大略，都是麦当劳兄弟俩根本无法比拟的。虽然以克罗克为代表的企业家型创业者和以麦当劳兄弟为代表的工匠型创业者都是事业型创业者，但他们之间却存在着巨大的差别。

正是由于具备企业家精神，企业家型创业者的创业行为往往表现出与一般创业者完全不同的特质：

1. 企业家型创业者善于开拓与创新

开拓与创新是通过提供新的、独一无二的创意而成为“变化的源泉”。一般创业者恰恰缺乏创新意识和能力，习惯于因循守旧、墨守成规或投机取巧、照抄照搬别人的东西。他们从内心一般不会有主动意愿去发明或创造新东西，当他们发现市场缝隙时，通常只会用现成的商务模式、产品技术和服务去填补。如某人在街边新开了一家小超市，通常是按照社会习惯的通行模式进行经营，他的创业活动既没有创造新的价值，也没有形成新的需求。而创新则是企业家型创业者开展创业活动的典型特征，他们并不是尝试着通过优化当前系统来达到稍做调整的目的，而是要找到一个全新的方式来解决问题。虽然大多数企业家型创业者创业初期是作为小型的复制者（提供的产品和服务与其他企业相近）起家的，而不是作为创新或发明者（提供的产品和服务与其他企业差异很大）起家的，但他们善于寻求变化、适应变化并利用变化，然后在有了一定积累后再创造一些新东西。总之，企业家不是抽象地谈创新，他们的创新活动往往是围绕解决具体问题而展开的。虽然这种创新在一开始时可能只是为了解决一些小问题，未必有多宏大，也并不见得明显能改变世界，但最后集腋成裘，其改变世界的程度甚至超出企业家本人最初的想象。比如乔布斯创业，他从不满足于已有的成功，而是立志改变未来，不断创新需求。他的创业成果有力地提升了人类文明的进步速度，苹果的产品已经不是简单的一个产品，更是对未来生活方式的引领。

2. 企业家型创业者具有远大的目标追求

一般创业者以短期利益驱动为主，“小富即安”，目标追求局限在有利可图的范围内。他们习惯于做好眼前的事，满足于一个市场或一种产品。他们靠的是赌命运或赌未来，有时也许会抓住某个市场机会，赚到了一桶金，但是在随后的日子中，由于目光短浅，没有远大的目标追求，缺乏雄才伟略，因此，在市场日益规范、竞争日益激烈的今天，这样的创业者很难取得持久的成功。而企业家型创业者往往有着非常明确的奋斗目标，他们具有远见卓识并可为实现长期目标可以牺牲短期利益，可以根据具体情况进行必要的调整。如李开复，他在国际著名企业中一直担任资深高管，无论经济收入还是社会地位，都是一般人所无法企及的。但在他的心中，却有着更高的目标追求，为了实现自己的梦想，他放弃了股票优先权、股票期权、退休金和其他既得利益等，义无反顾地投入“创新工厂”的创业中。

案例

雷军的前老板求伯君是中国第一代程序员，是 WPS 之父，而 WPS 是世界上第一款中文文字处理软件，当时在中国的市场占有率达 90% 以上。1988 年，求伯君加入香港金山后，他的目标十分明确。从 1988 年 5 月开始，求伯君把自己关在深圳蔡屋围酒店的房间里，夜以继日地写代码。一年零四个月中，求伯君住了三次院，第二次肝炎复发时，他直接把电脑搬到病房里继续写。24 岁的求伯君在这种常人难以忍受的孤独中，用汇编语言写下了十几万行代码。

1989 年，求伯君成功开发出国内第一套集文字编辑、排版、打印功能于一体的中文字处理电脑软件 WPS，填补了我国计算机中文字处理的空白。没有做广告，也没有去参加评奖，仅仅凭着口碑就火了起来，金山 WPS 年销售 30 000 套，牢牢占据着 90% 的市场份额，成了一个时代的标志。1995 年，微软 Office 进入中国以前，国内市场曾是 WPS 的天下，也是 WPS 最辉煌的时期。1994 年，求伯君在珠海独立成立珠海金山电脑公司，他亲自任董事长兼总经理。他所带领的金山后来成功推出了剑侠系列的游戏和金山毒霸。彼时，微软向求伯君抛出了橄榄枝，以 75 万美元年薪为条件，站在人生十字路口的他却拒绝了。1996 年，金山迎来历史上最艰难的时刻，曾经如日中天的金山公司转眼便要折戟沉沙。求伯君坦言：200 多人的公司，走得只剩下十几个，他甚至开始为工资发愁了。前途渺茫的求伯君在那段时间尝试了游戏等其他业务，可惜都没有成功。此时此刻，求伯君对 WPS 的“一往情深”起了关键作用，他与伙伴们达成共识，要开发新版 WPS，重振雄风。正是在这种情感的驱使下，求伯君把价值 200 万元的别墅卖了，带领雷军等剩下的十几个员工没日没夜地开发 WPS97。1997 年，金山新版 WPS97 面世，公开挑战微软，获得了巨大成功，2001 年，求伯君荣获“中国 IT 十大风云人物”称号。①

3. 企业家型创业者懂得合作与分享

一般创业者对他人普遍缺乏信任感，或者不愿意与合作者分享红利，个人或家族成员独占新创公司股份等。而真正的企业家型创业者擅长与他人合作，主动放权，在重大决策过程中善于依靠集体力量而非个人力量。他们将大部分精力不是用于管理鸡毛蒜皮的事务上，而是用于开阔视野、研究大事，且有着非常强的“结网”能力和意识，主动与其他企业家交流，努力使自己成为“蜘蛛人”。特别是他们在股权利益分配上，普遍重视收益分享的激励作用，比如，柳传志持股仅占公司全部股份的 0.28%；马化腾只占有本公司 12% 的股权；比尔 · 盖茨在微软的持股比例也仅是公司总股价的 9.48%。任正非有着强烈的家国情怀，立志实业报国，他所创建的华为始终扎根于中国，不在海外注册，他自己仅持有 1.4% 的股份，而把公司 98.6% 的股权开放给员工。在任正非眼中，华为所挣的每一分钱都是大家的，都是合伙人的。如今，82 000 多名合伙人可分享华为的股权，他们除了不能表决、出售、拥有股票外，完全可以享受分红与股票增值的收益。在员工待遇上，2012 年，华为赚了 154 亿元，却大手笔拿出 125 亿元作为年终奖，15 万华为员工人均年终奖可达 8.33 万元。仅凭这些，任正非就可牢牢地凝聚华为员工的心。正是在任正非这样企业家的领导下，2017 年在全球 500 强榜单上，华为是进入中国民营企业全球 100 强，排

① 黄志益 . 求伯君：30 年历经风雨的金山 WPS［EB/OL］.（2019-10-18）［2020-1-19］. http://gxxw.zjol.com.cn.

名第83位。

4. 企业家型创业者勇于迎接挑战和冒险试错

创业往往与风险或不确定性联系在一起。在面对挑战和困难时，企业家型创业者一旦看准机会就会不惧风险，直接采取行动，勇于迎接挑战和冒险试错，而且百折不挠，在不断试错的过程中，及时总结经验和教训，在困难和挫折中不断完善和提高自己，把自己的创新想法付诸实施，直至取得最后的成功。通常，他们首先会提出一个创业设计或方案，然后付诸实践并接受市场的检验。在检验过程中，如果发现创业方向正确，那么就在现有方向上，不断完善、做强、做大；如果发现方向选择错误，则立即进行调整。而一般创业者通常不愿意冒险，前怕狼后怕虎，做事畏首畏尾、患得患失，其中一些创业者即使做出冒险举措，通常也是抱着一种赌博和撞大运的心态，带有很大的盲目性。

企业家型创业者虽然勇于冒险，但绝非那种喜欢赌一把的人。面对创新型创业过程中的许多不确定性，尽管是在向未知领域挑战，其间充满了艰辛、挫折、忧虑、痛苦和徘徊，创业者也知道他们不仅需要付出坚持不懈的努力，同时还需要冒着各种风险，但他们通常都会果断地推出创造性的解决方案，包括从未试过的方式和方法，最终获得成功并得到市场的认可。事实上，企业家型创业者比任何人都更具备风险意识，他们愿意冒险，但都是经过严谨分析并可以有效控制的风险，毕竟一旦失败会令他们付出沉重的代价。所以他们需要掌握相应的知识，收集和筛选足够的数据信息，通过严谨的风险评估来支持他们的理性决策。在面对不同的环境和创业机会时，即使条件还不够成熟（如缺乏创业资金、人脉、经验等），外部环境还不明晰（如客户、竞争对手挤压、各种政策制约等）时，企业家型创业者为了追求事业目标的实现，仍能冷静分析利弊，勇于放弃原来的既得利益，创造条件，义无反顾地面对风险并迎接挑战，敢于走出创业的第一步，努力去实现自己的创业梦想。如李彦宏为了追求自己的事业，毅然放弃了在美国高科技公司优厚的待遇，回国从头开始了艰苦的创业。尽管困难重重，但他仍义无反顾。

5. 企业家型创业者善于学习，依靠理性与智慧创业

一般创业者在创业时大多带有蛮干、碰运气的色彩，他们的智慧和能力有限，对新知识不敏感，对现代企业管理了解甚少且有抵触。事实表明，这类创业者大都只能风光一时，改革开放后出现的大批乡镇企业如今大都不复存在就很能说明这个问题。而企业家型创业者普遍受过良好教育，他们大多更相信知识的力量，因此会主动学习，特别是学习新知识、新技术。他们在创业之前，大都会主动关注和观察成功创业者的办事风格和做法，同时也会主动学习必要的专业技术知识和经营管理知识，不断提高自己，培养理性思维和德才兼备的良好素养。他们的创业不是心血来潮，更不是盲目冲动之举，而是一个不断学习进步，充满理性、开拓进取的过程，包括从识别或创造创业商机、考察创业环境、评价和筛选商机、创造有价值的产品 / 服务，再到整合创业资源、创建创业平台、创新商业模式，直至逐步正常经营管理等一系列的决策和行动等。可以说，创业过程面临许多复杂的问题，仅凭经验和卖力气远远不够，需要理性、知识和商业智慧做支撑。当代成功的企业家型创业者几乎无一例外地都展现出这一特点，如乔布斯、比尔·盖茨、史玉柱、李彦宏、俞敏洪、任正非、董明珠等。

360公司创始人周鸿祎1995年从西安交大研究生毕业时，本可以选择去银行工作，也可以选择去深圳淘金，但他的第一份工作却选择了北大方正公司，而方正当时给他的工资很低，月薪只有800元。因经济拮据，他不得不住地下室和仓库。周鸿祎之所以选择去方正，是因为他认为只靠编程是无法成就大事的，去方正公司是想学习和了解一个软件公司是如何运作的。后来，他厚积薄发，先后创建了3721公司，2006年创建360公司并出任董事长，开拓出了属于自己的一番事业。

6. 企业家型创业者具有强烈的社会责任感

一般创业者的社会责任意识普遍不高，缺乏肩负社会责任的自觉性，表现为对社会现状的冷漠，真诚回报社会的意识差等。而企业家型创业者是社会精英群体中的一员，整个社会都对他们承担起更多社会责任、创造更大的经济社会价值抱有很大的期望与要求。企业家型创业者普遍能认识到，他们肩负着领导新创企业在激烈的市场竞争中创新成长、健康发展的重任，让企业实现更大的发展，为我国乃至全球经济社会的可持续发展做出更大的贡献，是新时代赋予中国企业家的历史重任，也是企业家社会责任的核心内涵。企业家要想在社会上安身立命、求得发展，非常重要的是要明确自身的社会角色与定位，对社会的期望和要求能积极回应。只有处理好个人与社会的关系，具备强烈的责任感与使命感，以助力社会发展为己任，超越传统的经济利益最大化的思维，将个人利益、企业经营融入社会的整体利益之中，才能得到社会各方的信任与尊敬。同时，成功的企业家型创业者也时刻不忘回报和反哺社会，比如很多企业家以促进社会共同富裕为己任，热心参与社会公益事业，从扶贫、助学到支持大学生创业；从致力于绿色创新发展，领导企业开发节能环保新技术与新产品，到通过创新商业模式帮助产业链上下游更多的企业成长；从关爱企业员工发展及其家庭和睦，营造公平合理的员工成长环境，到围绕制约社会发展的瓶颈领域开展技术创新，积极促进社会问题的解决等。这些负责任的行动不仅回应了社会对企业家的殷切期望，也带动了企业的发展，弘扬了企业家精神。以北大校友俞敏洪为例，他在创业取得成功的同时，一直也在关心和支持北大的发展，从最初设立“北京大学俞敏洪校友基金”，到捐赠“新东方助学金”，再到设立“北京大学外国语学院新东方教育基金”，俞敏洪充分表达了他不忘回报母校的培育之恩。

7. 企业家型创业者最看重诚信守法

一般创业者中的不少人都缺乏诚信意识，其中不乏唯利是图者，只要能赚到钱，干什么都行，甚至不惜弄虚作假、坑蒙拐骗、偷税漏税，生产假冒伪劣产品，从而造成对社会的危害。而真正的企业家型创业者普遍把诚信守法看得比生命还重要，他们能深刻理解市场经济是法制经济，更是信用经济、诚信经济。他们从内心就认识到，诚信守法是绝对不能摒弃的原则。比如按章交税、增加就业机会、诚信经商、把员工教育好，做好公益事业等。中国曾经的女首富、玖龙纸业公司的创始人张茵最初在香港创业，从一开始就坚持诚信和品质第一，改变香港过去往纸浆里面掺水的做法。虽然张茵的做法被认为是触犯了同行业的利益，违反了“行规”，甚至因此接到黑社会的恐吓电话，但她并没有退缩，而是坚持以她的公道和诚信经营，迅速在香港市场占据了一席之地，很快，张茵的名字就在香港业内传开，收废纸的那些人都愿意跟她做生意。

8. 企业家型创业者更擅于资源的整合

创业需要多种不同的资源，同样的资源在不同创业者的运筹下，效果往往大相径庭。一般创业者的创业活动大都是依靠资源驱动的，他们的思维模式经常是：如果我有什么资源，我将能干成什么事情。此外，一般创业者的头脑中很少有将创业资源优化整合的概念，他们甚至会寄希望于拉关系、走后门，靠一些不正当手段捞取商业利益。而真正的企业家创业者凭的是自己整合资源的真本事，他们首先会问环境中有什么机会，然后再想自己需要什么资源、还缺少什么资源，再想方设法去获取并利用这些资源。比如一般软件公司在创业初期需要在相对短的时间内与众多的软硬件供应商、分销渠道、经销商、电脑杂志、展销会等打交道，要想形成利益共同体，就需要通过科学的资源整合，创建一个结构合理、分工明确、相互支持、共享收益的生态系统。再回顾一下麦当劳创始人雷·克罗克的创业故事，他虽然没有发明什么新产品，他的餐厅所生产的汉堡在其他任何一家不错的美国餐厅也早就生产出来了，但他能做好资源的整合，如将产品、加盟连锁、服务、标准化、设计制作流程和工具、房地产、物流配送等多种资源整合并加以运用，此外，他还进行了有组织、有目的的系统性创新，并基于工作分析设定标准，根据标准培训人员等。这些做法不仅大幅提高了资源的利用率和产出率，而且还开拓了新市场和新客户群。

9. 企业家型创业者从不轻言失败

一般的创业者面对挫折时，往往会表现出束手无策、无能为力、怨天尤人的状态，最终可能会知难而退、自认倒霉。而企业家型创业者在创业进程中虽然也会遇到挫折或意想不到的困难，但他们普遍能够在障碍和挑战中冷静分析，找到机遇。他们在面对挫折时，通常不会轻言失败，而是表现出惊人的抗打击能力。他们不会把挫折当惩罚，而是把挫折当作学习的体验和经验积累的机会。他们深刻地认识到，在面对发展困境时，投资人可以变卖股票退出企业，员工亦可以选择跳槽，只有创业者是唯一不能退出企业的人。企业家型创业者必须要面对现实，迎难而上，从困境中走出来。乔布斯在创业过程中曾经被董事会请出自己一手创办的苹果公司达 13 年之久，他创办的 NeXT 公司亏损到差点全军覆没，他收购并倾注大量心血的皮克斯公司早期也差点被迪士尼抛弃。与一般人不同的是，面对这些挫折，他不但没有一蹶不振，反而不断总结经验教训，以毫不畏惧的态度，以百折不挠的精神终于成就了一番事业。中国白手起家的典范、著名的女企业家张茵也曾遇到各种打击。2008 年 3 月，张茵的三份提案被人指责为“只代表富人利益”，遭到舆论猛烈抨击；4 月，她正在美国走访投资者，要公布业绩的时候，“血汗工厂”的报道铺天盖地，又将她卷入舆论的旋涡。在公司要上市的时候，又出现她的美国公司倒闭、与丈夫离婚的传闻。每一个负面消息来的时候，都是玖龙纸业发展的关键时刻。面对困难，张茵一边和丈夫一同出面证实自己的家庭稳定，一边给公司的管理层及员工开会澄清事实。她认为“这个时候你必须稳住阵脚，你有信心才会稳，信心就是你对企业有把握。玖龙纸业过去也是在经济最低谷的时候发展起来的。”正是这种乐观面对困难和百折不挠的精神，使她渡过了一个个难关。

10. 企业家型创业者有更高的风险防范意识

面对创业中的各种不确定性和复杂性，一般创业者缺乏足够的智慧和风险防范意识应对风险挑战，往往不知所措。而企业家型创业者普遍具备很强的风险防范意识。企业家作为一个客观存在的特殊社会群体，在创办经营企业的过程中，他们需要承担经济风险（投入资金）、职业风险（放弃稳定工作）和家庭风险（投入时间、精力），成功欲越强烈的人越是愿意承担高风险。企业家型创业者在整个创业过程中显示出其勇气和智慧，在创业过程中承受着风险和负担，并且直面可能反复出现失败的现实，而且始终保持着清醒的风险防范意识，他们往往会精确计算自己的预期风险，会想方设法规避风险或将风险最小化，进而提高创业成功的概率。他们常常把风险分割成可承受、可消化的部分，分析哪部分的风险最应引起重视和规避，然后，合理分配时间和资源积极应对风险。这种对待风险的态度和承受力，表现出企业家的另一种高度自信的个性特征。

11. 企业家型创业者对机会有着更加敏锐的洞察力

洞察力就是在一个机会还没有显示出它价值、在别人都不以为然的时候，企业家就能够发现它潜在的价值。在企业没有成功前，他们常常敢于去做其他人认为是不理智的，甚至是不可能的事，也许最主要的原因是因为其他人往往不能或者不愿意投入同样的时间和付出同样的代价，去领悟别人无法看到的事物和真理。20 世纪 50 年代初，创业奇才王永庆在世界塑料工业处于发展初期时，凭借其非凡的预见力，看出了发展塑料工业的远大前景，果断举债 67 万美元，筹建塑料厂，迈出了成功的第一步。几十年的专注经营，使得他的公司不断发展壮大，如今他的台塑集团早已成为一家跨国大企业，王永庆也成为全球有名的华人大富豪。正是王永庆具有一般人所缺少的远见卓识和洞察力，使他可以取得先机。相比之下，有的人总是用一种定势去思维，结果，怎么也走不出自己为自己设置的圈子，结果终生与成功无缘。

12. 企业家型创业者普遍具有知恩图报意识

企业家型创业者通常有着宽广的情怀，不忘社会的滋养和哺育，常怀感恩之心，他们以回报社会为荣，常常将自己的部分财富用来做慈善事业或资助教育、科技、文体产业等国家重点扶持的事业，体现了很强的责任感。如牛根生于 2005 年捐出了自己与家人持有的蒙牛股份，总市值高达 40 多亿元，创立了面向全社会公益事业的“老牛专项基金”，主动完成了从企业家到慈善家的华丽转身，海外媒体因此将其与比尔·盖茨、巴菲特、李嘉诚并称为“四大捐赠巨头”。像李嘉诚、陈嘉庚这样的企业家型创业者在取得巨大经济成功的同时，始终不忘回报社会，不仅投资实业，还出资做了很多兴办教育、造桥铺路、扶弱济贫的善举。在 2005 年 CCTV 中国经济年度人物颁奖典礼上，李彦宏在百秒限时演讲中是这样说的：“百度的创立源于我作为一个技术人员的梦想，这个梦想就是用技术来改变世界，来改变普通人的生活。”因此，我们可以这样理解，李彦宏是怀着“技术改变世界、个人收获财富”的理想踏上了创业之路。

案例

2020 年 8 月 10 日，在武汉大学图书馆举行了一场捐赠签约仪式，受赠方正是武汉大学，而捐款方为元明资本创始合伙人田源、物美集团创始人张文中和涌现科技总裁周海冰。据了解，田源为武汉大学校友，张文中和周海冰都是南开大学校友。这次捐款，是由田源发起，三人共同进行捐赠的，共捐赠 1200 万元，用于支持武汉大学的建设和发展。

1200 万元对于一个企业来说可能不算什么，但用于母校建设作用就不同了。这也显示出了企业家的社会担当与校友的感恩情怀。①

第四节　成为企业家型创业者的回报和挑战

创业是一个艰辛的历程，初创阶段的企业所面对的困难往往令创业者的个人和家庭生活都受到影响，财务上要承受巨大的压力，万一创业失败还要承担失败所带来的一系列后果。所以事实上，所谓白手起家，是创业者运用自己有限的资源，自发性地利用市场机遇发展事业所面对的一场硬碰硬的战争。这场硬仗打赢了固然可以带来财富，但创业者在实施的过程中还有许多随之而来的其他影响，包括心理的压力、焦虑、挫折、喜悦、无助、成功的满足感、付出代价时的痛苦等，这些都是每个创业者所必须承受的经历。

成为一名企业家型创业者会有诸多的回报。比如，许多人想创业，主要是因为创业能给他们带来高度的独立性。事实上，研究者们也发现，资金回报对于大多数企业家型创业者而言，并不是他们创业的最主要的原因，独立性才是成为企业家型创业者其中最主要的动力之一。一个人在某单位工作必然要受其制度的约束，而创业则可以有相对自由的空间发挥个人才智。任何人在做自己的事业时都会更有工作激情，也会更投入，从而更容易成功并实现自我价值。总之，成为一名企业家型创业者的积极因素包括：能发挥各种各样的技能和才能，有做决策的自由，只对自己负责，拥有应对挑战的机会，享受达到目标时的成就感和自豪感，当然，也拥有拿到更多资金回报的潜在可能性。企业家型创业者的回报和挑战见表 2–1。

表 2–1　企业家型创业者的回报和挑战

回报	挑战
高度独立性——不受限制的自由	必须习惯于变化和不确定性
能发挥各种各样的技能和才能	必须做许多艰难的决策
做决策的自由	可能会面临严峻的经济决策

① 墨毫．百年名校又获巨额捐款，杰出校友再现社会担当！［EB/OL］．（2020–08–13）［2021–09–21］．https://baijiahao.baidu.com/ 2020–08–13.

续表

回报	挑战
只对自己负责	必须习惯于承担风险
应对挑战的机会	需要许多不同的技能和才能
成就感和自豪感	必须习惯于潜在的失败
资金回报更大的潜在可能性	

成为一名企业家型创业者也是要付出代价的。成功的企业家型创业者会告诉你，创业需要一种让人全神贯注的激情，需要较多的脑体劳动付出，它是一项艰难的工作，每一天所面临的挑战都绝对不一样。创业必然也要做出某些牺牲，不仅包括要付出大量的时间和精力，还包括放弃很多享受闲暇时光、无法与家人相聚等。创业并不是一件容易的事情。作为一个创业者会面临许多问题的困扰，这些困扰很容易导致创业者产生负面的情绪，包括焦虑、迷茫甚至绝望，这个时候强大的心理素质是必需的，创业者不要被创业过程中取得的一点荣誉而冲昏头脑，也不要因为遇到挫折困难而不知所措，方向正确就要谨慎地往前走，方向错误就吸取教训并及时做出调整。

成为一名企业家型创业者必须习惯于变化和风险。实际上，创业的本质意味着变化，这是企业家型创业者必然面对的正常状态，伴随变化而生的是不确定性和风险。企业家型创业者必须习惯于变化，习惯于承担风险。此外，成为一名企业家型创业者的许多挑战也包括要面临一系列艰难的决策，这些决策有时候需要做出经济上和情感上的取舍，有时候还要面对失败的现实。以乔布斯为例，乔布斯的创业历程一直充满着开拓创新，不断迎接挑战，不断超越自我。20 世纪 70 年代，苹果公司最早是卖电脑的，而且曾经是最早的个人电脑市场真正的霸主；2004 年，苹果进军了数码终端领域，凭借 IPod，从一个电脑公司变成了数码电子设备商。与此同时，乔布斯还创造了 ITunes 模式，在网上购买音乐并下载，改变了原先的整个产业。1986 年，乔布斯本人传奇般地被自己开创的公司扫地出门后，创立了 NeXT 公司，后来又创建了 Pixar 动画工作室，先后制作了卖座的动画系列:《玩具总动员》《海底总动员》《超人总动员》。2005 年，Pixar 被出售给迪士尼公司，乔布斯成为迪士尼董事会成员之一，也是好莱坞最有影响力的大亨之一。

案例

26 岁清华退学，33 次创业失败，却靠做短视频发家，如今身价 29 亿美元。

2000 年，出生于湖南湘西农村的宿华，以高出一本线 100 多分的好成绩，考入清华大学软件学院，虽然出生在农村，但宿华一点儿都不比别的孩子差，学习成绩名列前茅，完成本科学业后，又硕博连读，然而，在 26 岁的时候，宿华放弃清华博士学位而选择退学创业，这究竟是怎么回事呢？

宿华在校期间便兼职写代码。但疯狂暴涨的房价，让宿华心中充满焦虑，于是，获得清华大学硕士的宿华退了学。

退学之后，宿华曾在谷歌、百度任职，两年的艰苦奋斗，宿华的年薪达到50多万，对于大多数人来说，这个薪酬已经很不错了，但宿华却不满足，于是他决定辞职创业。

宿华的第一个项目是做网站视频广告。现在这很常见，但在十几年前却没人愿意投资，宿华的第一次创业失败。失败后的宿华并没有因此放弃，他与朋友继续创业，可之后创业的33个项目都以失败告终。

若这样的事情放在普通人身上，必定会觉得自己没有创业天赋，老老实实回去打工。然而宿华没有，他继续为自己的梦想而努力，2013年，宿华遇到了志同道合的程一笑。

程一笑是快手的创始人，早在2011年，便创办“GIF”快手，快手这个产品那时还只是一个动态图的工具，当时用户体验不错，虽然用的人很少，但一个作品下面的评论有时都有几千条。这款产品被晨兴资本的张斐发现了，他是快手在刚刚起步时的一位关键性伯乐。张斐找到程一笑，发现他既没有公司，也没有团队，就他一个人，于是，在简单交流后他就投资了200万，占快手20%的股份，还帮他成立了公司，后来程一笑找了两位同学加盟，但公司一直没有取得突破。这时张斐建议公司向短视频转型，但投资的钱没多久就用得差不多了，而创始人程一笑是个很内向而不善交际的人，很长一段时间都找不到新的投资。但当时的网络还没有短视频发展的条件，因此快手一直不温不火。等到条件具备的时候，优酷、土豆这些公司立刻强势进入，名不见经传的快手没有在竞争中分到一杯羹。很快，快手的用户大量流失，甚至连续3个月没一分钱进账。

就在这个时候，宿华与程一笑走到了一起。为了省钱，二人在清华南门附近，与另外两家公司合租了一个80平方米的两居室，开始了艰苦奋斗的历程。

宿华在很多大企业工作过，对智能算法的研发很有经验，过去也曾多次创业，当张斐给宿华介绍快手时，宿华一下就被吸引住了，与程一笑的几次交流也非常好。因为当时的快手的价值观正是程一笑所追求的，那就是在快手人人平等，只要是有趣好玩的内容，快手都会推荐，不管他是明星还是普通用户。基于此，他们的交流和合作就很默契了。为了留住宿华，张斐建议程一笑把他们两个人的股权再分出一半，即张斐占10%，程一笑团队占40%，还有50%的股份给宿华团队。很少有人会把自己辛苦的心血分一大半给半路加进来的合伙人，但程一笑很大度地这么做了。他在乎的不是自己的得失，而是快手能否发展壮大。有这样一个心胸开阔的创始人，快手不成功也难。

宿华主管快手后，把快手的繁复功能全部删减，仅留下“关注”“发现”“同城”，同时，用一个“摄像机”标志，表示录像功能，后来，快手又加上“机器人算法”，给用户推荐更多喜爱的类型。快手的用户体验有了极大提升，喜欢玩快手的人也越来越多。不久之后，快手又开发了直播功能，快手以每年几十倍的速度发展。到2016年，快手的用户达到了3亿，成为名列前茅的App。

虽然如今像抖音、微视等新短视频平台的兴起，分了快手不少流量，但如今的快手，势头依旧强劲。

2020 年，38 岁的宿华以 29 亿美元身价，荣登《2020 年福布斯全球亿万富豪榜》。[①]

思考与研讨：

结合上述案例，一个 26 岁从清华辍学，经历 33 次创业失败的青年，短短 12 年，为什么能取得如此成就？

本章思考与研讨：

1. 什么是生存型创业？什么是事业型创业？
2. 企业家型创业者与工匠型创业者的主要区别是什么？
3. 什么是企业家精神？
4. 具有企业家精神的创业者为什么创业成功率较高？
5. 请阅读有关乔布斯创业的故事，思考并分析乔布斯具有哪些企业家品质？乔布斯创业成功的关键因素有哪些？你从中受到哪些启发？
6. 在遇到任务、问题和困难时，你会如何处理？你将如何培养自己的企业家精神？
7. 为什么说人要有感恩心理？知恩图报为什么对一个人的创业成功非常重要？

① 26 岁清华退学，33 次创业失败，却靠短视频发家，如今身价 29 亿美元！［EB/OL］.（2021-01-1）［202-10-01］. https://www.360kuai.com/pc/999fd3.

Chapter 3

第三章　创业商机的发现与创造

创业案例 大学生毕业后种香菇：年产值达1000万元[①]

2009年，李正森从安徽建筑工业学院毕业，并顺利在县城找到了一份工作。由于所学专业对口，加上他吃苦耐劳，工作有魄力，很受公司经理喜欢。当年秋季，当地政府鼓励大学生回乡创业，村里引进了肉鸡养殖企业。在建筑公司上班仅两个月的李正森辞去工作，信心百倍地搞起了肉鸡养殖，租地、贷款、建棚，他把周边一些留守老人和残疾朋友请来帮忙，连自己的父母也拉进来帮助管理。

由于多种原因，养鸡创业出现了亏损。2010年夏季，李正森为了弥补养鸡的亏损，就跟着一个朋友开始做猪苓购销。有一次，他到安康宁陕县收购猪苓，看到当地的食用菌产业很红火，又动了栽培食用菌的心思。他发现柞水县以前都是用椴木栽培香菇、木耳，随着人们对生态环保的重视，当地椴木食用菌产量越来越少，而袋料生产香菇在柞水还很有限，这应该是一个致富商机，李正森认准了这一商机。2010年年底，在小岭镇政府的扶持下，李正森在金米村租地40多亩，注册资金300万元成立了陕西正森农业生态有限责任公司，他还注册了"正森"绿色食品商标。2012年李正森投资建设玻璃丝骨架大棚150个，购买高效灭菌炉、自动装袋机、电动翻料机等食用菌生产配套设备50余台，同时配套建成了装袋车间、菌种室、接种室、锅炉房、仓库、冷库和加工包装车间。

金米村既是板栗大村，又是核桃改良大村，每年会产生大量的树木枝条和植物秸秆。自从在金米村建起食用菌公司后，他就从村民手中收购这些树木枝条、废弃秸秆和玉米芯、麸皮、玉米糠等，让这些往日的废弃物变成了"钱串串"。李正森还在生态循环经营上动心思，对食用菌进行专业化生产、加工、销售，将食用菌培养基使用后又作为有机肥料还田，整个产业流程确保不给环境造成损害，公司采取"公司＋协会＋农户"模式，充分发挥龙头企业的示范带头作用，统一培训、统一管理、统一回收、统一销售，提高了菇农抗御市场风险的能力，带动周边农民发展优质、高效、生态、安全农业。2012年3月，在他公司的带动下，金米村组建了金米食用菌产业协会，村里33户农民加入协会，依托正森农业生态有限公司发展食用菌，仅在当年，村上生产食用菌150万袋，产鲜菇1750吨，年产值达1000万元。

2012年，李正森荣获柞水县"农业产业化经营明星""科普示范带头人"等多项荣誉称号。面对这些荣誉，李正森并没有骄傲，他打算开辟更大的创业天地。中央一号文件鼓励农村土地合理流转，还鼓励农业规模化种植，这更加坚定了李正森的目标，他加大了经营规模，全力打造一个集农家采摘体验园、食用菌深加工、稀有食用菌研究室等为一体的现代化食用菌工厂。2013年他又购进原材料500吨，设备20余台，预计产值达1500万元，年可增加农民工资性收入200万元，户均收入达2万元左右。

思考与研讨：

1. 根据上述案例，你认为李正森发现了怎样的商机?

---

① 大学生毕业后种香菇：年产值达1000万元［EB/OL］.（2013-07-29）［2021-07-03］. 31.toocle.com.

2. 李正森在创业过程中又创造了哪些新商机？
3. 发现和创造商机为什么对创业者来说非常重要？
4. 李正森创业要面对哪些困难？他是如何克服的？
5. 你从李正森创业过程中受到了哪些启发？

第一节　创业商机

商机（business chance）代表着一种通过整合资源、满足市场需求，从而实现市场价值并带来收益的可能性。作为创业初始阶段的关键环节，对创业商机的判断会决定整个后续创业活动能否正常开展。这是因为创业者的第一要务就是要解决以何种产品、何种方式最快最有效地满足客户的需求，以便达到吸引和留住客户的目的。几乎所有创业者失败的根源都可以归结为对商机的误判。因此，创业的基础性任务之一就是正确识别、发现抑或创造商机。事实上，把握创业商机是主观努力和客观存在的统一。一定的创业商机总是在特定的环境中形成和出现的，所以，创业者首先要学会从纷繁复杂的环境中发现或创造商机。

创业商机可以简单定义为是一个有吸引力的、使投资者能够获得较高收益的有利环境。对创业者来讲，一个好的创业商机应符合以下标准：

第一，该商机能体现出某市场具有真实的需求，且有一定的购买力支持，能取得一定的营业额和利润，并能收回投入；

第二，该商机所描述的市场有尚未满足的需求，未来有较大的发展潜力；

第三，面对该商机，创业团队具备可从中获益的相关资源和技能；

第四，创业者具有一定竞争优势和开拓该商机的能力。

创业商机无论大小，从经济意义上讲一定都是能由此产生收益的机会。创业的一个关键环节就是努力追寻已觉察到的商机，直至抓住为止。因为商机是一种积极的外部倾向或外部变化，它为创新和创造价值提供了可能性。创业商机的主要特点如下：

1. 具有潜在的盈利性

潜在的盈利性通常是指新创企业经过努力，抓住商机并在未来可能会形成的获利空间。表示创业商机潜在盈利性常用的指标有：市场需求缺口；产品（服务）的销售预期利润率；资金（资本）预期利用率；投入预期收益率；未来利润增长率等，其中投入预期收益率具有更广泛的意义和主导作用。可以说，创业商机潜在盈利性对新创企业未来发展至关重要。如果潜在盈利性比较高，说明必须要抓住并利用该创业商机。现实中，潜在盈利性往往并不明显，评价和识别都有一定难度，对潜在盈利性的理解与分析需要创业者拥有一定的市场知识和分析技巧，同时需要有相关领域的经验。否则早有他人也会抢占先机。比如：张朝阳、李彦宏等人出国后，发现互联网的商业化应用在美国发展得非常好，而国内却存在很多空白。他们经过分析，预见到利用互联网在国内创业一定会有很大的发展潜力和盈利可能性，于是，他们在回国后利用互联网创业并取得了成功。

2. 难以捕捉性

商机难以捕捉主要表现为需求的产生与满足方式上在时间、地点、成本、数量、对象等总是处在不平衡状态。商机往往稍纵即逝，变化无常，旧的商机消失后，新的商机又会出现。很多商机并不是永远存在的，创业者要善于抓住创业的“机会窗口”，也就是最好在能有效利用商机的期限内创业。如果等到参与的竞争者更多，市场更加成熟，机会窗口也就关闭了。比如，阿里巴巴 B2B 电子商务在 1999 年创建，然后，市场迅速发展，后来逐渐有慧聪、金银岛、中国建材网、中国化工网等加入竞争，B2B 电子商务市场也渐趋成熟，这也就意味着机会窗口的关闭。如今，如果有人再想通过 B2B 电子商务创业并取得成功已经变得非常困难了。

3. 离散性

创业商机所展现的信息大都不具备完整的、明确的系统性，往往需要人们在对基本创业目标做出判断的基础上再发挥想象力和创造性，将众多离散的但却不可或缺的因素整合进来，逐步形成整体化且相辅相成的创业项目。机会的红利期总是掌握在少数能从离散甚至混乱信息中发现商机的人。当你看不懂、看不透，分析不出某些事物具有相互联系的底层逻辑，不愿意下力气对处于离散状态的信息进行认真分析、整合并采取行动时，也就意味着你可能会错过一波新的商机。而当所有人都开始意识到一个很好的商机确实存在时，你如果再想跟进，可能为时已晚，因为有人已经捷足先登，留给你的机会却所剩无几了。

4. 易忽略性

很多商机初看上去微不足道而容易被人们所忽略，但这些细微之处恰恰蕴含着大量的机会。例如多年前，当人们在打开涂料桶时，都是习惯性地用螺丝刀撬开上面的盖子，一直如此，从未改变过。但是后来，荷兰男孩油漆公司（Dutch Boy Paint）推出了一种名为“Twist & Pour”的塑料涂料桶，其特点是使用者可以轻松拧开桶盖，并且桶上还配有一个特制的壶嘴，从而解决了过去从涂料桶倒出涂料容易发生滴洒的问题。另外，通过涂料桶上的壶把，使用者还可以控制倒出涂料的量，而且方便使用者携带。荷兰男孩油漆公司的营销总监亚当·察夫说：“来自消费者的反馈说，这种塑料容器是一种包装上的创新，早就应当有人想到这个方法了。”这个例子说明，大家所习以为常的做事方法（如用螺丝刀撬开涂料桶）可能远不是最理想的方法。

案例

大约 20 多年前，乔布斯就敏锐地意识到他们在车房中组装的个人电脑会改变世界。他放弃大学学业去追求自己的梦想，从而开创了全球个人电脑行业和曾经是全球第二大的电脑公司；苹果电脑开发成功后，由于在公司发展目标方面与董事会发生冲突，乔布斯被迫出售股份并离开苹果公司，但他没有放弃自己的目标，凭着自己的努力苦苦支撑了十年，几乎耗光了自己的积蓄，终于创造了一系列新的电脑技术平台和商业模式，并在十年后成功挽救了濒临破产的苹果电脑。乔布斯虽然不是最成功的创业者，但却是全球最有洞察力的创业者之一。①

思考与研讨：

阅读有关乔布斯的报道，分析乔布斯是如何发现和创造商机的？

第二节 发现创业商机

蒙牛创始人牛根生说过："世界终究不是有钱人的，不是有权人的，而是有心人的。"商机是客观存在的，但并不一定显而易见。发现商机需要学习与观察，需要实践经验的积累。一个有远见的创业者是靠机会驱动的，机会来源于环境中的变化，企业家型创业者就是善于捕捉这些变化的有心人。

当今社会发展的不确定性越来越明显，而恰恰是这种不确定性孕育着大量的机会，当然，它也会带来失败的风险。这就需要立志创业的人们学会从机会和风险两个角度去趋利避害，把握商机。许多创业失败的原因不是创业者本人不努力，而是没有找到真正的创业商机。那么如何发现创业商机呢？

首先，创业者应将自己置身于消费者的角度，去观察和体会消费者对商品或服务的需求。这个过程的关键在于观察和体会，而不是只听消费者怎样说。要从假设自己所处的现实情景入手，看看如果是自己处在这一情景中需要什么？什么能够刺激自己去购买？只有站在消费者的角度去思考这些问题，才能够将假设转化为切实可行的商机。事实上，很多创业者在努力寻找创业机会时，缺少的并不是创意，而是来自消费者的视角和感受。为了培养洞察力、发现商机，你需要仔细地观察消费者在体验时的真实表现，并善于抓住他们真情流露的那一瞬间，而不是只听消费者泛泛叙述自己的感受。

其次，创业者要善于迅速发现问题的关键点。成功的创业者通常都是那些能够快速找到痛点，善于分析关键问题，然后通过敏锐思考得出解决方案的人。在某些情况下，那些貌似正常的细微之处恰恰就蕴含着大量的创新机会，它们经常会被人们所忽视，因为这些情况从未改变过，人们已经司空见惯了。

最后，创业者还要学会从现有产品或服务的不足之处或是被忽略之处发现改善的机会，虽然人们一直对这些看似正常的事物可能抱怨几句，但从未给予足够的重视，更不会想着如何通过自己的创新加以改变。要养成勤于思考的习惯，经常思考着如何使之更新颖、更前卫、更新潮、更独特。比如，腾讯创始人马化腾把最大的功夫下在跟踪前沿上，而把市场和销售业务交给刘炽平，各项具体业务交给各高层分工负责。每天晚上马化腾都会浏览各大门户的科技频道，如 donews、techweb、chinalab 等的国内 IT 社区。他特别关注国外新兴的服务、新上市的网络游戏以及有意思的产品等。在腾讯内部，马化腾也被叫

① 创业关键能力［EB/OL］.（2015-02-02）［2021-01-02］. http://www.795.com.xn/cy/cyzn/1189.html.

作“首席体验官”。一个新产品出来，他会首先以一个普通网民的身份去感受，用户界面和人机交互的设计也是他兴趣所在。哪里不方便，哪个按键用起来别扭，哪里颜色刺眼，他都会对细节提出建议。

除上述情况外，研究还发现，社会交往面广、与不同企业高管保持密切关系的创业者更容易发现创业商机，创业前曾担任过的管理职位越多样、经历的行业相关性越强的创业者往往更容易捕捉到机会。有机构在调查美国成长最快的 500 家企业时发现：71% 的创业者识别出的创业机会来源于先前工作经历的模仿与改进。通过工作经验积累而形成的“业务敏感能力”造就了其独特的视角与对创业机会把握的准确性，具体表现为：面对相同信息时能识别常人不能发现的有价值和回报高的创业机会，同时，在处理与先前经验相类似的问题时，也表现出与众不同的判断标准与思维方式，即经常会运用直觉判断而不是预测，运用经验推理而不是简单理论推导，运用整体思维而不是破碎思维等。创业商机不是通过机械地最优化搜索的结果，机会也不是纯粹靠运气发现的，而是基于无处不在的创业意识和知识经验积淀。之所以一些创业者比另外一些创业者对创业机会更加敏感，是因为创业者自身具备不同的知识结构和个性特质。

企业家创造性的思维，能够开发大大突破常规的解决方案。企业家并非仅通过优化当前系统来达到稍做调整的目的，而是要找到一个全新的方式来处理问题。乔布斯和沃兹尼亚克（苹果创始人）并非仅做加快软件定制服务的开发项目；史密斯（联邦快递之父）同样也并不是仅在提高运输公司之间交接货物时的运营效率。他们都是通过寻找一个全新的、极具创新性的方法来解决所面临的问题。

比如，在联邦快递（FedEx）出现之前，美国州际寄送包裹是很困难的。当时的快递服务公司会将包裹一起转移到另一家公司，再由这家公司将包裹送往目的地，有时候还可能经由更多的公司运输。这样的系统过于复杂，它需要跨区调度和运输，而与此同时，这些包裹能否得到及时的运输，还要视快递服务公司的状况决定。很显然，这个过程复杂且十分不完善，但没有人愿意去解决这个问题。用户只好学会习惯这种落后的、缓慢的、难以令人满意的服务。而这种低效的服务状态之所以大量存在，只是因为没有人能站出来改变它，直至联邦快递出现。

第三节　从环境变化中发现创业商机

一定的创业商机和创业行为总是在特定的环境中形成与发展起来的。事实上，创业的机会大都产生于不断变化的市场环境。环境变化了，市场需求、市场结构以及商机必然发生变化。著名管理大师彼得·德鲁客将创业者定义为那些能“寻找变化并积极反应，把它当作机会充分利用起来的人”。这种变化主要来自产业结构调整、消费结构升级、城市化进程加速、人们思想观念变化、政策变化、人口结构变化、居民收入水平提高、全球化加快等方面。比如居民收入水平提高，私人轿车的拥有量将不断增加，这就会派生出汽车销售、修理、配件、清洁、装潢、二手车交易、陪驾等诸多创业机会。在创业最初阶段，创业者心中想象的市场往往与实际情况存在巨大的差异。因此，新创企业要想尽快走向成功，必须要重视分析和研究市场环境。环境不仅影响社会经济运行，也会带来很多创业商机，以下我们从政治、经济、社会、技术四个方面的环境变化分析相关创业商机。

一、政治、政策、法律环境

一般来说，良好的政策法律环境，不仅对创业人才更有吸引力，而且也会增加创业成功机会。比如，如今大众创业已经上升为国家战略，创业环境越来越好，主要表现在国家层面对各类创业活动的鼓励与支持，如遍布各地的创业园、各种优厚的创业扶持政策等，由此创业者的权益得到法律保障、创造愿望得到尊重、创业活动得到支持、创业成果得到肯定等。这些都势必会激励创业行动的产生。随着各项政策的不断出台，我国创业者面临的机遇与挑战并存。一方面，一些宏观政策使得市场竞争环境得到改善，提供了形成创业机会的空间。如《中华人民共和国物权法》从法律上为创业成功的成果提供了保障;《中华人共和国反垄断法》的出台将有助于保护公平竞争、规范市场经济秩序等。另一方面，一些宏观政策向技术含量高、能耗少、附加值高的产业倾斜，增加了这些行业成功创业的机会。如新的《中华人民共和国企业所得税法》规定，税收优惠主要面向的是高新技术行业、创业投资型行业、节能环保行业等。

国家发展布局和产业政策的调整往往可以带来很多创业商机。比如，我国城镇化和低碳节能环保等都是未来发展趋势，城镇化的发展将会给相关企业带来发展契机，有可能在相关领域形成巨大的市场。具体说，城镇化提速将带动城乡地区基础建设、配套设施建设、人文环境建设等的发展，从而刺激投资，拉动消费。新型城镇化的启动，也将会成为多个行业的发展契机。创业者可以关注哪些行业将显著受益于新型城镇化的推进，城镇化建设所需要的产品或配套服务将构成一个非常巨大的市场。

政策强制性措施的落实往往也会带来创业商机。如国家或地方出台政策，大力度治理环境污染，诸如禁止街头烧烤向大气中排烟，禁止工厂污染空气等。这些政策的强制执行，为开发和生产排烟除尘设备提供了创业机会。类似的还有加强污水治理、公共场所禁止吸烟的规定等，都带来了相关的创业商机。近年来，节能降耗产品、清洁能源、太阳能设备等之所以成为市场热点产品，就是因为其适应了国家发展的环保政策要求。再如，交管部门为加强对汽车行车违章的监控，在主要路段安装了电子眼、闯红灯监控等设备，一些精明的创业者很快发现了商机，开发出了电子狗等预警提示产品，并迅速得到应用和普及。

国家经济政策的调整同样也会产生大量商机。当前，全球正处于百年未有之大变局，在国内经济高质量发展的总体要求下，我国未来的经济发展需要更强的内生动力，传统的人口红利和要素成本优势已不可持续。在此背景下，党中央审时度势，提出构建以国内大循环为主体、国内国际双循环相互促进的新发展格局这一重大战略构想。而双循环相互促进新发展格局的重点是补齐核心技术短板，支持关键产业链及其核心环节，提升国内区域价值链水平以防范国际风险。如果创业能抓住科技创新和关键产业链等重要环节，那就意味着抓住了市场需求的根本，也就意味着抓住了市场机会。比如，国家鼓励大力扩大新能源、人工智能、物联网等应用领域，与此相关的机会如果能抓住，将会给创业者带来丰厚的利润。相反，如果我们不仔细分析市场内在发展逻辑，盲目跟风，只看热点和炒作，不研究产品或服务是否可持续发展，结果一定会失败。在注重国家经济政策调整的同时，还必须注意具体行业、产业的发展变化情况，通过对行业、产业变化的分析来发现市场机会，并据此选择创业切入点。

案例

前程无忧（51job.com）CEO 甄荣辉 1984 年大学毕业，他曾是 HP 的销售与市场部门的销售工程师。1994 年，32 岁的甄荣辉加入贝恩。四年半后，他成为贝恩公司历史上最年轻的副总裁以及最年轻的合伙人之一，年薪 100 万元美金，拥有公司 30.6% 的股份，是公司的第一大股东。20 世纪 90 年代初，国家毕业分配政策逐渐调整，毕业生由国家包分配变为自主择业。1998 年，人才交流市场日趋活跃，无论是用人单位还是求职者个人，他们迫切需要更专业的、定位于白领青年的招聘渠道。当时任贝恩公司中国区总裁的甄荣辉需要招募新人，此时，他先在一份英文媒体上刊登了招聘信息，但效果很差。这时，他注意到，人才招聘市场非常不成熟，比香港人口还多的北京却没有一份专业的招聘报纸，这意味着非常大的创业机会。1999 年，互联网经济正在全球兴起，网络给甄荣辉带来了新的机遇。1999 年 1 月，甄荣辉先在上海推出了 career-post.com 网站，内容只是《前程招聘专版》的电子版。2000 年，甄荣辉投资创建了前程无忧，同年 4 月，他决定离开贝恩，出任前程无忧 CEO。2004 年 9 月 29 日，前程无忧成功登陆美国纳斯达克，开盘价为每股 18.98 美元，当天收市价为 21.15 美元。①

二、经济环境

1. 经济发展进程会产生新商机

随着经济的发展，人们可支配收入不断增加，使人们日益提高对商品品种、质量、花样、功能、档次等的要求。如假冒伪劣产品即使很便宜，也将越来越没有市场；而质量优异的产品，即使价格较贵，也依然大受欢迎。如果创业者以生产高端产品为创业项目，未来的发展空间将会很大。比如，苹果手机的价格比一般手机贵好多，但因其优异的质量和独特的性能而受到市场的追捧。

2. 地域差异产生商机

地区价格差异、税收差异、消费水平差异、供需差异等，为开展跨区域合作和创业提供了可能。比如，在发达地区已经处于饱和的某些业态，可能在不发达地区还非常紧缺；

① 曹子烈．激情燃烧的甄荣辉［J］．世界经理人，2011（1）．

或者在发达地区因升级而淘汰的一些产能，可能非常适合在欠发达地区落地。这突出表现在一些先进国家（或国内发达地区）为了产业升级的需要而将原有的产业向不发达或落后地区转移，如制造业、加工业、OEM 等。

3. 先进与落后的反差中产生商机

产品和服务的先进与落后很容易被人们发现，因此，创业者要开阔眼界，不要闭门造车，可以通过各种渠道增长见识，如在商品展览会上、广告中、商场里将高端产品与低端产品比较、高质产品与低质产品比较、高性能产品与低性能产品比较，从中发现产品之间的差异、最新动态和发展趋势，以便找准适合自身创业的商机。

4. 物价、生产资料价格等变动产生商机

物价变化一方面说明供求出现了不平衡，另一方面也表明某些资源出现稀缺，如不可再生资源出现短缺，如石油、煤炭涨价，就推动了太阳能产品和可再生能源领域的创业机会。

案例

郭磊是个 70 后，大学毕业后考上了公务员，几年后，又考上了商务部驻外秘书职位。后来，郭磊被派到中国驻以色列大使馆经商参赞处，从 2004 年到 2008 年在以色列工作，负责促进中以双边经贸、投资的合作和发展工作。在以色列，郭磊第一次见到“神奇大棚”：一年能产 18 季的叶菜，而普通大棚叶菜一年最多也就产 8 季。

2012 年下半年，他动了创业的念头：“我想，如果创业，就把以色列技术引进到国内，这样的生意应该很有商业空间。”2013 年。郭磊和几位合伙人成立了潍坊市华以农业科技有限公司，“华以”分别指代中国和以色列。2 年后，他们盖起了阳光大棚。大棚里的蔬菜种植完全不用土，只需要营养液就能长大。每一种蔬菜都有量身定制的营养配餐，种菜就跟养小宝宝一样，不但根据每种蔬菜不同的需要来配比营养液，还要定期体检。根据体检情况，电脑会自动进行营养液的配比。

做大棚一平方米需 2000 元成本，大棚造价一共是 3000 万元。公司的业务之一，就是输出这个模式。如果要复制经验、输出这个模式，而成本太高，那就很难推广。这就逼着他们进行本地化创新。现在，一平方米输出的价格是 500 元。

他们计划根据一带一路倡议，往一带一路沿线国家发展业务，阿联酋、卡塔尔等是首选，因为他们国家大部分地区是沙漠，而因为外交关系，他们和以色列还无法开展相关业务，所以郭磊想将水培种植技术向这些国家输出。①

① 回家种菜的部委官员：公务员背景有多大用处？ [EB/OL]. (20161229)[20170309]. http: //news.163.com/16/1229/08/C9EKHL4J0001875N.html.

三、社会、文化、人口分布、教育环境

市场是由那些想购买同时又有购买力的人构成的，这种人越多，市场规模就越大，商机也就蕴藏在其中。如今，随着生活水平的提高，人们的购买力和购买意愿正在发生着深刻的变化：

一是人们的休闲娱乐不再仅仅是看电视、唱卡拉 OK，而是渗透到了方方面面，如旅游、上网、户外运动、健身、美容等；

二是工作节奏加快，快餐、便利店、网络购物等迅速发展；

三是人口老龄化导致老年人用品市场的发展，如护理、保健品、营养品、自动或方便用品、服务等需求增加；

四是审美、文化品位需求都在提升，引发家居装修、家具、家电等的日趋高档化；

五是素质教育深入人心，艺术特长教育、外语、特殊技能、职业证书等受到市场追捧；

六是教育投入增加，学校软硬件及环境建设需求增加，相应的设备设施采购任务加大。

案例

王正平在南宁做了6年酒品代理，赚了一些钱后，他觉得做代理商有局限性，厂家只给你做广西市场，不让做其他市场，束缚着他的市场拓展能力。于是，他产生了寻找一个新项目来做自己的市场的念头，但做什么呢？这个项目必须是市场上没有的东西，而且符合大众需求。他想到了国家专利局网站，这个网站可信度高，所发布的专利技术值得信赖，他想看看有什么新技术值得他来研发。

网站公布了许多项专利，但王正平只对窗户这一项专利感兴趣。为了分析360度旋转铝合金窗新技术是否有市场前景，他上网搜索了现在市场上所使用的铝合金窗，并且去了广东、上海、浙江、江苏，调查这些地方现在流行的铝合金窗样式。最后得出的结果是现在市场上所安装的铝合金窗几乎都是推拉式，尽管近两年市场上出现旋转式铝合金窗，但只是180度外旋，没有360度旋转。

接着王正平又走访了一些学校，了解学校是否需要360度旋转铝合金窗，一位校长说："一个教室几十个学生，这样的窗户通风好，而且方便清洁。"王正平又咨询了一些朋友和小区的住户，他们也这样认为。根据市场调查结果，王正平认为360度旋转铝合金窗的专利可开发利用。他几经周折找到了专利发明人，提议自己出钱，发明人出技术，合伙研发这个产品，他还请了一个朋友加盟。2003年，他们成立了南宁旋艺窗业有限公司，在南宁市友谊路租地开始了自己的创业。①

---

① 资料来源：根据瞧这网《利用别人的专利创业》整理，http：//www.795.com.cn/wz/88314.html。

四、技术环境变化

进入 21 世纪以来，新技术革命及其带来的科学技术的重大发现、发明和广泛应用，推动了包括我国在内的世界范围的生产力、生产方式和经济社会发展模式的深刻变革，也给创业带来诸多商机：

1. 新技术替代旧技术产生商机

有些商机过去难以实现。比如，国内的一些城市纷纷出现 3D 打印照相馆的身影。他们将顾客的外形数据扫描后输入电脑，再根据顾客的想法进行设计，然后通过运用全彩 3D 打印，并进行后期加工，为顾客制作出惟妙惟肖的个人模型，受到时尚人士的喜爱。

2. 新技术实现新功能产生商机

如互联网的发明带来一系列与网络相关的创业机会。电子商务、网络游戏等，如今“互联网 +”已经是众多创业项目的热点。

3. 新技术带来新问题产生商机

如汽车和飞机的噪声污染带来了与消声器相关的创业机会；再如，随着各种消费卡的增多，人们携带起来很不方便，这就是很好的商机，目前已经有公司开发出了手机 App，只用一部手机就可实现集电子银行卡、公交卡、消费卡等诸多功能于一身的目的，解决了出门要带好几张卡的烦恼。

4. 原有技术产生新用途带来商机

如利用手机技术发送短信、彩铃；利用网络建立贴吧、知道、翻译等实用功能板块。

5. 新技术产生配套需求带来商机

比如，在 21 世纪初，随着互联网的发展和计算机的普及，人们对搜索引擎的需求越来越大，当时，谷歌搜索引擎独步全球，而中国在这方面却处于空白状态。李彦宏在硅谷是信息搜索领域的杰出专家，他的妻子马东敏认为他应该独立创业。妻子一席话，激发起李彦宏内心的创业激情，因此，他选择了回国创业，于是出现了具有中国自己特色的搜索引擎——百度，从而填补了国内空白。

第四节　从热点中发现创业商机

创业商机往往会出现在热点领域。对于普通创业者来说，在市场热点领域创业会更容易一些，但是把握热点的能力往往决定了创业者的后续发展。其实，社会的变化往往伴随着很多热点的形成，除了产业热点外，还有社会热点，包括社会时尚、社会趋势等。在这些热点领域，往往是新需求和新商机的诞生之地。比如，美国西部发现金矿后，全国掀起了一场淘金热，很多人趋之若鹜，大家都在为赚到第一桶金而奔波忙碌着。然而，在此过程中，真正赚到大钱的人并不是那些淘金的人，而是那些为淘金者提供各种配套服务的人，比如，提供餐饮、工服、工具、交通等服务的人。正是这些人，从热点中发现了创业商机，于是抓住了这些机会，使自己的创业获得了成功。比较典型的社会热点及创业商机如下：

一、汽车热

随着人们生活水平的提高，汽车开始大规模走进家庭。2020 年，全国机动车保有量达 3.72 亿辆，其中汽车 2.81 亿辆；机动车驾驶人达 4.56 亿人，汽车驾驶人 4.18 亿人，我国已经成为名副其实的汽车生产和消费大国，这其中就蕴藏着大量的商机。据世界排名前十位的汽车公司近十年的利润情况分析，在一个完全成熟的国际化的汽车市场，汽车的销售利润约占整个汽车业利润的 20%，零部件供应利润约占 20%，有 60% 的利润是在其服务领域中产生的。比如，为汽车提供衍生服务的项目涉及汽车维修、保养、装修、美容、清洗、年检、后续保险、防盗、安全、二手车交易等多个领域，具体而言：

（1）售后维修服务。汽车美容市场的利润占到 60%，这说明售后服务大有开拓余地。

（2）汽车养护。谁能抓住汽车时代养护商机和服务商机，谁就能够挖到中国汽车时代最大的财富金矿。

（3）配件和精品零售。随着汽车的普及，汽车内装饰、外装饰、汽车防盗、内饰件、保养品，甚至汽车改装业务将变得异常红火。

（4）汽车保险。目前汽车保险已经占世界非寿险的 60%，国内汽车保险营业额也在财产保险中居第一位。

（5）汽车融资。这包括汽车业资本经营、汽车租赁、消费信贷。

（6）汽车资讯。包括汽车调查、市场分析、行业动态、统计分析、政策法规等。

据业内人士介绍，美容、汽车装饰、汽车快修等领域的创业门槛并不高，投资额约 5 万 ~25 万元，小本创业者也适合。再如，随着汽车走进家庭，人们的个性化需求也体现在汽车本身功能的不断丰富上，如倒车雷达、座椅加热、自动泊车等汽车附加产品的开发，都是有针对性地解决了乘车人的某种需求，而以开发和生产这类产品而展开的创业都形成了一些专门的产业，其收益率甚至超过汽车制造本身。为了儿童乘车安全，车内需配置儿童专用安全座椅，但目前该类产品的市场价格较高，而儿童到一定年龄就不再需要，造成不少车主因性价比不高而不愿意购买。如果创业者能研制出一种多用途儿童安全座椅，通过折叠装置，使之既可放在车上作为安全座椅，也可作为平时的童车，甚至可作为购物小推车，就可以有效地解决产品价格高、效用低且周期短的问题。

二、旅游热

最近十年来，入境游、国内游、出境游三大市场全面振兴，我国旅游经济迅速崛起，已成为现代服务业中四大新兴产业之一。旅游业的迅速发展催生了诸多的商机，除了旅游用品销售、旅游导游服务、经营经济型酒店等传统途径外，一些以特色为主题的旅游项目也开始出现巨大的商机，比如农家乐、采摘游、生态养生休闲、红色之旅、校园游、摄影采风游等。随着中国旅游市场网络用户的不断激增，旅游信息搜索引擎开发成为又一个新的淘金地。纵观与旅游相关的创业商机，我们可以发现，诸如旅游用品开发、自助游俱乐部、旅游纪念品销售、旅游网站、经济型连锁酒店等都可能有非常好的市场前景。

三、创意产业热

创意经济涉及广告、建筑、艺术、工业设计、时装设计、电影、音乐、出版、软件、电视广播等诸多领域。最近几年，创意产业迅速崛起，并涌现出一批各具特色的创意产业基地。创意创业具有点石成金的神奇作用，特别是本身没有太多资源的创业者，可通过独特的创意来获得各种资源，包括资金、人才等。此外，具有一定创新能力的在校生、在职人员也适合选择这种灵活的创业方式，如各类婚庆公司、设计工作室（时装设计、饰品设计、广告设计、室内设计、工业设计、多媒体设计等）、艺术画廊等。

四、女性市场热

爱美之心，人皆有之。尤其是女性，对美的追求更加强烈。从服装、化妆品、名包，到美容瘦身、整容等，女性都是消费的绝对主力。随着女性经济独立自主，消费力提高，很多产品纷纷以女性为目标市场。美容行业者不断通过大众媒体的广告宣传攻势，激起女性爱美的天然欲望，也因此带动美容产业的兴旺。随着饮食精致化，有瘦身减肥需求的人数也不断攀升，根据调查，有七成以上的女性对自己的身材不满意，这是瘦身美容业有商机的原因。一般来说，瘦身美容业投资成本约在 20 万元，但由于其毛利高，多半在一年半内即可收回投资，然而目前瘦身美容业已不再局限于单纯的脸部、身体美化，为求在市场上立于不败之地，协助女性全方位的身心提升已是趋势，因此除了高科技仪器与天然营养品的应用，结合 SPA（水疗）与美容讲座活动，是瘦身美容产业未来的经营重点。

与其他商机相比，大多数产业项目在经营业绩上呈此消彼长的态势，美容产业的差异在于，在新的商机出现时，对于原有结构的冲击并不明显。举例来看，从近 20 年的女性消费热点看，从服装、化妆、名包转到美容瘦身、整容，但是新热点的出现，对前者并不会产生冲击，甚至有着相辅相成的效果。可见，这是一个无限扩张的市场。

五、健康绿色经济热

随着百姓生活水平的提高，生活方式不仅让消费升级，同时在消费需求的结构上也发生了巨大的变化。当下，人们越来越追求生活质量，关注自身的健康状况，都市中等以上生活水平的家庭对于保健投资的比重渐趋上升。随着知识水准、国民收入的提升，人们对于健康也越来越重视，不再因为生病才有医疗需求，预防医学的观念已被大家接受，甚至现在市面上多了很多健身俱乐部、养生餐厅等，就连饮用水及有机蔬菜水果也因为强调有益健康而热卖，因此，健康产业概念被列为最具“钱”途的创业方向之一。比如，人们对食品的需求已从“温饱型”向“营养健康型”转变，绿色食品迎合市场发展和百姓消费需求，市场覆盖面日益扩大，市场占有率越来越高，具有巨大的发展前景。此外，一些提倡健康饮食的餐馆也将成为新的消费需求热点，蕴藏着巨大的商机，如净菜社、药膳馆、素菜馆、养生餐厅等都非常受欢迎。

随着人们健康意识的不断提高，健康领域蕴藏着巨大的商机。从温饱消费向健康消费，是居民消费升级的基本方向，健康产业是未来投资的方向之一，发展潜力巨大。

六、微信热

过去人们习惯使用QQ、微博这些社交软件，2011年1月21日，微信正式诞生，它不仅彻底改变了人与人之间的联系方式，也催生了一种新型的人际关系。微信的流行非常迅速，如果你不用可能难以与他人沟通，也会错失好多新的机遇。如今，人们已经离不开微信，控制你的并不是手机和软件，而是一种新型的人际关系。分享、点赞、评论，这些简单的功能，塑造了中国人新的朋友观。微信的成功是不可否认的，它联结的不仅仅是人们错综复杂的关系网，它的使用场景也渗透到生活的方方面面，包括服务、消费、娱乐等。微信的成功也催生了创业机会，比如，卖流量包、卖表情包、卖影视剧资源，甚至卖微信红包封面。2020年11月4日，微信发布了一个看上去并不起眼的消息：个人可以设计微信红包封面了，这一功能将开放给优质的视频号创作者，而此前只有企业用户才能做红包封面。2021年开年，微信红包封面的火爆程度让人始料未及：古驰、耐克、阿玛尼等品牌争相发布各自的封面，因为数量有限，用户只能通过转发抽签等方式获得。微信诞生10年来，已经从一款不起眼的社交软件，发展成为一款国民级App，占据社交网络龙头位置。微信除了为10多亿用户构筑了交流平台，也直接或者间接催生了数家市值过亿的企业，如拼多多、36氪、阅商集团、微盟、微店等。

第五节　从不满意中发现创业商机

现实中有很多让人感到不满意的地方，其中就蕴含着大量的商机。比如，乔布斯总喜欢以最终顾客的思维和不满提出技术创新的要求，这正是苹果在技术与产品方面都领先对手，引领市场的重要原因。在智能手机的创新上，是因为苹果看到了人们对原有的功能手机颇有怨言，糟糕的界面使多数用户与其手机的大多数功能失之交臂，而苹果愿意帮助人们改变这一现状。

再如，北方冬季干燥，室内经常会起静电，人们对此怨声载道。亚都科技有限公司发现了其中的商机，开发出适合北方的加湿器，创业成功。接下来，他们又针对室内空气污染的情况，在原有的基础上开发了负氧离子发生器、空气净化器等更先进的产品。

创业者不仅要关注那些所谓的大问题，也需要关注所谓的小问题。虽然小问题不像大问题那么显眼，但这些问题通常是让人们感觉不方便、一直在抱怨的事情。

乔布斯和沃兹尼亚克因为发现了大型机的功能优势和不能普及的劣势，所以他们决定要做创新，目的不是减少用户对大型机的依赖，而是从根本上消除这种依赖。于是，他们发明了个人电脑，使用户能够摆脱主机，便从主机房里的那些大型设备小型化。

而微信作为一种新的社交方式，之所以比QQ更受欢迎，是因为它克服了qq明显的不方便之处：

（1）登录方式：QQ 只能用 QQ 号登录；而微信比 QQ 的登录方式更多，包括手机号、QQ 号、微信号、邮箱等。

（2）交流方式：QQ 还是以文字和图片表情为主，语音视频相对运用比较少；而微信则可以通过文字、语音、图片等交流，特别是语音、视频交流是微信交流的主体。

（3）二维码：QQ 的功能简单有限；而微信比较有特色的功能之一就是二维码，它是微信的互联网入口，企业或者个人可以通过二维码进行宣传，增加粉丝和互动，还可以通过扫描二维码查看产品信息、消费支付、登录商家平台，甚至翻译等。

（4）公众号平台：个人和企业都可以打造一个微信的公众号，可以群发文字、图片、语音等内容，如一些自媒体，发布一些有阅读价值的内容，从而打造自己的品牌。

第六节　从不方便中发现创业商机

生活中有很多让人感到不方便之处，因此，能提供方便的事物也蕴含着大量的创业商机。例如，2002 年 1 月 1 日，欧元在欧盟正式流通时，海宁商人在竞争激烈的市场中捕捉到了机会。原来，在统一的新欧元流通前，海宁商人就发现新欧元的尺寸与当时使用的货币不同，他们马上意识到，如果继续用过去的钱包装新的欧元就会很不方便，这个重要的变化信息带来了挣钱的机会。于是，海宁人设计了新的钱包，一经推出，很快成了欧洲的畅销品。

案例　U 盘发明人邓国顺的创业故事[①]

过去，人们常用软盘进行数据存储，但软盘非常容易坏，导致存储的资料无法读取。当时的解决办法就是多用几个软盘作为备份，尽管不方便，但人们慢慢也就习惯了。邓国顺好几次出差时，因带去的软盘不小心弄坏而误事，他当时就在思考，有没有一种全新的产品可以替代软盘？他注意到：整个计算机从主板、CPU（中央处理器）到鼠标键盘都在不断更新换代，只有软驱多年不变，始终都是标准配置。能不能抛弃软驱，做一款小巧、稳定、且容量比一般软盘大许多倍的移动存储器呢？

1999 年，32 岁的邓国顺放弃国外诱人的待遇毅然回国，在深圳市罗湖区租了一套房子，在没有任何现成产品可供借鉴的情况下，开始研发替代传统软盘的革命性产品。

经过一年多时间的摸索，一个名为“U 盘”的闪存盘终于诞生了。在第二届中国国际高新技术成果交易会上，邓国顺把一支比钥匙稍大的“U 盘”样品挂在脖子上展示，马上得到了多家公司的青睐。后来，新加坡的一家上市公司和他们共同投资 888 万元成立了深圳市朗科科技有限公司。

邓国顺用 U 盘申请的专利就超过 150 个，他的创业团队拥有的一系列原创性基础

① 创业关键能力［EB/OL］.（2015-02-02）［2017-05-15］.http://www.795.com.cn/cy/cyzn/1189.html.

发明专利及其他核心专利目前已被广泛应用于闪存盘、手机、数字音视频播放设备（包括 MP3/MP4）、电视机、数码相机、数码相框、闪存卡、固态硬盘、GPS 导航仪、汽车电子等数码电子产品中。专利的优势也阶段性地体现到了朗科的业绩上。据朗科提供的数据，2003 年该公司占据了国内 U 盘市场的 50%，销量达 150 多万个，短短三年时间创造了销售 5 亿元的奇迹，邓国顺被 IT 业界誉为“闪存盘之父”。

第七节　主动创造商机

有些商机并不是现成的，是需要人们发挥主观能动性创造的。而创造商机离不开创新，创新就是创造新价值的过程。如创造一种新的产品或服务，或对现有产品和服务的创新性改进。有时创业者在刚开始创业时并没有明确的创新性产品和服务，而是在经营过程中逐渐形成的。如乔布斯更多的是站在客户角度思考问题，让自己感同身受，然后根据所形成的预期消费理念再去开发新产品。

长期以来，我国科技工作者习惯于搞发明和创造，可一旦有了产品，接下来做的事多是写结题文章、申请专利、申报奖项、评定职称等，很少有人将成果转化为商品。显然，如何将成果转化为造福于人类的商品，是很好的创业机会。

1. 提供全新产品 / 服务创造商机

全新产品是指应用新的技术，从工作原理和结构上设计过去没有的新型产品，这种产品无论对企业或市场来讲都属于新产品，甚至能改变生产方式或消费方式。如搜索引擎、录像机、录音机、电灯泡等的发明。

全新产品开发过程从捕捉市场机遇开始，经历市场分析、产品定义（概念设计）、研究开发、设计、制造、上市销售、支持（质量、采购、发送、服务）的一系列企业活动。全新产品一般需要顾客认可的过程，需要进行大量的市场培育和推广活动，经营风险较大。全新产品开发通常也需要大量资金投入，故新创企业所承担的市场风险也较大。

2. 提供换代产品或服务创造商机

换代产品是指在原有产品的基础上，采用或部分采用新技术、新材料、核心技术、新工艺研制出来的新产品。特点是在原理、方案基本保持不变的前提下，对产品做局部的变更设计，使之更能满足用户的需求。

换代产品与原有产品相比，性能有了改进，质量也有了相应提高，成本更低、功能更多。

换代产品的更新程度可以分为较小、中等和重大三个层次。如电视机由过去的显像管（CRT）改进到平面，到纯平，再到逐行都是较小和中等的换代，而变成液晶则是重大的改进。

3. 提供改进产品或服务创造商机

改进产品是指对老产品加以改进，增加某些功能，使其性能、结构、用途有所变化，在主要功能和工作原理不变的情况下，变更现有产品的结构配置、布置方式和尺寸，使之适应多方面的要求。如电熨斗加上蒸汽喷雾，电风扇改成遥控开关。比尔·盖茨多次被人讥讽没有自己的原创产品：靠之起家的 BASIC 语言并非他自己所发明；为他带来滚滚财源的当家产品 DOS 是从其他公司所购，是 Windows 借用了施乐公司和苹果公司的技术；IE 浏览器源于网景公司的创意；Office 办公系统的多数软件则均出自微软收购的公司。微软公司虽然没有自己的创造，但他们善于"再次发现"别人在创造中所暴露的问题，更重要的是将它们"重新组合"为新的产品，终于成为知识经济时代的创新典范。

一般而言，改进现有产品比创造一个全新的产品更容易。许多创业者都可以根据过去任职公司的经验，发现产品或服务中存在大量可以改善的缺陷，包括：未被满足的顾客需求、产品瑕疵、作业程序上的不合理等。改进产品或服务的好处是受技术限制较小，成本相对较低，也便于市场推广和消费者接受，但不足之处是技术门槛较低，容易被竞争者模仿。

表 3–1 为奥斯本（Alex F. Osborn）项目改善检查表，为我们通过改进产品或服务创造商机提供了很好的思路。

表 3–1　奥斯本项目改善检查表

问题项目	如何改	改动原因
是否能改变它？如功能、形状、颜色、气味、速度、成本等		
是否能改善它？如更方便、更正确、更完美、更便宜、更快捷等		
是否能放大它？如增加、加重、加厚、加长、加大、扩大等		
是否能缩小它？如省去、减轻、减薄、减短、缩小等		
是否能颠倒它？如上下、左右、里外、前后颠倒等		
是否能以某种方式重组它？如增加或减少功能或环节、叠加、复合、化合、混合、综合等		

如某人要开创一家餐馆，发现周边餐馆生意一般，他利用奥斯本项目改善检查表，经过分析，发现这些餐馆存在价格较贵、菜品不卫生等问题，于是，他从降低价格和改善菜品卫生情况入手，很快就打开了局面。

4. 提供仿制产品和服务创造商机

仿制产品是指对市场上已经出现的产品进行引进或模仿，研制生产出的产品。创造性模仿的本质是模仿，它的基础是建立在别人已经做过的事物上。等别人创造了新的事物，但还差一点火候时，他再开始行动，但这仍然具有创新性，因为他"比创新的制造者更好地理解了创新所代表的东西"，并使之更加满足顾客的需求。创造性模仿战略的优势是成本较低，风险较小。

比如，美国企业有两个特点，一是技术领先；二是模式领先。在境外成功上市的国内企业基本上在国外可以找到原形。比如，如家快捷这样的模式在美国早就有了，汽车租赁在美国也已经有了，滴滴打车也是参考国外 Uber 的模式，等等。创业者如果有机会可以去发达国家考察，看看哪些先进的东西值得借鉴和学习。随着中国经济的发展，一些先进的事物会逐渐被运用，因为好创意代表的正是市场发展的未来趋势。

5. 在已有产品或服务基础上通过差异化创造创业商机

只要市场还存在需求，就具备一定的创业商机。如销售商品、开餐馆或提供中介咨询服务等，这类创业项目的重点是要将产品或服务投向新的市场，对产品进行市场再定位，或找到新的地址、新的降低成本的方法，开发一点新的特色等。

“创造价值”意味着通过企业家的创业，将新的产品、服务、交易、方法、资源、技术和市场等创造出来，从而对社会贡献一定的价值。当各种资源通过企业家的创业被转换成产品或服务时，我们也能从中看到价值的创造。也可以从另一个角度来看待这个问题，当顾客购买新创企业的产品或服务时，通过金钱的交换而实现了商品或服务的价值。

如今，在信息化的社会中，信息流动如此之快，信息的不对称性也大大降低，所导致的直接后果就是新技术、新工艺很快就会被模仿。如果不能及时抓住商机，很可能就会与商机失之交臂。因此，一个成功的创业者应该有着远见卓识和对市场商机敏锐的洞察力。

比如，广东一些小企业从来没有自己的品牌，只是依靠国外的订单或来料加工业务维持生存。在此期间，这些企业本应该利用这个机会，加强技术和工艺的吸收消化，提高标准，逐渐形成自己的优势。但很多企业没有危机意识，不思进取，结果在出现经济危机和订单大幅度减少的情况下，纷纷倒闭。

但是，面对类似情形的格兰仕公司，虽然开始也为国外知名企业进行微波炉贴牌生产，但该公司却不断积攒实力，实现了超大规模和专业化生产，极大地降低了产品成本。在国内逐渐形成自有品牌，将物流外包给专业公司，专注于研发和制造，采用区域独家代理地经销商制度，创造了“低成本设计”的商业模式，将微波炉做到了全球市场占有率名列前茅，成功地实现了自定位为“全球名牌家电制造中心”的目标。

本章思考与研讨：

1. 判断创业商机好坏的标准有哪些？

2. 根据环境出现的变化，研讨有哪些创业商机。

3. 结合社会新热点，讨论其中的创业商机。

4. 有哪些适合大学生的创业商机？

5. 结合学校周边复印、打印服务等项目，试用奥斯本项目改善检查表进行分析并提出改善方案。

Chapter 4

第四章　创业商机分析

- 第一节　创业商机可行性分析
- 第二节　波特五力分析模型
- 第三节　SWOT 分析模型
- 第四节　本量利分析

创业案例

2004年8月中旬，小侯走上了创业之路。因为喜欢汽车。他把目标锁定在与汽车有关的项目，一家属于他自己的汽车饰品店在一番忙碌之后诞生了。但是仅仅半年，他就鸣金收兵，败下阵来。回忆那段创业的日子，小侯很是痛苦：付出了很多，回报太少。

其实，创业之前，小侯是做了一些准备的。因为喜欢汽车，他就琢磨着在汽车方面找路子。他先到网上搜集了一些关于汽车消费品的创业项目，然后根据实际情况，考虑到随着人们生活水平的提高，买车的人越来越多，而爱车的人一般都比较注重车内装饰，他认为开一家汽车饰品店，生意应该不错。

小侯认为自己的想法还是比较顺应市场发展的，便高高兴兴地开始了第二步工作。他从网上搜索了一些经营汽车饰品的代理商，并对各家的产品质量和价位进行了比较，然后选定了一家太原的代理商。经过联系，他和代理商签好了协议，交了6000元的加盟费，就开始租房子、装修、进货，小侯很快就成了老板。

但是现实给小侯的热情浇了一盆冷水，开张后，顾客寥寥。尽管他店里的饰品很吸引眼球，无奈饰品店所处的位置比较偏，路过的车倒是不少，但也仅仅是路过，而且大部分是大货车，根本不会在这样一个地段停车，也不会来买车内饰品。小侯每天都早早开店，很晚才打烊，商品的价位也定得很低，即使这样，开业半年，他也总共才卖出两三千元的货。这时，房租也到期了，小侯只好把剩下的货放到朋友空着的车库里，从此不再提开店的事。

思考与研讨：

1. 小侯是否发现了创业商机？你认为他在评估并筛选创业商机方面有哪些不足？

2. 如果你选择这样的创业商机，你将如何对创业商机进行评估并筛选？请说明理由。

第一节 创业商机可行性分析

一旦创业者发现了一些很好的、有潜力的商机，接下来要做的事就是对商机进行评估和筛选，其目的就是搞清是否值得投入精力、人力、物力和财力进行创业，尽量减少创业风险。评估商机最重要的逻辑，就是创业者不但要确定商机存在着一定的需求群体，自己还要有能力满足这一目标群体的需求，而且还能从中持续获利，并以此来评估商机的实际可行性。通常，可以将已经基本得到确认的商机列出一个表，然后，根据上述几点评估一下每个商机，这也是比较简单但有效的商机筛选方法。

发现商机不等于这个机会可以自然到手，而抓住机会通常也是迎接挑战的开始。创业者为了抓住商机，首先要做的事就是对商机的可行性进行调研分析，并将结果用文字记载下来。只有这样，创业者才能对各种可行性得出理性判断，从而说服他人和自己，继而决定“做还是不做”。对创业商机进行可行性分析的重点是：此机会是否有强劲的市场需求？能否解决相当数量顾客的某些痛点？商机是否根植于为顾客或用户创造或增加价值的产品或服务之中？是否具有市场价值？是否值得去把握这一创业机会？可行性分析使人们相信其创业期望获利空间足以能弥补其机会成本，包括休闲、时间与金钱的付出和对未来不确定性的投入。

联想集团领导人柳传志对把握创业商机有一个很精辟的表述："没钱赚的事我们不干；有钱赚但投不起钱的事不干；有钱赚也投得起钱但没有可靠的人选，这样的事也不干。"可行性分析应该围绕是否能为用户增加价值、市场规模是否足够大、增长预期是否足够持久、是否能确保提升投入产出率等方面做出判断。通常，对商机进行可行性分析可围绕以下内容展开：

1. 产品 / 服务可行性

它主要分析创业者提供的产品 / 服务是否可被市场广泛接受，市场总需求量大约是多少，商业模式的推进是否能对产品 / 服务向市场渗透提供有力支持等。

2. 行业 / 市场可行性

在做好市场细分的基础上，进一步分析目标市场的大小、渠道构建成本及障碍、目标市场的竞争态势等。

3. 组织可行性

它主要分析创业者管理才能、创业资源、创业团队执行力等是否可以保证产品 / 服务的顺利开发、生产及推向市场。

4. 财务可行性

它主要分析创业收益是否够高；各类创业资源需求是否能得到保障；融资成本和运营成本是否可以确保创业顺利进行等。

一、前期市场调研

为了对创业可行性进行理性分析，最好先做好周密的市场调查。市场调研主要是对可获得的、具备潜在增长率的目标市场进行调研。通过大量实实在在的数据整理与分析，然后做出创业是否可行的估计和判断。而对于新创企业来讲，如果通过调研得出的预测结论是市场潜力巨大，且逐渐可被激发，那么就可以考虑在这样的市场有一番作为。为了调研顺利进行，最好列出一张表格，将准备调研的信息来源和调查内容一一列出来，并按照时间顺序进行排列。一些调查数据，如直接邮件调查，一般要花费较长时间才能完成，因此动手要早。其他数据信息的获得，如查找网络信息、电话访谈、现场观察以及面谈等，都会立刻产生效果，因此随时都可进行。市场调研的主要内容包括：

1. 市场需求调查：

（1）国内外与你企业所提供同类产品 / 服务的价格、市场大致的需求量。你所在地区的消费能力怎样？有大约多少人可能会购买你的产品 / 服务？

（2）当前与你提供的同类产品 / 服务的总供给量大约是多少？市场缺口是否比较大？

（3）产品 / 服务进入国内、外市场的能力如何？

（4）产品 / 服务的销售对象（个人、地区或部门）在哪里？哪些人对你将要经营的商品或服务感兴趣？

2. 市场规模预测：

（1）国内市场发展趋势预测，每年能否达到亿元以上规模？

（2）国际市场发展趋势分析，能否达到亿元以上规模？

（3）经济效益预测，是否有持久性的需求？是否能达到 30% 以上的增长率？

（4）产品 / 服务开发、生产、销售周期与市场发展的关系如何？

3. 技术与生产实现途径调查：

（1）生产 / 服务工艺流程图；

（2）项目实施途径及要点；

（3）主要设备清单及配套设施要求；

（4）项目所要达到的技术经济指标；

（5）生产 / 服务环境要求；

（6）项目投资总费用；

（7）所需人才结构和基本待遇。

4. 经营场所调查：

（1）位置——写字楼、居民楼、临街、开发区；

（2）租金——不同位置、不同房型的租金；级差地租等；

（3）环境——交通便捷程度、能见度、档次、周边配套成熟程度；

（4）结构——是否有利于办公区、经营场所安排？

（5）水电——是否对污水排放有限定性要求？用电容量是否能满足开展正常业务？

（6）限制——人员往来是否扰民？发出噪音的程度，对空气质量的影响程度，停车是否方便等？

5. 竞争态势调查：

该项调查主要针对竞争品牌或者类似产品的营销策略来进行，如该地区主要有多少竞争对手？他们的情况你了解多少？渠道促销策略、客户促销策略、终端形象陈列方式、媒体和宣传活动等的力度如何？影响销售量的因素有哪些？根据该调研，可知道什么样的方式是客户和渠道商最喜欢的，效果又如何，以便确定自己新产品的营销策略。（如表 4–1）

表 4–1　常用的市场调研方法

观察法	观察交易场所周围环境、产品和服务的价格、促销方式等
体验法	体验商家的营销方式和感受并发现问题；体验产品 / 服务有别于其他商家的特色并发现问题
访谈法	询问顾客有什么不满意之处；向经营者打听竞争状态
换位法	以客户的角度思考应该得到什么样的产品 / 服务，如产品 / 服务品种、质量、承诺、服务态度、墙上标识、方便性等
查询法	通过互联网或相关媒体，查阅有关资料、数据和信息，了解竞争对手和市场信息

二、市场可行性分析

若不能清晰地识别拟进入的目标市场，就很难预测新创企业所提供产品或服务的市场发展前景如何。在创始阶段，新企业并不具备在较大市场中拓展业务的实力，而是要寻找新兴的或尚未被发现的细分市场。比如，亚都就是以加温器细分市场为创业切入点逐步发展壮大起来的。理性创业就要在调研的基础上，针对创业项目进行市场可行性分析。任何利润都以能否实现为最重要的前提，而利润实现的可能性在于所选定的方案是否具有充分的市场可行性，因此在进行预选方案评估时，市场可行性就成为一个不容忽视的因素。

市场可行性分析需要注意两点：一是该市场要具备爆发性成长的潜力，而且竞争者不能太多；二是该市场的发展代表着未来的趋势。如果这两点均符合条件，那么成功的概率就比较大。创业者不能仅凭个人或几个人的感觉或一时的冲动就去选择创业项目，必须要保持清醒的头脑。

著名营销学者菲利普·科特勒认为：市场对某种商品的需求就是由特定的消费群体在特定的地点、确定的时间、确定的营销活动下购买后所可能带给他们的全部价值。

判断市场可行性通常从以下几方面分析入手：

1. 创业项目分析

你的创业项目是否能满足客户的真正需求？客户的痛点是什么？产品的利益诉求点是什么？你的产品或服务是否能解决客户的痛点？客户需要产品的价值内涵是什么？客户愿意为你的产品 / 服务花多少钱？你的产品与竞争对手产品相比有哪些不同之处？客户为什么愿意购买你的产品？市场进入障碍是什么？市场的成长性如何？

2. 目标客户分析

通过前期调研信息资料，可以得到当地的 GDP 产值、人均可支配收入等数字，以此大致判断当地客户的购买能力。再分析本产品可能到达的终端，看是否有相关的产品或服务正在销售？销售量如何？公司产品的目标群体定位和市场调研后的判断是否一致？你所服务的对象有多少？你的销售重点在哪个行业？其平均增长率是多少？在你所选择的细分市场中，谁将会是你的主要客户？每个客户将会购买多少产品或服务？他们会以什么样的价格购买？购买频率如何等。客户目前正在使用的哪些产品可以被你的产品所取代？竞争品牌产品的生产成本是多少？从改变设计、工艺成本、方法创新等角度看，客户转向你的产品所需要的成本大约是多少？

3. 渠道分析

创业是一项供需双方全面接触的活动。对于形成公司收入至关重要的客户，实际接触往往是首要条件。如果客户有需求，还需要确定以什么样的方式才能将产品 / 服务提供到客户面前。与客户接触的有效性如何？渠道分析的内容主要是新产品 / 服务可能的经销商是谁？其需要什么样的盈利空间和合作方式？未来几年，在向计划中的细分市场销售产品过程中，你准备投入多少？对于诸如销售人员薪酬、地区办事机构费用、代理商任务工资、地区服务机构开支、应用工程投入、客户培训费、维修服务费用、材料及广告及促销等费用，你准备如何分配资金？在行业内部现在能够与未来的客户建立联系的主要经销商是谁？你的销售重点最合适哪些经销商？

4. 主要市场细分分析

在众多的细分市场中对主要目标市场及其相关需求特征应特别注意，如地理细分、人口细分、心理细分、行为细分、受益细分，通过细分，是否可以在目标市场占有一席之地？是否可以集中精力做好目标市场等。

三、技术可行性分析

技术可行性分析主要是指当前创业项目的软、硬件技术和开发人员的专业水平能否满足项目开发要求。由于有些产品/服务对技术性内涵要求较高，如果缺乏足够的技术力量，是很难成功的。创业项目首先做到的不仅仅是可用，更要考虑到用户后续时间的黏性，也就是吸引客户在未来只认可并反复购买你所提供的产品或服务。一个过于简单的产品是根本留不住用户的，而缺少用户的黏性，产品注定也走不远。

技术可行性分析主要围绕以下问题展开：

（1）创业团队能否开发市场所需产品——做得了吗？

（2）创业团队实现量产后，产品质量如何——做得好吗？

（3）所控制的作业单位生产效率如何——做得快吗？

（4）项目生产的成本控制如何——做得省吗？

（5）技术上的独特性和先进性如何——可以形成竞争壁垒吗？

（6）协作单位（原材料供应商、委托加工单位、服务配套单位等）的配合度如何——资源整合可控吗？

技术可行性分析的主要技术问题如下：

（1）创业项目设计和生产过程中所采用的工艺路线、技术加工、设备设施等在经济合理的条件下是否具有先进性、适用性？

（2）与国家有关的技术政策和鼓励政策是否相符？

（3）技术开发是否符合我国国情？相对国内外同类产品，是否在技术上具有一定优势？是否可造成有效的技术壁垒？

（4）是否具备技术开发手段？

（5）当前的软、硬件技术和开发人员的水平能否满足系统要求？

（6）技术是否成熟（例如国内外是否有成功实施的先例）？还有哪些不足之处可以得到改善？

（7）主要成本费用包括哪些方面？是否可节省？

比如，某新创企业开发了一款新产品，技术实现的路径一般是：从发现的商机中产生创意→确定市场需求→完善创意→工业设计→知识产权→找加工厂家→出样品→调整设计→确定加工工艺→确定原材料和零件→小批量生产→找合作伙伴→推向市场。技术可行性分析就是要对这一过程中的每个环节进行分析，针对问题确定相应的解决办法。

四、组织可行性分析

大部分创业活动都是通过由人组成的某种组织形式实现的，一个高效的创业团队应具有广泛的职业资源和社会网络，这是因为企业的经营活动是一个产、供、销、人、财、物相互协调的运筹管理系统，往往离不开一线员工、各级管理者、技术人员、营销人员。而组织可行性分析就是分析在创业之初，是否能吸引足够的创业所需人才加盟的可行性，以及对“人力资源”的有效运用。对组织可行性的评估重点是对人的评估，一方面要评价创业团队成员对拟进入市场的熟悉程度，另一方面要评估创业团队成员的基本职业技能和业务综合素质等。尽管创业资本很重要，但切不可忽视创业团队成员对拟从事行业的专业能力及创业激情。创业团队成员若事先没有本行业的一些专业性知识，就必须要额外花费很多时间和精力，去学习诸如产品开发、制造、定价、销售渠道、产业标准等相关的知识。与评价创业组织可行性相关的指标包括：前期的创业经验、专业能力、职业经验、社会网络广度及深度、团队创新能力、创业团队受教育程度等。大多数情况下，刚开始创业的团队不会都具备这些条件，因此，还要有针对性地分析这些所需人才的可获得性及相应成本。此外，组织可行性分析重点还包括：

（1）建立怎样的组织结构？内部需要设置哪些部门？

（2）需要设置什么样的岗位？人员如何配备？

（3）所需人员的可获得性及人才市场情况如何？

（4）所需人员专业能力的要求是什么？人力资源需要进一步开发的潜力有多大？

（5）不同人员薪酬的制订及满足程度如何？

（6）与业务合作伙伴如何建立起良好的协作关系？

（7）组织激励机制和考核指标如何制定？

五、财务可行性分析

进行财务可行性分析的目的，是从创业项目成本—收益的角度，选择合理的财务方案。财务可行性分析的方法应是以定量分析方法为主，定性分析为铺。创业者最好从自己熟悉的行业做起，因为有一定的市场基础，而且熟悉该行业的特点（资金周转率，应收账款情况，固定设备和流动资产投资额等），对创业投资收益、最大支出等问题都要有比较清晰的认识，这有利于判定是否做出了正确决策，从而避免走弯路。一般来说，由于新企业处于变化中，因此，不必在初创企业时就做过细的财务分析，这也不现实，通常的做法是进行重点分析。重点是对创业初期的所需投入、同类企业财务绩效以及新创企业经济收益进行可行性分析：

1. 创业初期所需资金投入分析

资金是新创企业创建和成长过程重要的“营养液”。如果在对资金需求量没有比较清晰认知的情况下就贸然创业，处于“婴儿期”的企业往往会出现“营养不良”。新创企业创建初期的启动资金包括固定资产投资（如厂房、设备等）和流动资金（如工资、差旅、原材料购买等费用开支）。虽然不需要算得很精确，但大致需要多少资金要相对接近，创业者要做到心中有数。同样，在新创企业开始运营后，如果没有事先匡算好资金的需求量，急需用钱之时再去融资，就会发现“远水不解近渴”，轻则使企业因资金不足而丧失盈利能力，重则可能使企业因现金流枯竭而夭折。企业在开业和运营过程中经常需要资金投入的方面包括：

（1）房租；

（2）办公用品，如桌、椅、书柜、照明电器、空调等；

（3）计算机、打印机、网络等硬件设备；

（4）电话、传真等通信设备及通信费用；

（5）资料费；

（6）办公费，包括办公消耗，如水电费、打印复印费等；

（7）创业团队的人员酬金；

（8）购买系统软件的费用，如购买操作系统、数据库、软件开发工具等；

（9）调研费，做市场调查、可行性分析、需求分析的费用；

（10）公司员工培训费用；

（11）产品宣传费用，如广告、推广 Web 站点的费用；

（12）开办费，礼品、场租、装饰等。

除上述内容外，随着新创企业经营活动的展开，可能还会有其他更多需要资金的地方，这就需要创业者在资金使用计划中，要有通盘考虑，不要只顾前不顾后。

例：某人设计并开发出一种新产品，由 5 大部分组成：塑料外壳、集成电路芯片、LED 灯、触摸开关、感应器。假设该创业者资金有限，最多只能进行产品组装，如果他要批量生产该产品，该如何进行财务可行性分析呢？

一般来说，他首先需要预估费用支出并对项目的经济效益进行评价，即“成本—收益”分析。支出一般包括：生产成本（包括人工费、材料费、制造费等）和期间费用（包括管理费及相关财务费用等）。收益一般包括：产品单位售价与盈利预测。

然后还要根据产品的成本和市场分析，预测本项目产品进入市场的单位销售价格，并编制该项目若干年内的规模化生产和推广应用预测，包括收入预测、利润预测等，上述预测分析最好通过列表计算。

2. 与同类企业的业绩作对比分析

通过间接评估同类企业的经营业绩，来推测新创企业未来可能获得的经营业绩。了解的内容包括：整个行业中普通企业的投资规模是多大？固定资产投资规模多大？建立新企业通常需要多少启动资金和后续资金？每月的营业额达到多少才能做到收支平衡？此外，还要评估拟建企业潜在的财务绩效、行业平均报酬率等。这些信息可通过互联网获得相关信息，或者进行实地调查了解，也可直接与有关人员进行沟通咨询。

3. 经济收益预测分析

主要是对未来企业的销售额和利润率等进行预测和分析，通常是对未来 1~3 年的现金流、收益和资产负债等进行预测。这需要搞清一些基本问题，包括：企业投入运营后第一年的经营成本是多少？在这期间，公司的收益是多少？如果支出大于收益，企业要花多少时间才能渡过这一难关？资金周转率、销售收入与所投资金比率是多少？很多新创企业还没有获得足够多的客户以形成正现金流就出现资金危机了。因此，创业者最初估计的创业资金必须能坚持到预期收益正常回笼，或者是后续资金及时到账，否则将出现资金的断裂。

通常，对未来效益最好做出三种预测和分析，即：最佳状况、正常状况、最差状况。如果最差状况都可以接受，那么，创业方案实施成功的概率就会很大。

比如，某新创企业投资彩扩业务，最初雄心勃勃，拟在某一个区域内建立连锁店。首家店开业 4 个月后，公司分析其成本及利润，综合计算每冲洗一张照片所耗费的显影、定影液、相纸成本，得出在最佳状态下的产能，主要费用如下：

设备：如果采用该彩扩设备，该设备集各种规格尺寸（从 8 开 1 吋到 24 吋）相纸冲洗为一体，其相应的药槽表面积较大。

地点：该店开在最繁华的商业区主街道，租金高达 11 万元 / 年。

人员工资：员工 4 名，工资总计 20 000 元 / 月。

核算中，以相纸成本加上相纸表面所耗费的药液作为彩扩成本价，以市场价格作为收入参考，设备月折旧、房租、工资、平均水电费（经验数据）作为期间费用。（收入－成本价格）× 相纸面积 = 期间费用。其中，未考虑剪裁相纸的浪费部分以及各项开办费用及服装等杂项开支。

综合计算后，结论是每天要运转 32 个小时才能实现盈亏平衡。根据这一结论，综合分析其他因素后，创业者决定不再投资彩扩业务，并终止了该店的营业。

由此可见，理性的分析可以使创业者减少很多不必要的损失。

在考虑经济收益时，还要比较一下机会成本。如投资 10 万元创业，只有 5% 的年收益率，这就不合适了。因为从机会成本角度讲，同样的资金可能用在其他场合（如银行债券等）会得到更高、更稳定的收益。

第二节　波特五力分析模型

美国哈佛商学院著名战略学家迈克尔 · 波特（Michael Porter）于 20 世纪 80 年代初提出，用于竞争战略的分析，可以有效地分析竞争环境。

根据波特的观点，一个行业中的竞争，存在着五种基本的外部竞争力量：潜在的行业新进入者、替代品的竞争、买方讨价还价的能力、供应商讨价还价的能力以及行业内竞争者现在的竞争能力。

波特五力分析模型如图 4–1 所示：

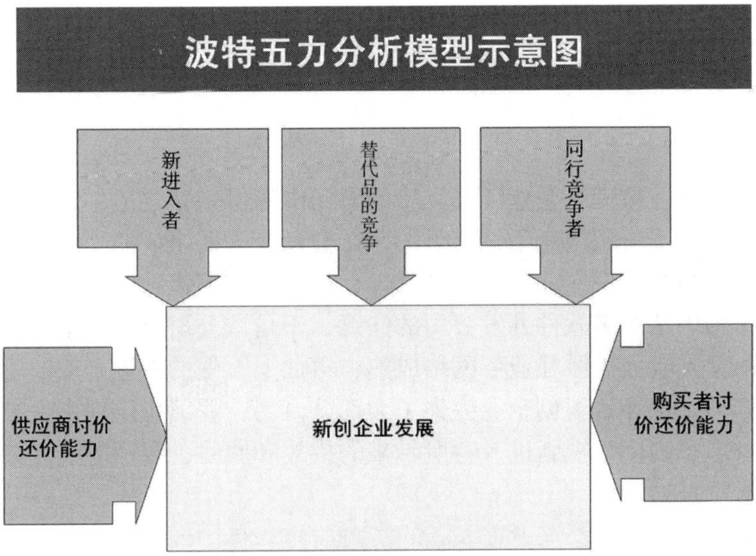

图 4-1 波特五力分析模型

一、供应商的议价能力

供应商主要通过其提高投入要素价格与降低单位价值质量的能力，来影响行业中现有企业的盈利能力与产品竞争力。

一般来说，满足如下条件的供方会具有比较强大的讨价还价能力，从而给新创企业构成压力：

（1）供方行业具有比较稳固的市场地位且不受市场竞争困扰；

（2）市场上此类产品的买主很多，但供方则较少；

（3）买主对供方产品依赖度较高，难以转换（如放弃选择供方）或转换成本太高；

（4）买方很难找到与之相竞争的替代品；

（5）供方能够很方便地实行前向一体化（即可以对分销商进行控制），而买方难以进行后向联合或一体化（即难以自己生产）。

二、购买者的议价能力

购买者主要通过其压价与要求提供较高的产品或服务质量的能力，来影响行业中现有企业的盈利能力。

一般来说，满足如下条件的购买者可能具有较强的讨价还价能力：

（1）购买者的总数较少，而单个购买者的购买量较大，占卖方销量的很大比例；

（2）卖方行业由大量相对来说规模较小的企业所组成；

（3）购买者所购买的基本上是一种标准化产品，同时向多个卖主购买产品在经济上也完全可行；

（4）购买者有能力实现后向一体化（即由外购改为自己生产），而卖主不可能前向一体化。

三、新进入者的威胁

新进入者也希望在被现有企业瓜分完毕的市场中赢得一席之地，这就有可能会与现有企业发生原材料与市场份额的竞争，严重的话还会危及这些企业的生存。比如，某新创软件公司开发了一款高校管理专业实验教学软件，市场反应不错，销量逐渐提高。较好的经济效益也引起了国内某著名软件开发公司的注意，于是该公司组织力量，开始进入该市场并参与竞争。由于其实力雄厚和业务网络成熟，再加上原先的新创企业缺乏对新进入者的警惕和对应措施，结果导致新创企业丢失了大部分市场，业绩也出现了大幅下滑。由此可知，创新企业一定要高度重视新进入者所带来的挑战和威胁，要及时关注新进入者并做出认真分析。分析重点如下：

（1）谁将成为新进入者？该新进入者的实力如何？有什么优势和劣势？

（2）新创企业可以采取哪些手段有效阻止新进入者？

（3）新创企业如何提前布局并抢先占据市场优势？

为避免新进入者构成威胁，新创企业重点要做的是如何构建市场进入壁垒。市场进入壁垒是指那些新进入者所必须克服的障碍。如规模经济、市场准入、产品差异、资本需求、转换成本、销售渠道开拓、政策法规（专利、商标、版权等）、成本优势（如商业秘密、产供销链等）、自然资源（如冶金业对矿产的拥有）、地理区域优势等。

比如，作为国内U盘产品的首创者朗科科技（公司创始人、总裁邓国顺）在U盘领域拥有百余项专利，其中发明专利79项，另有220项发明专利尚在申请中，专利授权涉及中、美、日、韩等数十个国家和地区。

四、替代品的威胁

两个处于同行业或不同行业中的企业，可能会由于所生产的产品互为替代品，从而产生相互竞争行为，这种源自替代品的竞争会以各种形式影响行业中现有企业的生存和发展。对替代品威胁的分析重点如下：

（1）哪些产品可以替代本企业产品？

（2）哪类替代品可能对本企业经营造成威胁？应主要考虑性价比。如果替代品价格越低、质量越好、用户转换成本越低，它能产生的竞争力就强。

（3）替代品的强项和短板是什么？如何实现扬长避短？

比如，液晶显示器与原来的CRT显示器功能一样，但由于其具有体积薄、重量轻、辐射小等优点，一旦生产成本下降，售价下调，很容易取代了原来的CRT电视。

五、同业竞争者的竞争能力

同业竞争者通常是新创企业所面对的最强大的一种竞争力量。开始时，实施选择相对较小的目标市场战略，有利于新创企业开辟一个产业，避免与主要竞争对手正面交锋；有利于新创企业集中精力应对一个特定市场，把某个特定市场做精、做好、做强、做大。一个有吸引力的目标市场必须有足够的“含金量”支撑新创企业的成长，同时又不会引起大企业的“青睐”甚至“抢食”。换言之，这个市场对新创企业而言是机遇，大企业则对其“不屑一顾”。提供同种产品或服务的通常不止一家企业，因此，它们必然会采取措施争夺客户，从而形成市场竞争。你目前的竞争对手是谁？未来三年中出现的竞争对手又会有谁？竞争对手的产品的主要特点是什么？他们的营销措施有何特点？各竞争对手的优势与劣势是什么？这些竞争对手最近是否准备推出对你的业务构成威胁的新产品？这些新产品的规模和盈利能力有多大？这些产品在你的竞争领域是否可以赚到钱？对同业竞争者的分析重点如下：

（1）基本情况。如同业竞争者的数量、分布、规模、资金与技术实力，哪些对自己构成大的威胁。

（2）主要竞争对手的情况。对新创企业构成威胁的主要有：资金充裕程度、技术先进和准入门槛、规模效应、市场竞争地位等。

（3）竞争对手发展动向。如竞争对手的市场增长率、开发新产品动向、新市场拓展、新举措等。

一般来说，新创企业进行行业分析时主要关注两点：一是行业内竞争程度及变化趋势；二是行业所处的生命周期。如果行业内竞争程度激烈，进入壁垒高或行业处于夕阳阶段，新创企业成功的概率就不高。例如，美国高通公司根本不搞生产、销售，完全就靠出售知识产权，许可别人用知识产权为生。

案例

老李是个下岗职工，还拖家带口，所以经济压力很大。经过一番调查，老李看上了一个投资少、回报快的项目——开一家风味灌汤包店。虽说店面不大，但投资也不少，房租、设备、原料、员工，还有学习技术的费用，林林总总加起来也花去三四万，为了开店，除了把自己的储蓄拿出来，老李还向朋友借了一万多元。但不管怎么样，老李总算是把自己的店开起来了。

刚开张的一个多月里，老李的生意好得不得了，每天都是顾客盈门。可是突然间，风味灌汤包店如雨后春笋般出现在太原的大街小巷，没过几个月，老李小店前的顾客数量明显减少。在朋友的建议下，老李在小店里开始卖其他风味小吃，但生意还是没有多大的起色。

在连续亏了两个月后，老李的店就关门了，他还了债之后，还赔了一万多，对一个下岗职工来说，这并不是个小数目。

老李的失败原因显而易见——没有做好市场调查和市场预测。选择创业项目一定要有自己的特色，他选择的项目没有很大的市场潜力，同时该项目的市场也趋于饱和，缺乏发展潜力。老李很清楚自己的失败原因，他奉劝那些想创业的人，创业前一定要学会必要的技能，如市场营销、市场调查等，避免盲目跟风，创业失败。

第三节 SWOT 分析模型

在波特五力分析的基础上，创业者还要对自己的创业优势、劣势以及面临的创业机会和威胁进行认真分析，即 SWOT 分析。这一分析方法是 20 世纪 80 年代初由美国旧金山大学的管理学教授韦里克首先提出的，经常被用于新创企业战略制定、竞争对手分析等。其根本目的是把自己公司和竞争对手的优势、劣势、机会和挑战进行比较，然后决定某创业项目是否可行。SWOT 分别是优势、劣势、机会和威胁英文首字母的组合（如图 4–2），其具体内容如下：

- 优势（strength）：分析自己公司哪方面的优势比其他公司更突出。
- 劣势（weakness）：分析自己公司哪些方面做得不如其他公司。
- 机会（opportunity）：分析未来是否有潜在的机会出现。是否存在对公司行为富有吸引力的领域，关键是找出自己公司现在能做而其他竞争对手还没做的项目。
- 威胁（threats）：分析公司内、外是否有潜在的可能破坏公司业务的因素。

图 4–2 SWOT 分析模型

优势和劣势分析主要着眼于企业自身的实力及其与竞争对手的比较。分析自己的公司哪方面比其他公司更突出，哪方面不如其他公司。企业是整个价值链的一个环节，而且竞争性优势来源十分广泛，所以，在做优劣势分析时必须从整个价值链的每个环节上，将企业与竞争对手做详细的对比。如产品是否新颖、制造工艺是否复杂、销售渠道是否畅通，以及价格是否具有竞争力等。如果一家企业在某一方面或几个方面的优势正是该行业企业应具备的关键成功要素，那么，该企业的综合竞争优势就强一些 。

机会和威胁分析将注意力放在外部环境的变化及对企业的可能影响上，分析未来是否有潜在的机会出现，是否存在对创业公司有吸引力的领域，关键是找出自己公司现在能做而其他竞争对手还没做的项目。另外，看看公司内外有没有潜在的可能破坏公司业务的因素。从内部讲，公司是否存在潜在的财务、发展或人员方面的问题；从外部讲，是否存在对公司不利的发展趋势，竞争对手是否越来越强大，以及公司的一些优势有无变成劣势的趋势和可能性。

表 4–2 是对一些关键因素的分析。关键成功要素是指在竞争中取胜的关键环节，新创企业可以通过判别矩阵的方法来定性识别行业成功的关键要素。具体操作过程需要采用集中讨论的形式对矩阵中每一个格子进行打分，其一般采用二二比较的方式，如果 A 因素比 B 因素重要则打 2 分，同样重要打 1 分，不重要打 0 分。在对矩阵中所有格子进行打分后，企业可以进行横向加总，以此来进行科学的权重分配，一般列在权重前列的因素则成为行业成功关键因素。

表 4–2　关键因素分析矩阵

重要程度分析	技术	销售	市场推广	售后服务	品牌	物流	采购	人力资源	资金	产品质量	成本	生产能力	政府关系	横向得分
技术	1	1	1	1	0	2	2	2	2	1	2	2	1	18
销售	1	1	0	2	1	2	2	2	2	2	2	2	2	21
市场推广	1	2	1	2	1	2	2	1	2	2	2	2	2	22
售后服务	1	0	0	1	1	1	2	2	2	1	1	2	2	16
品牌	2	1	1	1	1	2	2	2	2	2	2	2	2	22
物流	0	0	0	1	0	1	1	0	0	0	1	2	2	8
采购	0	0	0	1	0	1	1	0	0	2	1	2	2	10
人力资源	0	0	1	0	0	2	2	1	2	2	1	2	2	15
资金	0	0	0	0	0	0	1	0	1	1	0	2	2	7
产品质量	1	0	0	1	0	2	0	0	1	1	0	2	2	10
成本	0	0	0	1	0	1	1	1	2	2	1	2	2	13
生产能力	0	0	0	0	0	0	0	0	0	0	0	1	2	3

情境一　既有机会，自身又有优势

当经过分析，发现自身既有优势又有机会时，就应该果断地开始创业。

案例　李彦宏创业①

1999 年年底，李彦宏、徐勇携 120 万美元风险投资，从美国硅谷回国，共同创建百度网络技术有限公司。创立之初，李彦宏没有随大流进入电子商务领域，而是悄悄走进了几乎无人问津的网络搜索领域。这是因为他看到了搜索技术对网络世界可能产生的巨大影响，而国内几乎还处于空白状态。他将自己的目标定位于打造中国人自己的中文搜索引擎，并愿为此目标不懈努力。面对这一巨大的商机，李彦宏凭借自己在这一领域独具的优势，特别是他在美国先后担任过道·琼斯公司高级顾问，《华尔街日报》网络版实时金融信息系统设计者，以及在国际知名互联网企业 INFOSEEK 资深工程师的经历，成为新一代互联网技术领域的权威专家，还成为最先创建 ESP 技术并将它成功地应用于 INFOSEEK/GO.COM 的搜索引擎创始人。在美国的八年期间，他积累了丰富的经验。在机会和优势同时具备的情况下，他果断选择了创业，最后取得了巨大的成功。2005 年 8 月 5 日，百度在美国纳斯达克上市，成为 2005 年全球资本市场上最为引人注目的上市公司之一，百度由此进入一个崭新的发展阶段。如今，李彦宏创建百度的事迹已经成为人们津津乐道的成功创业典范。

情境二　虽有机会，但自身有劣势

当经过分析，发现自身虽然有劣势，但机会难得时，应该尽量消除劣势，抓住机会。在这种情形下，企业就需要提供和追加某种资源，以促进内部资源从劣势向优势方面转化，从而迎合或适应外部机会。

案例　李嘉诚创业①

20 世纪 50 年代的某天深夜，李嘉诚翻阅英文版《塑胶》杂志，目光被一则简短的消息吸引：意大利的一家公司，已开发出利用塑胶原料制成的塑胶花，即将投入成批生产并准备推向欧美市场。他敏锐地意识到，这类价廉物美的装饰品在中国香港也将有极大的市场潜力。因为当时香港居民在室内户外都喜欢装饰花卉，但这些植物花卉，经常需要人浇水、施肥、剪修、除草。随着现代人的生活节奏日益加快，人们很少有时间去侍弄花卉。并且，植物花卉的花期有限，每季都要更换花卉品种，实在麻烦。李嘉诚意识到，塑胶花正好可以弥补这些缺陷。而且，香港有大量廉价勤快的工人可以从事塑胶

---

① 德秀 . 百度公司创始人李彦宏的创业故事［EB/OL］.（2016-09-19）［2017-10-13］. http://yjbys.com/zhichanglizhi/1156352.html.

② 李嘉诚白手起家的创业经历和创业之路［EB/OL］.（2017-05-25）［2017-06-15］. http://chuangye.yjbys.com/gushi/anli/537198.html.

花生产。他预测塑胶花的面市，将会在香港引发塑胶市场的一次革命，前景极为乐观。显然，机会难得。但李嘉诚的劣势是不懂塑胶花的制作工艺及配方调色，且当时他是小本经营，付不起昂贵的专利费。如果等塑胶花在香港大量面市后再去模仿，将会遇到众多的竞争对手。在难得的机会面前，李嘉诚为了弥补自己的劣势，专程去意大利的这家工厂，以不及同类工人的一半工资应聘，当了一名非法打工的“下等工人”，负责清除废品废料。他利用这个机会偷师学艺，推着小车在厂区各个工段来回走动，双眼恨不得把生产流程都吞下去。收工后，李嘉诚赶回旅店，再把观察到的一切记录在笔记本上。通过眼观耳听，大致悟出了塑胶花制作配色的技术要领。李嘉诚满载而归，还带回了几大箱塑胶花样品和资料。随后他宣布，将以塑胶花为主攻方向创业，一定要使其成为拳头产品。创业五年后，李嘉诚的企业逐渐成为全世界数一数二的大型塑胶花厂，他也因此被行内人士冠以“塑胶花大王”的雅号。

情境三　环境有威胁，自身优势受制

当经过分析，发现环境状况对公司优势构成威胁时，优势得不到充分发挥，出现没有优势不优的局面。在这种情形下，企业必须克服困难，努力找到环境的薄弱环节，调整至能充分发挥优势的方向。

案例　俞敏洪创业[①]

俞敏洪尽管留学失败，却对出国考试和出国流程了如指掌，对培训行业越来越熟悉。正是这些，帮助他抓住了生命中最大的一次机会：1993 年 11 月 16 日创办了北京新东方学校。但当时的英语辅导班已经遍地开花，竞争非常激烈，新东方面临巨大的挑战。如何在激烈的竞争中脱颖而出，俞敏洪当时想到的是只有将出国外语培训做精、做深，形成独特的优势，才能避开同质化竞争。1995 年，他去了美国，走访了七八位同学，劝他们一起回来创业。但当时新东方还在中关村两间破房子里，无法给加盟者太多承诺，最后俞敏洪表示，优秀教师的课时费不封顶，利用这样一个政策调动了大家的积极性。当时确定的目标就是大家共同创立新东方品牌。最后他们开创了五六个项目，每人做一项，每一项都做得非常好、有人集中搞托福班和 GRE、有人专攻雅思和 GMAT，谁开的班越多，招的学生越多，就能分钱越多。校方只管算账，其余几乎不管。新东方早期这种“大包干式”的做法极大地刺激了生产力，自 1995 年后培训人数连年翻番，培训收入飞速增长，迅速占据了全国 60% 以上的出国英语培训市场。2006 年 9 月 7 日，新东方在纽约证券交易所成功上市，开创了中国民办教育发展的新模式，俞敏洪身价暴

① 新东方创始人俞敏洪的创业故事［EB/OL］.（2017-02-23）［2017-06-150］. http://chuangye.yjbys.com/gushi/anli/541105.html.

涨，成为中国最富有的教师之一。

情境四　外部环境有威胁，自身劣势明显

当新创企业的劣势与外部威胁并存时，企业就面临着严峻挑战，如果处理不当，可能直接威胁到企业的生死存亡。这就需要新创企业及时调整创业项目，寻求新的机会，尽快形成自己的特色和优势。

案例

1975 年，百年老店柯达公司已经领先世界开发出了数码相机——一张照片只要 2~3 秒就能成像，但柯达高层为了保护业务量庞大的胶卷事业，不愿投入经营。到 20 世纪 80 年代，柯达反而展开大量业外投资，包括药品业、电池业，结果大多亏损收场。后来数码照相技术日益普及，日本的富士专精于此，后来居上。直到 20 世纪 90 年代，苹果公司生产普及版本的数码相机，还是柯达制造，技术依然领先；然而进入 21 世纪，竞争者多而强，原有技术迅速被淘汰，市场占有率终于一蹶不振，在 2012 年宣布破产。这距离掌握发明先机已经是 40 年后，多少高层都已退休老去。

第四节　本量利分析

本量利分析方法（Cost—Volume—Profit Analysis，CVP 分析）起源于 20 世纪初的美国，是成本—销售量—利润依存关系分析的简称。它被用来研究产品价格、业务量（销售量、服务量或产量）、单位变动成本、固定成本总额、销售产品的品种结构等因素的相互关系，据此做出关于产品结构、产品定价、促销策略以及生产设备利用等决策的一种方法，也是企业进行预测、决策、计划和控制等经营活动的重要工具。

【例题 1】某新创企业经过努力有机会获得一笔订单，要求生产加工 A 电子产品 800 件，每件价格 500 元，单位变动成本 300 元，固定成本投入总额 70 000 元。问：是否接受该订单？

为此，要搞清如下问题？

（1）达到盈亏平衡时的销售额为多少？

（2）若要取得一定利润，如何求保利量和保利额？

对于上述案例，利用本量力分析是很容易得出结论的。

一、本量利分析的前提条件

在现实经济生活中，成本、销售数量、价格和利润之间的关系非常复杂。为简化分析，做如下假设：

（1）相关范围和线性关系假设。如固定成本总额保持不变，总成本与业务量将呈线性关系 。销售收入与销售量之间也呈线性关系；

（2）品种结构稳定假设；

（3）产销平衡假设，产多少就能卖多少。

正因为本量利分析建立在上述假设基础上，所以一般只适用于短期分析。

二、几点知识

固定成本：是指无论是否生产或有生意都会发生的成本，比如企业管理人员的薪金和保险费、固定资产的折旧和维护费、办公费等。固定成本总额在一定时期和一定业务量范围内，不受业务量增减影响。

变动成本：是指成本总额随着业务量的变动而成正比例变动的成本。如直接人工报酬、直接材料费都是典型的变动成本。

总成本 = 变动成本 + 固定成本

三、盈亏平衡点

盈亏平衡点，是指刚好使企业经营达到不盈不亏状态的销售量（额）。此时，企业的销售收入恰好弥补全部成本，企业的利润等于零。

确定盈亏平衡点是进行本量利分析的关键。盈亏平衡点分析就是根据销售收入、成本和利润等因素之间的函数关系，分析企业如何达到不盈不亏的状态。

盈亏平衡点计算公式

税前利润 = 销售收入 – 总成本 = 销售价格 × 销售量 –（变动成本 + 固定成本）

= 销售单价 × 销售量 – 单位变动成本 × 销售量 – 固定成本

即：$P=pQ-bQ-a=(p-b)Q-a$

式中：P——税前利润

p——销售单价

Q——销售量　　$Q=a/(p-b)$

b——单位变动成本

a——固定成本

$(p-b)$—单位贡献毛益

$(p-b)Q$—贡献毛益总额

即：税前利润 = 销售收入总额 – 变动成本总额 – 固定成本 = 贡献毛益总额 – 固定成本

该公式是本量利分析的基本出发点，以后的所有本量利分析都是在该公式基础上进行的。

【例题 2】某新创企业面临一笔生产 800 件 A 产品的订单，假定产销平衡。每件销售价格 500 元，单位变动成本 300 元，固定成本总额 70 000 元。问：是否值得接单？（求贡献毛益总额和盈亏平衡点销售量和销售额。）

解：单位贡献毛益 =500–300=200（元）

贡献毛益总额 =800 × 200=160 000（元）

盈亏平衡点销售量 Q=a/（p–b）=70 000/（500–300）=350（件）

盈亏平衡点销售额 =350 × 500=175 000（元）

结论：由计算可知，生产 350 件产品即可实现盈亏平衡，而实际订单为 800 件。所以可以接单生产。

四、实现目标利润的本量利分析

这里的目标利润是指尚未扣税的利润。

保利点是指企业为实现目标利润而要达到的销售量或销售额，具体可用保利量和保利额两个指标表示。

根据本量利分析的基本公式：目标利润 = 销售单价 × 保利量 – 单位变动成本 × 保利量 – 固定成本，

可得：保利量 =（固定成本 + 目标利润）/（销售单价—单位变动成本）=（固定成本 + 目标利润）/（单位贡献毛益）

相应可得：保利额 = 销售单价 × 保利量 =（固定成本 + 目标利润）/ 贡献毛益率

【例题 3】假设某新创企业只生产和销售一种产品，该产品售价为 80 元，单位变动成本为 30 元，固定成本为 30 000 元，目标利润为 20 000 元。求保利量和保利额。

解：保利量 =（固定成本 + 目标利润）/（销售单价 – 单位变动成本）=（30 000+20 000）/（80–30）=1000（件）

保利额 = 单价 × 保利量 =（固定成本 + 目标利润）/ 贡献毛益率 =80 × 1000=（30 000+20 000）/62.5%=80 000（元）

其中：贡献毛益率 = 贡献毛益总额 / 销售收入总额 × 100%

= 单位贡献毛益 / 销售单价 × 100%

=（80–30）/80 × 100%= 62.5%

结果：保利量 =1000（件）　　保利额 =80000（元）

总之，创业机会是创业者可以利用的商业机会，这个机会必须具有吸引力、持久性、适时性，而且这个机会所涉及的产品或服务必须能够为他的购买者或最终使用者创造一定的价值。但创业机会能否从最初的市场需求和未利用资源的形态发展成为新企业，不仅涉及机会本身的情况，还要求机会能与创建新企业的其他力量（创业团队，投资人等）相协调。选择合适的机会成为创业的重要基础内容。

当然，发现商机是一回事，利用商机则是另一回事。有人虽然发现了商机，但在商机面前无所作为，无能为力，对他们来说，再好的商机也没有任何意义。只有在发现商机的基础上，把握机遇，利用自己掌握的资源，发挥主观能动性，通过对商机的筛选，确定适合自己创业的产品或服务，再结合有效的商业模式，才有可能真正将商机变为财富。后续章节将围绕着如何将商机变为创业行动，包括组建团队、选择创业形式、市场开拓、商业模式创新等。

案例

北京大学公共管理专业学生李永新，先后五次考国家公务员，都以失败告终。后来，李永新决定创业，争取在教育行业占有一席之地。他的创业活动始于教育培训领域，他曾做过状元演讲、高考复读培训等模式，但都以失败告终。一次次的失败，磨炼了李永新坚强的意志，也让他看到了自身在创业过程中存在的问题。在一次与导师聊天时，导师提到自己辅导了几个参加公务员考试的学生都通过了，他认为现在国内还没有一家专门辅导公务员考试的机构，应该有商机。李永新马上开始关注这一领域，同时也开始研究自己的创业优势：他大学专业就是政府管理，也考过公务员，对业务比较熟悉，他发现，办这样的机构并不需要太多的师资。当时国家每年有 8 万多人报名考试，录取比例却只有 10∶1，显然公务员考试辅导有较强烈的市场需求。那几年，国家为了提高政府的办公效率，对办公内容进行了细化，对公务员也进行扩招，李永新更加感觉到这样的培训机构会有很大的市场。

2001 年，李永新将母亲支持的 3 万元作为创业起步资金，开始和朋友做公务员培训。2002 年，李永新借用互联网做营销推广，建立了中国公务员考试资讯网，有了流量的支持，公司开始步入高速发展的轨道。2003 年，李永新正式创办了辅导他人报考公务员的培训机构——中公教育，后来又成立了北京中公教育科技有限公司。2008 年，中公教育年度面授招生人数超过 10 万人次，旗下产品包括图书、面授培训、远程产品及公司服务等，已成为国考中的领军品牌。2019 年，中公教育已在全国 31 个省市、319 个地市建立了 880 家直营分部和学习中心，涉及领域除了公务员考试外，还包括财会类、考研和 IT 等领域，成为集图书教材及音像制品出版发行、教学培训、网校远程教育等为一体的大型知识产业实体。2019 年，中公教育借壳上市，在 A 股成功挂牌，市值达到 1295 亿元。

经过十几年的发展，公司逐渐发展壮大，如今已成为中国最大的公务员考试机构之一。在《2019 胡润百学 · 教育企业家榜》上，母子两人以 585 亿元成为中国教育领域新首富，超过了新东方教育集团的俞敏洪，目前市值将近 4000 亿元。①

① 资料来源：根据网络公开资料整理而成。

本章思考与研讨：

1. 假设你利用现有资金 30 万元准备创业，创业之初有几项必要的支出：办公用房租金每年 10 万元，室内装修 10 万元，购买办公设备（桌椅板凳、打印机、PC 机、复印机、电话机等）5 万元，产品的单位变动成本为 300 元。如果你的产品每件售价 500 元，请问：每年的固定成本是多少（假设所有设备设施的年折旧率均为 10%）？当达到盈亏平衡时的产量是多少？在实现盈亏平衡之前，依靠原有的创业资金是否能坚持下来？

2. 设想你发现了一个创业商机，请你尝试对这一商机进行评估和筛选。

3. 通过媒体查找某一新创企业实例，然后尝试运用 SWOT 分析法对其进行分析。

Chapter 5

第五章　创业资源整合

创业案例　创新工场的成功之道[①]

2009 年，创新工场由前微软、谷歌全球副总裁李开复在中关村创立，致力于早期阶段投资，旨在创立一个培育创新人才和新一代高技术企业的颠覆性的机构化、创新型的投资机构。

1. 筛选机制

创新工场专注于信息产业最热门的移动互联网、消费互联网、电子商务和云计算领域。创新工场的核心团队将筛选创业方案，招募优秀工程师和创业者，让其自由组合完成各自的商业策划案。在天使投资总体成功率低的大环境下，为了尽可能降低死亡率，创新工场的前期筛选门槛较高，申请团队入选比率约为 2%~3%。筛选标准包括：成熟的创业者、有出色的创业者素质、优秀的核心团队。此外，创新工场还会根据完整的产业链有针对性地发掘创业项目。

2. 培育机制

创新工场致力于非常早期的项目投资，希望在创业者刚刚有了想法和初始创业伙伴时，就成为他们的投资者和合作伙伴。创新工场采用"投资＋全方位孵化"的培育模式，为创业团队提供早期投资、融资渠道，以及全方位、分层次的孵化服务。

一揽子服务。通过提供针对早期创业者需求的资金、商业、技术、市场、人力、法律、培训等一揽子服务，帮助早期阶段的创业公司顺利启动，快速成长，并开创出一批最有市场价值和商业潜力的产品。

三大孵化计划。创新工场针对处于不同创业阶段的创业者，设计了三个有针对性的投资孵化计划："加速计划"是针对有经验的，具备清晰的商业计划、产品模型和核心成员的创业团队，是最核心的孵化计划；"助跑计划"是针对有商业创意、初次创业的年轻创业团队的基础性、系统性的孵化计划；"创业家计划"是针对有丰富业界经验，希望开创自己新事业的高端人才的个人创业孵化计划。

3. 盈利机制

创新工场主要通过所投创业项目或公司的股份价值增值或转让盈利。创新工场通过"孵化器"平台提供资金和服务来培养优秀创业计划，孵化成熟的创业计划将进入由第三方风投主投，创新工场发展基金跟投的 A 轮融资，通关者将正式从创新工场母体剥离、单独成立公司，而未通关团队则将面临解散。独立后的公司将进入 B 轮融资，创新工场将获得一定的股份，而这也成为创新工场的盈利来源。当然，还有一个重要的因素就是这些创业公司能否迅速成长，实现价值提升。

4. 主要成就

创新工场的基金来自全球顶尖的投资者，由人民币基金（4 亿元）和美元基金（4.55 亿美元）构成，共计 5 亿美金。截至 2014 年 12 月，创新工场已投资孵化了 140 多个项目，其中 130 多个运营状况良好，50 多家获得 A 轮融资，15 家获得 B 轮融资，

① 创新工场的成功案例［EB/OL］.（2021-08-08）［2022-01-03］. https: //wenku.baidu.com/view/2817ca648658.html.

2 家估值超过 15 亿。代表性的孵化项目有豌豆荚手机精灵、美图秀秀、墨迹天气、乐视 TV、知乎、行云、友盟、安全宝等。

创新工场的创业指导与资源链接的孵化思路为后来的众多创业苗圃提供了可供参考的蓝本，其产业链投资战略也十分值得借鉴。第一，创业指导与资源链接，以教练的身份为被投资项目提供国际国内顶级创业培训、指导和建议。同时，以合伙人的身份帮助创业者建立起与国内外行业领航者、潜力客户、潜在合作伙伴和关键管理部门职位候选人之间相互配合的网络。第二，产业链投资战略，创新工场根据完整的 IT 产业链进行战略性的主导投资，目前所投项目几乎涵盖相关行业的每个领域。

思考与研讨：

1. 创新工厂成功的秘诀是什么？

2. 创新工厂为早期创业者提供了哪些资源整合的机会？

第一节　创业资源

所谓创业资源，是指创业过程所必需的、对创业有价值的一切要素，包括有形资源和无形资源，其中有形资源有创业资金、创业人才、创业硬件等；无形资源有创业知识产权、专有技术、创业相关人脉等。对创业者而言，能否成功地利用创业机会，进而推动创业活动向前发展，通常取决于他们掌控资源的多少以及整合资源的能力大小。只要努力，很多创业资源是可以获得并实现整合的，如：没有资金，可以通过借贷、引进股权投资等方式获得急需资金；没有工厂车间，可以借用别人的场地展开生产活动；没有品牌，就先有偿使用别人的品牌，然后积累了一定基础后，再打造自己的品牌等。许多优秀的创业者早期所能获取与利用的资源虽然相当匮乏，但他们在创业过程却展现出卓越的整合能力和运用各种创业资源的能力，尤其是整合那些能够创造竞争优势，并能带来持续发展的战略资源的能力。

从管理学角度讲，创业资源也是新创企业作为经济实体，在向社会提供产品或服务的过程中，所拥有或支配的、能够实现企业战略目标的各种要素及组合。每位创业者要干出一番事业，都必须要有资源，有些资源来自创业者自己或家人，有些则需要创业者通过其他途径去争取。创业的过程从某种程度上讲也是创业者建立、整合和拓展资源的过程。

新创企业成立之初，环境中的很多因素都会对创业活动产生影响，例如区域环境因素、政策环境因素、行业环境因素等，往往决定着新创企业的运行成本、发展方向和初始资源获得的效率。而新创企业发展之后的资源整合也往往与创业之初的创业资源环境有很大关联，资源环境为新创企业提供的资源数量和质量也对资源整合的效率产生着深远影响。作为创业者，一方面要对所需要的各种创业资源进行权重排列和评估，另一方面要通过整合各种资源为创业的顺利展开创造必要的条件。成功需要天时、地利、人和以及足够的运气，真实的创业过程都不是一帆风顺的，创业者必须要随着创业的进程不断积累足够的资源，才能撑到成功的那一天。

创业的实现需要一定资源条件支持。首先，创业者自身所拥有的资源是最具根本性的，因为这些资源都是由创业者可以控制的，这包括企业家精神、组织实体、生产工艺流程、资金、人脉关系、市场开拓能力、管理水平、创业团队等。其次，创业过程还离不开其他资源，如外部资金、客户基础、供应商支持、有能力的员工和团队支撑、技术和服务支持体系等。以上资源的积累都需要一个过程。初创企业由于资源有限，注定了难以承受大的失误，没有多少资源可供浪费。因此，整合创业资源是创业者在创业过程中必须时刻放在最重要位置、反复估量权衡的任务。

与已进入成熟发展期的大公司相比，创业初期的资源通常比较匮乏，特别是白手起家的创业者往往缺少资源的支持，比如，不少创业者为找不到创业资金而苦恼。其实，资金只是创业资源之一，对于有些行业而言甚至不是最重要的资源。现实中，市场上充斥着缺乏出路的资金，所缺的是懂得有效运用资金的公司和创业者。创业者所拥有的创业精神、独特的创业项目、知识产权以及人脉关系等资源，同样具有战略重要性。因此，对创业者而言，一方面要设法获取和整合各类战略资源；另一方面要充分利用自己的优势资源，同时借助自身的创造性能力和创业精神，将这些资源条件有效地组合，形成市场认可的产品或服务，才能为创业奠定良好基础，为社会创造新的价值。

当创业者意识到创业需要整合多种资源时，就要考虑这些资源应该如何运作才能形成创业资本和优势。为此，创业者最好在创业前就学会如何面对非常有限的资源，提早做好充分的准备。其中一个好办法是在正式创业前在现有条件下模拟创业，确认是否能获得所需要的创业资源并为自己所掌控，同时按照真实情景尝试有效地整合资源，使自己适应将来创业时所要面对的类似环境。比如，人脉资源是否有效？上下游的业务关系网是否能建立起来？上下游资源是否能在你的掌控中，包括供应商和客户？潜在的合伙人是否愿意真正参与创业等？所以，如果不在创业前交足学费（比如在工作中经历了失败并从中吸取教训和获得感悟等），你很可能会在创业初期因资源不足而栽跟头。

当然还有一种可能性，就是在评估创业资源时，发现自己所支配的资源还不足以创业，那么，最好的选择就是先把创业缓一缓，继续做好创业资源的积累，等条件成熟时再迈出创业第一步；或者是寻求其他具有这些资源的合作者，通过优势互补，使之成为利益相关者。一位创业者结合自身创业经历曾提出了这样的观点：在缺少资金、设备、雇员等资源的情况下，一定要力争把这种劣势变成优势。实际上，创业总是和创新、创造及创富联系在一起。创业者除了要学会集中、高效地利用自己有限的资源去获得更多的价值外，还要充分将其他外部资源与自己掌控的资源优势互补，比如，苹果公司不单依靠自身的创新，也善于接受和利用外部的资源。以 App Store 为例，App Store 是一种 C2C 的模式。应用软件开发者在注册之后，可以把他们的奇思妙想编成软件，经过苹果公司审核后可以放在 App Store 上销售。客户每次付费下载后，苹果公司和软件开发者将按一定的比例获得各自的收入。App Store 的营销模式是完全基于平台自身的自营销体系，这个体系将资源进行了整合，把开发商和用户联结起来，一方面向用户提供了一个售卖软件的平台，另一方面向用户提供了持续的互联网应用服务。

第二节 创业者个人资源

拥有充足和优质的个人资源，对创业者个人来说无疑是幸运的。创业者在开始创业时就要弄清自己有哪些可用的资源，有哪些可以获得的创业资源，特别是有哪些可获得的优质资源。也就是说，在正式开始创业之前，最好对自己拥有的资源做到心中有数：

1. 职业资源

对创业者来说，效用最明显的首推职业资源。所谓职业资源，是指创业者在创业之前的工作中所积累的各种资源，特别是在职场积累的相关经验，包括经营管理、团队建设、市场营销、企业理财、公共关系等。研究表明：90% 以上的创业者开创的公司都与他们曾经工作过的公司具有相同的市场、技术和领域。另一项研究也表明，成功的创业者除了受过良好的教育外，通常还拥有 5~10 年的相关工作经历，他们在产品、市场方面和相互交叉领域一般都有丰富的经验。通常来说，有着多年的从业经历，有助于人们提高识别各种商机的能力，也有助于提高他们创造性地预见商机和捕捉商机的能力，即对市场经济和游戏规则的了解程度。光靠创业激情，是不足以实现成功创业的。选择从职业资源入手进行创业，已经成为许多人创业成功的捷径和法宝。比如，具有软件设计开发能力的人以软件开发服务作为创业起点，就比较容易。

2. 企业家精神资源

企业家精神主要是指创业主体在创业过程中所表现出来的精神特征，如：开拓与创新精神、具有远大的目标追求、强烈的合作精神、勇于冒险的精神、充满理性与智慧、具有强烈的社会责任感和诚信精神等。在创业初期，由于企业规模较小，管理及对人才的需求程度不像成长期那样高，因此创业者的企业家精神和素质就成为创业阶段最关键的资源。（有关企业家精神的具体内容，请参考本书第二章的内容）

3. 自有资金资源

自有资金是指创业者本人可以随时支配、使用的现金和银行存款。充足的资金将有助于加速新创企业的发展。高科技新创企业无论是进行产品研发还是生产销售，都需要大量的资金。而且，新创企业往往由于资产不足而缺乏抵押能力，从而很难从银行得到足够的贷款，这更使得资金资源成为企业高速发展的瓶颈。因此，如何有效地获得资金资源是每个创业者首先要解决的问题。（有关创业过程筹集资金的相关知识，请参考本书第十二章“新创企业融资”）

4. 软实力资源

这里所说的软实力资源，包括有形的和无形的：有形的是指已申请成功的实用型专利和外观型专利、已经研发成功的创业项目，或者是与某一领域公认的专家，如注册会计师、律师、高级美工师、设计师、工程师、医生、心理咨询师等有着良好的合作关系；无形的软实力资源是指专有技术、发明专利、科研成果或者对某个特定行业和领域的深入研究。创业成功的关键环节之一是拥有优质的创业项目。其原因有二：一是创业项目是决定市场竞争力和获利能力的根本因素；二是创业项目复杂与否决定了所需创业资本的大小。

美国的微软公司和苹果公司，最初创业资本都不过几千美元，创业人员也只有几人，这两家公司之所以走向成功，就是因为各自拥有独特的创业项目。所以，新创企业成功的很重要的基础是能寻找到成功概率高的创业项目。

5. 创业团队资源

有了优质的创业项目，还要看是谁去实施。如果拥有优秀的创业团队，即使缺乏充足的创业资金，也能使得这个项目快速运转，并实现盈利。相反，如果缺乏高效能的创业团队，即便创业项目再好、创业资金再多，也难逃失败的命运。要打造一个优秀的创业团队，除了需要创业发起人具有识人的慧眼、容人的胸襟外，还需要创业团队成员的积极参与和配合，因为这个团队的形成，是一个“大浪淘沙”的过程。拥有了志同道合、目标一致、各显身手的创业团队，就等于创业成功了一大半。

第三节　创业者外部资源

创业资源环境对新创企业的发展有重大影响。外部资源可以影响个人创业资源的发挥，并能间接促进新创企业的成长。如果在创业时拥有良好的外部资源，那么创业者往往能事半功倍，早日到达成功的彼岸。相反，如果在创业时缺乏良好的外部资源，那么创业者就要比别人付出更多的努力，无论干什么事都更艰难。外部创业资源主要包括：

1. 政策资源

从中国的创业环境看，只有在政策允许和鼓励的条件下，新创企业才能获得更多的国内外人才、贷款和投资、具有明确产权关系的科技成果、各种服务和帮助以及场地优惠等。当然，政策资源是公共资源，所有同质的高科技企业都可以享受，但新创企业更应该重视政策资源。只有掌握并充分享受政府扶持政策，才能使创业少走许多弯路，达到事半功倍之效。创业的扶持政策主要包括财政政策、税收政策、科技政策、产业政策、金融政策、人才政策等。以作为政府有关部门针对中小企业的有利政策，新创企业应该认真研究，多加关注并充分利用。

财政扶持政策：中央财政预算设立中小企业科目，安排扶持中小企业发展专项资金；地方政府根据实际情况为中小企业提供财政支持。

融资政策：人民银行加强信贷政策指导，改善中小企业融资环境；鼓励商业银行调整信贷结构，加大对中小企业的信贷支持。各商业银行在其业务范围内提高对中小企业的融资比例，扩展服务领域。国家政策性金融机构采取多种形式为中小企业提供金融服务，县级以上人民政府和有关部门推进和组织建立中小企业信用担保体系，推动中小企业的信用担保。

税收政策：国务院和省级人民政府对符合下列条件之一的中小企业，在一定期限内给予税收优惠：一是由失业人员开办，初期经营困难的；二是吸纳社会再就业人员比例较高的；三是设立在少数民族地区、边远地区和贫困地区的；四是从事高科技产品的研究开发的；五是从事资源综合利用和环保产业的；六是国家产业政策规定需要扶持的。

科技政策：国家制定政策鼓励中小企业按照市场需要，开发新产品，采用先进的技术、生产工艺和设备，提高产品质量。国家实施了一系列的科技计划，包括：科技攻关计划、星火计划、重点新产品计划、科技型中小企业技术创新基金等。

产业政策：对我国境内新办软件生产企业、集成电路设计企业和生产线宽小于 0.8 微米（含 0.8 微米）的集成电路生产企业，经认定后，自开始获利年度起，第一年和第二年免征企业所得税，第三年至第五年减半征收企业所得税等。

中介服务政策：政府有关部门在规划、用地、财政等方面提供政策支持，推进建立各类技术服务机构，建立生产力促进中心和科技企业孵化基地。国家鼓励社会各方面力量建立健全培训、信息、咨询、人才交流、信用担保、市场开拓等服务体系。

创业扶持政策：政府有关部门在城乡建设规划中合理安排必要的场地和设施，支持创办中小企业；地方政府应为创业人员提供工商、财税、融资、劳动用工、社会保障等方面的政策咨询和信息服务；鼓励依法以工业产权或者非专利技术等投资参与创办中小企业。为促进中小企业发展，科技部及地方政府大力发展科技创业服务中心即企业孵化器，为创业提供全方位的服务，并实行优惠政策鼓励其为中小企业提供良好的创业服务。

2. 人才资源

人才对于新创企业的成长和发展越来越重要。事实上，当代企业管理中的人才已经由传统的“劳动力”概念转变为“人力资本”的概念。高素质人才的获取和开发，成为现代企业可持续发展的关键；而对于高科技企业来说，因为其更大的知识比重，人才资源则更为重要。企业最宝贵的资源是人才，如何努力创造吸引人才的条件，为企业吸引和留住人才，整合人才资源以获得长期持续发展的内在动力，已成为新创企业当前十分迫切的任务。目前，令一些创业者最头痛的事情，不再是技术上的问题，也不再是企业赚多赚少的问题，而是人才资源短缺的问题。

3. 创业者的社会人脉资源

人脉资源对于创业者来说非常重要。一个创业者即使有很多优点，如掌握了关键技术，也很有战略眼光，还能吃苦耐劳、脚踏实地工作，但如果没有较广泛的人脉关系，其创业就很难做大。有了良好的人脉资源，当在创业遇到困难并需要帮助时，如需要资金和人才、联系客户、寻找关键决策人物、建立商业伙伴关系等，良好的人脉关系就可以使创业者少走很多弯路，从而比较容易解决这些问题。

在初创时期，企业没有知名度和影响力，如果没有一定的社会人脉资源，要开辟市场是十分困难的，尤其是在我国这个从古至今都很重视人情关系的国度里。一个创业者如果不能在最短时间之内建立自己最广泛的人际网络，那他的创业一定会非常艰难，即使其初期能够依靠领先技术或者自身素质，比如吃苦耐劳或精打细算，获得某种程度上的成功，他的事业也难以做大。

人脉资源中非常重要的是同学。在创业专家研究的上千例创业者中，有许多成功者的身后都可以看到同学的身影，有少年时代的同学、大学时代的同学，还有如进修班、研修班的同学。比如新东方的几个核心创建者中，俞敏洪和王强是大学同班同学，徐小平是俞敏洪在北大时的音乐老师。基于对创业的激情和追求，俞敏洪认为新东方需要王强、徐小平这样优秀的人才，于是他放手让他们充分发挥自己的特长，承担起基础英语培训、留学、签证、移民和咨询等新业务，由此奠定了新东方“三驾马车”的格局。

4. 信息资源

专业机构对于信息的搜集、处理和传递，可以为创业者制定研发、采购、生产和销售的决策提供指导和参考。对于高科技新创企业来说，由于竞争十分激烈，就更加需要丰富、及时、准确的信息，以争取到更多的资源。这种信息如果由创业者通过市场调研分析获得，成本可能过高。因此，它们一般由专业机构提供。

5. 经营场所资源

任何企业都要有生产和经营的场所，新创企业也不例外，这是企业存在的首要条件之一。如为专业人员提供舒适的研究开发环境和高速网络通信系统，为市场人员提供便捷的商务中心和配套设施等，都将有助于新创企业更快更好地成长。

6. 管理资源

高科技企业的创业者大多是科技人员出身，他们本身具备较强的科研能力，但是对于企业管理知识往往有所欠缺，因此很多高科技创业企业都因管理不善而失败，这意味着拥有一套完整而高效的管理制度和优秀执行力的管理层是新创企业的宝贵资源。当然，在企业缺乏这一资源时，委托专业的管理咨询策划机构完成这些任务将有助于提高新创企业的生产和运作效率。

7. 筹融资资源

资金是企业的血液，几乎所有的新创企业在发展进程中，都会因各种原因而产生经常性的筹融资需求。目前，为解决新创企业发展融资难问题，全国各地都成立了很多小额贷款公司，这些公司主要是由自然人、企业法人与其他社会组织投资设立。与银行相比，小额贷款公司更为便捷、迅速，适合中小企业、个体工商户的资金需求；与民间借贷相比，小额贷款更加规范、贷款利息可双方协商。有些小额贷款公司甚至对小企业主提供免抵押、免担保的贷款服务。

社会上还有很多专门为新创企业早期阶段提供急需资金的天使投资者。天使投资者大多参与比较有潜力且已经出现业绩预期向好的创业项目，他们不仅可以带来资金，同时也可能会带来更广泛的业务联系网络和经验。天使投资者大都是成功的企业家，他们在投资后，往往会积极参与被投企业做出战略决策或进行战略设计；为被投企业提供咨询服务；帮助被投企业招聘管理人员；协助公关；设计退出渠道和组织企业退出；等等。此外，如果天使投资者是知名人士或群体，还可提高新创企业的知名度和信誉。

创业案例　相同的投入如何将企业做大？

ABCD四个人分别用15万元创业，他们都注意到某产品在市场上非常畅销，但需要专用设备。如果购买设备，则需要10万元一台，年创造营业收入12万元，配套原材料和人工成本是每台设备3万元；如果是租用设备，年租金是2万元一台，配套原材料和人工成本也是每台设备3万元。请问如何将企业做大？

A的做法：花10万元购买1台，原材料和人工成本需要3万元，当年营业收入12万元；

B的做法：花6万元租用3台，原材料和人工成本9万元，当年营业收入12×3=36万元。

C的做法：花6万元租用3台，同时通知下家客户，如果预付1年全款，将打折85%，即12×3×0.85=30.6万元。客户担心万一到期不能供货怎么办，C说放心，可以让AB做担保，而且可以签订协议，说服客户是没有任何风险的。C得到客户的预付款30.6万元，然后又将这笔钱的一部分用于再租用设备，比如拿出其中的12万元租6台，配套18万元作为原材料和人工成本，年营业收入就是30.6万元+6×12万元=102.6万元。

D的做法：说服ABC三家与自己共同成立合资企业（共出资4×15=60万元），用其中24万元租用12台设备（原材料和人工成本12×3=36万元），再用C的做法得到预付款12×12×0.85=122.4万元，然后再用其中50万元租用25台设备，材料及人工成本需要25×3=75万元。由于企业初具规模，而且是用提前获得的收益（预付款122.4万元），所以可以向银行贷款，于是D向银行申请贷款100万元（或者是争取获得天使投资的支持，假如也可获得投资100万元），再用其中40万元租用20台设备，材料人工成本20×3=60万元，年营业收入将达到：122.4万元+（25+20）×12=662.4万元。

可见，同样的投入，由于充分利用资源的思路不同，获得的收益也大不相同。

思考与研讨：

1. 通过上述案例，你受到哪些启发？

2. 对上述案例做进一步思考，还可以采取什么方法以获得更多收益？

第四节 人脉资源的获取

1. 人脉资源细分

获取不同的人脉资源需要付出不同的成本，在创办企业初期，力量还比较弱小，为了集中力量更准确地获取所需人脉资源，通常可以根据重要性和紧迫性把人脉资源做如下细分：

（1）关键人脉资源，指对创业能起到核心的、关键的、决定性作用的人脉资源。如决策层成员、技术大咖、财务总监、市场总监、关键客户等，对这类人脉资源一定要尽最大努力去获取。

（2）重要人脉资源，指在关键类人脉资源的基础上，做适当扩展所包含的人脉资源。如手中拥有某种资源的个人、董事会成员、部门领导、业务骨干、次重点客户，以及对创业有影响的政府职能部门负责人等。这类人脉资源要随着新创企业的发展壮大而逐步获取。

（3）潜在人脉资源，指根据创业规划，在将来有可能对企业有重大或一定影响的人脉资源。比如公司未来可能的接班人选、有发展空间的业务骨干、有开发与合作潜力的客户等。这类人脉资源要随着企业的发展壮大，逐步加以重视并努力培育开发。

当然，上述人脉资源的细分不是一成不变的，随着形势的发展，不同的人脉资源类型也会相互转化，甚至不乏脱颖而出者。

2. 确定目标人脉资源

由上述内容可知，在创业过程中人脉是最有用的资源，在美国甚至有学者认为："一个人能否成功，不在于你知道什么（what you know），而是在于你认识谁（whom you know）。"虽然对于一个创业者来说，三教九流的朋友都要交，毕竟"多一个朋友多一条路"。但是在现实中，你可能会发现，平时随意在微信或其他场合认识的重要人物，并不能在你真正需要时"雪中送炭"，虽然他们曾经说一定会在需要时鼎力相助，而当你真正提出需求时，面对的可能不是敷衍，就是变相拒绝。其中原因很多，除了自身还缺乏足够的价值吸引力外，还包括交友不慎、用人失察，此外，也与你平时对人脉资源的积累过于随意、缺乏目标性有关。因此，在获取真正你所需要的目标人脉之前，还是先想清楚以下几个问题：

（1）创业过程有哪些亟待解决的问题？要解决这些问题，有哪些人脉关系可以利用？

（2）能解决这些问题的人需要掌握什么样的资源和能力？

（3）本企业是否现在就有所需要的人脉资源，如果没有，是否可以通过培育和开发使其具备解决这些问题的能力？

（4）如果本企业缺乏这类人才，自己身边又不具备，是否能通过社会渠道来解决？如何利用已有的人脉资源联系到具备所需能力的人？

（5）通过什么样的人脉资源可以准确了解具备解决问题能力的人在性格、兴趣、态度、过往业绩等方面的信息？能否通过人脉资源联系他（们）使之加盟创业团队？

3. 获取人脉资源的帮助

实际上，积累人脉就是一种寻找机遇、谋求突破的过程。当你有了明确目标，知道自己具体要找哪类人才时，接下来的问题就是如何才能吸引到你所需的人脉资源。这里给出以下建议：

（1）建立诚实守信的良好个人形象。诚实守信是非常重要的经营和待人之道，对于形成良好的个人形象意义重大。俗话说："人无诚信而不立"。诚信代表着一个人的基本素养，一个人与他人相处，时刻都要牢记树立诚实守信的良好形象。这是因为没有诚信精神，就不会有人愿意与你交友，更没有人愿意与你实现合作互利共赢。建立诚实守信的良好形象需要日积月累，从点滴做起。对他人要实事求是、以诚相待。如果对人言而无信、背信负义，长此下去，这个人在他人的心目中终将人设崩塌，原有的人脉关系将不复存在。

（2）努力提升自己的价值。保持吸引力的基础是互惠互利，人们在获得的同时也应该投桃报李，否则就单向受益者，这种单向受益的关系通常也不能维持长久。要想获得人脉资源，你的实力必须足够强。所以，与其把时间花在多认识人上，不如努力提升自己，提高自己的个人实力和价值，当你变得更加优秀、更加值得依靠时，人脉资源也会更加丰富和稳固起来。

（3）要善于主动与他人沟通与交流。在创业之前，如果已有意向在某个行业开始创业，就要尽自己所能去结识这个行业里的知名人士，虚心向他们请教，聆听他们的教诲。创业起步后，创业者虽然非常忙碌，但一定要适当地参加一些同学会、联谊会、沙龙或者各种行业活动、发布会等。这样做的目的是开阔眼界、争取得到更多自我曝光的机会，即使有一定的花费也要去做这件事，不要把自己封闭起来。主动与他人沟通交流，对创业者而言都是开发人脉资源的绝佳机会。所以，创业者一定要克服不愿意应酬、喜欢独处的心理。这其实也是在培养一种了解他人的能力，包括了解他人的需要、渴望与动机等。当然，社交虽然是扩大人脉资源的重要方法，但绝对不是唯一的方式，如果你过度花费大量时间在社交上，反而有害无益。

（4）把握每次帮助别人的机会。建立良好的人脉关系需要平时的经营，特别是在他人有难事相求时，一定要保持同理心，并尽力施以援手。要知道，在他人有困难的关键时刻能提供帮助，不仅体现了个人良好的修养和品质，同时也容易给他人留下非常好的印象，一旦在你遇到困难时，他们也会主动出手相助。

（5）充分利用团队成员和亲朋好友的人脉资源。团队成员和亲朋好友在长期的学习和工作过程中，通过与他人的交往与合作，一般都会积累一定数量的人脉资源，其中不乏可以解决新创企业面临问题的人脉。创业者要充分发挥团队成员和亲朋好友的积极性，鼓励他们为企业发展拓展更广泛的人脉资源。当然，在人脉资源优势得到实质性发挥并取得预期效果的基础上，新创企业也应该为这些团队成员和亲朋好友所发挥的桥梁作用及时给予必要的奖励和回报，从而带动更多人积极为企业发展贡献力量。

案例

2008年，中国奶制品污染事件爆发，乳业企业多被卷入。当时，事件直接导致蒙牛产品销量暴跌，股价暴跌。更严重的危机是，因为蒙牛抵押给摩根士丹利的股份在价值上大为缩水，这意味着其面临着被外资并购的局面。就在这个危难的时刻，牛根生对外发表了“万言书”，声泪俱下述衷肠求原谅，同时也希望他的朋友能帮助他渡过难关。于是，联想控股的柳传志、新东方的俞敏洪、分众传媒江南春等众多业界大咖都及时伸出援手，阿里的马云、云锋基金发起人虞峰、复星集团郭广昌也都表示愿意帮忙。这些人纷纷慷慨解囊，数千万乃至上亿的“救灾款”瞬间送达，很快解决了蒙牛的燃眉之急。据公开资料，2008年10月，在蒙牛暂时摆脱“被外资并购”危机后，牛根生含泪说道：“90%以上的理事、同学从人力、物力、财力等方面都给予了支持。”

企业家人脉资源多数都是形成于圈子，这些圈子因爱好、行业或地域等而结盟，以爱好结盟的圈子有：红酒圈、雪茄圈、高尔夫圈、马术圈、登山圈、读书圈、戏曲圈、帆船圈；以行业结盟的圈子有：金融圈、地产圈、IT 圈、电影圈、投资圈，还有以同学结盟的圈子，如 MBA、EMBA、总裁班等。企业家圈子形成的原因，一方面在于企业家迫切需要一个相互交流的社交平台；另一方面，由于商业社会缺乏普遍的信任，而企业家圈子成员间往往通过长期交往，可以形成亲密信任的关系。对企业家来说，人脉资源圈子也是生产力，圈子成员间寻找商业机会与合作，是圈子经济的最重要的目的之一。因为在圈子构建的平台上，信息、资金和项目能快速匹配，共同创造效益，也能帮助企业抱团，共度时艰。

第五节 创业资源整合

所谓创业资源整合，是指创业者对不同来源、不同层次、不同结构、不同的创业资源进行识别与选择、吸取与配置、激活和有机融合，使其具有较强的柔性、条理性、系统性和价值性，并创造出新的资源的一个复杂动态过程。资源整合过程就是将一些看起来彼此不相关的事物加以组合，创造出一种新生事物，使各种资源自身的价值得到增值的过程。创业资源整合的目的是通过一系列管理、运作、协调和重新安排，提升新创企业的竞争力。当今时代，任何新创企业的力量都是有限的，只有做到有效整合内、外部资源，才能把一个企业做强、做大。

资源整合是一个复杂的过程，既是对原有资源的分析、重构和利用的过程，又是一个构建新资源的过程；既要消除原有系统中的冗余，又要将新系统有机糅合形成一个更优的整体，最终达到“1+1 ＞ 2”的效果。新创企业的资源整合一般要历经汇聚、匹配和合理利用等一系列环节，对系统内的资源进行重构，使资源布局更合理、更具柔韧性和适应性，最终形成新创企业发展的新资源体系。高效的资源整合，将使新创企业的发展获得至关重要的战略优势。对任何企业而言，资源的地位毋庸置疑。资源是新创企业创建、成长乃至扩张的基础，其中，企业的异质性资源、独特的创新能力是企业成长的关键因素。在新创企业成长过程中，若创业者不能整合相关创业资源，新创企业将难以生存，做大做强的目标也只能是空中楼阁。

资源如同积木，拼接整合不对，就是一堆垃圾，只有拼对了，才能成为资源。对新创企业而言，资源整合的过程还是提升核心竞争力的过程。获取资源仅仅是新创企业资源整合的第一步，如何将获得的资源转化成竞争力则是新创企业面临的极大挑战。在如今的经济环境中，企业的竞争优势不仅来源于独特的资源，而且来源于配置这些资源的有效方式。资源整合能力的高与低，往往是衡量一位创业者水平高低的一个非常重要的标志。善于整合资源的创业者，本身可能并不拥有太多的资源，但却具有独到的眼光，能够看出这些资源背后潜藏的价值，再通过巧妙的资源整合操作，最终从资源的价值增值中获取自己的收益。

创业的竞争优势不仅要求充分利用现有的资源和产出能力，而且还要能开发并组合新的资源和产出能力。比如创业不可避免地会存在诸多的短板，因此，为了提高竞争力和生存能力，通常，在同行之间或者产业上、下游之间的创业企业会通过战略联盟或股权置换等种种方式整合资源，使人力资源、研发能力、市场渠道、客户等方面资源实现优势互补，对内分工、相互支持，对外协同竞争。这种方式往往是由几家创业企业作为核心，同时带动一批创业企业，形成卓有成效的利益共同体。

创业者整合资源的能力越强，就越能使人才、资本、技术等重要资源的作用得到充分发挥，创业过程就会变得相对容易些。创业者资源整合的能力强调的是在从外部环境中获取所需资源的基础上，在新创企业内部构建资源组合以及利用配置资源的一种动态能力，可以从资源的构建和利用能力两方面来反映。创业者整合资源的能力其实与创业者的素质、管理能力、社交能力、研发能力等关系很大，因而创业者应该主动学习，大胆实践，注重资源整合能力的提升。成功的创业者往往也是资源整合高手，他们善于用发现的眼光，洞悉身边各种资源的属性，将它们的不同价值有机地整合起来。通过加入一些新的元素，与已有的元素重新组合，形成在资源利用方面的新功能、新效果，进而可能带来意想不到的惊喜。创业者通常应利用身边能够找到的一切资源进行创业活动，有些资源对他人来说也许是无用的，但创业者可以通过自己的独有经验和技巧，加以整合创造。例如：很多高新技术企业的创业者并不是相关专业科班出身，可能是出于兴趣或其他原因，对某个领域的技术略知一些，但他们却能敏锐地发现机会，并迅速实现相关资源的整合，最后取得创业的成功。新创企业经常性的资源整合包括：

一、政府资源整合

获得政府支持应该是一个企业战略的重要组成部分，在中国更是如此。新创企业要高度重视政府各项经济技术发展政策的导向作用，按照国家政策规定开展经营活动；新创企业还要充分利用国家对中小企业，特别是针对新创企业所提供的各种优惠措施，包括政府创业奖励扶持资金、特定行业资金补贴、税收减免、土地使用优惠、开发区全方位服务等；此外，还要用法律法规作为企业维权的武器，排除不当竞争的干扰，同时规范市场竞争，依法合规经营等。需要注意的是，新创企业不要把政府的各种支持当作不要白不要的施舍，更不要把政府立于战略高度的支持看作有机可乘，不择手段去骗取国家的有关补贴和优惠，忘记了做企业的根本。

二、人脉资源整合

创业者要想在商海中纵横驰骋，离不开广阔的人脉。一个商机、一单合同的获得，没有良好的人际关系，往往是很难实现的。没有人脉，在商海将举步维艰，有时甚至连进入市场的机会都没有。创业者在向他人学习交往的过程中，要主动讨要他们的联系方式，并把这些作为重要的资源储备起来，以便在将来发挥作用，帮助自己解决实际问题。（有关人脉资源整合方面的详细内容请参考本章第四节）

三、技术资源整合

成功创业的基础是为社会提供人们所需要的优质产品或服务——在同一领域内做到最

专业，在技术上力争一直领先。一家企业，特别是新创企业没有实力一直保持技术领先优势，要突破创业发展瓶颈就必须整合企业之外的技术资源，比如尽可能地与科研院所、大专院校合作，因为那里有技术前沿人才，而且科研院所、大专院校的人才也很愿意把自己的技术资源转化为产品，实现技术成果的转化。技术资源的主要来源是人才资源，重视技术资源的整合同时也就是注重人才资源的整合。技术资源的整合，不仅要整合、积聚企业内部的技术资源，还要整合外部的可利用的技术资源。整合技术资源只是起点，技术资源整合是为了技术的不断创新，自主研发并拥有自主知识产权，保持技术的领先，占领市场，壮大企业。

四、渠道资源整合

创业者要充分了解某行业，同时掌握这个行业的各种关系网，比如竞争对手、供货商、经销商、客户、行业管理部门，以及技术研发机构、行业协会、行业杂志、行业展会等，这些对于创业很重要。所以，创业容易成功的一种形式，就是在自己所熟悉的行业里创业，熟悉本行业企业运营、熟悉竞争对手，开发出来的产品就更具针对性和实用性，所以可以少走很多弯路。

五、金融资源整合

企业与金融资本的整合方式可分为债务融资和股权融资两大类。对于创业企业来说，由于它们缺乏可抵押资产，进行债务融资又困难重重，因此股权融资是创业企业与金融资本整合的现实选择，而一个高效的资本市场是创业企业进行股权融资的必要条件。如何更好地让这些资源为自己创业顺利发展提供支持，则需要在金融资源整合方面做出大量努力。（有关融资方面的详细内容请参考本书第 12 章）

案例 牛根生擅长资源整合

内蒙古蒙牛乳业集团创始人牛根生说过：“一个企业 90% 的资源是整合出来的。”最初，牛根生只是伊利的一个洗碗工，凭着自己的勤奋和聪明做到生产部门的总经理，后来被伊利以各种原因辞退了，但他那个时候书已 40 多岁了，找工作人家都嫌弃他年纪大。没有办法他又回到呼和浩特，邀请原来伊利的几个同事一起创业。人有了，但是面对的资源困境是：没有工厂，没有品牌，没有奶源，而每一项都是致命的。

为解决没有工厂的难题，牛根生实施了资源整合策略。他通过熟人找到哈尔滨一家乳制品公司，这家公司设备都是新的，但是生产的乳制品质量有问题，同时营销渠道没有打通，所以产品一直滞销。牛根生找到这家公司的老板，说：“你来帮我们生产，我们帮忙技术把关，牛奶的销售我们也承包了。”这位老板一听，马上答应下来。半根生和创业伙伴有了落脚的地方，解决了生存的问题。

没有品牌怎么办？在乳制品这个行业，没有品牌很难销售，因为品牌代表着安全、可靠。牛根生采取了借势整合的策略，他打出的口号是“蒙牛甘居第二，向老大哥伊利学习”，口号一出，让伊利哭笑不得。一个不知名的品牌马上挤进全国前列。牛根生不仅盯着伊利，还把自己和内蒙古的几个知名品牌联系起来：“伊利，鄂尔多斯，宁城老窖，蒙牛为内蒙古喝彩！”因为前三个都是内蒙古的驰名商标，自己放在最后，给人感觉就是内蒙古的第四品牌。牛根生整合品牌资源，让蒙牛没有花一分钱，就成为知名品牌。

没有奶源怎么解决？自己买牛去养？但牛很贵，也没有那么多人去照顾。所以蒙牛整合了三方面的资源：第一个是农户，第二个是农村信用社，第三个是奶站。用信用社借的钱给奶农，蒙牛还承诺包销路；奶农生产出来的奶由奶站接收，蒙牛从奶站收奶；蒙牛定时把信用社的钱还了，把利润又给了奶农，趁机喊出一个口号：“一年养10头牛，过的日子比蒙牛的老板还牛”。

有很多事情我们不是自己说做就能做，即使自己做也很难做好，而且会花费太多的人力物力。这个时候，我们就要整合资源。发挥自己的长处，利用别人的优势，用更少的成本创业。

第六节 发挥资源杠杆效应

尽管存在资源约束，但创业者并不会被当前控制或支配的资源所限制，成功的创业者善于利用关键资源的杠杆效应，即利用他人或者别的企业资源来完成自己的创业目的：用一种资源补足另一种资源，产生更高的复合价值；或者是利用一种资源撬动和获得其他资源。其实，大公司也不只是一味地积累资源，他们更擅长资源互换，进行资源结构更新和调整，积累战略性资源，这是创业者需要学习的经验。

对创业者来说，容易产生杠杆效应的资源主要包括人力资本和社会资本等。人力资本由一般人力资本与特殊人力资本构成，一般人力资本包括受教育背景、以往的工作经验及个性品质特征等。特殊人力资本包括具有特定的产业相关知识、技能和经验，以及先前的创业经验或创业背景等。调查显示，有产业相关经验和先前创业经验的创业者能够更快地整合资源，更快地实施市场交易行为。他们不仅具有知识、技能、资格认证、名誉等，还可提供同窗、校友、老师以及其他连带的社会资源参与创业。

为有效发挥资源的作用，应设置合理的利益机制。既然资源应该与利益相关，创业者在整合资源时，就一定要设计好有助于资源整合的利益机制，借助利益机制把包括潜在的和非直接的资源提供者整合起来，借力发展。因此，整合资源需要关注有利益关系的组织或个人，要尽可能多地找到利益相关者。同时，分析清楚这些组织或个体和自己以及自己想做的事情有利益关系，利益关系越强、越直接，整合到资源的可能性就越大，这是资源整合的基本前提。

然而，有了共同的利益，并不意味着就可以顺利实现资源整合。资源整合是多方面的合作结果，切实的合作需要有各方面利益真正能够实现预期，这就要求寻找和设计多方共赢的机制。对于在长期合作中获益、彼此建立起信任关系的合作，双赢和共赢的机制已经形成，进一步的合作并不难。但对于首次合作，建立共赢机制尤其需要智慧，要让对方看到未来潜在的收益，为了获取收益而愿意投入资源。因此，创业者在设计共赢机制时，既要帮助对方扩大收益，也要帮助对方降低风险，降低风险本身也是在扩大收益。在此基础上，还需要考虑如何建立稳定的信任关系，并加以维护管理，最终实现共赢。

案例

雷军还在上大学时就是WPS开发者求伯君的头号粉丝。当时雷军本想买一套WPS自用，但还是学生的他无法负担高昂售价。他索性把WPS解密，并按照自己的理解调优改bug。无心插柳柳成荫，这一改比之前还好用，甚至让WPS变得更受欢迎。雷军也借此认识了求伯君，1992年，雷军大学毕业后，求伯君立马就把他挖来做软件工程师，二人由此成为近半辈子的莫逆之交。此后二人携手带领金山走向辉煌，巅峰时刻，求伯君选择了退出，雷军接手。

在金山期间，雷军开发过很多"网红"软件：金山快译、金山词霸、金山毒霸等，他从普通工程师做到CEO。2007年，他还参与并完成了金山公司的IPO和上市。

2000年年底，公司股份制改组后，雷军出任北京金山软件股份有限公司总裁，由此彻底完成向高级管理者的真正转型，自1999年起，金山便开始筹备上市，一场短跑最终搞成了马拉松。8年间，金山5次上市未果，直到2007年10月才得以在香港圆梦。事实上，金山难的不仅是上市，每一步的战略选择都非常艰辛。在雷军的领导下，金山进一步将应用软件扩展至实用软件、互联网安全软件及网络游戏等领域，并在全面互联网转型的过程中做出了重要贡献。在PS互联网向移动互联网转移之际，金山WPS就敏锐地察觉到了这一变革趋势，并积极投身其中，率先开发出具备内存占用低、体积小巧、运行速度快等契合移动端需求的WPS。当初，办公软件在从PC端朝移动端转型时，市场上有众多参与者，但一路厮杀下来，最终金山WPS成为成功者之一，其所依靠的关键要素之一就是技术积累。目前，金山WPS全线产品月活用户已超过3亿，移动版的年复增长率达300%。

然而，在金山上市两个月后，雷军选择了退出。先后投资了凡客诚品、多玩、UC浏览器、小米科技等多家创新型企业。

2010年，41岁的雷军辞去金山职务，和好友创办小米。

2011年，求伯君以退休的名义请辞金山董事长。那是雷军创办小米的第二年，也正在此时，求伯君希望雷军接管金山，理由是雷军曾提出过大力发展互联网项目的构想，这和当时移动互联网大趋势不谋而合；其次，雷军本身是几十家公司的天使投资人，而且这些公司多数都很成功。求伯君的退位，宣告了数字英雄时代的落幕；雷军的上任，则迎来了移动互联网的元年。

而求伯君也大大方方地把实权托付雷军，他和另一位金山创始人、有着“中关村教父”之称的张旋龙，把两人手中 12.59% 的股份投票权全部给雷军，本身就有金山股份的雷军，借此获得金山的绝对决策权。

重回金山后的雷军，定下的重要方向之一，便是成立金山云。当时，云并不是趋势，中国也仅有阿里巴巴在做云业务。不过，大洋彼岸的亚马逊力推云服务，让雷军觉得云可能会成为大趋势。2011 年，金山云网络技术有限公司在京成立，从成立到上市，用了 9 年时间。

当下，在面对人工智能、区块链、云计算这些驱动下一代变革的新技术时，金山 WPS 早已开始研发投入。诸如在人工智能上，其已进行智能推荐、智能写作、智能校对、智能机器人研究，并推出人工智能机器人 WPSAI 助手，帮助用户提升生产力和创造力。

思考与研讨：

从上述案例，试分析求伯君、雷军在资源整合方面分别做了哪些努力？这些努力对于他们的创业成功产生了哪些影响？

本章思考与研讨：

1. 创业过程中为什么要注重资源整合？
2. 你认为哪些资源对创业十分重要？为什么？
3. 请查找几个成功创业案例并分析其中利用了哪些资源及整合？

Chapter 6

第六章　创业模式

创业案例

1987 年，任正非以 2.4 万元资本注册了华为技术有限公司，成为香港康力公司的 HAX 模拟交换机的代理。当时，除了任正非，可能谁都没有想到，这家诞生在一间破旧厂房里的小公司，即将改写中国乃至世界通信制造业的历史。

公司成立之初，凭借特区信息方面的优势，从香港进口产品到内地以赚取差价—这是最常见的商业模式，对于身处深圳的公司而言，背靠香港就是最大的优势，至于是代理交换机还是代理饲料，对于任正非这样的通信技术门外汉都是一样的，都要从零开始。

在卖设备的过程中，他看到了中国电信行业对程控交换机的渴望，同时他也看到了整个市场被跨国公司所把持。当时国内使用的几乎所有的通信设备都依赖进口，民族企业在其中完全没有立足之地。43 岁的任正非，在这个时候敏感地意识到这项技术的重要性，于是，他决定自己研发，将华为的所有资金投入研制自有技术中。此次孤注一掷没有让任正非失望——华为研制出了 C&C08 交换机。由于价格比国外同类产品低 2/3，功能又与之类似，C&C08 交换机的市场前景十分可观。公司成立之初确立的自主研制技术的策略，让华为冒了极大的风险，但也最终奠定了华为领先的技术基础，成为华为日后傲视同行的一大资本。

1991 年 9 月，华为租下了深圳宝安县蚝业村工业大厦三楼，开始研制程控交换机。最初公司员工仅 50 余人。当时的公司既是生产车间、库房，又是厨房和卧室，十几张床挨着墙边排开，床不够，就在泡沫板上加床垫。

所有人吃住都在里面，不管是领导还是员工，做累了就睡一会儿，醒来再接着干。这也是创业公司常见的景象，只不过后来在华为成为传统，被称为“床垫文化”。直到华为漂洋过海与国外公司直接竞争时，华为的员工在欧洲也打起了地铺，外国小伙伴们都惊呆了。

1991 年 12 月，首批三台 BH-03 交换机包装发货。当时公司已经没有现金，再不出货，直接就面临破产。幸运的是，这三台交换机很快回款，公司得以正常运营。

1992 年，华为的交换机批量进入市场，当年产值即达到 1.2 亿元，利润则过千万，而当时华为的员工，还只有 100 人而已。

军人出身的任正非似乎天生具有比一般人更加强烈的爱国热情和保卫领土的敏感和决心，他在那个时候就认识到“技术是企业的根本”，便从此和“代理商”这个身份告别，踏上了企业家的道路。①

思考与研讨：

1. 创业之初不少新创企业选择做某产品代理的模式，如联想、华为等，做代理商的优点和缺点各是什么？

---

① 董哲 . 华为创始人任正非：两万到千亿的创业史［EB/OL］.（2014-08-24）［2017-05-18］. https://www.qianzhan.com/people/detail/268/140822ca19cae5_3.html.

2. 任正非在做代理商过程中发现了哪些创业机会？他是如何将商机转化为创业行动的？

3. 任正非在华为创业过程中所展现的企业家精神有哪些？

第一节 创业模式选择

发现商机是一回事，利用商机并选择创业模式则是另一回事。有人虽然发现了商机，但在商机面前却无所作为，对他们来说，再好的商机也没有任何意义。只有在发现商机的基础上，把握机遇，利用自己掌握的资源，发挥主观能动性，通过对商机的筛选，确定适合自己的创业项目和创业模式，然后尽快开发出属于自己的产品或服务，再结合有效的商业模式并推向市场，才有可能真正将商机变为财富。

不少准备创业的大学往往不清楚一些具体的问题，比如：他们并不了解有多少创业模式，也不了解哪种创业模式更适合自己，对自己目前掌握什么资源也不清楚，对自己所具有的条件与创业之间还有多少差距也心中没底，如何弥补这些差距，还有多少难点，等等。在此，建议准备创业的同学一定要把上述问题搞明白。

创业是一项系统工程，作为新创公司老板，你就必须要考虑人、财、物、进、销、存、竞争、市场细分、定位、管理体系、财务控制、退出机制、预算等一系列的问题。在创业初期，也许选址上的一个错误都可能让你投入的所有创业资金打水漂。由于创业充满风险，因此从准备创业时就不能仅凭头脑发热而草率地做出决定。不同的创业模式各具优势和不足，要根据实际情况，通过比较风险大小和见效快慢，做出正确选择。

一般来说，具备事业型创业潜力的人有两类：一是自己已经具备某些创业所需的独特技能，如绘画、设计、厨艺、专有技术等；二是自己虽缺乏特定的创业所需技能，但希望利用自身一些优势资源，如管理能力、人才、技术、专利、资金、人脉等，去创业以实现自身的价值。前者的创业相对来得容易，只要有资金支持，找好合适的经营场所，很快就能走上创业之路；而后者的创业是通过在多种不同创业模式中做出选择来实现创业目标，因此相对复杂一些。比较典型的有：特许经营、加盟连锁、收购、承包经营、与他人合伙白手起家自主创业、做代理、网络创业等。这些创业模式各有千秋，关键要看哪类最适合自己且比较容易成功。原新浪 CEO 王志东认为，每个人都要按照自己的特点去创业，他的三次创业，业务内容全不一样。王志东说："如果我离开新浪后，再做网站，不仅没有挑战性，也很难成功。你要给自己定位好创业方向，通向成功的路绝对不止一条，在整个产业链里，每一节链条都有机会成功。"高科技领域有很多创业机会，非高科技领域也有创业机会，如京东商城、沃尔玛、戴尔等。

第二节 加盟连锁企业

加盟连锁是指主导企业把自己开发的品牌、产品、管理经验等有形和无形资产（包括商标、商号、企业文化、经营技术、营业场合和区域等）以加盟合约的形式，授予加盟店在规定区域内的经销权或营业权。连锁加盟行业是由一些拥有较高品牌知名度或者相关行业产品专利的公司发起的连锁加盟模式，该行业在保证总公司的正常运作下吸纳众多投资者在全国各地开设门店，并且由加盟主导企业提供从产品研发到销售指导等一系列的支持。而加盟商通过主导企业的授权和帮助，降低经营风险，借主导企业之力，实现自身的成功。连锁加盟的最大好处是可以用最低的风险做成功的创业者。

对创业者来说，刚开始进行创业时，连锁加盟是一个不错的选择，因其提供的是一种双赢的模式。有调查资料显示，在相同的经营领域，个人创业的成功率往往低于 20%，而通过加盟连锁创业的成功率则高达 80%~90%，并且大部分行业超过了 90%。

由于加盟主导企业可以直接利用其成熟的品牌、商业模式、连锁系统、商标、经营技术等优势，比起创业者自己从零做起，在时间、资金和精神上都减轻了不少负担，主导企业会从商品、原料、进货渠道、销售定位各个角度出发帮助创业者快速适应并熟悉整个业务流程。由于采取统一采购、统一配送的方式，可降低新创企业的进货成本，保证优质、可靠的货源，这比创业者从头开始建立业务网络有更大的优势。关于门店位置的选取、周围人群的消费水平调查等情况通常都由主导企业一手包办，旨在让创业者可以更加轻松地做老板。此外，主导企业通过输出自己成功的行业经营经验和管理模式，可以帮助加盟者改进管理。新创企业作为加盟者可以在很短的时间内，花较少的精力学习到成功的经营管理经验与知识，少走很多弯路。比如：连锁店的标准及整体效果，主导企业早已设计妥当，每个加盟店只需结合实际，做一些小小的改动，按图施工就行，无须再自己花设计费。这样还有利于迅速开店，能减轻店租负担、增加营业的天数和收入，同时因为具有统一的形象而更容易增强消费者的信任度。

实际上，加盟连锁的结果一般是双赢。由于门店的不断扩张，实际上也意味着主导企业拓展了市场，提升了品牌知名度。因此，加盟店的成功也是主导企业的成功，双方互惠互利。主导企业为调动加盟店的积极性，通常会对营业额较高的加盟店有一系列的奖励办法，所以加盟店的收入基本是等于门店自主盈利再加上主导企业的业绩奖励。

主导企业还会派出专人到门店对新员工展开高效、实用的入职指导与培训，旨在打造一批优秀的门店营业员，同时主导企业也会为创业者提供相关领导技能的培训。在培训期间，主导企业会为门店配置专业的会计收银系统及电子管理系统。

加盟连锁一般要向主导企业支付一定的加盟费，也就是使用主导企业品牌的许可费用和指导培训费用，越好的品牌，加盟费也越高。

为确保被特许者履行特许经营合同，作为特许方的主导企业常常会要求加盟方交付一定的保证金，这部分费用到合同期满后，在加盟方没有发生违约行为，没有不清楚款项的情况时，主导企业会无息退还给加盟方。

第三节 通过收购现成企业创业

收购现成的、正在运营的企业，也是最简单且容易成功的创业模式之一。收购跟加盟连锁有类似之处，都是现成的企业相对比较成熟，只要创业者有一定的经营能力，又具备相关的资源条件，那么，通过收购目标企业进行创业，对创业者尽快实现现金流、降低风险，是比较有保障的。

对于有一定资金实力的创业者来说，收购现有的企业不失为一个很好的创业切入点。毕竟，所收购的目标企业已经解决了企业的筹建问题，本身也正处于经营过程中，多少会具备相对完整的创业资源，还有一定的客户积累。作为局外人，不仅比较容易从目标企业的经营中看出该企业的优势，也可客观地发现不少问题。特别是在收购过程中，可以认真总结目标企业成功的经验和失败的教训，从而避免走弯路。比如，某餐馆转让，你在接手之前可做一番调查，了解一下该店的经营情况和问题，仔细分析其转让的原因。如果该店原来经营就比较好，一般来说，你只要一投入资金，收购并接手经营，其创业风险是比较小的，也可极大地缩短创业进程，相对来说，可实现以较低成本快速成功创业。

在收购现成企业过程中，创业者主要应弄清如下问题：

1. 目标企业出售的真实原因是什么？

一般来说，目标企业出售的真实原因往往秘而不宣，如因为法律纠纷、企业建筑即将面临拆除、竞争恶化等而无法继续经营等。创业者在收购现成企业时，不能只听一面之词，要通过周密的调查进行核实。

2. 目标企业的财务状况如何？

无论是收购处于困境中的目标企业，还是自称生意兴隆的目标企业，创业者在收购前都应十分关注目标企业真实的财务状况，如盈利能力、销售额、利润、现金流、销售额增长趋势等。这些内容一般都可通过财务报表体现出来。为此，建议创业者请专业会计师进行目标企业财务报表分析，协助搞清是否存在问题。此外，对目标企业进行财务分析时还要将财务数据与同类公司或竞争对手进行对比，从而可看出一些问题。

3. 目标企业资产状况如何？

资产分为有形资产和无形资产两块，有形资产一般包括房屋、设备、设施、产品或配件库存等；无形资产包括商誉、品牌、专利、专有技术、特许经营权等。

对目标企业资产状况的深入了解，不仅是出于购买目标企业时讨价还价的需要，也是为购买后顺利工作奠定基础。如房屋是否需要修缮？设备、设施是否需要更新？现有设备能否满足新技术或升级的要求？库存品是否能销售出去？等等。表 6–1 列出了购买现成企业的利弊。

表 6-1　购买现成企业的利弊

优点	缺点
低风险	产品或服务有可能处于衰退的市场
较多的个人自由	发展潜力可能有限
已经产生现金流	债务或库存可能太高
已经建立起供应商和客户关系网络	产品有可能陈旧或过期
现成的产品或服务、现成的客户、现成的经营方式、现成的员工队伍和企业名称	企业主有可能隐瞒出售的真实原因：企业已经连续衰退好几年了
可能有不错的经营地点	企业在周围的声誉可能不好，经营位置或许较差

第四节　通过承包经营创业

一般来说，承包经营是指企业与承包者通过订立承包经营合同，将企业的全部或部分经营管理权在一定期限内交给承包者，由承包者对企业的全部或部分资产进行经营管理。在承包经营期内，由承包者承担经营风险并获取企业的部分效益。采用承包方式，是借力创业的典型形式。创业者可以借助发包企业已有的品牌优势和资源打开市场，这将大大提高市场接受程度，减少个人创业的前期风险。在 20 世纪八九十年代，作为改革开放初期的一种改革方式，承包经营曾经在国内风靡一时，许多濒临破产的企业因承包经营而咸鱼翻身，不少有远见、有魄力的承包经营者则因此走上了自主创业之路。

承包创业之所以比较容易成功，是因为承包者通常都具有该行业比较丰富的经验，不少承包者甚至就是发包公司里的职工，他们对该行业的发展趋势比较了解，对所承包企业的现状和存在的问题也比较熟悉。这样，承包之后，他们往往就能对症下药，通过改善经营管理，使企业尽快在市场竞争中取得优势。一般来说，企业在承包前后，如厂房、员工、设备、产品等硬件设施变化不大，而承包者所能发挥的地方主要在于企业的发展思路、市场策略、经营管理措施、产品开发等软性条件方面。因此，承包经营是一种通过改善经营管理为主并产生效益和利润的创业方式。

由于工商行政管理部门一般不会允许同一企业在同一城市设立分公司，分公司只能在异地设立，因此，在同一城市，企业经常采取承包该公司某一经营部门的方式，具体操作与承包分公司无显著差别。

一般来说，在承包创业中，承包者个人必须与发包公司订立承包经营合同，具体标明由该公司将其某一经营部的全部经营管理权在一定期限内交给承包者，由承包者对企业进行经营管理。在承包经营期内，由承包者承担经营风险并获取企业的经营收益。

创业者在签订承包经营合同时一定要谨慎，相关条款必须在一开始就要明示。一般来说，承包经营合同应包括下列主要条款：

1. 承包形式

承包的形式有多种，有减亏承包、盈利承包，有按比例支付承包费，也有固定承包费。你可以根据具体经营状况与总公司协商确定承包形式，最好选择没有包袱、没有复杂债权债务关系和劳动关系的分公司承包。

2. 承包期限

承包期限一般以三年左右为宜，太短尚无法实现目的，太长则可能受市场变化等诸多不确定因素影响承包收益。

3. 产品质量、技术改造任务及其他主要经济技术指标

这往往是发包人所关心的，但是作为承包人也要考虑该项任务指标对承包费以及履约能力的影响。

4. 承包前的债权债务处理

这条非常重要，特别对已经经营多年的分公司而言尤其如此。最好与历史旧账割断关系，因为分公司非独立企业法人，其债权债务可以由其总公司承担。如果做不到这一点，则须谨慎考虑，要求其如实披露其债权债务情况，并考虑债权实现的可能性。

5. 双方权利和义务

通常可以约定：发包的总公司有权按承包经营合同规定，对分公司的生产经营活动进行检查、监督；发包的总公司应当按承包经营合同规定维护分公司的合法权益，并在职责范围内帮助协调解决分公司生产经营中的困难。分公司享有国家法律、法规、政策和承包经营合同规定的经营管理自主权；分公司必须按承包经营合同规定完成各项任务等。在签订合同时，应根据具体情况对上述内容进行细化。

6. 违约责任

由于发包的总公司没有履行合同，影响承包经营合同完成时，发包的总公司应当承担违约责任；同样的，承包人完成不了承包经营合同任务时，也应当承担违约责任。违约责任约定应当具体明确，具有可操作性，以免违约时扯皮。

当然，通过承包的形式创业也存在弊端：首先，由于承包方不具有独立法人资格，发包公司须对其债务承担连带责任。因此，发包公司往往会对承包主体提出较高的要求，甚至会干预承包方的经营管理，这是个人承包创业的一大障碍。

其次，承包创业只能打着别人的品牌做事。承包经营得再出色，也只能是别人的品牌，无法拥有自己的品牌。因此，承包经营只是创业初期可以选择的一种有效方式，创业者切不可常停留于此，而应该寻求进一步的创业升级方式。建议创业者在完成必要的原始积累和获得经营管理经验后考虑创立自己的企业，打拼属于自己的新天地。

第五节 通过购买特许经营权创业

特许经营是指特许者将自己所拥有的商标、商号、产品、专利和专有技术、经营模式等以特许经营合同的形式授予被特许者使用，被特许者按合同规定，在特许者统一的业务模式下从事经营活动，并向特许授权方支付相应的费用。特许经营与加盟连锁的主要区别是：加盟连锁强调加盟方利用自己的营业点，由主导公司在统一的整体规划和布局下集中管理分工合作，通过扩大规模获得更高的效益，它的本质属性是在商业流通领域中同业店铺之间为取得规模经济效益而实行横向联合的一种组织形式；而特许经营中的特许人与被特许人之间是相互独立的商事主体。特许人与被特许人之间不是企业与其分支机构、母子公司或者雇佣关系，二者各自独立经营、自负盈亏。确切地说，特许人把自己的商标和管理技术等知识产权授权被特许人有偿使用，由此以整体统一的商业形象和管理模式对外营业。特许经营的本质属性是一个独立的民事主体（特许人）向多个独立的民事主体的纵向授权，且其核心是特许人知识产权的许可使用。比如，某餐饮品牌既有加盟店，也有特许经营店。如果其中一个店因某种原因关闭时，凡是在该加盟店是会员的客户，就可以到其他加盟店继续用会员卡消费；而如果是特许经营店的会员，其客户会员卡是不能在其他加盟店消费的，只能找该店讨说法。

特许经营权一般有两种形式：一种是针对产品 / 商标 / 服务的特许经营权；另一种是针对经营模式的特许经营权。特许经营是双赢的选择，对于出售特许经营权的优质企业来说，通过获得特许经营费而得到快速成长，并且可以通过特许经营权的出售来扩大和强化自己的品牌，如克罗克就是利用出售麦当劳餐馆的特许经营权实现快速壮大的。对于新创业者来说，如果能找到具有优质品牌和良好经营方式的企业，而这家优质企业又正好希望以较合理的价格出售特许经营权，那么，只要交一笔特许经营费就可以利用优质企业的品牌开盘经营了。也就是说，创业者通过这种方法，就能在一个相对便宜而快速成长的产业内开办自己的企业，不仅可采用优质企业的品牌和经营方式获益，而且风险小、见效快。

在特许经营实施的过程中，优质企业往往通过培训、广告宣传等形式来帮助特许受权方，比如麦当劳特许经营就是这一模式的典型。根据特许经营协议，麦当劳会把如何经营的每个细节都传授给特许授权方，如炸薯条用多少时间、制作程序、制作工序是怎样的，以及如何接待顾客等。

特许方除了为受许方提供帮助外，为保证特许经营实现预期效果，通常还会就一系列事项与受许方签订一份合同，特别是要求受许方满足一定条件，如：有基本运营资金投入作保障；从特许方处购买相关原料和设备；保证能取得一定绩效；按时支付特许权使用费和收益提成等。因此，创业者在购买特许经营权前，需要仔细研究相关信息，特别要考虑好以下问题：

（1）购买特许经营权是否优于购买一家现成的企业？

（2）你想从特许方获得什么？你愿意为该工作付出多少努力？

（3）如果获得特许经营权后经营不善，甚至亏损，你是否还愿意承担风险并继续支付特许权使用费？

（4）你是否有能力并愿意严格遵守特许方的各项规定？

此外，当创业者本人的生意兴隆，自己的产品或服务逐渐具有一定市场影响力，甚至形成一定品牌效应或口碑、在市场上受到广泛追捧时，如果特许经营费可为其他方承受，那么，创业者自己也可通过出售特许经营权的形式来实现扩张。表 6–2 列出了购买特许经营权的利弊。

表 6–2　购买特许经营权的利弊

优点	缺点
开办风险较低	企业决策力受到限制
开办成本透明	特许费用使利润减少
产品或服务有较好的市场	不可能再引进其他供应商产品
经过实践证明了的营销方案	对特许人的依赖性较强
特许人的培训保证	特许人一旦失去市场，你也就失去了市场

第六节　通过做代理商创业

代理商是指在其行业管理范围内接受他人委托，为他人促成或缔结交易的商业机构。代理商只是代其他企业打理生意，而不是买断企业的产品，是厂家给予代理方一定佣金额度的一种经营行为。代理商所代理货物的所有权仍属于厂家，代理商并不拥有商品的所有权（只是代理制造商的产品 / 服务）。因为代理商不是售卖自己的产品，而是代其他企业转手卖出去，所以代理商一般只赚取企业代理佣金（提成），而不是通过买断制造商的产品服务，通过经营获得商业利润。因此，代理是一种既无风险又能获利的方式。需要注意的是，创业者在选择代理项目时，一定要先从市场认可度高、利润空间大、易操作的开始。

代理商主要分为总代理、区域代理和分品牌代理等。代理商的建立，可以分担厂商的风险，使厂商与代理商共同拉动市场从而降低厂商的经营风险。在代理商的层次上，除设立总代理外，代理商还可以根据厂商的渠道模式，下设一级代理或区域代理并同时与终端销售商合作。这样，代理商从简单的分销转换成具有管理职能的渠道维护者，除业务管理外，代理商同时具备品牌管理、促销管理、服务对接、财务管理等各项职能。

通过做某厂家产品 / 服务的代理商进行创业时，创业者不要只盯着代理厂家的产品或服务，最好是要充分利用厂家的产品或服务，为用户提供相关增值服务。比如，华为公司在最初两年主要是代理销售香港的 HAX 交换机。经过两年的摸爬滚打，公司财务有了好转。不过，任正非没有拿辛辛苦苦赚来的钱去改善生活，而是再投入到经营中，华为很快就进入了发展的轨道。再如，北京康邦科技有限公司最初创业就是先取得某计算机厂家的产品代理权，然后面向各类学校进行计算机及辅助产品的销售。但公司创业者并没有满足于此，而是打破常规，不断完善为学校提供配套的增值服务。他们采取向购买计算机的学校提供设备施工安装、设备日常维修保养、校园智能管理、系统集成等一系列与计算机相关增值服务的方法，不仅赢得了客户，而且也获得了很好的经济效益。如今，它已经发展成为北京最大的校园系统集成商之一，并已实现创业板 IPO。

第七节　与人合伙白手起家自主创业

如果创业者自己能设计出独特的产品 / 服务，那么，自主创建一家新企业是非常好的选择。比如你有意向中的创新产品或服务，你觉得产品和服务将会有较大市场，你也有能力把这个产品和服务做好、做大，那么，你就可以制订好规划、进行市场调研，在把所有相关的信息摸清楚以后，就可以考虑创建团队、办照、选址、开办企业了，然后，利用这一平台推出自己的创新产品或服务去满足社会或市场的特定需求，从而获得回报并实现个人价值。

白手起家最难的是赚取第一桶金，完成原始资本积累。由于创业者所从事的是商业活动，钱是他们的成绩单和里程碑，因此，赚取第一桶金非常重要也很困难。它将初次证明你的创业是有市场的，说明企业的业务模式和运营系统已经通过市场检验，开始迈向成功了，由此也会让你建立起信心。但创业者也应该清醒地认识到：在缺乏充足资本支撑的情况下，企业的进一步发展要比只是赚第一桶金难得多，因为这要求企业在方方面面都要努力做到优秀，不能有半点懈怠。

如今，白手起家的创业者在未来的规划中需要更加细腻的部署。过去的成功者有相当一部分是依靠敢想敢干、把握机遇，巧妙地获取稀缺资源（土地、配额、物资、人脉关系等）或在某些方面享有特权，但如今要想白手起家，仅凭上述手段已经不够了。新一代的创业者需要更深厚的知识，更优秀的能力，更高的道德标准，以及更充分多元的资源支持。

白手起家自主创业者一般虽然资金有限，但普遍拥有经验、技术等优势，如果能在以下方面做好工作，会更有利于创业成功：

1. 尽快建立起广泛的人脉关系

事实上，许多白手起家的创业成功者都曾或多或少地依赖婚姻、家族所带来的一些特殊资源的协助，善用身边资源使之成为你事业的助力是成功的捷径。创业之初，由于缺乏资金，创业者很难请到或请得起高水平的人才，也没有太多的钱用于广告或市场推广，所以生意来源很大部分还是靠原先积累的人脉关系。有了广泛的人脉关系，才能在获得资金以及商业机会、相关技术方面得到帮助，从而为下一步做强做大打好基础。即便是没有什么人脉关系而白手起家创业的人，在创业前期，也要时刻记住一件事，那就是建立广泛的人脉关系。很多时候，人脉关系甚至要比金钱更重要。

2. 建立良好的信誉和人品

依托自己产品 / 服务的自主创业者只有靠自己人格的魅力，才能吸引一批志同道合、愿意跟随你的人，因为你出不起高工资去招募合适人才。同时，自主创业者由于经营规模较小，所以商业信誉度在人们看来也不会很高，这时就要用创业者以个人的信誉和人品来担保，诚信待人，只有这样，别人才愿意并敢于与你合作。人们只有首先相信你这个人，才会相信你的事业和产品 / 服务。

3. 要有吃苦耐劳的精神

自主创业者面对的是残酷的市场竞争环境。与财大气粗的竞争对手相比，新的自主创业者竞争优势较少，只能靠自己的吃苦耐劳精神，付出比竞争对手更多的努力和辛劳。创业之初，自主创业者一般都要事必躬亲、亲力亲为，所以创业者在创业之前就要做好充分的心理准备。人们说市场是抢来的，而不是等来的，对自主创业者来说，更是如此。多付出一些辛苦和努力，用真诚去感动你的客户，这才是在竞争中的取胜之道。

4. 要对市场有预见性

对于自主创业者来说，要想成功就要寻求一个好的项目或者产品 / 服务。自主创业者在选择产品或项目时，一般要考虑以下三点：一是该产品或项目要顺应社会发展的潮流；二是该产品或项目要与众不同；三是在推广该产品或项目时，不需要或只需要很少的市场启动资金。这就要求创业者要有一定的市场预见能力，能够把握好市场未来的发展和趋势，从而找到并占领某一块被忽略的市场。否则，新的自主创业者根本无法与其他成熟企业在竞争中抗衡。

5. 要拥有理想、激情和领导才华

自主创业者应具备这些重要的能力：能使创业团队创造出比独立个体之和更高的价值；为企业设立一个具有挑战性但又极具可行性的远景目标；能凝聚和激励一群优秀的、能承担主要责任的团队；能给予团队足够的空间去发挥自己的才能；领导新创企业设计、开发并生产出的产品或服务必须满足市场和社会的某种特定需求，并成功地在客户心目中形成物超所值的印象；创建一种氛围，使企业与员工之间可以做到风雨同舟、相互协助等。

从以上几点可以看出，创造一家成功而卓越的企业绝对是一项复杂而艰辛的系统工程，需要创业者具备优秀的素质。创业者一般都是靠自己的一套行之有效的方法、技巧、能力和素质而取得成功的。表 6–3 是白手起家自主创业的利弊。

表 6–3 白手起家自主创业的利弊

优点	缺点
有可能开办成本较低	新成立一个企业要冒较大的风险
较大的个人自由	需要大量的个人和企业计划
能够开发新产品或进入新市场	可能需要寻找客户并建立客户关系
能够较快地调整企业行为和方向	来自现有企业的竞争可能较大
可以一开始就采用新的企业经营方式	难以为较长的开办期寻找资金

第八节　互联网创业

2020 年在新冠疫情、中美贸易战等多重因素的综合影响下，实体领域确实在经历着比较大的考验，所以当前很多创业者把创业目光转向了互联网领域，这是因为互联网时代从不缺乏创新。根据最新发布的《中国互联网络发展状况统计报告》，截至 2021 年 6 月底中国网民规模破 10 亿，达 10.11 亿人，互联网普及率达 71.6%，庞大的网民数量构成了互联网创业稳定的目标市场。如今，“互联网 +”已经成为大众创业的热点。当前在互联网领域的创业机会比较多，以下是三种比较典型的模式：

第一种模式是自己直接网上开店销售商品，就是自己先把价格较低的或较紧俏的商品买下，再把商品信息发布到网上，客户从网上发现你的商品很好，于是订购下单，然后你通过物流公司把商品给客户送货上门。

自己直接网上开店与传统的实体商店相比，具有启动资金少、运行成本非常低、商品价格比较优惠、创业成本低、手续简单、交易快捷、经营与维护不需要太多的专业知识、容易上手等诸多优点，这也成为众多创业者、特别是大学生群体开始创业的首选。据 ebay（易贝）网站统计，在美国有 30 万以上的人在 ebay 网站上开店，国内的易趣网上的商店达 1 万多家，其中 40% 是由在校大学生所开。交易的商品大到房地产、小到邮票，无所不有，商品交易额超过 5 亿元。由于网上创业成本比较低，对于初次创业或者小本创业来说，不失为一个很好的创业选择。但自己直接网上开店销售商品也应对困难做好充分估计，主要原因是：产品以分类销售为主，竞争非常激烈，后来者起步较为困难。

一般来说，自己通过网络开店创业首先需要考虑准备一定的投入，主要包括硬件和软件两部分。硬件包括可以上网的电脑、扫描仪、数码相机、联系电话等。有了一定硬件支持后，就要思考经营的物品或者项目，可以通过网络了解到目前成交量居高的货品，从而确定自己卖什么商品。在网上销售的商品，首先最好是找实体店不容易买到的东西，例如：限量版的商品、名牌服装、电子产品等。这样一些“发烧友”就会找到你店里；其次，最好找你所了解的或是有条件的货源，了解网上同类商品的价格等；最后，就是选择你要开店尝试的专业平台，比如淘宝、易趣等。

通常，网上创业要经过以下步骤：第一步是注册会员；第二步是获得卖家认证：注册会员之后，要想开始网上销售服务需要通过网站进行卖家认证，目前主要通过身份证认证、手机认证、固定电话认证、地址认证等方式；第三步是通过卖家认证：通过后即可上传商品，正式开展网上销售。

值得注意的是，目前一些网站大都对会员提供免费开店服务，不过也有收费的，如易趣，易趣网登录物品需要支付登录费。如果物品卖出，还需要支付交易服务费。因此，卖出一件物品的总成本为：登录费加上交易服务费。

第二种模式是通过提供网上服务来获利，就是利用互联网建立第三方服务平台，自己并不在网上直接做商品生意，而是为买卖双方提供商品供求信息服务。这种创业之所以能成功，是因为信息的不对称会产生交易成本，而互联网的作用可以提高信息的传播速度和传播量，减少信息的不对称，从而降低交易成本。利用网站为买卖双方提供供求信息服务，降低信息不对称所产生的买卖双方交易成本，形成巨大的流量，吸引广告和其他内容提供商的服务项目，从中收取广告费、会员费、服务项目分成或其他费用等。很多成功人士都是通过建立第三方服务平台而创业成功的，如阿里巴巴的马云、京东商城的刘强东、携程网的甄容辉等。在日本，网络服务业已经非常盛行，一些网络信息中介公司生意兴隆，比如，为了提高物流效率，一批中介公司将货主送货的批量、目的地、时间等信息在网上公布出来，中小运输公司得知这个信息后，则以“拍卖”其卡车空间的方式接受货主们“订货”；同时，运输公司也会通过中介提供有关卡车的剩余空间，接受货主的物流订单。

第三种模式是利用互联网服务大众。这种模式的特点是：免费提供大众最感兴趣的信息服务，黏住海量的客户，为企业提供巨大的网络潜在市场，从而吸引厂家大做广告或提供其他挂接项目。这类网上创业并不面向特定群体，如百度的搜索引擎、新浪的门户网站、腾讯的 QQ 和微信、360 的免费杀毒等。比如，某大学毕业生创建了一个免费为大学生提供兼职、实习、招聘信息的网站，每天吸引近 100 万人次的学生登录寻找机会，这不仅引来了大批企业到这一网站进行招聘和找学生兼职或实习，此外，也有很多教育培训机构主动上门希望建立信息接口，为大学生提供外语、职业技能和专业证书等培训项目。

随着互联网的不断发展，也出现了其他创业机会：

1. 网络安全项目

互联网拥有海量的网民，除了一些基础信息之外，还会涉及一些敏感信息包括银行支付密码，所以很多黑客就有机可乘，通过互联网来盗取网民的财产，所以网络安全的项目一直是重点；此类项目对启动资金、技术的要求都比较高，进入的高门槛也较高。

2. 人工智能项目

互联网产生的巨大数据，不管是消费行为、阅读行为还是其他行为，各种轨迹都可以有效地定义用户，这时就需要人工智能去进行分析，把用户定义之后就能更好地划分用户属性进而营销。

3. 新文化模式

5G 时代的来临，新的文化思维模式诞生，网红李子柒就是一个典型的代表，她从创作视频到创立个人品牌，直至向全世界去分享传播中国的传统文化。

4. 新消费生产模式

过去的互联网已经足够满足个人的生活需求，不管是购物还是生活需求都可以通过互联网完成，未来互联网的消费形式会更加多样，通过生活场景化、需求共享化等模式，实现用更加真实的购物场景去满足人们的需求，例如抖音最近一直在推广的“云逛街”，就是把网上购物实现场景化。

5. 淘小铺

淘小铺是阿里推出的一款社交电商工具，开通成为小铺掌柜之后就能够挑选性价比高的产品分享给朋友，他们完成购买之后就会有相应的佣金，对比其他社交电商平台，淘小铺的佣金更高、没有业绩门槛，依托中国 7.5 亿的淘宝用户，相比其他平台更容易达成交易。

6. 线上推广

线上推广的重要形式是互联网广告，这是当今社会发展的流行趋势。2020 年伊始，突如其来的新冠疫情，打乱了大家原本的生活节奏，很多线下门店停业。但是，全民抗“疫”期间，因大多数人宅在家中足不出户，线上流量猛增，这也给线上广告投放带来了商机。在互联网高速发展的今天，各大商家总是第一时间抢占网络广告位，尽量曝光自己的品牌，抢占市场和流量，线上广告的需求量很大。广告行业近年来一直保持稳定增长，视频、社交等广告形式发展迅速，为已经进入成熟期的互联网广告市场提供助力，带动市场不断创新发展。

7. 短视频（微视频）

因为视频传播对网速的要求更高，所以随着 5G 时代的到来，网速的制约和限制也将逐步被破除，短视频直接受益于此，成为内容传播的绝对主力。当前短视频领域的创业热度比较高，而且短视频自身的连接能力非常强。从短视频的发展趋势来看，普通创业者要想在此领域创业，可以考虑以下几种方式：

第一，根据自身的资源整合能力选择发展切入点。在短视频领域创业，一定要重视自身的定位，有了明确的定位才能制定适合自己的发展规划。优质内容是短视频平台的基本切入点，做好内容展现是关键。当前在短视频领域创业有一定的门槛：一方面更多的创业者都意识到了短视频领域的商业价值，另一方面当前短视频平台自身的商业体系在不断升级。虽然短视频领域汇集了大量的创业者，但是由于创业空间非常大，所以还是有很多机会的。从目前短视频平台的运行模式来看，直播带货是比较常见的方式，未来还会有更多的价值增值方式。

第二，要重视内容的垂直性。短视频领域比较重视创业者的垂直性（即深耕性），垂直性越高则越容易吸引高附加值的用户，从而形成自身的价值空间。当然，垂直性并不意味着单一性，如果具备在多个领域垂直的能力，也完全可以在多个领域同步发展。短视频的核心自然是内容，但是内容本身的价值维度是不同的，针对的用户群体也不一样，通常泛娱乐领域更容易获得关注，所以当前很多创业者都更愿意在泛娱乐领域发展。从短视频自身的特点来看，很多专业领域也可以借助娱乐化的方式进行传播，从而为用户带来更好的观看体验。

第三，努力提升自身的连接能力。短视频的连接能力在近两年得到了不断的强化，用户在观看短视频或直播的过程中，可以非常方便地完成更多商业活动，这也在很大程度上提升了短视频平台的价值。但是，对于创业者来说，内容生产方多嫁接于平台进行分发，与前端的内容创作及后端的商业变现环节联动性较弱，变现也成为短视频领域繁荣景象下的一大痛点。如何在平台提供的连接方式上，进一步提升自身与用户的连接能力，是需要重点考虑的核心问题。早期有不少创业者就是成功实施了一些流量转化，从而构建起了自己的私域流量池。

第四，不断创新变现模式。目前短视频的主要收入来源有平台补贴、广告植入、电商营销、版权收入等。短视频变现可以挖掘出很多模式，但主要还是基于粉丝群体的数量。一旦有了粉丝，你不仅可以通过跨平台引流，在内容里植入软广，还可以开通自己的小店和橱窗，甚至可以直播带货，也就是通过短视频把粉丝带来，通过直播让你的粉丝看到你，由于卖货场景真实又可信，所以转化率会提高很多。此外，你直播时粉丝打赏的钱也可以变现；如果是做科普的视频号，也可以做付费咨询等。

第九节　移动互联网创业

传统的互联网创业主要是通过电脑实现，现在又延伸出移动互联网智能手机 App 创业。如今智能手机市场不断扩大，加上现在很多运营商推出存话费送手机等促销活动，加快了智能手机的普及。互联网的不断升级，使看新闻、浏览资讯、买东西、出行等都可以靠手机完成，手机已成了当下大多数人娱乐的工具。我国已经成为世界上拥有智能手机最多的国家，人们的上网方式已从互联网开始向移动互联网转型。因此，一个新的行业——智能手机 App 创业诞生了，通过软件和平台对接到大的流量平台，把个人服务业和消费者直接打通，如垂直社区和垂直工具、O2O、移动娱乐、手机游戏等都成为互联网创业的大好机会。

利用移动互联网创业有很多优势，一是可以降低上网的接入难度和成本，因为它不需要运营商拉宽带，不需要昂贵的电脑，没有宽带包年费，只要有手机，深山的老人、小孩都可以上网。有智能手机的，都是移动互联网的用户，这也是微信用户迅速达到 10 亿的原因。

二是移动互联网的平均上网接入时间和频数较电脑有很大的增加。因为手机可以随身携带，随时可以利用碎片时间上网，大部分人，用手机上网的时间已经远超过用电脑上网的时间。

三是使用移动互联几乎不受地域限制。移动互联网覆盖率高，人们无论是外出散步、坐公交，还是在单位和家里，甚至上厕所，都可以拿起手机上网。

相比传统互联网，移动互联网更看重用户多少、月激活次数，以及要用户使用时间的长短。传统互联网的盈利模式基本都是靠网页，除了游戏、电商本身能盈利外，其他网站基本都靠广告赚钱。但手机 App 里的广告展示转化率很低，而且用户比较反感这种模式，而且广告只占手机屏幕的 1/5，没有人愿意忍受，所以现在好的 App 都没有宣传产品的纯广告了（硬广告）。

利用移动互联网创业的盈利模式主要是利用某个免费功能，抓住特定的用户群，通过抓住这部分用户的特征以及他们的使用数据记录，再给用户提供更精准的增值服务（卖交易机会），或利用这些数据为其他平台提供服务（卖数据）。最后补充一下，移动互联网不只是 App，最终目标应该是移动端，比如微信的出现就让很多 App 没有了价值，但微信也给了很多创业者机会。以后可能还会有新的平台、新的技术，但这些都不重要，对于创业者来说，只要用微信公众号、App 等多种手段，专心解决好用户的某一个问题，并获得一定数据的有价值用户，就可能成功。

案例　抖音的成功及盈利模式

随着网络的发展、移动设备的普及以及用户碎片化媒介消费习惯的养成，专门的移动短视频平台应运而生，抖音就是其中一个。如今，抖音已经成为移动短视频领域的“领头羊”。

1. 抖音的成功之处

（1）抓住了需求点

现在人们工作忙碌，休息的时间已经严重碎片化，经常可能只有几分钟可以放松一下，抖音主推十几秒钟的短视频，就是抓住了这个需求点。

（2）产品定位精准

抖音的产品名称很时尚，与产品的市场定位也吻合，这自然就吸引了一批用户。

（3）产品内容新颖

一个产品想要占据市场和吸引用户，不仅要产品定位好、质量好，而且一定要有不断更新的内容，只有这样才能够吸引新时代的年轻人，只有知道用户对什么样的产品感兴趣，才能够将自己的产品做大。

（4）产品更新迭代快

在抖音 App 中，版本更新得很快，能够不断地增加用户的黏性，自然也会带动平台的快速发展。

（5）内容接地气

抖音中的视频大都是普通人拍摄上传的，让人感觉真实、接地气，这对受众有很大的吸引力，即产生了用户黏性。

（6）大众参与度高

抖音自己不制作内容，所有内容都是抖音用户上传，中国几亿互联网用户，每天产生的内容是海量的，而且不同的人展现的内容、思想各异，造就了抖音内容的多样性。

2. 抖音的盈利模式

（1）利用抖音带货，可以销售自家产品，也能销售商家的产品获取佣金。

（2）利用抖音直播，在直播间可以销售产品，也可以获取粉丝的打赏。

（3）利用抖音引流到微信，在朋友圈卖服务、产品、课程、广告等。

（4）利用抖音接广告。

第十节　自媒体创业

所谓自媒体，是指普通大众通过网络等途径向外发布他们自制节目的一种传播方式。时至今日，自媒体已经完全脱离主流媒体，自成一派。自媒体也不再仅仅局限于文字内容，而是衍生出了更多的形式，如短视频、图片等一切可以承载作者思想的形式统统可以作为自媒体的发布内容。自媒体创业的门槛也在逐渐降低，只要你会使用互联网、能认字，哪怕学历不高也能进入这一行。因此，不少人都选择进入自媒体创业。

新文化模式下诞生了许多自媒体创业者，过去图文创作者居多，但是近年来主要是视频创作者，如今已经出现了许多草根网红。如果想创业成功，还需要学习一些视频拍摄、视频剪辑的技巧，以及各大平台的简单操作，还有自媒体的相关知识，随随便便拍摄几条视频是成功不了的。那么，自媒体创业该如何起步？这里给出以下建议：

第一，最重要的是找准自己的自媒体市场定位。自媒体创业，你的定位越清晰、粉丝越精准，创业成功的可能性就会越高。将自己最擅长的内容与市场关注的热点结合，让受众愿意分享你所提供的内容。如果对受众有更清楚的认识，你就可以细分领域。比如，你在国外生活多年，对旅居国外的生活有切身的体会和了解，而国内很多人特别希望了解国外真实的生活情形，你就可以采集相关信息，经过整理和编辑后，再投放到一些平台播放，从而获得关注和流量。如“北美崔哥天天侃”就是一档非常成功的自媒体节目。摄影、外语、书法、时事评论、育儿等主题都可以成为自媒体创业的市场切入点，特别是根据自身独特优势建立起只针对会员的专项平台，通过收取会员费也可获得不菲的收益。

第二，要对自己有一个全面的认识。靠自媒体赚钱看上去很简单，无非就是利用今日头条、百度百家、抖音等热门平台发布文章或视频，平台再推荐给用户，然后用户在点击过程当中弹出广告或点击广告，作者就可据此获取相应的广告收益和流量收益。但是，自媒体已经过了流量红利时期，自媒体创业需要优质的内容输出才能保证流量，可想而知这背后需要付出很多努力。因此，你需要对自己有一个全面的认识，比如在自媒体要展示什么？你的自身有哪些优势？是文笔好还是口语表达好？你是屏幕形象好还是对热点问题分析精准到位？你是能进行视频拍摄还是会后期视频剪辑？这些都是自媒体创业者的优势。如果在这些方面缺乏自我认知，或者是表现平平，那就需要不断地学习并提高能力。

第三，一定要熟悉各大自媒体展示平台的运行机制和技巧。通过自媒体内容创业，一般有两条路可走：一是赚平台的广告分成；二是通过推广产品赚差价。在自媒体创业前要了解清楚：推荐量是如何计算的？流量分发机制是什么？广告提成比例是多少？各大平台的侧重点有何不同？对于内容的要求是什么？这些都需要经过一段时间的学习和系统的摸索。此外，熟悉自媒体的运营技巧也是自媒体创业者必不可少的技能。自媒体运营涉及方方面面，但都不外乎围绕“如何积累粉丝、如何吸引流量、如何变现”等几方面展开。其中，发展和积累粉丝、与粉丝成为朋友，甚至就是自媒体创业的主要过程。

第四，持续专注于一个领域。自媒体创业门槛虽然不高，但充满着激烈的竞争。现在自媒体平台五花八门，运营技巧各不相同，相关从业者也不在少数，相互都在争夺市场的关注度。对个人而言，如果从来没有自媒体创业的经验，最好的建议就是向资深的业内人士学习请教相关经验，然后先脚踏实地学习，待时机成熟了自然会有大展拳脚的平台。所以在刚入自媒体这一行时建议主攻一个平台，集中精力做好原创内容，只要你专注于一个领域并深耕下去，就有可能在比较短的时间内取得更多的收获。

本章思考与研讨：

1. 请查阅有关文献，讨论目前创业新热点——共享模式，如共享单车、共享雨伞等，试分析共享模式的优势与不足，如何扬长避短？

2. 试分析移动互联网创业项目有什么特点和优势？

3. 白手起家合伙创业需要做哪些准备工作？

4. 查阅互联网成功创业案例，分析其成功原因和模式。

Chapter 7

第七章　创业团队

创业案例

2011 年 12 月，任正非在华为内部论坛发布了《一江春水向东流》这篇文章，揭开了一个华为崛起的重大秘密：人人股份制。

在华为的股份中，任正非只持有不到 1%，其他股份都由员工持股会代表员工持有。如果你离职，你的股份该得多少，马上付现金给你。哪怕是几千万元的现金，任正非眼睛也不眨一下。但是你离开公司，就不能再继续持有华为股份。华为股份只给那些一直在为华为效力的人。这样一种体制，是全球独有的。

任正非还创立了华为的 CEO 轮值制度，每人轮值半年。此举为避免企业成败系于一人，亦避免“一朝天子一朝臣”。①

思考与研讨：

1. 请查阅有关华为公司创业成功的文章，思考华为公司在创业团队建设方面有哪些与众不同之处？

2. 创业过程中为什么要重视团队建设？

3. 华为公司采取“人人股份制”的做法对团队建设有什么作用？

第一节 创业合伙人

在创业初期，创业者要么一个人单枪匹马走上自己的创业之路，要么和几位朋友合作，一起组建创业团队，共同发展。选择正确的创业项目，做好战略规划只是第一步，而拥有一个优秀的团队更加重要。俗话说：“一个好汉三个帮”。大量事实表明，一个人的力量毕竟有限，创业越来越不可能是一种靠个人单打独斗就可成功的活动。当一个人决定创建一家新企业时，单凭创业者个人的能力和资源也许能开始，没有团队也不一定会失败，但没有团队很难做大做强却是个不争的事实。企业家型创业者的水平不是体现在做了什么，而是体现在用什么样的人来共同迎接创业挑战。特别是在面临失败和亏损时，要想使新创企业扭转局面、顺利成长，就更需要依靠核心骨干的力量和智慧。因此，创业者能否吸引与自身优势互补并符合企业发展需求的合伙人共同创业，这是确保事业型创业取得成功的基本条件。

360、阿里巴巴、腾讯、联想、华为等企业之所以取得巨大的成功，其中一个共同的原因就是找对了合伙人。个人独立创业与合伙创业，各有各的好处。像网易的丁磊就是独立创业并取得巨大成功的代表。独立创业可以让企业完全按照自己的思路运营，不受太多限制。但独立创业对创业者自身的综合素质、资金实力方面的要求都极高，仅靠自己的力量创业很容易因为势单力薄而夭折。当自己的资源或精力有限时，就需要找合作伙伴了，

① 赵妍. 山东电信启动电子渠道承包“内部创业”考验创新者［EB/OL］.（2012-06-22）［2017-09-10］.http://www.ccidcom.com/yunying/20120621/SYBXBNOLwrvTnCN0.html.

就需要考虑如何吸引合伙人参与其中。

选对创业合作伙伴自然能让你在创业的艰苦征程上如虎添翼，反之也可能将你拉到事业的低谷。为了创业的需要，创业发起人在创业初期需要建立起良好的人际关系并且对寻求外部支持保持开放的心态。为此，有志创业的大学生要努力寻找机会建立自己的社会关系网络，比如：通过大学期间的导师、亲朋好友以及其关系等来帮助你找到合适的创业合伙人。当然，你要确保对他们的帮助给予相应回报，因为人际关系大都是建立在付出和分享的基础上的。

合伙创业的优点非常明显。像百度最初的创业合伙人是李彦宏和徐勇，一个人懂技术，另一个人懂市场营销并且对资本市场熟悉，这样资金、市场、技术三大创业要素齐全，为百度以后的创业成功打下了基础。1999年成立的携程旅行网是由梁建章、范敏、沈南鹏、季琦四个人合伙创建的，他们在创业过程就是充分发挥了优势互补的作用：季琦能疏通关系、负责申请批文、拿土地；沈南鹏精于融资、负责找钱；梁建章懂IT、负责发掘业务模式；范敏原先就是酒店管理公司的副总经理，善于管理和经营、负责日常运营管理。因此如何挑选合作伙伴显得非常重要。当然，合伙创业也有不足之处，就是很容易产生矛盾，毕竟每个人都有自己的创业理念和工作思路，这就需要合伙创业人之间有良好的沟通和决策机制，如果创业团队中缺乏沟通和整合能力很强的人，一定不要选择合伙创业。

如果你已经决定全身心投入创业，要面临的一大挑战就是说服几个合伙人同样全职参与。如果你连一个合伙人都说服不了，那么这是一个强烈的信号，表明新创企业不太可能会成功。然而，创业也不是人多好办事，初创企业团队的合伙人数往往以2~3人为宜。但凡一起合伙创业的，大多是亲朋好友，或通过同学战友、亲朋好友介绍的人，等等。一旦决定合作，最好先与合伙人就共同创业后每个人的责、权、利等事项谈清楚，特别是把利益分配这样的事做到清晰且无争议，并将这些内容写进合作协议（参考附件1）的条款中，作为合伙人今后的行为准则和依据，谁将来违反条款，就自己承担后果。如果碍于情面或草率行事或不懂相关法律，没有把合伙人共同遵守的规则订立在前，那么往往会留下矛盾的隐患，可以能还会导致反目成仇，甚至对簿公堂，这样的案例并不少见。

建立合理的利益分配机制也很重要。初创期，由于创业团队大都是关系密切的亲朋好友，往往不好意思谈及权力、利益和责任分配等问题。而创业之初往往会面临很多困难，大家可能更注重开拓业务而不太重视利益分配机制的构建，这就容易造成后期产生矛盾的隐患。因此，在企业正式注册之前，一定要签订“合伙协议”（参考附件1），创业者可以就各自占多少股权比例、各自承担的债务比例、各自的工作内容、如何引入新的创业伙伴和退出机制等问题都做出明确约定，通过合伙协议或企业章程等制度性文件来明确每个创业合伙人之间的权利和义务。

需要注意的是，新创企业还要与合伙人签订劳动合同。依据《中华人民共和国劳动法》《中华人民共和国劳动合同法》的相关规定，“合伙人”也是有可能成为“劳动者”的，他们有权要求用人单位与其签订劳动合同。而如果新创企业未依法与合伙人签订劳动合同，则依据《中华人民共和国劳动合同法》第八十二条规定，企业很有可能为此付出高昂的代价，要向合伙人支付高额的“未签劳动合同二倍工资差额”的罚款。由此可知，这些制度性文件能够有效地避免和解决合伙人之间发生利益分配不公、债务承担不等之类的问题。一旦发生法律纠纷，这些法律规定就是保护所有人合法权益的有力武器，也是未来企业运营的基石。如果一个人不能做到全职投入新创企业的工作，就不能算是创业团队成员，对于这样的人只能给工资或者工资“欠条”，一定不要给他股份。如果某个合伙人一直干着其他单位的全职工作，直到新创企业拿到风投才辞职加入创业团队，而他的股份却与最初创业的其他合伙人相同，这显然有失公平，毕竟他们没有与其他创始人一样经历过早期艰苦创业的过程。

此外，股权分配、股权激励要谨慎使用。很多时候，新创企业刚起步时并没有收入，甚至还会亏损，因此发不出工资。其中一些合伙人由于有一些个人积蓄，所以会承诺在公司启动后的某个阶段内可以不拿工资，而有些合伙人则需要工资养家糊口。不少人认为不拿工资的创始人或骨干成员可以多拿一些股份，作为创业初期不拿工资的回报。问题是，你永远不可能计算出究竟应该给他们多少股份（作为初期不拿工资的回报）。这样做将为以后的纷争埋下隐患，所以，千万不要用分配股权的方式来解决这些问题。其实，你只需要针对创业合伙人应拿的工资记好账：若不拿工资，创始人就给他（们）记下工资“欠条”，当公司有了足够现金时，再根据工资欠条补发工资给他（们）。接下来的几年中，当公司现金收入逐步增加，或者当完成第一轮风险投资后，你可以给每一位创始人补发工资，以确保每一位创始人都可从企业的发展中得到应得的工资。

合伙创业也会存在着人合的风险。个人合伙、合伙企业、有限责任企业等组织形式，明显存在着人合的性质。在这类组织中，合伙人之间、股东之间经常会发生各种各样的冲突，如：经营理念、利益分配、权利要求等。这些冲突往往会演变为组织发展的瓶颈，使组织因陷入合伙人之间的矛盾而出现危机。因此，在选择创业组织形式的同时，选择志同道合、善于沟通、看重组织利益的人作为合伙人是非常重要的。

案例

张某是某科技公司技术总监，也是股东之一。在职期间，科技公司没有与张某订立书面劳动合同，且拖欠部分工资。故张某依据《劳动合同法》第十条、第八十二条，将该公司起诉至法院，要求该公司因未签劳动合同赔偿二倍工资差额等款项。

公司针对张某的起诉称，由于公司处于初创阶段，人事制度不完善，故未与员工签订劳动合同，但张某不是普通员工，而是企业的五名联合创始人之一，张某持股20%即可以证明其创始人身份，因此企业无须与张某签订劳动合同、也无须向张某支付赔偿。

最终，法院经过审理认定，张某虽然属于公司的股东之一，持有公司20%股份，但张某同时是科技公司的劳动者，因此，科技公司应依法与张某签订劳动合同，故该公司应依法向张某支付二倍工资差额。

【分析】《劳动合同法》第十条规定，建立劳动关系，应当订立书面劳动合同。已建立劳动关系，应当自用工之日起一个月内订立书面劳动合同。

本案中，张某具有双重身份。一方面，张某是科技企业的股东之一，他可依据其股东身份，参与企业的经营、管理、决策。另一方面，张某也是公司的劳动者，作为技术部门的骨干力量，张某需要遵守企业的管理制度，向企业提供劳动以获取劳动报酬。因此，基于这一劳动者的身份，张某有权依法要求科技公司履行用人单位的法定义务。

第二节 选择合伙人

合伙创业往往会因为矛盾摩擦及利益分配不均而导致冲突甚至解体。如何避免此类问题的发生呢？根据很多成功创业者的经验，选择正确的合伙人很重要。选择合伙人通常看四个方面：人品第一、价值观第二、工作态度第三、能力第四，这四个条件缺一不可。有些人可以做很好的朋友，但不可以做很好的合伙人。当然，四个选择标准是需要时间考验的，只有曾经共事过才能看出来是否适合做合伙人。一般来说，为了使合伙创业有良好的基础，可以参考以下做法：

1. 最好找熟人

找熟人的好处是彼此一起经历过很多事，为人处世比较知根知底，能较准确地判断是否能很好地合作。比如俞敏洪与王强、徐小平在创业之前就彼此认识，对于各方的品行和能力都比较了解。再如创立腾讯之初，马化腾邀请四位大学同学共同创业，他就和四个伙伴约定：各展所长、各管一摊，其中涉及技术、业务、行政和信息部门的分工。因为，彼此知根知底，所以合作过程非常和谐、愉快。

2. 选择互补性强的人

百度创业之初，从哪里找风险投资？这是摆在李彦宏面前的第一个问题。对于李彦宏来说，他一直在做技术，对资本市场并不了解。于是，就有了百度的联合创办人徐勇的登场亮相。徐勇在百度的创业初期起到了很大的作用，特别是百度成立之初的资金来源，徐勇起到了决定性的作用。李彦宏和徐勇是一对互补性很强的创业组合，李彦宏负责全局战略及技术研发，徐勇负责市场营销并与投资商沟通。李彦宏取徐勇的长处补自己的短处，这为自己将来的成功打下了坚实的基础。

3. 谨慎挑选合伙人

不管任何时候，在没有完全看好合伙人之前，一定要多观察、多考察，不要盲目地决定合作，更不要将经营权马上交出去。不论是人事、还是财务、客户资料，还是供应商等，都是企业发展比较核心的资源，绝对不能轻易地交付给不了解的人。所以，谨慎挑选合伙人，时刻保持掌握决策权和主动权是非常必要的，也是最大限度地将企业利益损失和伤害降到最低的一种保障。找技术合伙人还需要考虑到未来团队的扩张和流动。例如创业团队里有三个技术合伙人，其中一个负责写 PHP（一个嵌套的缩写名称，英文超级文本预处理语言），一旦这个人走了，该产品就做不下去了，这对产品开发影响非常大，所以选架构、选语言时一定要选市场上使用人数比较多、较大众化的语言来做。

4. 事先立好规矩

凡事要勤立规矩并提出要求，不要无章可循。俗话说：先小人，后君子。双方合作或交往一定要先把丑话说在前面，以免将来反悔。在合作开始之前，任何一方都要用白纸黑字地立下规矩，如签订竞业及商业保密协议，明确合作期间和合作结束两年内不得从事同行业和高相关度的行业等，这样可以有效地防止个人私心的膨胀而导致的矛盾。比如李彦宏第一次和徐勇谈合伙创业时就先签署保密协议，这看起来多此一举，但却是一个极为重要的环节。很多人在创业之前，只想着同合伙人一起商量如何赚钱，却对很多细节都没有提前做明确的规定，这也为将来的合作埋下了隐患。所以，初创企业时要与合伙人，特别是技术合伙人签订以下协议：技术入股协议、保密协议、竞业限制协议、退出协议等。

5. 建立良好沟通

在合伙创业过程中，建立良好的沟通是必要的前提。合伙人之间应经常进行沟通，保持相互之间对业务信息的充分了解，并及时沟通企业发展的思路，解决分歧。相互猜忌是大忌，如果每个人都打自己的小算盘，成天算计对方，生意就一定做不好，而且也不会长久。所以建立平等的利益关系，保持良好的沟通，本着真诚、互信和公正的心态度做事，尽量将一些想法和事情公开化，效果会更好。以自我为中心且总是回避与他人沟通的人，是不适合做合伙人的。

6. 合理安排权利与义务

每个合伙人要按合作的规则办事，不能只凭感情处理问题，这是处理创业合伙人关系非常重要的一点。比如：三人合伙创业，虽然大家各占三分之一股份，但要明确其中一人为老大，有着特殊的权利，其他人不能干涉。不能说每个合伙人都有着相等的权利，重要决策一定由老大决定。合伙人之间要确立这样一个规矩，那就是基于能力的优势互补，基于对企业贡献的股权和利益分配，不做破坏企业利益的事情，合伙人之间不要有为了一己私利而侵害、侵占其他合伙人利益的行为等。为了减少不必要的矛盾，通常的做法就是确保出资最多的合伙人具有相对控股（占 50% 股份）权或绝对控股（占 60% 以上）权，成为创业团队的老大。另外，为了确保不发生合伙人不道德或其他不利于合伙创业的行为，避免经过工商注册而确定的股东在不合格的情况下仍不交出其股权的情况，最好在创业之初的合伙协议中写好相关条款，建立一种机制，对在什么情况下、以什么价格收回某不称职股东的股权做出规定，以防止发生不称职合伙人“撕破脸皮”仍然享受股权和收益的情况。通常合伙创业最好签订一份《合伙创业协议书》（具体格式和内容可参考附件 1），目的是将各个合伙人的权利义务确定下来，以便共同遵守，并以此为创业合作的基础。

7. 财务要公开透明

合伙创业的财务一定要做到一清二楚，如果连财务都不清楚，那么最终也一定会因相互猜忌而导致创业失败。刚开始由于企业规模比较小，还请不起会计、出纳，最好安排合伙人自己做账，比如两个合伙人去银行开一本存折，把两人合伙做生意的钱全部放入这本存折，然后做一本银行日结账。总之，钱的管理一定要明明白白，不能有任何的疏忽。因为钱是最易伤感情的问题，也是最敏感的问题。再有，账目要做两本，各人一本。这样就明明白白，不怕对方修改账目，因为大家都有底。

8. 形成合力

创业团队无论有几个合作者，所持有的股份可以做到大家平均，但在统一规划方面必须确立一个方向，不然就很容易出乱子。各种资源如果不能通过一个整体的框架进行调配整合，那就是浪费。每个人的执行力若没有集中在一个方向，那也是浪费，尤其是形成决策后，就必须确保集中所有的资源和力量，向一个确定的方向推进。若是在形成决策后，每人的思想和行动方向没有一个主导者引领的话，那么，大家的新思想就很容易不断地否定原来的老思想，新的行动方向又会不断地取代原设定的方向，这样很快就会引起巨大的内耗和矛盾。

第三节 股权安排

如果准备和几个朋友合伙创业，那么首要问题就是如何针对有人出钱、有人出力、有人出专利或独门技术等进行股权安排。这一问题如果解决不好，可能就会造成合伙人因感觉不公平而退出。如果有人不是以现金而是以技术、管理能力或专利等入股，建议按合伙人各自的投入价值支付现金或开个欠条，不到万不得已尽量不要给股份，企业有钱后再偿还即可。在创业初期如果用股权来换取某些新创企业所需要的东西，将会为以后的不公平和纷争留下隐患。

为了解决好股权安排问题，创业者首先要确定是否将所有股东都登记在股东名录当中，接下来就是要确定用什么基准作为登记的股权分配比率。如果大家都是以现金出资的比率作为登记的股权比率依据，那么，以后的分配利润相对就比较简单。而实际上，新创企业不仅需要资金，同时也需要技术、人才和其他资源，因此通常的做法是先把股权分成资金股、人才股、技术股、资源股，然后按重要性进行排序（权重）。比如某新创企业认为资金很重要，就将资金股的权重设为 60%，然后将人才股权重设为 20%，技术股占 10%，资源股占 10%。在此基础上，再去确定各个股权类型中每个股东的贡献和应占比。比如创业准备筹集资金 100 万元，如果 A 投资 50 万元，那么，A 就占资金股的 50%；同样，其他人也要按投入资金的多少来确定各自所占资金股的相应比例。同样的道理，也可以根据每个股东的贡献来计算他们在其他类型股权的占比。还以 A 为例，由于 A 只投资金，没有其他贡献，所以他没有其他股权，结果可计算出 A 在新创企业整个股权中的占比应该是 50% × 60%（资金股权重）=30%。依此类推，就可以得出每位股东到底应该占多少股权比例。

如果 A 出资 60 万元，占股 70%。B 不出钱，但有核心技术占股 30%。这样看似合理，其实如同埋个个雷。因为当 B 发现自己的技术不能取得预期效果时，可以转身就走，但他却仍然持有企业的股权，而风险则全部由 A 承担。所以，对技术入股者一定要求与业绩绑定在一起，要约定在一段时间内必须完成预期业绩，如不能完成业绩就由企业收回其股权。

如果创业有了发展，还会遇到是否用送股权的方式奖励技术合伙人的问题。通常，技术股自己不掏钱，由企业白送股份（干股）。这种情况经常发生在企业为鼓励某技术合伙人，让他采取技术入股的形式。但这样做并不好，因为他没有出钱，一般也就不会对企业有向心力。如果准备送他 10% 的技术股，最好 20% 让他支付现金购买，这样他就自然会将自己的利益与企业的运营发展联系起来了。

另外，创始股东的股权保护问题很重要。因为随着股东人数的增多，创始人的股权就会被稀释，还可能导致自己的企业变成他人的企业。所以，在一般情况下，创始人持有的股权不要低于 50%，否则就意味着失去了对企业的决策权和控制权，影响力就会变小。此外，还可以采取如下对策：

一是所有其他股东都要与创始人签订一致行动人协议，也就是创始人股东通过协议或其他制度性安排，确保与其他投资者共同扩大其所能够支配的企业股份表决权数量。

二是尽量避免更多的股权分配。如果一定要对一些骨干员工分配股权，最好利用建立子企业、子企业的子企业以及相关事业部等形式，用这些新企业或单位的股权去分配。

三是限制股权转让。为了避免股权非正常集中，要做出规定，新创企业的任何股东打算股权转让时，都必须经过创始人股东的同意和许可。

四是股权回购。新创企业提前做好约定，当某股东的行为违背约定时，企业或创始人可以约定好的价格回购该股东手中的股权，以避免出现意外。

案例

1998 年马化腾邀请四位大学同学共同创业，由马化腾出主要的启动资金。有人想加钱、占更大的股份，马化腾不同意，“根据我对你能力的判断，你不适合拿更多的股份”。因为未来的潜力要和应有的股份匹配，不匹配就要出问题。这样做可以有效地避免出现“拿大股的人不干事，干事的人股份又少”的现象发生。

创业初期，虽然马化腾出资最多，但他却自愿把所占的股份降到一半以下。他认为“要其他合伙人的总和比我多一点，不要形成一种垄断、独裁的局面”。而同时，他自己又一定要出主要的资金，做大股东。如此设计，使创始团队能在维持张力的同时保持和谐。没有人能够独断，避免了意见不合、争论，甚至互相泼冷水的局面。到今天，五位伙伴仍然都留在腾讯，不离不弃。

第四节　团队的创建

创业是一项系统工程，任何一个合伙人都不可能具备创业所需要的所有技能和资源，个人必定存在一定的局限性。创业者始终要记住，一个团队的努力要比个人的努力更有可能成功。从理论上讲，团队不应该只有某方面的专长，而应该是由具有企业所需的主要的专门技能的人组成的综合团队，形成优势互补。让专业的人做专业的事，创业者自己不要逞强，以为自己无所不能。所以，创业者需要从事业整体规划出发，明确哪些方面的技能和资源是自己所欠缺的，再以此来寻找具备此类技能和资源的合作者，让众人的资源和技能实现整合，共同发展。最为成功的创业者往往也是组建优秀团队的领导者，他们与同事、顾问、投资者、重要客户、关键供应商等都能保持有效的工作合作关系。

为创建优秀的创业团队，创业者需要从以下几方面入手：

1. 招募人才

成功招募人才的关键在于创业者对目标人才是否有清晰的定位，当创业者知道需要什么人才的时候，就容易很多。为了在创业初期得到所期望的成员，创业者最好先把相关的任务想清楚，然后罗列出来。在具体人选问题上，要充分考虑好需要哪方面的成员，需要几位，各自的责权利如何确定，他们的需求是否可以满足，团队合作中可能遇到的负面情况都有哪些，等等。随后确定一个团队成员需求单，召集核心团队成员或合伙人一起修改和完善。

在创业的初始阶段，由于规模小，前景不明，所以很难吸引优秀的业务骨干，所以创业者在这一阶段的发展非常艰难。通常，只有新创企业的销售额达到 100 万元以上，员工人数达到 20 人以上时，企业的存活率才有可能大幅提高，这时才能吸引比较优秀的团队成员。

但是，在企业初创阶段是否需要招聘顶尖人才？答案是否定的。事实表明，这无论对初创企业还是对顶尖人才本身，其效果都可能适得其反。顶尖人才的才干在创业初期的 1~2 年内都不会得到充分利用，他们只从事一些普通员工就能做的初级工作，其效果也并不尽如人意。如果顶尖人才被新创企业的日常琐事所困扰，他也许在其施展才干之前就会主动提出辞职了。而创业者的责任是要让新创企业在头两年生存下来，而不是与那些多年后才需要的顶尖人才“共创未来”。因此，创业者最好是根据今后 1~2 年内的实际岗位需要招聘员工。

“选择了正确的团队，就完成了 80% 的工作。”这是很多成功创业者的经验之谈。员工对组织来说如同生命体中的养分，具备各式各样的创造力。新创企业对员工的要求也各不相同。比如，开发和生产电脑硬件的企业，要比生产水暖器材的企业需要更多的脑力劳动。因此，前者专业技术人员与工人的比例可达 1∶1，后者也许是 1∶1000。如果你创立的是一家科技公司，创始团队里懂技术的人至少应该占 1/3，最好能占一半，否则创业很可能以失败告终。这是因为创始团队里如果没有足够的技术人员，就无法掌控产品开发和推广，仅拥有专利并不是创业成功的充分条件。

招聘技术骨干是很重要的一环。不管你创业的产品定位是重技术还是轻技术，都需要有一个懂技术的人，他不一定很会写代码，但是一定要懂该行业技术的发展和趋势。怎么去找这样的人呢？建议还是从自己身边的朋友或者社交圈子里找，这个人一定是你高度信任的人，尽量不要随意从市场上招人做技术合伙人，这样的风险太大。

选择的业务骨干还要能吃苦耐劳，与创业者有相近的价值观，大家风雨同舟，为了事业愿意做出牺牲。从技术方面来说，要招技术转型能力强的。如果实在找不到合适的人选，就看一看你的企业是否需要成立技术团队来开发产品；如果没有这类资源，可以通过外包等形式，从而快速推出你的产品，拿到融资。比如可以在果壳网找“在行”，找一些创业者和有经验的人来帮助决定产品技术开发是采取外包或其他方式来实现。

2. 调动和发挥团队成员的工作积极性

对于新创企业，千万不要高估自身对优秀人才的吸引力。新创企业的优势在于能够给参与创业的成员以更大的成就感和个人成长空间。在大企业里，个人对于整个组织的影响是难以被觉察的，离开某个人，企业照样可以运转，换一个人也没有太大关系。在大型组织中，日复一日地做着毫无挑战性的执行既定任务的工作，个人成长的速度也是非常缓慢的。但是在新创企业中，个人对整个企业的影响则可以被充分感知，从而很容易给个人带来强烈的成就感。而且，新创企业往往要求员工一专多能，员工的成长速度也会非常快。新创企业如果想最大限度地激发每一个员工的工作积极性，就一定不要让他们感觉只是在为企业出卖自己的体力和时间，而要让他们感觉是在利用企业的平台展示自身的价值，是在与企业共同成长。所以，创业者与员工之间的关系不是雇佣关系，而是各取所需的合作伙伴关系。

有了创业团队并不意味着一定会成功，只有大家齐心协力才能发挥出最大的能量。从大量成功案例可以发现，一个成功的创业团队一般都有五个重要特征，即较强的创新能力，专业的知识技能，广泛的人脉关系，吃苦耐劳的精神以及良好的融资实力。在新创企业中，一般不会有人同时拥有这五种能力，只有依靠各有所长的团队成员形成优势互补，才能形成整体实力。在创业的最初阶段，团队中的每个成员都会努力施展创造力和才干，发挥自己的责任和作用，尽量将自己的发展与企业的需求联系起来。只要激励机制得当，每个员工都将充满激情，干劲十足。振奋人心的工作环境氛围，会使新创企业吸引更多人才，也会使企业的改革创新活动蔚然成风。

人们通常不愿意改变现状但组织中有很多的问题需要大家改变思想，改变行为。这就需要创始人动员下属，发挥员工的积极性。动员可依靠推力，如采用合法的权力，包括报酬权力、强制权力等。但这些都不如拉力管用，特别是信息权力，通过晓之以理、动之以情，让员工明白改变现状对企业和个人都是受益的。如果真的对某些员工的执行力不放心，可以通过再培训的方式，等其合格后再上岗也不迟，可以让他们参加必要的培训，向外单位的经理、指导教师、专业人士等学习。

3. 严格团队管理

随着创业团队人数的增加，各种管理问题开始暴露，员工管理的难度也开始加大。为了约束创业团队成员的某些不当行为，就要建立相应的规章制度。一定要在最初就从严要求，及早为遵守制度奠定基础，创造良好氛围，使团队成员形成对规章制度的敬畏感，让他们从进入企业那天起就意识到在组织中必须接受严格的管理要求，并逐渐形成习惯。

一些新创企业重业绩、轻管理，对整个业务团队缺乏约束力和管控手段，没有事先提出任何严格要求，特别是从一开始就对某些团队成员的依赖性过强，缺乏对策，结果造成这类成员唯我独尊、无人敢惹，也导致他们始终游离和独立于企业管理体系之外，他们自然难以融入组织中。当感到不满意时，他们有恃无恐，甚至以跳槽为要挟，与企业讨价还价，以至于新创企业在受到要挟时毫无办法，这就为团队管理造成了不良影响。

第五节 留住骨干员工

新创企业留不住骨干员工主要有三个原因：一是他们受到不公平的对待；二是与他们缺乏良性沟通；三是他们看不到自己未来的发展空间。因此，优秀的团队管理从根本上说就是有能力吸引、培养、激励、留住骨干员工。特别是当新创企业发展到不再为生存发愁时，创业发起人的大部分精力将消耗在训练和培养新员工，创建薪酬制度和奖励机制等方面。同时，创业发起人还要努力营造一种充满竞争的氛围，让消极怠工的人通过竞争下岗，即：员工执行任务出色，在新创企业发展和建设过程中，人人卓有成效。

每个人都渴望成功，都希望出人头地，你不可能阻止员工有这样的想法。越是优秀的员工，你越难留住他，因为他们的选择很多。既然留不住，索性就不想这件事情，而把发挥每个员工的优势作为工作重点。至少当你这样做的时候，你可以把优秀员工这段时间的工作积极性彻底激发出来。要记住，唯一能够留住员工的条件，就是新创企业的成长速度高于员工个人的成长速度。

针对不同的骨干员工，创业发起者要采取不同的做法，但如何区分不同的骨干员工呢？有一个又简单又有效的做法，就是把他们分为几类：有些单位往往用能力和态度（或是才和德）的维度进行分类，即有才有德是精品；无才无德是废品；有德无才是次品；有才无德是危险品。根据这一划分，组织通常会采取的方法是：有德有才的要重用；无德无才的不用；比较让人纠结的是能力强但态度差的员工。通常有才无德是危险品，因此最好不用，或者是在小范围内使用。

特别需要指出的是，在每个组织中，都会有一些明星员工。这些明星员工都是组织的核心力量，他们的存在对于新创企业起着不可忽视的作用。要重视对明星员工的管理，对于明星员工和普通员工的管理要区别对待：正确认识明星员工的价值和他们的心理状态，真正做到为我所用；要为明星员工进行合理且富有弹性的价值定位，对他们进行科学配置，将合适的人放在合适的位置；此外，还要提供多种升迁和培养机会，创造员工成长和发展的空间；要建立动态的绩效评估体系，提供有竞争力的薪酬水平。比如百度公司对技术型员工实行弹性工作制。这样做的好处是使骨干员工不受严格的上班时间束缚，灵活调整个人生活和开展工作的时间，在个人感觉最合适的时间做好本职工作，从而提高工作质量和效率。

第六节 建立有效的激励机制

这些年物价上涨，生产成本上涨，企业利润却可能未涨多少。每个员工都希望工资大幅增加，但估计 90% 以小型新创企业无法做到这点。为了提高员工、特别是骨干员工的满意度，防止骨干员工跳槽或被别人挖走，新创企业可通过以下方法针对骨干员工建立起激励机制：

1. 股权激励

在新创企业实行股票或股票期权激励核心员工的做法，往往具有十分现实的意义。首先，因为在新创企业拥有核心技术的骨干员工和组成管理团队的核心管理人员都是企业生存和高成长的决定性力量，他们在得到充分激励的状态下能发挥既有的和潜在的能力，使新创企业有了坚实的人力资源保证；其次，新创企业的高成长性为股票期股、期权制的实施提供了良好的条件，高成长的现状和前景可以提供巨大的利益刺激，这是成熟企业所无法比拟的。正如美国新经济中许多成功的新创企业，在上市以后，其期股、期权计划使得企业的核心员工一夜之间成为百万富翁。这种巨大的利益刺激加之创业本身的满足感，使股票、期股、期权制能在创业企业充分有效地发挥长期激励作用。事实上，阿里巴巴和京东的成功，并不是做大了以后才实施股权激励的，而是通过股权激励一步步把事业做大的。因此，基于创业企业的组织形式，设计适当的股票期股、期权激励计划，选择适当的时机推出激励计划，并解决其执行中的财务等相关问题，是把创业者的梦想转变成优秀员工共同梦想必不可少的方式。

股权通常分为三种类型：第一种是实股，即股东持有的股份，通常在工商注册时就明确了股东及其所占的股权比例，工商股权是真正意义上的股权；第二种是股份期权，也就是人为将新创企业工商注册时的股份分成若干份，如 2000 万份，每一股就是股份期权；第三种是虚拟股权，同样是将企业的股份分成若干份，这种股权本质上是一种分红权，虚拟股权具有工商股权的特征，但不在工商注册时注明，只是在企业内部的文件中体现。持有虚拟股权的人，没有参与投票、决策、监督等权利，但却有收益分红的权利。资本市场对中国经济发展信心十足的时候，这种股票期权被老板们用作鼓励资深员工和中高层管理团队的一种承诺。实施股权激励不是一下子就分到位的，而是分期逐步落实的，通常要通过几年分批、分期实现的，这样做是为了鼓励员工将企业的发展与个人未来的收益很好地结合起来。一般来说，新创企业要从总股权中预留 20% 左右的股权（也称期权池）用于股权激励，典型的做法是根据需要以内部认购价格出售甚至是赠予骨干员工，一旦新创企业获得发展并完成公开上市，持有股权的员工通过变现，就可在一夜间实现普通人的财富自由梦。比如，阿里巴巴创办 8 年时，有 65% 的员工拿到了股权激励；京东员工的股权已超过刘强东个人持有的股份。

在实施股权激励时，也要注意方式方法：

（1）给骨干员工股份后，为了防止其跳槽，最好在企业股权激励政策中讲清楚，只有在企业工作满 15 年后，离开时才能将股份带走。如果在此期间内离开，则由新创企业将股票购回。新创企业当初一般是以票面价值给员工的，回购时也按票面价值支付（员工离开企业时的市场价可能会高出票面价值）。

（2）给员工的股份由企业负责管理，不要让其流通。因为一旦流通，可能就会落到竞争者手中，这就很麻烦。此外，如果员工获得企业股份后就很快出让，说明他对新创企业根本没兴趣，也没有信心。如华为公司的职工股份就是不能像股票那样流通的，只可以享受股权分红和股权增值收益。

（3）不要给骨干员工白送股份。这是因为白给的东西别人可能不会珍惜，而且入股的钱可作为押金，以防股东做出格的事，再说员工入股的钱不出几年即可随着企业发展通过分红形式收回。.

（4）给骨干员工送股不要一步到位，可以分批送。这样，员工就会感觉一直有目标，他还会因此而继续努力。如果一下了把股份全送光了，他再要，你却没有了，他就会感觉以后缺少动力了。

（5）实施股份绑定。股份绑定期最好是 4~5 年。创业初期就规定，任何人都必须在新创企业工作 1 年后才可持有股份。好的股份绑定计划一般是头一年确定给某合伙人持股，比如持股占新创企业总数的 10%，然后，在接下来的第二年，每个月落实其中的 2%。否则，个别合伙人将在加入企业的第二年后离职，然后 7 年后又出现，并声称他拥有新创企业的 10% 的股份。没有股份绑定条款，你将股份送给任何人都是不靠谱的。没有执行股份绑定是极其普遍的现象，但后果十分严重。人们会注意到一些新创企业的几个创始人没日没夜地工作 5 年，然后发现有些合伙人加入后不久就离开了，这些人认为他们仍然拥有企业 10% 的股份，就因为他曾工作过一段时间。

比如，某新创企业老板的做法是：首先发展骨干员工入股，创业者将新创企业股份买一送一，以半价销售给骨干员工，5 年内退股只退还本金，5 年以上退股创业者三倍赎回。每年拿出利润的 60% 分红。反正有钱大家赚，但股东一旦做了对不起新创企业的事，加倍惩罚，由股金中扣除。这招还真好使，在近 5 年里没有一个股东离职，而且新创企业的重点岗位都有股东，省了老板不少精力。

当然，也有很多缺乏企业家素质的创业者，他们往往不愿意与他人分享，要么是老板自己独占股份，要么是老板和老板娘共占股份。因为他们看不见别人的付出和应获得的价值回报，只在意自己的得与失，所以，他们只是希望员工永远为自己打工，而且是死心塌地地为企业付出。事实证明，这样的创业者很难留住优秀的员工，也干不成什么大事。

2. 高薪 + 分红

一家企业要发展，一定要有很多的人才。但是当面对有才华的员工时，要多个心眼，留人可以，但是不一定都采取送股的方式。因为有些能人可以在创业初期的时候很有用，但以后可能会被新人所替代。凡是人才都送股，容易造成股权的稀释。如果有的送股，有的不送，又会造成不公平，影响工作的积极性。

不要让一个刚入职新创企业的人持股，除非他在企业工作了 2~3 年。因为既不知道他对企业是否有用，也不知道他将来是否会离开企业。新创企业发展虽然需要能人，但他们不一定都适合当股东。创业者可以用“高薪 + 分红”的方式来激励他们，而不一定非要用送股的方式。比如，懂技术的人才只是团队中的成员之一，此外还需要有懂得管理、市场等各个方面的人才，否则只偏重某方面人才，忽略其他人才，就不会形成一个实力均衡的好团队，最后往往会以员工之间相互不服气、创业失败告终。

3. 充分放权

骨干员工普遍有着实现自我价值的强烈需求，只有真正的创业型企业家才能将其他人培养成更优秀者，能够挑选优秀的人完成他们想做的事，也不会打扰他们。选贤任能、充分放权，就是为了让骨干员工有施展才干的舞台。

有不少新创企业持续多年也发展不大，一直只有十几个人，业务难以突破，而且企业员工还感觉很压抑，无发展空间。问题的症结多半是放权不够，老板事事都亲力亲为。其实，从管理跨度分析，一个能力强的人，通常可有效直接管理 10 个人左右，能力一般的人，则只能直接管理 6~7 个人。有的创业者体会到，企业只要超过 10 个人，老板一个人根本管不过来，整个企业就像个筛子一样，到处都是漏洞和问题。其实，哪怕员工能做到老板的 70%，也可以使老板腾出很多时间处理一些大事。实际上，高明的老板最主要做的是三件事：一是战略决策、谋篇布局；二是育人用人，依靠他人完成各项任务；三是掌控全局，听重要事项汇报，及时纠偏和协调。因此，该放权时就得放权。

4. 激励机制要公平、适度、多样、有效

第一要做到激励公平。公平性是员工管理中一个很重要的原则，员工感到任何不公的待遇都会影响到他的工作效率和工作情绪，同时也会影响激励的效果。取得同等绩效的员工，一定要获得同等的奖励；同理，犯同等错误的员工，也应受到同等的处罚。如果做不到这一点，管理者宁可不奖励或者不处罚。创业者在工作中，一定要一视同仁，不能有任何不公的言语和行为。激励的原则应是：是否有利于保证多劳多得，是否有利于奖勤罚懒。

第二是激励要适度。激励标准有个适度性问题，保持了这个度，才可使激励对象明白，获得激励是要付出一定努力的，只有为企业做出较好的业绩贡献，才能符合奖励要求。反之，如果激励对象的行为太容易达到被奖励和被处罚的界限，那么，这套激励方法就会使激励对象失去兴趣，达不到激励的目的。奖励和惩罚不适度都会影响激励效果，同时增加激励成本。奖励过多会使员工产生骄傲和满足的情绪，失去进一步提高自己的欲望；奖励过少起不到激励效果，或者让员工产生不被重视的感觉。惩罚过重会让员工感到不公，失去对企业的认同，甚至产生怠工的情绪；惩罚过轻会让员工轻视错误的严重性，从而可能还会犯同样的错误。在新创企业，要建立个人沿金字塔逐级提升的激励机制。金字塔层级设置太低，员工的能力发展很容易就超越金字塔所提供的高度，那么，员工就会感到没有再提升的空间，也就不会再有动力。如有的单位职级层级设置太少，只有总经理、经理和一般职员三个层级，由于做到经理这一级别的只能是极少数人，多数人都与此无缘，那么，在没有其他升迁的机会下，谁又会在这样的企业长久寻求发展呢？

第三是激励要公平。在建立一套公平有效的激励机制前，先要打好基础，包括从下至上进行广泛的讨论，反复研究，在充分听取各方意见的基础上制定出激励措施，而不是靠几个高层人物闭门造车弄出来的。激励机制是企业文化的重要组成部分，激励机制建立后要反复进行宣传和教育，使员工明白要求和规则，让其深入人心。只有这样，在采用激励方法时，员工们才不至于感到突然，获得奖励时有公平感和获得感，遇到处罚时没有不公感和冤枉感。

第四是激励要适时。在新创企业，如果员工在自己的本职岗位长期得不到提升或奖励，他可能会阻碍整个企业的进步，这是更加严重的问题。如果某员工只有在“无人能与之相比”的时候才得到提升，那么，在此之后，他不仅会不思进取，而且还会在他的工作领域设置各种障碍，阻止他人的参与和进步，从而妨碍整个组织的协调发展。在新创企业，这种现象多少也会存在。对于员工的良好行为给予肯定和及时激励，至少有两个好处：一是当事人的行为受到肯定后，有利于他继续重复所希望出现的行为；二是使其他人看到，只要按制度要求做出了成绩，就可以获得奖励，这说明制度和领导是可信赖的，因而大家就会争相努力，以获得肯定性的奖赏。

第五是激励要具有多样性。绩效＝能力 × 激励。一个人的工作成绩由个人能力和激励水平两个因素的合成量决定。在能力一定的情况下，激励水平的高低将决定其工作成绩的大小。综合运用多种激励方法是有效提高激励水平的一大法宝，企业的激励机制是否对员工产生影响，取决于激励方法是否能满足员工的需要。有效的手段包括：

（1）精神激励。精神激励是十分重要的激励手段，它通过满足员工的自尊、自我发展和自我实现的需要，在较高层次上调动员工的工作积极性，激励深度大，效果维持时间长。精神激励主要有职称职务激励、荣誉激励、感情激励、信任激励、尊重激励。

（2）物质激励。通过满足个人对利益的需求来激发人们的积极性与创造性。激励要点如下：其一，只对绩效突出者予以奖赏。如果人人有份，既助长了落后者的懒惰，又伤害了优秀者的努力，从而失去了激励的意义。其二，重奖重罚。对于克服重重困难方才取得成功者，应给予重奖；对于玩忽职守，造成重大责任损失者，要给予重罚。

（3）任务激励。让个人肩负起与其才能相适应的重任，由组织提供个人获得成就和发展的机会，激发其献身精神，满足其事业心与成就感。把单调、乏味的工作或训练同个人的切身利益相结合，使下属能够从保护自己的利益出发去做内心不愿做的事。

（4）强化激励。通过正强化激励，对良好行为给予肯定。通过负强化激励，对不良行为给予否定与惩罚，使其减弱、消退，批评、惩处、罚款等属于负强化激励。对人的行为进行强化激励时，坚持正强化与负强化相结合，以正强化为主。

（5）目标激励。目标作为诱因，可以诱发动机，再由动机到达成目标，这一过程称为目标激励过程。现实中，人的任何行为都是为了达到某个目标的。所以，目标本身是行为的一种诱因，具有诱发、导向和激励行为的功能。目标是一种刺激，是满足人的需要的外在物，是希望通过努力而达到的成就和结果。根据目标激励的特点，企业要给员工未来成长和发展空间提供明确的预期目标，让员工感到在企业只要是努力工作就有奔头。目标既可以是物质的，也可以是精神的或理想的对象。目标又可分为个人目标和集体目标。因此，适当地设置目标，能够激发人的动机，调动人的积极性。

案例 董明珠的员工收入分配理念

董明珠认为，为了调动员工的积极性，企业再小也要把员工的收入分成六份：

一是基本工资：用于维持员工的基本生活。

二是技能工资：按员工技能而定，鼓励员工钻研技术，提高技能。

三是岗位工作：按岗位职责大小和职位等级而定。鼓励员工勇于承担重任，不断超越自我，向更高职位努力。

四是业绩工资：对员工完成业务目标的奖励。鼓励员工扎实工作，努力保质保量完成业绩目标。

五是津贴：对学历、工作经验和专业技能的补偿。鼓励员工在职进修，不断完善个人的知识结构，提高工作所需的专业技能。

六是福利：包括社保、公积金、带薪休假等。通过提供良好的福利而使员工获得更多、更好的生活保证，减少后顾之忧，从而增加对企业的认同感和归属感。

现实中一些骨干员工应聘，特别是部门经理一级员工应聘时，他们可能是从其他公司跳槽来的，往往会对薪酬提出较高要求，如要求薪酬每月不低于2万元。由于你对他并不了解，如果直接同意提供这样的薪酬且没有明确的考核，万一不是理想的人选或工作不得力，这就意味着每年20多万元白花了。为了防止出现类似问题，调动他们的积极性，根据董明珠的员工收入分配理念，建议参考以下薪酬分配方案：

（1）可以把2万元按4:6比例分成固定工资（8000元）和效益工资（1.2万元）。

（2）再将固定工资8000元按6:4的比例分成基本工资（4800元）和绩效工资（3200元）。基本工资与考勤挂钩，绩效工资与单位总体绩效挂钩。

（3）效益工资1.2万元分成三部分，分别与个人业绩、团队业绩和利润目标挂钩，各占1/3。即完成个人业绩可拿4000元；完成团队业绩可拿4000元；完成利润目标可拿4000元。如果没有完成相关任务，就不能发放相关报酬。

以上薪酬分配方法简单实用，可以有效地调动经理的积极性。

思考与研讨：

试分析并讨论上述案例中董明珠的员工收入分配方案对员工工作积极性的影响。

本章思考与研讨：

1. 针对新创企业经常会遇到的以下问题，请提出对策和理由：
   （1）员工招不来、管不了、留不住；
   （2）创业合伙人坚持要求平分股权，没有真正老大；
   （3）很多具有优秀人才、好产品的团队，却因为股权问题而创业失败。
2. 如何理解企业家的“散财”品质？
3. 小家子气的创业者为什么缺乏对优秀员工的吸引力？
4. 核心骨干员工跳槽对新创企业意味着什么？你认为应如何留住核心骨干员工？

Chapter 8

第八章　领导力修炼

案例 蔡崇信放弃高薪跟马云一起创业

耶鲁毕业之后的蔡崇信，原本在瑞典投资公司 Invester AB 工作，负责亚洲风险投资业务。1998 年，Invester AB 计划给阿里巴巴增资，于是蔡崇信和马云有了第一次接触。此次见面，蔡崇信对马云留下了深刻印象：一是马云想创建阿里巴巴这个国际进出口平台的目标；二是马云的领袖魅力。几次谈下来，蔡崇信发现自己“爱”上了阿里巴巴，并向马云毛遂自荐。为表示决心，他还带着太太同行。蔡崇信说：“我觉得他的团队氛围非常好，不光是马云对前景的展望非常好，同时我发现他是一个真正的领导者，那时候就有很多人在跟随着他……”于是，蔡崇信辞去了他在原公司 70 万美元 / 年的工作，提出想进阿里巴巴工作。由于当时阿里巴巴几乎没有业绩，蔡崇信心甘情愿地接受了只有 600 美元的年薪。后来，蔡崇信成为阿里巴巴的一员，公司每一轮的融资，凡是跟法务、财务有关的事情，都是由蔡崇信主导，最后成为马云在这方面最信任的人。

思考与研讨：

在阿里巴巴还没有走出创业困境的情况下，马云靠什么让蔡崇信宁肯放弃高薪也要和他一起创业？

第一节 领导与管理的区别

领导力的发挥往往体现在日常完成组织目标任务的各项具体活动中，但人们经常将领导与管理两个词混淆使用，比如，人们可以说，某人把单位领导得很好，也可以说某人把单位管理得很好。看起来二者没有区别，实际上是有区别的：

1. 领导更宏观，管理更微观

管理是解决技术性问题。管理的任务是稳定组织秩序，维持组织高效运转，完成目标之后就算结束了，具体行为包括计划、组织、指挥、协调和控制。领导则是要解决挑战性难题，任务包括：创新与变革，制定战略，作出影响全局的决策，构建组织结构，设定程序或方向目标；具体行为包括：提出愿景，说服、激励和鼓舞团队，制定目标和规范，引领全体成员实施变革并创造更大的绩效等。

2. 管理是用正确的方法做事，领导是做正确的事

领导力大师沃伦·本尼斯（Warren G.Bennis，1925~2014）也被称为领导力之父。他最著名的说法是：管理者正确地做事（有被动意味），领导者做正确的事（有主动意味）。管理是为了解决重复出现的具体问题，你只要知道解决方案、规范和流程，也知道该怎么做，只要按部就班做事，达到维持秩序和稳定的目的就可以了。但领导则是解决挑战性难题，此时需要打破原有流程，改变原有的做事方式和规矩，要做正确的事并实施必要的变革。

3. 领导是决策，管理是执行

被誉为“领导力第一大师”的哈佛商学院教授约翰·科特说：“管理者试图控制事物，甚至控制人，但领导者却努力解放人的能量。”他认为，领导和管理是两个不同的过程，他们各自有自己的决策和执行过程。科特把管理过程分为三个部分：首先是计划和预算；其次是建立组织和配备人员；最后是监督和控制。他把领导过程也分为三个部分：首先是确定经营方向；其次是凝聚团队力量；最后是激励与鼓舞团队成员。在企业决策中，有 95% 以上是管理层做出的决策，可能只有不到 5% 是由领导者（企业家）做出的。

4. 领导更动态，管理更静态

科特致力于领导与管理的界定，他有一句名言“取得成功的方法是：75%~80% 靠领导，其余 20%~25% 靠管理，但不能反过来。”这句话道出了领导与管理之间的辩证关系：领导和管理是两个互不相同但又互为补充的行为体系。在日趋复杂和变幻无常的商业社会中，这两者缺一不可，都是取得成功的必备条件。他认为，一个组织和一个团队，既要维持现有秩序，也要持续不断变革。因此，两者的区别是：管理强调的是执行与秩序，突出静态和稳定；而领导强调的则是创新与变革，突出动态和变化。

科特通过列举领导和管理的不同职能，得出了精辟的结论：领导未必优于管理，也未必可以取代管理。要想获得成功，真正的挑战在于将强有力的领导力和管理力结合起来，并使两者相互制衡，相得益彰，缺一不可。因此，如果你是新创企业的老板，实际上意味着你既应是管理者，也应该是领导者。你既要维持组织和团队的正常运转，也要带领组织和团队开拓进取、不断实现创新与变革。

第二节　领导力的概念

一、领导力的定义

在对领导力的研究过程中，早期的学者一直只是聚焦于领导者个人的特质、行为、态度和认知等方面的影响，但却忽视其追随者的作用，仅将他们视为领导者行为的被动接受者，据此产生了早期领导力理论三个主要学派：一是特质理论。这一学派出现最早，相关学者主要关注的是领导者自身所具有的某些特质，如形象、气质、语言风格及基础性、习惯性的心理结构和行为方式等，以此试图发现他们身上兼具的某些人格特征以及这些特征是如何决定其领导力的。二是领导行为理论，该理论试图发现领导者行为的某些特征是如何决定其领导力的。行为理论视角下的学者重点关注的是领导者的哪些具体行为更有利于影响追随者实现目标，并在此基础上识别与工作绩效相关的领导者行为特征。三是领导作风理论，是指领导者在开展活动过程中对待下属的态度和工作作风。主要有：一是专权型，又叫独裁型领导方式，是指领导者个人大权独揽并决定一切，要求下属贯彻执行。其特点是：权力集中于领导者，独断专行，很少听取下属的意见。二是民主参与型，是指领导者在面对问题时，首先让下属参与讨论，共同商量，集思广益，然后再做决策。具体工作时要求每位下属各尽所能，各施其长，分工合作。三是自由放任型，是指领导者给予每个成员以高度的自主权，通常只对下属提出工作目标，但对下属完成任务的各个阶段的具体活动不加干涉，除非下属要求，一般不做主动的指导。

上述三个早期领导力理论都有一个共同点，就是认为领导力只是取决于领导者个人，是一种从上到下单向作用所形成的影响。总体而言，早期以领导者为中心的研究是将追随者视为领导者影响力的接收者和调节者，领导者则是运用权力来影响整个团队以及组织绩效的唯一决定性角色。但早期领导力理论的局限性也很明显，就是忽略了追随者在信仰、特质和认知等方面对形成领导力的反作用。

虽然关于领导力一直没有统一和标准的定义，但笔者经过多年研究，还是比较认可三位学者给出的定义，一是彼得·德鲁克说过，“领导力的唯一定义，是后面有追随者”。这是从领导活动三要素（领导者、被领导者、环境）的角度而言的；二是美国前国务卿基辛格博士说的，“领导就是要让他的人，带领他们从现在的地方去还没有去过的地方”。这是从领导力结果的角度而言的。三是领导力大师罗纳德·海菲兹（Ronald Heifetz）为领导力所下的定义：动员群众，解决挑战性难题。这是从解决共同难题，实现共同目标的角度而言的。综合三位学者对领导力的定义，笔者认为可以进一步做出明确表述：领导力就是影响追随者，凝聚他们的力量，解决组织面临的挑战性难题，从而实现组织或团队目标，同时实现追随者的目标。这一表述强调了领导力的核心在于影响力，在于能影响和激励追随者，而不是单纯地利用职权去命令别人做事。影响力是发出方与响应方共同作用所形成的，衡量一位领导者领导力水平的高低，不是看他个人有多么能干，而是看他所带领的团队能发挥出多高的水平。这一表述还强调了在解决组织面临的挑战性难题的过程中，不仅要实现组织或团队的目标，而且还要实现个人目标。事实也表明，领导力的实施如果仅仅是为了实现组织或团队的目标，就不能真正吸引和影响追随者。

越来越多的证据表明，追随者对于形成领导力至关重要。现实是，没有追随者，领导力就失去了意义。那些高高在上，却无人追随的所谓领导者，虽然身居要职，可一旦要求下属执行任务时，却发现附和者寥寥、无人响应。通用电气公司董事长兼 CEO 杰克·韦尔奇曾经说过：“在你成为一名领导者之前，你的成功与个人成长有关；在你成为一名领导者之后，你的成功却与你下属的成功有关。”也就是说，领导力的形成是领导者与追随者相互作用的结果。领导力并不仅仅是领导者个人的事，而是领导者与追随者之间的一种关系，这种关系决定着领导力的发挥。显然，单纯研究领导者的个人因素是搞不清楚领导力的。于是，有学者开始关注追随者的特征、情绪和态度是如何影响领导力的。

如今，追随者和追随行为对于形成领导力是必不可少的，这已成为一种共识。绝大部分学者都同意、领导力是关系，研究领导者的同时也需要研究追随者。由于领导者与不同追随者有着不同的关系，所以，要形成领导力，就要对不同的追随者采用不同的做法。基于此，部分学者开始关注包括追随者在内的领导力研究。

综上所述，领导力的形成是一个由人们的社会关系及互动影响所共同构建的过程，在该过程中，领导力是与追随力相伴而生的——没有追随者和追随行为就没有领导力。这意味着追随行为是领导力发挥过程的重要组成部分，它体现了人们在多大程度上愿意服从领导者的要求而共同完成任务。

二、领导力所要解决的是组织中具有挑战性的难题

领导者在面对挑战性难题时所要发挥的领导力作用主要体现在三个方面：一是战略决策，目的是解决企业发展和战略方向问题；二是育人用人，目的是解决谁来执行决策的问题；三是掌控全局，目的是及时解决和调整执行决策过程中所出现的偏差或重大问题。当今的创业，越来越离不开团队的力量。如果没有一批追随者与领导者并肩创业，单凭个人力量企业是发展不好的。领导力大师罗纳德·海菲兹认为，领导力应是着力于解决难题的过程，而非说服人们实现一个目标的过程。因为并非所有的目标都是为了解决问题，有些目标实际上可能只是为了回避问题。此外，不是解决任何问题都需要领导力的。通常，发挥领导力解决的是组织所面临的仅靠个人力量解决不了的、需要带领一群人去解决的共同难题，以实现共同的目标。因此，我们把领导力的实施定位于解决集体所面临的难题，而非简单定位在动员或激励人们完成某项任务。据此可知，一个组织、团队都会有很多仅凭个人能力却解决不了的难题，而领导力的本质就是要承担解决这些难题的责任。

罗纳德·海菲兹还强调了领导力在解决具体问题上与执行力的区别，他认为：执行力要解决的是技术性问题，即根据现成的流程和规范就可解决的问题；而领导力则是要解决适应性问题，这里的“适应性”并非指被动地接受，而是主动解决挑战性难题，也就是必须打破已有的流程和规范，通过积极地实施变革才能解决的难题。比如在新创企业，不断提高产品质量和合格率，提高市场占有率，加强生产作业管理，就属于技术性问题，即使生产作业管理要求再高，管理内涵再增加，也是技术问题。但如果是淘汰落后产品、推出新产品、进行产品升级改造、开辟新领域等（因为这意味着部分员工面临转岗、调离甚至裁员），就会遇到很多挑战性难题。总之，领导力的核心始终是围绕一个任务，就是解决挑战性难题。这些难题包括：技术性难题和创新开拓性难题。解决技术性难题靠权威人士，解决创新开拓性难题靠追随者，也就是说，创新开拓性难题是靠追随者的配合和努力才能解决的。

三、领导力体现的是一种关系

领导力不仅仅有赖于领导者的个人特质或行为，也不仅仅依赖追随者的自我实现，而且也是人们在社会关系互动过程中共同创造的一个包含领导者（或领导）和追随者（或追随）在内的相互影响的动态系统，领导者和追随者作为该系统的一部分，实际上应该是相辅相成、良性互动、共享成果的利益共同体。

继领导特质理论、领导行为理论、领导作风理论之后，美国政治社会学家詹姆斯·麦格雷戈·伯恩斯（James Mac Gregor Burns，1918）在他1978年出版的经典著作《领袖论》中提出了新的两种不同领导力关系的区分理论。他在书中的核心思想就是对两种类型的领导力关系做了区分。一种是交易型领导关系。其特征是强调交换，在领导者与下属之间存在着一种契约式的交易关系。在交易中，领导给下属提供报酬、实物奖励、晋升机会、荣誉等，以满足下属的需要与愿望；而下属则以服从领导的命令指挥，完成其所交给的任务作为回报。在这种领导力的作用下，尽管双方的目标都实现了，但交易完成之后，领导和

下属双方都没有发生有意义的改变，双方还是原来的自己。另一种是变革型领导关系。心理学有一种现象，就是人们不愿意改变现状。组织中有很多问题需要大家改变思想，改变自己的行为。如何做到？这就需要说服和影响群众。显然，要能影响人们的行为，既可以通过合法的权力，如职权、报酬权力、强制权力等，也可以通过晓之以理、动之以情的方式，让追随者主动改变，以便解决难题。也就是说，领导除了引导下属完成各项工作外，常通过对下属的激励和影响，引发下属思想产生新的认知，继而改变下属的工作态度、信念和价值观。在共同面对挑战性难题时，激发下属自觉对目标产生认同感，主动跟随并为达成目标而努力，也就是通过激发出下属的内在动机并采取行动，使他们愿意为了组织的目标和利益，努力超越自身利益并投入工作中。领导者和追随者双方不仅满足了现实的需求，还能挖掘出潜在的需求，从而进一步挖掘出人的潜力，最终不仅实现了双方的目标，而且使双方都发生了有意义的改变。这种领导方式可以满足下属更高层次的需求，使下属产生更大的归属感和成就感，组织也从中获得了更高的生产效率和更低的离职率。

为加深理解，可以将上述关系做更形象的表述：比如你花钱请人临时干个活，重赏之下肯定有人会愿意追随你。这种用花钱的方式交换他人的工作投入，干完活就各不相干，就是一种交易型关系；但如果你要让他人跟你一起去创业，风雨同舟，虽然追随者对创业的需求原本只是潜在的，但却被你通过某种方式激发了出来，最终他同意放弃原有很多熟悉和习惯的东西，甚至放弃一些既得利益，甘愿冒风险与你共同奋斗。此时，追随者和你在形成这种新关系过程中都可能发生了有意义的改变，你们都不再是原来的自己，而是成为休戚与共的创业伙伴，这就属于变革型关系。显然，建立交易型关系比较容易，而建立变革型关系比较困难。

四、领导力不等于职位

人们对领导力有很多误解，尤其是把领导力与职位画上等号。一说到领导力，就与担任领导职位的人联系起来，如自己能当上老板，就认为自己自然就具备领导力，感觉只要大手一挥，一定会一呼百应。其实，领导职位只是实施领导力的资源，作为新创企业的老板，你本身就拥有领导者的职位，自带光环，相应也具有一定的资源和使用资源的权力，使你能更好地发挥领导力，解决实际问题。但是，当老板只能证明自己有职位，有权力调配很多资源，但却不能证明已经具备了领导力，即使一呼百应也不一定表明你有领导力，如你请大家一起聚会，肯定有不少人会参与，但这并不是领导力在起作用。美国领导力大师马克斯维尔说过：对领导力的“头号误解”，就是认为领导力只是来自一个职位，或者是来自一个头衔。管理学大师德鲁克也说过：把领导力等同于职位是最大的误解。他认为领导力不是头衔，不是特权，不是职位，也不是金钱，领导力是责任。

五、领导力的本质是影响力

许多实际权力，不管是用以管理还是用以领导，只有在动员并带领人们解决挑战性难题并取得实质性效果时才可称之为有领导力。面对一个挑战性难题或任务时，通常并不是每个人都想干这件事，这就需要发挥领导力的影响力。好的领导者不应只是一个发号施令者，他在领导团队时应该能随着任务、目标及完成目标的进程，以及根据被领导者、环境情境等的不同来及时调整自己的领导方式。领导力不应该是强加于人的影响力，一个用高压手段操控他人的方式来实施领导力的人绝不是一个优秀的领导者。如果新创企业的领导者不仅具有雄才伟略、富于创造力，而且也能善待下属，努力满足下属的核心利益，从而有效地调动和发挥下属的潜力，这样的领导者就对下属有影响力，也相对容易赢得追随者。实际上，最成功的领导者恰恰是那些极少对下属指手画脚、颐指气使的人；而最出色的下属正是那些不愿意任人摆布和被人使唤的人，这是现代企业中一种高层次的上下级关系。在这种没有过多发号施令的上下级关系中，很多工作都是靠下属主动、默契和自觉付出劳动来完成的。因此，最佳领导力的基础就是能充分发挥影响力，并及时向下属提供他们所需要的资源，在实现组织或团队目标的同时，也能实现下属的目标。只有这样，当面对一个集体性难题时，下属才会自觉做到挺身而出，主动承担起责任。一旦你的影响力能引起追随者的积极响应时，也就意味着你具备了优秀的领导力。

第三节 领导力的五个层次

根据本章关于领导力的定义可知，领导力本质上就是对追随者的影响力，而不同的领导者所展示出的领导力并不是无差异的，而是有差别和分层次的。享誉美国的领导力和人际关系大师约翰·麦克斯韦尔在其专著《领导力的5个层次》中，把领导力分为五个层次：第一层次：职位；第二层次：认可；第三层次：实效；第四层次：立人；第五层次：巅峰（真我）。

1. 领导力的第一层次——职位

职位型领导者所拥有的影响力来源于他的职位和头衔。员工之所以能服从他，是因为这是工作职责的要求，他们非听不可，否则会受到处罚。也就是说领导者所拥有的职位和头衔衍生出职位权力，而职位型领导者发挥领导力作用正是基于这种权力。在领导力五个层次的境界中，依靠职位权力对下属实施领导是领导力最初级的境界，也是唯一不需要领导者能力或者努力就能做到的，因为任何人都可以因被赋予某种职位权力而自然而然地要求下属服从他，尽管下属并非心甘情愿。

职位型领导者通常是依靠规章、政策条文和组织制度等来管控他的下属。其直接后果就是下属只会在领导者权威所及的范围内表现出服从，以完成“分内之事”为己任；而领导者在其权力范围之外，则很难要求下属主动自觉地付出额外时间和精力。

真正的领导力不应是基于拥有一个职位或头衔。拥有领导职位本身无可厚非，但是将其作为迫使员工服从自己的筹码则是大错特错的。对于领导者来讲，依靠职位换取影响力并非高明之举。换言之，仅仅做到第一层次的职位型领导者或许能够成为“老板”，但是难以称得上是真正意义上的领袖或企业家。事实结果也一再表明，职位型领导者所拥有的大都是唯命是从、曲意逢迎的下属，而并非和衷共济、风雨同舟的团队。现实中，真正的领导力不在于职位，在很多高科技新创企业，身怀某种专长和技能的员工往往具有更加强烈的独立性倾向，面对这样的下属，仅仅依靠职权的职位型领导者很难对其施加充分的影响力。

2. 领导力的第二层次——认同

在这个层面上，影响力来自追随者对领导者的高度认同。其原因是领导者对良好人际关系的把握，在下属中形成了较高的威望。当领导者真心爱护下属，将他们当作有血有肉的个体加以尊重和看待时，领导者实际上就开始影响其下属了。在相处过程中，领导者与下属相互间建立起亲密的信任关系，无论是在工作中，还是在义务奉献中，团队的状态都会变得更加积极健康。

处于领导力第二层次的领导者，其着眼点已经不再是如何维系和利用自己的职位，而是如何利用良好的移情能力，设身处地理解下属的感受。这样的领导者通常能够主动去理解、关爱下属并努力探寻与下属的友好相处之道，真诚解决下属的内心关切和实际困难。蒙牛集团创办人牛根生说过："如果你不能发自内心地去关心下属，那你就不应该去做领导者。"

进入领导力的第二个层次，下属会普遍认同和接受领导者的领导，也就是人们在没有必须遵循某种义务的情况下仍然愿意听从领导者的安排。由本章前述内容可知，领导力体现的是一种关系。但除了知道领导力是关系，你还要知道如何建立起这种关系，有效建立认同关系需要领导者与追随者彼此尊重、相互关爱、共度时艰，从而形成牢固持久的友好关系。在领导者获得下属认同的方法中，人际关系很重要。为此，领导者要学会如何与下属建立起良好的关系，学会如何真正发自内心地去关心他人。

3. 领导力的第三层次——绩效

这一层次领导者的影响力是基于绩效和成果。现实中，卓有成效且硕果累累的领导者往往更容易有影响力和公信力。人们追随领导者是因为他们看到领导者通过巨大的付出取得了成效，并为组织做出了贡献。领导者在困难中带来绩效，说明他能够勇于面对困难并有能力及时解决棘手的难题，能够审时度势，做出明智的抉择挽回困局，用出色的业绩将追随者引领至新的、更高效的境界。因此，真正优秀的领导者并非只营造一个舒适的工作环境和平台，更需要领导者亲自带领团队一起把任务完成，把工作做好，让下属感受到追随这样的领导者就一定能解决挑战性难题并取得实效。当领导力进入第三个层次时，其产生的影响力将会给组织带来勃勃生机，使工作业绩突飞猛进，团队成员斗志昂扬，业绩和绩效增长，员工流失减少，目标得以实现。

身教重于言传，追随者往往会以领导者为标杆，向领导者学习，去做类似的事情。当领导者带领团队不断做出成绩的时候，不用特意宣传，自然会使下属主动追随领导者。正是由于领导者能够以身作则，影响并带领着下属从一个胜利走向另一个胜利，所以才会使得下属对领导者充满了敬佩和信心。但是，这种方式用久了，领导者事事都要亲力亲为，可能也会限制下属的发展。

4. 领导力的第四层次——立人

“立人者方能立己”，这一层次领导者的影响力是来自其能够将追随者培养成为他们理想中的人。领导者之所以伟大，不在于他们所拥有的巨大权力，而在于他们善于授权和培养追随者的能力。想要成为一名成功的领导者，你必须要帮助追随者不断提升和超越自我。为了培养下属，让每个人感到有奔头，领导者要学会充分运用自身的职位权力、人脉关系及产出能力等投资自己的追随者，着力培养他们，直至他们真正成长为新的领导者，这就是所谓的“立人”。处于第四层次的领导者往往可以改变其追随者的人生，同时也会对组织长治久安有着积极的影响，这是因为发挥每个人的最佳状态也意味着能够促进整个团队保持最佳状态。

处于领导力第三层次的领导者，虽然已经开始建立信誉度和品牌，但领导者还只是一个人挑头在做事。而一旦上升到领导力的第四层次后，为了实现个人角色的进一步突破，领导者必须卓有成效地领导并建立一个富有产出能力的团队。为此，领导者就要学会“以用养人”，要使下属变得更优秀并持续成长，让他们感到，跟着领导者就有机会发展自己和实现自我，从而改变自己的人生。所以领导者需要学会培养追随者，由此结成的领导者与追随者的关系往往是延续终生、牢不可破的。

5. 领导力第五层次——巅峰（真我）

这是领导力的最高层次，也是最难企及的层次（巅峰）。处于这个层次的领导者几乎已达到超凡脱俗、淡泊名利的境界。这一层次领导者的影响力来自其优秀的人品和素质，追随者甚至会达到崇拜、敬仰的程度。虽然大多数领导者能够逐步实现从第一层次向第四层次的进步，但很少有人能达到第五层次的水平，因为要达到这一层次所需要的不仅仅是领导者个人的努力、德才和修养，也需要具备更高水平的天赋、胸怀和人格，只有天赋异禀和具有伟大情怀的领导者才有可能迈到这一步。这个层次的领导者通常会形成自己的一套价值观念体系，而且该体系也能得到整个团队的完全认同和配合。比如华为创始人任正非所倡导的狼性精神，甚至成为华为企业文化的重要组成部分。

达到第五层次的领导者最重要的任务之一是把追随者也提升到更高的层次。这是因为领导者的成功不应只是自己的成功，而是整个组织、团队和追随者的成功。因此，领导力的最高目标是培养新的领导者，而不是争取一般的追随者。要想成为超越“老板”层次的领导者，要想使创业团队成员追随你不是因为不得已，就不要贪恋权势、大权独揽，而是要以博大的胸怀和魄力，善于培养接班人，大胆放权，委以重任，主动培养下属并鼓舞他们不断提升自我，甚至超越领导者本人，成长为公司新一代的领军人物，这样才能使下属无限地忠诚，甚至不惜以自己的生命来维护这种忠诚。比如联想创始人柳传志非常重视培养新一代领军人物，他的经验是，要“舍得”给人才以平台，这个平台不仅有业务，更要与这些人才分享平台所带来的利益，让他们成为这个平台“物质”与“精神”双方面的“主人”。正是通过不断地选人、不断地打造新的平台，让联想团队优秀的人才分享平台的利益，从而形成了强大的凝聚力，一些重要的领军人物在联想公司脱颖而出，每到联想集团发展的各个重要阶段，联想总会有一批优秀的人才储备派上用场，为公司的持久健康发展提供了强有力保障，比如杨元庆、郭为、陈绍鹏、刘军等。

综上，领导力层次不同，对追随者的影响力也不同。因此，不断提高领导力层次应该是企业家型创业者的一种追求。但需要记住的是，无论你处于领导力的哪个层次，永远不要忘记你奋斗到现在所取得的成就都不会自然而然带你进入更高层次，应全力以赴、不断学习、超越自我。

第四节　个人魅力与领导力

个人魅力通常是指由于一个人的气质、能力、作风、道德品质、成就等特点对其他人产生的吸引力。不少人认为，一个人有魅力才会让人佩服，才会让人愿意追随并接受其领导，从而才能形成领导力。所以，领导者要想发挥领导力，必须要有个人魅力。其实，这种观点是不准确的。

一、个人魅力是发挥领导力的结果

前面提到，领导力是解决挑战性难题的责任，只有解决问题才能产生业绩，这与是否具有个人魅力没有多少关系。实际上，个人魅力是通过发挥领导力并产生实际业绩，从而改变了自己，也改变了他人的看法，最后才形成的。总之，个人魅力不是发挥领导力的前提条件，而是发挥领导力后所产生的结果。世界上公认的有个人魅力的人总是占极少数，绝大多数人在创业之初并没有多少个人魅力。比如俞敏洪在大学期间教英语时可能没有什么魅力，但后来在创业过程中，他变得更积极、更开放、更有才干，这些是在他身上产生的新魅力。马云的经历也是如此，起初应聘，没有一家单位愿意录用他，说明在他人的眼中，马云没有魅力，但创业成功后，人们就改变了看法。这说明，即使你没有个人魅力，同样可以发挥领导力，发挥领导力的结果自然就形成了个人魅力，而且还会产生两个结果：既有领导者自身实质性的改变，也有追随者心理认同的改变。

二、警惕个人魅力可能会带来领导力的负效果

虽然形成个人魅力有助于领导者更好地发挥领导力，但魅力也可能会带来领导力的负效果。德鲁克说过："事实上，魅力是领导者的负担，使他们顽固不化，自以为是，无法改变。"这是因为当领导者发挥领导力取得业绩后，很容易在下属心目中形成个人魅力。如果在企业文化的宣传上又刻意过度美化，甚至夸大这种魅力，很可能在追随者的眼中把领导者进一步神化。如果领导者个人由于人性的弱点，不仅相信自己非同凡人，而且对溜须拍马者纵容，甚至提拔重用，这不仅会助长阿谀奉承风气，而且还会形成领导者独断专行、下属只会曲意逢迎的不良风气，甚至可能会给企业带来灾难性后果，具体如下：

1. 领导者的个人魅力引起下属盲目崇拜和佩服（部分可能是发自内心的），使得下属慢慢习惯于唯领导者马首是瞻和唯命是从，从而不再具有独立思考精神，也不会再主动提出建议。下属的盲目崇拜又进一步强化了领导者在不知不觉中滋生自负心理，对下属也管

得更多，甚至颐指气使成瘾，结果导致发挥领导力的效果适得其反。此外，由于下属的意见得不到尊重，人格尊严经常受到伤害，也会引起下属心存不满，甚至产生抵触情绪。

2. 由于受到追随者的盲目吹捧和神化，领导者逐渐感受到个人魅力对下属所形成的居高临下的优越感，进而导致自我膨胀，产生自命不凡、从不会犯错误的幻觉。主要表现为独断专行，执迷不悟于迂腐的长官意志的陋习中，无形中被一种权力欲所驱使，要求下属必须言听计从，动辄就对下属训斥指责；而下属为想要得到领导者的认同，更愿意通过察言观色、曲意逢迎、投其所好等方式来博得领导者的好感，再也不敢或不愿意对领导者提出批评和意见。

3. 个人魅力的形成容易使领导者因盲目自信而瞎指挥。过去的某些成功很容易使领导者形成个人魅力，如果不能理性看待，就会变得自以为是，甚至顽固不化，喜欢被下属吹捧，听不得不同意见，即使面临风险，也容易被一种表面浮华和赞美所迷惑，自我感觉良好。由于盲目自信，瞎指挥也会相伴而生，随着瞎指挥的频繁出现，领导者将不堪疲累，下属也会疲于奔命，组织运营也容易处于混乱状态。同时，在如此自以为是的领导方式下，下属的惰性和无能也会日益滋生。

4. 由于个人魅力导致领导者大权独揽，整个团队形成对领导者的盲从和过分依赖，甚至把组织未来的命运与其领导者个人命运混为一谈，结果导致组织没有动力及时培养能胜任的继任者，一旦出现领导者个人命运起落或健康出现问题，组织就会处于混乱甚至一蹶不振的状态。

第五节　领导力修炼

领导力的获得可以通过平时的修炼，但修炼不是瞎练，修炼是有方法的自我完善，往往是要改变自己的本性，是一个把铁炼成钢的过程。企业家型创业者进行领导力修炼主要包括以下几方面：

一、养成战略思考的习惯

作为创业团队的带头人，领导者比团队其他成员更应该具有战略眼光，要比一般成员站得更高、看得更远，胸中有更大的战略格局。领导者要学会用智慧去辨别和抓住稍纵即逝的机会，特别是居安思危，时刻思考企业发展的风险和未来发展路径，这样才可为组织的发展描绘出宏伟的愿景。

创业团队的领导者面临的难题有很多，但难题错综复杂，有的带有根本性的影响，有的则只是表面性的影响。因此，领导者必须要不断增强大局意识和统筹观念，主动思考企业战略的发展问题，放弃一些局部利益。想要成就一番事业，有时就不能只顾眼前的利益，事无巨细斤斤计较，要立足当前、放眼未来，要培养自己战略思考的能力，时刻站在企业健康发展的层面上来考虑根本性的问题。中国顶级领导力专家、北京大学刘澜教授提出了领导力修炼战略思考的四种模式：

1. 决策思考

领导者决策水平的高低，深刻地影响着企业的成败和未来发展。因此，培养决策思考能力应是领导者必须要重视的。根据彼得·德鲁克的观点，决策思考要从五大要素入手：

（1）问题的性质。决策者首先需要辨明问题的性质：搞清面对的是一再发生的经常性问题，还是偶然的例外？是否确属特殊事件，需以特殊方法解决？倘若是经常性的老问题，就应该建立起规范和制度来根治；而对于偶然发生的例外，则应该按情况做个别的处置。决策者常需要花费不少时间来确定问题的属性，如果性质类别搞错了，其决策必为错误的决策。

（2）解决问题时必须满足的界限。决策在于确实了解决策应遵循的规范，比如最低限度应该达成什么目的？应该满足什么条件？用科学的术语来说，就是所谓的“边界条件”。一项有效的决策必须符合边界条件，必须足以达成目的。边界条件说明得越清楚、越精细，则据此做出的决策越有效，越能解决问题。反之，如果决策方案的边界条件不够明确，则所做的决策不论看起来如何了不起，肯定都是一项无效的决策。

（3）解决问题的正确方案。人们在做决策时，总会有采取折中办法的倾向，如果领导者不知道符合规范及边界条件的正确决策是什么，最终不免会走向错误的方向。比较好的做法是首先搞清正确决策方案是什么，必须满足哪些条件才能实施；如果条件不具备，其次再考虑必要的妥协、适应及让步事项，以利于该决策能被接受。

（4）化决策为行动。虽然化决策为行动最费时间，但这一步非常重要。从做出决策开始，领导者就应该将行动方案纳入决策中，否则便是纸上谈兵。一项决策如果没有列举一条一条的行动步骤，并指派为某人的工作和责任，这就不能算是一项决策，最多只是一种意愿而已。事实上，决策方案必须同时兼顾具体的执行措施，决策行动还必须与执行人员的工作能力相适应，让决策变成可以被贯彻执行的行动才有意义。

（5）决策执行信息反馈。由于决策是人为制订的，而人难免会犯错误，因此，再了不起的决策，也不可能永远正确。即使是最有效的决策，总有一天也会被淘汰。所以，在决策中应建立一项信息反馈制度，以便经常对决策的正确性、有效性以及所预期的成果进行实际的比较和确认，然后据此进行及时纠偏和调控。

决策与决定是不同的。决定是根据个别问题而提出的解决方案，如果决定有效，可以一次性解决这个问题。而决策则是针对一般性问题而做出的普遍性解决方案。由此可知，决定的影响是暂时的、个别的，而决策的影响则是长期的、全局的，一旦有效，就可以省掉很多决定。所以说，卓越的领导者要做决策，而不是做决定。需要注意的是，卓越的领导者做的决策并非多多益善，因为做一次决策就可解决很多问题，管很长时间，所以平时不需要做太多决策。管理大师彼德圣吉说，领导者要在三个层次上界定现实：一是事件层次，即发生了什么事；二是行为模式层次，即发生的事件是否有反复出现的行为模式；三是系统结构的层次，即反复出现的事件是否由系统结构所导致。要学会做决策，就要升级领导者的分析层次。如果领导者只是在具体事件的层次上分析问题，那他只是在做决定。如果领导者在具有普遍性的行为模式层次分析问题，那就可以说他在做决策。如果领导者在更具普遍性的系统层次上分析问题，那就说明他已经是在更高层次上做决策了。

2. 系统思考

系统思考是一种逻辑抽象能力，也可以称为整体观、全局观。简单来说就是对事情全面思考，不是就事论事，而是把想要达到的结果、实现该结果的过程、过程优化以及对未来的影响等一系列问题作为一个整体系统进行研究和思考。人一旦具备了系统思考的能力，就会看到问题的本质，接下来的解决措施就会更具有针对性。系统思考的起点就是通过分析问题背后的真正原因来综合考虑解决问题的方案。系统思考虽然很重要，但绝大多数人都不擅长此方法。一个系统中，部分是为整体服务的，我们往往需要对某一部分进行优化，使其更好地为整体服务。但有时对某一部分的最优化不一定对整体有利，对这一部分本身来说，不一定非要最优化。如创业初期，不一定要花重金聘请非常高级的人才，因为创业起步期的技术应用不可能很高端，高级人才这时很难派上用场。一个创业团队是由人组成的，每个人和每个部门，虽然都有把自己部门最优化的动机，但通过系统思考，就可以按轻重缓急进行统筹安排。

3. 整合思考

所谓整合思考，是指头脑中同时容纳两个相互矛盾的观点，并从中得出汇集各方优势的解决方案。整合思考属于最高级的思考模式，它是一种全局性思维。如今，由于信息超级饱和，各个领域暂时达成的平衡局面会不断被打破，无论是新创企业还是个人，很容易发现自己经常处于左右为难的状态。而整合思维以复合的、动态的灵活方式，为人们提供了选择之路。要想树立整合思考意识，在面对两难选择时，可以问自己：为什么不能兼得？整合思考以建设性的方式处理彼此对立的观点，不以牺牲一方为代价，而是以创新形式消除两种观点的冲突，新的观点同时包含对立观点的某些因素，且优于两种对立观点。也就是说，对于领导者而言，在面对两种可能性情形时，不要局限于二选一、非此即彼，而是要创造出一种兼收并蓄的解决方案，比如同时兼顾创新与维持现有业务；再比如在员工和组织双方利益之间寻求最佳平衡等。

现实中，不少人常采用一种二元对立的心智模式看待问题，也就是看问题非白即黑、非得即失。具体在处理问题时，只强调现有条件是否具备，不具备条件时就悲观失望，自暴自弃，而不是通过整合方法去创造条件解决问题。其实，困难都是可以转化的，你需要做的就是尽可能发挥自己的主观能动性，综合考虑各方面条件，整合各种资源，创造条件解决挑战性难题。比如：在创业过程中，可能会出现资源不够用的情形，如资金不够，但现在不够，并不意味着将来不够。具有整合思考能力的创业者会想，虽然我现在的钱不够，但可以用现在的钱生出更多的钱，这是从内部找资源；或者是资金现在不够，也可从外部筹集，这是从外部找资源。普通领导者会认为资源是稀缺的，自己手头没有就是没有；而具有整合思考能力的创业者则认为资源是充足的，他需要做的事是把资源找出来，既可从内部找，也可从外部找，所以缺乏的不是资源，而是找到资源的意识和方法。

二、培养责任感和担当精神

领导者的责任感和担当精神是发挥领导力作用带有根本性的影响因素，它是指勇于改变现状、敢于承担新创企业发展的责任、善于促进产品或服务的创新与进步、实现企业常青的品质与气魄。尤其是在创业处于低俗时，作为创业团队的领导者，在面对困境时所表现出的定力和责任担当就显得特别重要。越是在困难的时候，你的创业团队成员和下属都可以选择离开，只有你必须迎难而上，力挽狂澜，别无选择。因为领导者会直接影响到创业团队成员的士气，甚至直接导致创业的失败。

领导者的责任感和担当精神主要表现在四个方面：一是主动性，即领导者积极主动承担责任，敢于奉献和牺牲，具有自觉意识和自强不息精神；二是坚定性，即领导者履行责任义务的坚强意志和坚定魄力，在逆境中不为困难所动摇，遇到挫折时依然充满豪情和乐观精神；三是实践性，即领导者脚踏实地、善于作为、说到做到、精于实干的品质；四是创新性，即领导者不安于现状，不拘于陈俗，不墨守成规，及时调整策略，勇于不断开拓创新。

当一个创业者从内心深处渴望承担责任时，他就会认识到自己不仅是对新创企业和员工负责，同时也是对自己负责，也就是在承担这份责任时感受到自身的价值，从而获得心理上与精神上的满足。承担自己该承担的责任，全心全意地努力工作，这时，你得到的不再是压力，而是一种快乐和幸福感，对新创企业团队成员而言，他们会从你身上能感受到坚定不移、勇往直前的力量，从而把你看成为他们真正的领导者。

三、发挥下属积极性，解决挑战性难题

领导者自己应该不断加强学习，培养创新意识，积累广泛的行业知识（市场、竞争、产品、技术），力争做到对工作有全面的认识，有足够的智慧，通过搜集、整合、解读大量的信息，为做出正确的判断与决策打好基础。但领导者也不可能事无巨细、亲力亲为。好的领导者应该把企业奋斗目标分解为团队每一个人都能看得见摸得着的目标，激励每一个团队成员为了这个目标而不断努力奋斗，把执行力融入每一个团队成员的自觉行动中。是否能发挥领导力的作用，关键是看领导者如何影响下属去奋力解决一个个挑战性难题。所谓团队表现出没有主动性，往往是由于领导者太强势所造成的。领导者总是说一不二，忍不住就抛出答案，团队成员就没有了讨论和思考的空间，久而久之，逐步形成恶性循环，下属渐渐习惯把什么问题都推给领导者来解决。所以，聪明的领导者虽然明白却装着不懂，这样，下属才会努力思考，会替领导者分担更多。因此，要带领下属解决难题，领导者就一定要学会发挥好下属的积极性，特别是善于给下属施展才干的机会。为此，应处理好以下四种情况：

（1）当面对的是一项技术性问题，领导者确实是外行时

一个组织可能要面临很多技术难题，由于领导者并不是各个方面的权威，因此不可能知道每个答案；而解决技术性问题要靠权威、能人。这时，领导者就不要不懂装懂、瞎指挥。对于技术性问题，领导者可以坦承不知道答案，但只要领导者知道组织中有其他人能

解决问题，并且发挥其作用就是在做正确的事。

（2）当面对的是一项挑战性难题，领导者不知道如何应对时

与技术性难题不同的是，很多挑战性难题出现时，组织中不仅领导者自己，而且其他人也都不知道解决办法。作为领导者心里要明白，你最终需要找到解决方案，为此，要多发挥团队成员的聪明才智，多听取不同人的意见，集思广益，博采众长，最终确定解决方案，才是正确的做法。

（3）当面对的是一个挑战性难题，领导者已经知道应对方案时

虽然领导者已经知道答案，但此时最忌讳的是自我感觉良好，固执己见。正确的做法是，先不说，而是多听取他人的意见。这样做的目的是鼓励下属说出他们的想法，以便从中发现更好的解决方案。通过听取不同的建议，领导者有可能发现更好的方案；或者把各种应对方案集中一起，从中整合出更好的方案。如果领导者先说出了自己的方案，然后要求别人提建议和对策，其他人可能就会因为你是领导者而应声附和，最多只是补充一下。

（4）当面对难题，领导者已经有了解决方案，而且坚信自己的方案更优时

这种情形下领导者最好还是先主动听一下其他人的意见，因为难题最终还是通过下属解决。既然这样，领导者可以直接告诉下属如何去做，也可以让下属提出方案去改变。这两种方式显然是后一种做法更容易让下属积极投入。由于有了这个过程，下属会认为是他自己想出来的主意，至少是他跟领导者一起想出来的主意，他就会更理解这个想法，而且更重要的是，他会更愿意去实施这个方案，去采取行动。

案例　如何给下属布置任务？

有的领导者在给下属布置任务时，常对下属说："张某，你把 ×× 事情做一下。"然后过了一段时间后，突然想起来问下属："你做完了没有，做得怎么样了？"结果下属没做好或者做得令人不满意，然后领导者就将下属埋怨一顿，下属往往觉得很冤枉。高明的领导者应该这样布置任务：

- 告诉下属该做什么（职责）；
- 告诉下属做好的标准是什么（标准）；
- 训练下属如何做好（培训）；
- 让下属去做（授权）；
- 反复修正，直到你可以离场（调控）；
- 去做你更应该做的事（变革、创新）。

提示：

在给下属下达命令的时候，一定要明确地告诉他应该在什么时候完成，你想要的结果是什么，建议员工如何开展工作，最后再补上一句："有什么困难可以随时来找我。"这样的话，员工做起工作来会比较舒心。

四、学会与下属建立起变革性关系

领导者正确处理与下属的关系，对于创造良好的工作环境，加强上下级之间的相互协调和合作，发挥领导力作用，调动下属的积极性，出色地完成各项工作任务都有着十分重要的意义。事实上，与下属建立起变革性关系可以促进员工的自我发展，下属出于对领导者的承诺，从发自内心的工作动机出发，根据自身的发展水平以及目标实现和任务完成的潜在意义，会加倍努力工作，从全新和多种不同的角度去解决问题，往往可以超额完成任务。

首先，领导者要学会密切联系下属。从下属的角度看，他们总是希望能为一个值得信任的领导者工作。而大多数领导者都很忙，所以容易疏忽与下属及时沟通，这就造成了下属与领导者之间的距离。慢慢地，这种状态就会使下属对领导者缺乏信任感，工作意愿降低。而当真正体会到领导者的关爱和信任时，下属对组织和领导者个人的认可度也会大大提高。因此，领导者要想与下属建立起信任关系，必须经常保持与下属分享信息，充分相信下属，让他们有参与感和获得感。当下属能理解领导者内心的想法和要求时，他们也会变得更加积极主动，会竭尽全力将工作做得更好。

其次，领导者要尊重下属。古人云："敬人者，人恒敬之。"每一个人都希望得到别人的尊重；反过来，人人都应该尊重别人，这是处理人际关系的准则。尊重他人，绝不能以获取别人的尊重为目的，更不能为获得尊重而故意讨好献媚。尊重是相互的和发自内心的，领导者与下属在工作关系上虽然是上下级关系，但并不是说领导者高下属一等。要赢得下属发自内心的尊重，领导者必须首先尊重每一个下属。领导者对下属的尊重，就是对下属最好的奖励。在平时的工作中，当自己的意见与下属的意见产生分歧时，首先要尊重下属提出的意见，仔细考虑他人的立场。如果不尊重他人的意见，必然会伤害他人的自尊心，从而造成人际关系紧张。

再次，领导者要虚怀若谷。领导者应该把自己的姿态放低，尊重下属，做到胸怀宽广，善于接受下属的意见和观点才能得到下属的衷心拥戴。领导者在与下属的交往过程中应该注意几点：尊重下属的自觉意识；鼓励下属发挥积极性和主动性；包容下属与自己有不同意见，甚至理解下属犯一般性的过错等。这样能使领导者在工作中既可以享受与下属同甘共苦的乐趣，也可以建立自己的威信，得到下属的尊重。领导者如果只是命令下属，或是指挥下属如何去做，这实际上隐含着一种意思，即只是领导者有水平，下属不行，而且下属需要领导者的指导。如果用谦虚提问的方式，如："我不知道如何解决这一问题，我想知道你是怎样想的？"那么比较容易与下属建立起信任关系。

最后，领导者要关心并帮助下属实现个人的目标。任何一个组织都有自己的目标，同样，组织中的员工也都有自己的目标，但如果组织的目标无法与员工的目标相一致，组织的目标无法与员工个人的目标结合起来，那么再好的目标也都是苍白无力的。

如何运用目标去激发员工的积极性，是一项很重要的领导力艺术。领导者把组织的目标和员工个人的目标结合起来，可以激发员工所有的潜力，并促使他不断去努力追寻。给员工一个值得为之努力的宏伟目标，比任何物质激励都来得实在，也比任何精神激励都有用。松下电器创始人松下幸之助的重要经营谋略之一就是不断提出新的发展目标，让员工对未来充满期待和向往。有了共同的目标追求，才会产生强大的行动力量，正所谓“上下同欲者胜”。

五、努力提升自己的动员和演讲能力

发挥领导力的作用有很多方法，但动员和演讲是最重要的形式之一。作为一个新创企业的领导者，要做的不仅是运筹帷幄，还要能经常鼓舞士气，激发员工的工作热情和潜能。卡耐基说过：一个人的成功，85% 是靠他的人际沟通和演说能力，只有 15% 跟他的专业技能相关。善于演说的企业家更能影响他人，成功很大程度取决于老板的说服力，说服力发挥到极致就是影响力。99% 的成功人士都具有高水平的演讲力，如柳传志、俞敏洪、马云等。领导者具备演讲能力，就能够有效展现自己的个人智慧和人格魅力，对下属也能起到很好的激励作用，让团队更具凝聚力和斗志。

在企业内需要进行动员和演讲的场合很多。领导者经常要给下属做动员、布置任务，让下属明确自己的任务角色及执行要求，在动员时就要做到思路清晰、表达准确。做动员和演讲时，首先要向下属讲清任务完成后的愿景是什么，对公司发展的影响是什么（包括近期、中期和远期），此时的动员要表现出对愿景的自信和激情，充满感染力。其次要向下属讲清为实现愿景而具体执行什么任务（包括分工协作要求等），此时的动员要体现出对下属的明确要求和信任。再次要讲清公司可以给下属在执行任务过程中提供哪些资源支持（包括资金、设备、场地、资料等），此时的动员要体现出组织的重视和支持力度，使下属增加完成任务的信心。最后要向下属讲清对执行任务绩效的考核标准以及相应的奖惩措施是什么（包括评估检查考核标准、时间要求、质量要求、奖励和惩罚机制等），此时的动员要向下属表明业绩考核以及奖惩的必要性和严肃性，目的是让下属重视任务的执行质量。如果动员或演讲时缺乏感染力，加上表达不清楚，就有可能造成下属对任务的不解或曲解，甚至还可能会产生不良的后果。

创业领导者要提高动员和演讲水平，需要做出很多努力。除了在演讲之前做好充分准备外，还要在演讲过程中充满激情，用自己的热情激发听众的情绪和灵感。需要指出的是，提升演讲动员水平特别要注意平时加强学习、博览群书、积累阅历、努力提高自己文化底蕴；此外还要在平时养成独立思考问题的习惯，在面对问题时，要学会从多个角度、多个层面展开逻辑分析，这样可以提高自信心和表达水平，使自己的演讲和动员更具有逻辑性，也更容易令人信服。从形成演讲气场角度，要注意学习那些具有较高演讲水平的人物风格，必要时可以选择一个你最认同的演讲能力出色的人物，反复模仿他的演讲风格。从演讲的基本技巧上，可以参考以下行之有效的模式。

如果是做动员报告，基本逻辑可以是：提出观点或方案（针对某问题提出一个解决方案或要求）→讲清原因（告诉大家为什么要这样做）→具体举例（通过举例让下属更加信服所提方案或要求的正确性）→强化观点（通过再次强调你的观点，让下属明白你要表达的意思）→布置任务（提出如何落实的要求）。

如果是结合问题做演讲，基本逻辑可以是：摆出问题或冲突（不要回避，将真实的困难和问题摆出来）→摆明后果（讲清如果不及时解决问题将会产生哪些不良后果，可能有些后果已经发生并已产生的危害是什么）→原因分析（根据自己已经掌握的情况，提出问题的症结和原因分析）→预期改变什么（详细描述你所希望看到的积极转变结果）→说明道理（希望下属可以从中领悟或明白的道理是什么，从而增加行动的自觉性）→行动要求（设定解决问题的时间与目标、措施与方案、执行与落实、检查与评估等）。

动员和演讲重要的是要打动情感。在演讲过程中，讲案例故事是一种打动情感的好方法。实际上，只讲道理，人们往往是不会行动的。因为要想让人们行动，最重要的是打动人们的情感。讲案例故事的目的不是娱乐大家，而是让大家通过案例故事悟出其中的道理，体会领导者的真实意图。因此，案例故事内容是否是一波三折并不重要，重要的是打动情感，产生认同。讲案例故事应具有两大要素：一是形象。越形象的内容，越容易打动人们的情感。比如，动员下属给困难地区捐款，虽然用语言表达也能打动人们的情感，但用照片、视频等形象化的东西展现贫困地区需要支援的情景更能打动人。二是距离。准确地说，就是离人们距离越近的事物，越容易打动人们的情感。这个距离包括物理距离、时间距离和心理距离，但更重要的是心理距离。比如，如果给自己的创业团队讲马斯克、乔布斯等伟大创业者的案例故事，就不如讲发生在自己身边创业者的故事。这是因为人们最早认同的是身边的事物，认同身边的群体，之后才有更深厚的情感联系。距离越近，往往意味着情感共鸣更大。所以，讲述距离越近的案例故事，越容易打动下属的情感。

用行动和参与式进行演讲和动员往往会产生意想不到的效果。科特提出了讲领导力故事有效性的三个步骤："目睹（或体验）、感受和改变"，因为体验更能打动情感。比如海尔张瑞敏组织员工砸有质量问题的冰箱，就是通过戏剧化的行动，现场创作一个新的故事，而且让员工参与其中，给他们更加震撼的现场体验，让故事更形象，跟受众的距离更近，让受众的情感受到更大的冲击。对于围观砸冰箱的员工来说是"目睹"，对于动手砸的员工来说是"体验"，而对于所有员工来说都是一个形象和零距离的例子。通过行动和参与式的演讲动员并不是告诉员工道理，而是让员工体验并悟出其中的道理。

六、学会知人善任

领导力的本质是影响力。而要做到有效地影响他人，带领下属完成挑战性任务，新创业企业的领导者对待团队成员，要做的不是补人之短，而是用人所长、容人之短，这是领导者知人善任的关键。俗话说"人无完人"，用人之长的观点实际上有一个假设，即一个人的长处实际上并不多，所以我们要始终用人所长。创业领导者要识别每个人与众不同的长处，而且要巧妙地使用，组织中经常通过"选、育、用、留"环节展示用人之道：

选，即招聘。在招聘时如何用人之长？就是要在招聘时主要看长处，不要求全，招人时主要看他能做什么，而不是看他不能做什么。组织是个团队，你不擅长的，会有其他人擅长。彼得·德鲁克说过，组织存在的唯一目的就是发挥人的长处。组织之所以存在，就是让你的短处变得无关紧要。

育，即培养、培训。领导者要培养一个人，要针对他的长处进行培训。比如有的人擅长销售，不太擅长财务。根据经济学比较优势原理，如果对他重点进行销售培训，他在销售上可能会有更大的提升；但如果对他强化财务培训，那么，他在财务上的提升空间可能很有限。

用，即用人。要用人之长，要把他安排在最擅长的工作岗位上，而不一定是更高级的职位上。领导者经常犯的错误是，一个下属工作很出色，就会把他安排到更高的管理岗位上，让他做负责人，但也许这并不是他所擅长的工作。

留，即如何留人。你可用薪酬、感情、企业文化等留人，还有一个更有效的方法就是让人们做其擅长的工作，使他们工作很开心，这样他们就更愿意留下来。

七、勇于面对挫折与失败

领导力要求企业家不怕风险、不惧失败。面对失败和挫折，需要坦然面对。担心失败是人的本性，当面对挫折时，有时在本能上是不会有正确反应的，比如，面对新的任务，其他人可能没有反应，你本来可能没有想法，但你通过领导力的修炼后，在心中就会提醒自己应该主动迎接挑战，不怕失败。为什么多数人平庸，少数人伟大？就是因为这些少数人不怕犯错误，敢于迎难而上，而且从失败中学习。很多优秀的人都知道，错误和改进，失败和成功，都是因果关系。实际上，平庸的人还有一个大错，就是从来没有意识到自己曾经犯过大错，更谈不上改进了。

不惧失败并不意味着蛮干，也不意味着被动地去接受失败，而是在承认有失败风险的同时，善于及早发现失败的苗头。有时候一些小失败没有被重视，最后却导致大危机。所以，重要的不是如何应对失败和危机，而是如何发现小失败，避免引发更大的危机。如何发现小失败呢？领导者不要总是在办公室听汇报，而是要尽可能实行走动式管理，亲自到一线了解情况。走动式管理不仅能建立起与下属的良好关系，而且能收集到第一手信息。由于领导者是富有经验的观察者，他们到一线与下属交流，可以收集到更多原始信息，有可能从微小的信息中发现小失败，避免大失败。由于领导者时间和精力有限，亲自发现小失败的概率也很有限，所以发现失败后更重要的是鼓励员工主动报告失败，避免报喜不报忧。有不少成功的新创企业特意制订了发现失败的奖励措施，目的就是提醒其他人重视，不再犯同样的错误。

领导者不仅自己要学会从失败中学习，还要对下属出现的失败采取宽容和保护的态度。如果不鼓励下属报告失败，很多失败就会被隐瞒下来，即使当时没有引起不良后果，日积月累就会造成更大的失败，变成系统性的失败。领导者要充分认识到，失败实际上是让人们多了一个学习的机会。因为只有经历失败并从中吸取教训，才能有提高和改善。同理，只有把失败当作学习的机会，才能使失败成为真正有益的收获。

八、学会有效的时间管理

所谓时间管理，是指用最短的时间或在预定的时间内，把计划好的事情做好。新创企业的领导者往往业务繁重，如果无法进行有效的时间管理，不仅会延误自己的时间，下属甚至整个企业的工作也会变得混乱，进而恶性循环，领导者会因此无法进行周全的思虑和做出正确的决策。因此，一个优秀的领导者，必须善用时间，掌控自己的行程，避免工作混乱和没效率，造成“将帅无能累死三军”的窘境。

美国管理学者彼得·德鲁克认为，有效的时间管理应努力做到：一是记录自己的时间，以便认清时间耗在什么地方；二是管理自己的时间，设法减少非生产性工作的时间；三是集中自己的时间，由碎片时间集中成为连续性的时间段。有效的时间管理就是要把所有可利用的时间尽可能地投放到最需要的地方，其关键在于制定合适的时间计划和设置完成任务的先后顺序。常用的时间管理方法有：

1. 合理安排时间

要做好工作计划，按照轻重缓急依次安排工作任务，让你的精力花在重要的、有价值的事务上。

2. 学会放弃

当面对纷繁复杂的事务时，不仅要放弃自己能做好所有事情的想法，而且要学会舍弃一些不重要的事情，集中精力做好更重要的工作。

3. 学会借助工具

现在各种办公软件都拥有非常多的功能，可以大大地提高办事效率和精准度，领导者可以借助这些功能，高效处理大量繁杂的信息，简化自己的工作。

4. 学会借助团队成员的力量

术业有专攻，一个团队里配备了各种专长的人，有些工作不是靠领导者一个人就能完成的，需要团队的力量，这样既可以通过用人所长取得最佳的效果，也可以充分调动每个人的积极性。

5. 学会利用碎片化时间

领导者工作忙，很难有整块时间处理业务，因此，要学会从百忙中抽出时间处理工作问题，例如可以利用出差、谈判或会议间歇等空闲时间处理业务。

具体管理过程中，领导者不要以为给下属布置了任务就可以轻松取得预期效果，为了提升时间管理的效率，还应建立起及时反馈和纠偏机制，如设立企业月度总结会制度，内容包括：一是工作分析。目的是及时了解各部门完成了哪些工作，取得了哪些成绩，当前的进展如何，计划实施情况如何，等等。二是问题分析。目的是明确面临哪些挑战，什么原因导致的，有什么改进措施。三是经验总结。目的是搞清各部门节约了哪些成本，提升了哪些效率，优化了哪些步骤，拓宽了哪些渠道。四是未来计划。目的是确定下一步安排是什么，还需要哪些资源的支持，预期达到的结果是什么。只有随时搞清任务执行进展情况，才能做到及时发现问题，对症下药，解决问题。

九、养成勤于反思的习惯

勤于反思是确保领导者决策更科学，促进领导力水平不断提升的有效方法。优秀的领导者不仅在行动后进行反思，而且在行动前或行动进程中就应该开始反思。反思的本质是对原来的思路再作思考。如果对要做的事已经有了一种思路，然后你再想一下：如果按这个思路执行，到底会发生什么？为什么会发生这种情况？我将会怎么处理？原来的思考方式完全正确吗？是否还有更好的思路呢？其他人处在这种情形会做什么？结果会怎么样？这就是反思，通过反思看看原来的考虑还有什么欠缺和问题。

如何做到事前反思？著名心理学家卡尼曼在达沃斯论坛介绍了预演失败，即在项目彻底失败前先进行反思和检查，否则一旦失败后，就无法挽回损失了。具体做法是，先开个会，给每个与会者发一张纸，模拟六个月后的情景，告诉大家这个项目已经完全失败了，但我们不知道原因，要求与会者在三分钟内写下自己分析的原因。写完后，集中讨论其中的两三个原因，以及相应的解决方案。然后，根据讨论结果，重新思考一下原先的方案是否会出现类似的问题，以便及时排除问题隐患。

北京大学领导力专家刘澜教授总结出反思常用的四种方法：

1. 抽身而出

由于是再次思考，首先要从原来的思路中抽身出来，也就是从局外人角度审视问题。实际上做起来并不容易，大多数人一旦有个想法，通常会沉溺于原有的思路中不能自拔，不愿意再花心思去反复思考，也不愿意从原来想法中抽身而出。德鲁克针对抽身而出提出了一个技巧：反馈分析。具体做法是：在做出重要决策之前，先把你所期待实现的目标写下来。一年以后，再把你最终实现的目标与原先所写的预期目标作比较。这样做的优点有二：一是预先就规划好将来要抽身而出，让自己做好反思的心理准备，将来一定要回过头对规划目标执行结果与预期目标作比较和反思；二是把预期目标记录下来，从而避免忘记当初的思路是什么。因为随着时间推移，你可能会忘记原先具体想要达成的效果是什么，甚至会把最终实现的结果认为就是当初想要的结果。抽身而出反思的内容可以是：我当时是怎么想的？我为什么会这样想？我这么想有什么假设前提？其他人当时是怎样想的？他们为什么会那么想？他们那么想有什么假设前提？等等。

2. 预演失败

很多时候影响反思的是自己的情感。正面的情感会影响人们的反思，“自家孩子自家爱”效应就是一个很典型的现象：自己出力做出来的东西自己会更喜欢。但这带来的副作用就是当前期的思路可能错误时，我们也不愿意去承认、去反思。对此，可以采用“事前反思”的方法：预演失败。也就是在项目进行之前，先假设失败了，然后分析一下可能的原因是什么。你已经有了项目方案和思路，但是不能停留在那里，必须抽身而出。如果用预演失败的方法，实际上最基本的假定就是认定它已经失败了。这个假设帮助你放下了情感，开始考虑新的可能性。

3. 转换角度

反思的本质是再次思考，原来你已经有了一个思路和角度，现在换个新的角度思考。这里给出的方法是：换人思考，即如果别人处在我的位置，他会如何处理此事（这与换位思考不一样，换位思考还是自己在思考，只是换个对应的位置）。而且，这个别人不是抽象的，是具体的。比如，如果我的上级处在我的位置，他会怎么做？如果优秀的领导者处在我的位置，他又会怎么做？这个问题可以在行动之前反思，也可以事后反思。如果是事后反思，你可以问：如果当时是他处在我的位置，他会怎么做？换人思考的好处在于：一是自然而然转换了角度，比如你开始站在上级的角度考虑问题，就会更加全面；二是帮助你放下了情感，因为你换人了，所换之人是不带有你的情感的。

4. 聚焦改变

反思得出的结论，能够更好地指导将来的实践。最简单的反思方法就是经常问自己："我要改变什么？"这是把重心放在改变上。你假设自己需要改变，重要的是找到在什么地方改变。通常经过反思要实现三个不同层次的改变：一是改变行动。这属于小反思，只是在行动层次上思考怎样做才能变得更好。二是改变目标。这属于中反思，反思的是你该怎样改变自己的目标，以使目标更加符合实际，让自己为实现目标而更加努力。三是改变心智模式。这属于大反思，心智模式不仅决定人们如何理解世界，而且还会影响人们的行动。如果环境发生了根本性的变化，仍然用原有的心智模式去观察、思考和行动，就会处处碰壁。因此，人们需要定期检视自己的心智模式是否与环境相匹配，并在必要的时候改善自己的心智模式。

综上，一名企业家型企业者应该不断加强上述方面的修炼，不断改变和提升自己，把自己变成真正更为优秀的创业领导者。

案例 大批业务骨干追随牛根生创业

1999 年，在职场上失意的牛根生卖掉他和妻子价值 100 多万的伊利股票成立了蒙牛乳业公司。当时，蒙牛处于"三无"状态：没有奶源、没有厂房、没有市场。虽然新公司前途未卜，但牛根生的声望，使得知道此消息却还在伊利工作的老部下放下高薪，开始一批批地投奔而来，前后有 300 多名伊利的各类骨干自愿追随牛根生创业，很多人甚至借钱支持和追随牛根生，这让蒙牛的注册资本几个月后猛增到 1300 多万元，新创公司很快开始运营。2001 年到 2004 年，蒙牛销售收入从 7 亿元跃升至 72 亿元，足足翻了十倍。2004 年 6 月，蒙牛乳业成功在港交所挂牌，他创业 4 年就把公司送上市，所创造的商业奇迹至今无人超越。2004 年，他建立了面向环境保护、文化教育、医疗卫生等公益慈善事业的老牛基金会，当年累计捐款 6.5 亿元。此刻的牛根生虽算不上是一个富豪，但在慈善的道路上，他遥遥领先。2005 年 1 月，盛名之下，牛根生干了一件所有人都意想不到的事：他将所持有的蒙牛股份全部捐给慈善事业，当时市值高达

10 亿元。他从企业家变成了中国首席慈善家，成为全部捐股全球第一人，当时业界也誉称牛根生为“世界上最穷的富翁”。

不仅如此，平时在单位，身家数百亿的牛根生一直保持着俭朴的作风。他每天坚持到食堂排队打饭，吃跟员工一样的饭菜。2006 年，在事业发展的关键时刻，他发现有人比他更合适管理企业，他就果断地把总裁的位置让了出去。

思考与研讨：

请查阅有关牛根生的工作和创业经历的文章和报道，针对众多业务骨干主动放弃优厚待遇，追随牛根生重新艰苦创业的现象展开研讨（请结合本章内容）。

本章思考与研讨：

1. 领导力的内涵是什么？

2. 领导与管理有什么区别？

3. 人们有时会说，伟大的领导者通常具备某种品质，意思是说，只要具备了这种品质就可以成为伟大的领导者，就可有效地发挥领导力。这种认识有问题吗？

4. 提升领导力水平需要做好哪些修炼？

5. 作为创业者，你应该如何定位你的领导力层次？

6. 提升领导力的难点是什么？

Chapter 9

第九章　商业模式

- 第一节　商业模式的内涵
- 第二节　商业模式的构成
- 第三节　创造价值内涵
- 第四节　商业模式创新
- 第五节　商业模式创新的特点
- 第六节　比较典型的商业模式创新

创业案例　沃尔玛的创造性破坏模式[①]

沃尔玛的价格总比别人低，但靠什么赚钱呢？为了做到“天天平价”，同时又要盈利，沃尔玛必须在成本上下功夫，要最大限度地压低成本，这样才可以让消费者得到好处。问题是如何压低成本？沃尔玛的最大特点是大批量采购货物，而且直接从厂商采购，避开批发商。

当时，一般人认为，在人口少于 5 万的乡镇开平价商场，是不会盈利的，所以，那时的连锁超市都集中在城市，宁可在那里互相竞争，也不去乡村。沃尔玛的创始人沃尔顿先生反倒觉得乡村才有机会，因为那里竞争少，只要价格足够低，即可赢得市场。

1962 年，在阿肯色州的一个小镇，沃尔顿开了第一家沃尔玛，以“天天平价”为基本立足点。随即，沃尔玛开始在其他小镇扩张。那些小地方，不仅没有竞争，而且每开一家沃尔玛，当地马上家喻户晓，不需要额外花钱做广告，当地人自动会来，这当然节省成本。这也是沃尔玛的一个成功秘诀。到 1969 年，沃尔玛共开了 18 家规模相当大的分店，全部在人口少于 25 000 的小镇。到 20 世纪 90 年代，沃尔玛有 1/3 的超市都选择在这种没有竞争的小镇，在那里，它有相当强的定价权。有了这种优势作后盾，沃尔玛的竞争力就更强了。

因为没有批发商愿意送货到阿肯色州的乡村，1964 年开始，沃尔顿只好建自己的物流库存中心。虽然这是被迫的，但意外的收获是，沃尔玛从此可以避开中间批发商，直接跟生产厂商谈价、进货了。也就是说，沃尔玛从厂商进货到自己的物流中心，然后再运到各分店。随着沃尔玛规模越来越大，它的议价能力也直线上升，这使得沃尔玛的商品价格越来越低，竞争优势越来越强。

思考与研讨：

1. 什么是商业模式？商业模式就是盈利模式吗？

2. 品牌知名度高、质量好就是好的商业模式吗？为什么美的品牌知名度远高于九阳，但豆浆机销量却远不如九阳？（九阳豆浆机在业内的市场份额已占 80% 以上）

3. 请分析沃尔玛的商业模式是什么？

第一节　商业模式的内涵

尽管目前还没有关于商业模式的标准定义，但人们对商业模式内涵的理解基本上是一致的，那就是：商业模式概念的核心是价值创造。商业模式的落脚点是解决企业建立“做什么和怎么做”的运作体系问题。目前普遍接受的商业模式的定义是：企业利用自己掌控的资源，进行价值创造并取得经济回报的基本逻辑，即企业在一定的价值链或价值网络中

① 沃尔玛的创造性破坏模式［EB/OL］.（2012-10-30）［2017-07-08］. http://www.doc88.com/p-9542700365307.html.

如何使用资源、如何向客户提供产品 / 服务并获取利润的。从创业角度讲，就是通过创造新价值并从中盈利的一整套办法。任何企业，不管是新创企业，还是现有企业，都需要有自己的商业模式。

现代管理学之父彼得·德鲁克认为："当今企业之间的竞争，不是产品之间的竞争，而是商业模式之间的竞争。"很多人往往能发明革命性的产品，但不能使市场接受其发明成果。比如法恩斯沃斯（Farnsworth）在 1927 年就发明了电视机，但真正把电视带给消费者的时间却是 1937 年，由萨尔诺夫（Sarnoff）完成。因为他创建了一种成功的商业模式，把电视机、电视台、节目内容等结合起来，让人们为了能观赏到不同节目而愿意花钱购买电视机。法恩斯沃斯只发明了一台设备，而萨尔诺夫却建立了一个崭新的产业，为客户带来了新价值。可见，商业模式很重要。对创业者来说，好的商业模式是其创业不断走向成功的根本保证。

选择何种商业模式，是由企业的战略目标所决定的，也受企业的资源质量、产业竞争和市场环境所影响。因此，不同的企业，由于面对不同的市场环境差异和内部的资源质量限制，也会具有不同的商业模式。从价值创造、价值传递到价值实现，不仅取决于生产者和消费者，也取决于其他利益相关者（如传统的供应商、分销商），还包括上游的设计者、创新者，以及各种政府关系等。餐饮企业麦当劳，它的主打产品是汉堡，但它的汉堡基本不赚钱。因为这么大的汉堡，要用最好的牛肉，最好的面包，最好的油，超过十分钟没卖掉就得扔掉，但麦当劳靠汉堡来吸引人气，靠可乐、薯条、玉米等赚"小"钱；靠集中采购、降低供应链成本、标准化作业等赚钱；靠买土地并建造房屋，或者是长期持有，或者转租给加盟商而赚"大"钱。

第二节　商业模式的构成

根据美国商学教授谢弗（Shafer）等的归纳，有效的商业模式通常包括以下四个方面：

一、明确目标客户及痛点

新创企业的商业模式首先要明确所面向的目标客户是谁（大众或小众），企业所提供的产品或服务将怎样满足目标客户的需求，产品或服务的价值内涵是什么，可解决目标客户的哪些痛点，这些目标客户的需求是否具有可持续性，等等。

任何企业安身立命的根本就是要满足目标客户群体的某些需求，而有针对地解决目标客户的痛点问题正是企业所创造的价值内涵。典型的价值内涵有：创新、性能、定制、实用、设计、品牌、价格、节能、降耗、安全、易得、易用等。比如，克罗克在接手麦当劳后，虽然仍然提供快餐食品，但目标客户已经不再局限于当地的居民，而是逐渐扩大到全社会大众。正是基于这一变化，克罗克为目标客户创造了广为接受的价值内涵——质量过硬、服务周到、干净整洁、物有所值，即所谓的"QSCV"。

为了服务大众目标客户，还要按需求特点的不同进行客户细分，将需求量比较大的对象作为目标客户确定下来。作为事业型创业，其商业模式所确定的目标客户通常是大众，而不是小众。比如说，如果只是把某一个区域的居民作为服务对象，创业者只需建立一个小卖部或小餐馆等即可。但若将各区域乃至全国的居民作为目标客户，创业者就要考虑自己的商业模式如何实现可复制性（如麦当劳、如家快捷酒店的连锁加盟模式）、可扩张性（如百度、携程网可在一个平台扩张多个增值服务）、可规模化（如微软公司软件具有非常广泛的适用性，任何使用计算机的人，几乎都离不开该公司的通用软件）等。再如，同样的商品，沃尔玛比其他商店都便宜，而大量消费者看重的价值内涵就是物美价廉，因此，自然会选择去沃尔玛购物。

二、核心竞争力

商业模式同时也体现出企业的核心竞争能力，包括价值创造、优势资源、独特的产品或服务功能、核心技术、优秀团队、技术壁垒、竞争优势持久性等，特别是所提供的产品或服务是否具有能博得目标客户认同的特色，其特色要与众不同，而且也不容易被拷贝，或者是即使容易被人拷贝，也可通过其他形式（如知识产权保护、市场准入等）来加以控制。这就需要创业者对具体目标客户的消费诉求、购买习惯、核心关注点等要进行认真分析。如京东商城提供知名品牌的正品，坚决杜绝假货，所销售商品门类齐全、丰富，可满足绝大多数人的需求，线上价格比线下购买有明显优势；同时，京东商城还做到了以最快速度安全送货上门。这些特色在电子商务（B2C）领域都是极为重要的。正是因为京东商城率先做到了这点，所以赢得了广大的客户。

比如戴尔公司的核心竞争力就是改变了传统的电脑销售中分销商环节，创造了直销商业模式。通过直接沟通，特别是互联网，戴尔能够掌握第一手的顾客需求和反馈信息，为顾客提供“一对一”的定制服务。围绕直销，戴尔打造了整合采购、装配、输出的高效运转链条，将电脑送到顾客手中。戴尔的直接商业模式，省略了中间商的时间和成本耗费，缩短了戴尔与客户直接交流的时间和距离，去除了中间商所赚的利润，极大地降低了成本，取得了巨大的竞争优势。

核心竞争力还包括新创企业的关键性资源。这需要创业者仔细分析和检查自己掌控和可能获得的资源情况，并对资源的独特性及资源整合能力进行评估。这些资源能够让企业有效地为客户创造并提供价值内涵，取得市场认同，并获得经济回报。这些资源包括：特殊能力、优秀团队、关键人才、独有资源、物质资产、知识产权、财务资源等。如果不具备优势资源或条件，就要尽量创造条件，设法获得这些资源。否则，尽管有着美好的差异化构想，实际上也很难实现创业目标。

三、价值链构成

价值链通常是指新创企业提供产品或服务的价值体系中所涉及的市场定位、供应商、合作伙伴、渠道等的完整性、有效性和可持续性，尤其是包括供应商和合作伙伴在内的关键伙伴所形成的网络是否稳定、有效。随着竞争的不断加剧，企业正从独立创造价值走向合作创造价值，有多条价值链构成了企业创造价值的各个环节。价值网络之所以能够持续发展，是因为其所创造的价值大于各成员企业单独运营时所创造价值的总和，并因此促成了价值链相关方愿意合作、分享发展成果。因此，新创企业要不断创新价值链运营模式，选择合理定位，发展与供应商、分销商、合作伙伴等的联系，发挥协同效用。

新创企业只有通过有效的渠道才能把所创造的价值内涵送达给客户。在价值链建立过程中，企业首先要形成内部资源和外部资源的有效整合。比如，一个新创企业内部资源条件（包括人、财、物等）都很好，如果供应商总出问题，要么总找不到合适的供应商，要么合适的供应商不愿意与你长期保持合作，这些都会导致新创企业的经营立刻面临困难，更不用说商业模式的实现了。比如在供给渠道方面，亚马逊不仅与大型图书批发商 Ingram 密切合作，也与小规模供应商们合作。在合作过程中，亚马逊能严格保护客户信息资料。所有外地运送的货物都直接进入亚马逊自己的仓库，供货商没有机会接触其客户。其次，还要明确目前价值链分工状况，企业自身具有什么资源能力，适合从事哪些业务活动？哪些环节适合交给外部利益相关者？最后，要明确业务环节利益相关者所扮演的角色，交易形式、内容、分配机制、权责利及风险承担等。比如，有一家企业是做电子商务的，其定位只卖 3C 产品，但没有自己的物流，都是厂家做物流、厂家配送，此外，他们也没有进行异地扩张，而是同时在全国 60 个城市围绕当地厂家配送来做，既帮助了这些厂家提升价值，也帮助了利益相关者提升价值。但这样运营成本会很高，这就需要处理好价值体系中的相关者的利益，比如说协调成本、监督成本、物流仓储成本、营销成本等。

小米手机 ID 设计全部由小米内部来自摩托罗拉的硬件团队完成，小米没有自己的生产线，而是采取业务外包的形式，这样就能够将更多的精力和资金用于产品的技术研发上。在手机物流方面，小米选择了电子商务销售，并且依托资源优势，借助凡客诚品的平台和物流。这样小米就不需要考虑仓储、分货、运输、安保等环节的成本支出，因此能够减少物流成本。

四、盈利模式

盈利模式也就是价值创造的具体实现形式，包括成本、收入来源、销售实现与支持，关键在于是否具有可持续性？新创公司成功地把价值内涵提供给客户并获得收入的一些常见的做法包括：生产产品、提供服务、解决问题、构建平台等。价值创造过程必然会产生成本，这些成本可能包括：生产作业、创造价值、保持客户关系、市场开拓等要支付的成本。不同的商业模式有不同的成本结构，比如：固定成本为主、可变成本为主、人员成本为主（咨询）、原材料成本为主（制造业）等。同样，价值创造通常也会带来收入，形成收入流的情况有：出售产品、收取使用费、收取加盟费、收取出租出借费、收取许可证费、交易费、广告费等。

以阿里巴巴 B2B 为例，其商业模式如下。

目标客户及痛点：国内外生产制造业企业（大众），解决大量产品供求信息不足，为供需双方相互了解和建立联系创造条件。其需求具有可持续性。

核心竞争力：信息丰富、包罗万象，通过对信息加工、处理、分类和发布，大数据、阿里云，解决了厂家供求信息脱节问题、提供增值服务。服务辐射广泛，规模化，通过提供大量商机吸引买卖厂家。大批专业人士、精英加盟。为黏住会员，提出“双百万”工程，与网商共赢。最初免费发展会员，形成依赖后，收费发展会员，并提供高质量服务，吸引厂商做广告等。

价值链：优势资源——信息来源广泛、可以得到国内外贸易第一手材料；供应商——选择国内外大厂家、大品牌的产品交易，记录信息来源；合作伙伴——银行（支付宝）、杭州市政府大力支持、风险（VC）投资热点；信息流——广告（推广）、媒体（宣传）等。

盈利模式：会员费、广告费、支付宝理财等。

第三节 创造价值内涵

商业模式的核心在于创造价值内涵，也就是产品或服务能给客户提供什么价值，客户为什么选择你的产品或服务而不是别人的。“创造价值”意味着什么？一种解释是：通过企业的努力，利用各种资源，将新产品、服务、交易平台、技术、品牌和市场等创造出来，从而为市场贡献一定的价值。在这个转换过程中，价值内涵被创造出来了，也就是创造了一些对客户有价值的、有用的体验。如果一个企业对价值内涵不清楚，就无法建立起合理的商业模式。不同的行业，不同的价值内涵，商业模式也不一样。比如，沃尔玛的价值内涵就是天天低价，其注重的商业模式也是围绕这一价值内涵。我们看到，沃尔玛并不注重购物环境的奢华，而是简单实用。沃尔玛更多的是通过增加网点覆盖，提高运营效率，利用大批量采购方式节省成本，并且与低廉的中国供应商结成网络，使人们形成在沃尔玛购物要比其他超市都便宜的印象，从而吸引了大批注重价格的客户。

格力集团为客户提供的价值内涵是：性能 + 质量。“好空调，格力造”完美地体现了格力的价值内涵。“好”意味着性能好、质量好，而格力注重的商业模式也是与之相适应的，专注于空调领域的做法也让这种价值内涵得到了强化。

如今的互联网企业有比较典型的四种模式：搜索（百度）、门户（新浪、搜狐）、互动平台（腾讯）、电子商务（京东、天猫）。这四种模式所对应的是为客户提供四种不同的价值内涵：搜索引擎提供各类信息的查询服务；门户网站提供海量新闻和资讯；互动平台网站提供大量沟通交流形式；电子商务网站提供各种网购产品与服务。正因为它们所提供的价值内涵不同，其商业模式与关键活动也不同。对搜索引擎网站来说，关键是有先进的搜索技术，能有效地捕捉互联网上的海量信息；对门户网站来说，新闻信息的合作伙伴至关重要，编辑人员也是重要的关键资源；而对互动交流平台来说，人与人之间建立关系至关重要（如微信、微博等）；对电子商务平台来说，信息、配送渠道和供应链则是重中之重。总之，价值内涵是一个企业商业模式的核心。虽然投广告可以提高企业品牌的知名度与形象，但是并不能真正提高企业的价值内涵。

第四节　商业模式创新

商业模式创新是指企业价值创造基本逻辑的变化，即企业以新的有效方式获得收益。通俗地说，商业模式创新就是指企业为获得某些新业态客户认可与青睐而实施的一整套新的、更有效的、能获得稳定收益的方法。商业模式创新具体表现为企业通过适应某些新的、特定的社会生产和流通体系，为客户和自身创造价值的新模式。企业引入新的商业模式，既可能在构成要素方面不同于已有商业模式，也可能在要素间关系或者动力机制方面不同于过去的商业模式。

商业模式创新是企业不断发展的必然要求。当一种商业模式运行多年之后，它的运作机制已经不再是经营机密，有可能轻易地被竞争对手模仿。而在此时，它也就不再是一种商业模式，而是演变成为一种商业方式。如今，绝大多内衣品牌都是通过发展加盟商的方式来经营的，加盟已经在行业内普及了，所以，加盟只能算作内衣行业的一种经营方式，而不是商业模式的创新。

商业模式创新最核心的内容是要找到最多人感兴趣的共同点，以便把最多的人凝聚在一个平台，只有这样才能基于这个平台构建生态系统，构建无数商业连接的可能。它是一个平行于现实平台的生态系统，所有基于现实平台的商业模式都可以在这个平台重演一遍，而且它有更高的效率、更精准的推送、更低的推广成本。如果想找一个客户，你主要还是通过广告，虽然很想节约这个成本，但不知道如何去节省。但在人们共同感兴趣的平台就很简单，你想要什么，都可以通过平台精准地对接买方和卖方，把中间成本节省下来，它带来的是整个社会效率的提升。比如苹果并不是高科技产品，它所有的技术配件都是市面上已经有的技术，只是它们一直被放在实验室里，因为推向市场的阻力太大，推广成本太高。芯片、镜头等技术配件如果要抵达每个人，让每个人都去了解并使用的话，按传统商业模式推广，消耗会非常大，甚至覆盖你所有的收益，最后成为一个亏本的买卖。所以想要推广这些技术配件，必须要降低推广过程的摩擦成本，通过一个大家都感兴趣的应用模式来尽量击中更多的用户。有了足够的用户基础，才能有效地分摊成本，以较低的价格普及。如果手机的商业模式不是民用化，不是用来聊天、拍照、玩游戏，那个 5 纳米芯片的高科技到你手中不知要花费多少钱才能收回成本。利用手机播放短视频看上去是在玩，实际上它是在构建一个生态系统，只是这种构建方式是通过玩的形式实现的。

商业模式创新引起了业界广泛的重视，是与 20 世纪 90 年代中期互联网在商业世界的普及应用密切相关。互联网是一种具有创造性破坏特点的媒介技术，它有许多特点，如无处不在、不受时空局限、具有无限的虚拟容量、可减少信息不对称和降低交易成本等。正是因为这些特点，互联网的出现改变了基本的商业竞争环境和经济活动规则，标志着“数字经济”时代的来临。互联网使大量新的商业模式成为可能，一大批基于它的新型企业应运而生。新涌现的企业如百度、新浪、阿里巴巴、携程等，在短短几年时间内就取得了巨大发展，并成功上市。许多互联网创业者也随即成为百万甚至亿万富翁，产生了强有力的示范效应。它们的商业模式明显有别于传统企业，它们的出现，对许多传统企业产生了强烈冲击和影响。如京东、淘宝、天猫等仅用了短短几年就发展为国内超大的网络零售商，给传统零售业带来严峻挑战，新型商业模式显示出强大的生命力与竞争力。无论是对准备创业的人，还是已经创业的人，商业模式创新都在不断激励他们思考如何实现商业模式创新，如何从根本上转变获得收益的方式。

随着 2001 年互联网泡沫的破裂，不少互联网企业虽然有很好的技术，但由于缺乏商业模式创新而破产倒闭。而另一些企业，尽管它们的技术最初可能不是最好的，但由于其采取更优越的商业模式，依然保持了很好的发展势头。于是，人们更充分地认识到商业模式创新的重要性：在全球化浪潮冲击、技术变革加快及商业环境变得更加不确定的时代，决定企业成败最重要的因素，不是技术，而是它的商业模式。2003 年前后，创新并设计出好的商业模式，成了商界关注的新焦点，商业模式创新开始引起人们普遍重视，它被认为能带来战略性的竞争优势，是新时期企业应该具备的关键能力。

比如，360 推出了全新的商业模式，向客户提供免费杀毒软件，颠覆了过去要定期收费的传统。有人怀疑 360 既然免费，那怎么挣钱？因为 360 不卖杀毒软件，所以就有人认为 360 是骗子，一定是在偷窃用户隐私来获得收入。他们根本就没法想到，360 创造的是一种全新的基于浏览器的商业模式，那就是通过提供免费杀毒软件，吸引海量用户登录 360 浏览器并下载，从而形成超高的人气，进而吸引并链接大量广告、发展在线游戏业务和搜索业务等，以此获得规模性的收入。这一商业模式的创新以及相应产生的收入要比原先传统软件厂商多得多。

苹果公司对自己旗下的 iPod、iPhone、iPad 等产品实施了“产品 + 应用服务”的全新商业模式。以 App Store 为例，它的模式是一种 C2C 的模式。应用软件开发者在注册之后，可以把他们的奇思妙想编成软件，经过苹果公司审评后可以放在 App Store 上销售，客户每次付费下载后，苹果公司和软件开发者将按一定的比例获得各自的收入。App Store 的营销模式是完全基于平台自身的自营销体系。这个体系把开发商和用户连接起来，一方面向用户提供了一个售卖软件的平台，另一方面向用户提供了持续的互联网应用服务。这种商业模式的创新，硬件和软件的销售相互促进，优秀的服务提高了产品的吸引力，产品的热卖又带动了应用服务的销售。

戴尔是另一个商业模式创新的成功案例。1985 年，戴尔发现 IBM、康柏的商业模式过于呆板，既不能根据用户的需要组装电脑，同时资金周转速度太慢，库存电脑太久、太多，零售店面占用太多，成本过高。于是，戴尔改做电脑销售，其模式是：先拿到客户订单，收到钱，再组装电脑，然后发货。也就是说，客户先打电话下订单，告诉他们所要的电脑配置、存储器大小等，交钱，然后公司才开始组装，装好后寄到你家里。这样，戴尔不需要太多流动资金，没有库存，没有零售店面成本，更没有电脑技术过时的风险，因此也没有降价风险。既有满足用户需求的灵活性，又大大降低了成本，这使戴尔有很大的砍价空间，即使他卖的电脑比 IBM、康柏的便宜很多，公司也照样能盈利。戴尔的“定制 + 直销”模式获得了巨大的成功。在 20 世纪 90 年代中期，它的平均库存时间在 6~13 天，而竞争对手的库存时间为 75~100 天。由于电脑淘汰速度、降价速度一直很快，这种库存时间优势对戴尔的成功极为关键。

第五节 商业模式创新的特点

商业模式创新有几个明显的特点：

第一，商业模式创新更注重从客户的角度去思考和设计企业的经营行为。商业模式创新的出发点是进一步深度挖掘客户需求，从根本上为客户创造更多的价值，其视角更为外向和开放。因此，它的逻辑起点就是在准确认识客户需求的基础上深度挖掘、开发、实现客户价值。这点明显不同于其他技术创新，技术创新通常是从技术特性与功能出发，看它能用来干什么，然后再去找它潜在的市场用途。商业模式创新不仅涉及技术，也与技术所蕴含的经济价值及经济可行性有关，而不是纯粹的技术特性。

第二，商业模式创新更加体现系统化、集成化。商业模式创新往往不是靠单一因素的调整，虽然它也能促进企业效率提高、成本降低，但由于它更为系统，常常涉及多个要素的同时变化，如产品、工艺、管理的创新，以及服务内容、方式、组织形态等多方面的创新变化等，甚至有时需要企业组织的较大战略调整，是一种系统性、集成性创新，其所带来的优势就是更难以被竞争者模仿，甚至常会给企业带来战略性的竞争优势，而且优势可以持续数年。

第三，商业模式创新更加突出了精准性。首先是重新定义了客户及需求，通过对客户需求不断变化的分析，选择新的细分目标客户，从而更精准地确定客户需求并给予满足；其次，改变提供产品或服务的路径，通过互联网、微信、直销等形式，精准实现一对一面向客户服务；再次，发展独特的、对自己最有利的价值网络。企业根据自身资源和实力，放弃小而全、大而全的发展思路，而是更加专注于自己最擅长的环节，将其他业务外包给专业公司，从而为综合效益最优化奠定了基础。最后，使盈利模式建立在数据信息基础之上，比如向公众提供免费服务平台，吸引厂家投放广告并按照广告点击量收费；或通过促成双方成交收取提成；或通过页面流量、引导网站链接次数等具体数据为依据获得收益，改变过去通过简单交易获得收益的模式。

案例 俏江南的商业模式

俏江南是一个高端餐饮品牌，其商业模式如下。

目标客户与痛点：面向高端人群，解决高端人士用餐需求；

核心竞争力：装修高档、环境优美、菜品高档、有顶级厨师，有名人效应；

价值链：上游供货商、投资方、店面出租方、加盟店、食客；

盈利模式：地产租金、加盟费、就餐营业额。

【案例分析】

俏江南发展的局限性是目标客户小众，因此不具有可持续性。此外，其核心竞争力缺乏创新的经营管理模式，主要依靠家族式管理，通过名人效应代替科学管理。显然，俏江南的商业模式没有什么创新，虽然在某些特定时期曾经辉煌过，但其商业模式仍然简单粗放，缺少发展的后劲。

第六节　比较典型的商业模式创新

由于商业模式构成要素的具体形态表现、相互间关系及作用机制的组合几乎是无限的，因此，商业模式创新企业也有无数种。目前，商业模式比较成功的有以下五种。

一、提供免费服务的模式

全世界所有的人都喜欢便宜的东西。所以，让用户不花钱就用上好东西，免费是吸引用户，从而建立庞大用户群的最好方法。传统观点认为，企业只为那些付钱的客户提供产品或服务，不付钱就没有权利使用产品和享受服务。但互联网却打破了这一模式，用户成为互联网公司商业模式的基础，绝大多数的互联网公司都是通过免费的形式千方百计吸引人们，增加点击量。互联网认为，不管有没有付钱，只要是我的用户，我就给他提供最好的产品或者服务。

不管是做搜索、电子邮箱、安全软件还是即时通信，互联网公司都是通过提供免费的产品和服务，吸引上亿的用户，从而形成庞大的用户群。所以，用户是互联网模式的基础。没有这种庞大的用户基础，互联网也吸引不到广告和其他加盟方，其商业模式也根本建立不起来。所以，互联网公司强调用户至上，挖空心思琢磨用户需求，绞尽脑汁做出用户喜欢的产品。例如，瑞星杀毒软件一直坚持收费，后来 360 提供免费杀毒，吸引了大量客户，靠广告商投放广告而赚钱，也导致瑞星黯然出局，其他杀毒软件公司也纷纷倒闭或改行。类似的还有微信，通过提供免费社交平台，吸引数以亿计的客户，打碎了电信和联通的饭碗，微信背后赚钱的逻辑是靠跨界，通过导入游戏、团购、充值、大众点评、京东购物、58 同城、滴滴打车、酒店、火车票、汽车票等获取海量信息赚钱。支付宝也提供免费服务，但其商业模式就是利用沉淀资金进行资本运作；余额宝的出现，18 天狂收 57 亿资金的存款，甚至抢了银行的饭碗。

二、强调用户体验的模式

通过创造良好的用户体验，把用户牢牢地吸引住。有时候，好的用户体验不需要高精尖的技术，比如苹果手机并没有什么高端的通信技术专利，但是它通过在产品上追求极致的体验，创造出一流的产品，从而将用户黏住。互联网的技术其实也并不高深，但不同的互联网公司差别却很大，一个重要原因在于创造的用户体验差异很大。好的产品拥有一流的用户体验，从而吸引了庞大的用户群。差的产品用户用一次就再也不碰了，避之不及，这样的公司肯定会非常快地衰落下去。创造一流用户体验的过程，就是颠覆式创新的过程。颠覆式创新有两个含义：一个是把贵的变得便宜，把收费的变成免费；另一个是把笨重的变得灵活，把复杂的变得简单。像个人电脑就是用简单的架构、便携的特点颠覆了大型机和小型机市场，这就是用户体验上的颠覆式创新。

三、突出自己强项的模式

突出自己强项，就是把注意力放在核心能力的打造上，而对于企业核心能力之外的部分，要么舍弃，要么外包，以更小的成本获取相应的产品和服务。企业要擅长找到市场的空隙，培养适合于在夹缝中生存的核心竞争优势。对于中小企业来说，在市场上找到适合生存与发展的一块领地，通过培养核心能力设立门槛，不断扩大核心竞争力来捍卫这块领地，是企业快速成长的捷径。比如，IBM 以前的主要业务是生产硬件，并出售大型主机，但现在这块业务所占的比例已经越来越小。事实上，当 20 世纪 80 年代末 90 年代初 IBM 逐渐被小型竞争对手在“PC 革命”中追上并赶超后，IBM 便已经开始了向“服务型企业”的演变历程。IBM 把生产任务大量外包，而重点发展遍布全球的 IT 服务，尤其是针对大型企业和政府客户所提供的 IT 服务。近年来 IBM 也开始向软件公司转变，并已经使公司及投资人获益，公司财报的出色表现及股价的不断上涨都反映出该公司软件业务和 IT 服务贡献率占很大比重。

四、整合多种资源的模式

资源整合可以产生强大的魔力：假如你擅长技术，你的竞争对手擅长管理，按过去的思维模式就是你一定要拼命去学习管理，争取打败竞争对手；同理，你的竞争对手也在拼命地学习技术来打败你。三年过去了，你们谁也没有打败谁，因为你和对手都在不断地学习和进步。如果换个思路，你和竞争对手联合起来，成立一家公司，你负责技术，他负责管理。那么你省下了三年的时间来研究管理，他省下了三年的时间来研究技术。这样一来，管理和技术都有了，再找一个擅长营销的合伙人，那么技术，管理，营销全部都有了。事实说明，面对竞争激烈的市场，从对手到成为合作伙伴，结合才是壮大自身实力的最好方式。2015 年 2 月 14 日，滴滴与快的两家公司高调宣布合并，合并后的双方并没有改名叫“快滴滴”，而是采用了平行发展的形式，保持业务独立性，互不干扰，合并后双方成为国内最大的叫车平台之一。类似的还有 58 同城战略入股赶集网，双方共同成立 58 赶集有限公司。这些都是资源整合的成功范例。

五、共享模式

随着经济的发展和人民生活水平的提高，社会上开始出现充裕的闲置资源。于是，一些新创企业从这些闲置的资源中找到一些具有标准化和广泛适用性的资源，然后通过传统的推广方式，积累第一批种子用户，并逐步扩大；或是使用高科技的手段，如利用手机移动互联等方式；或是通过大家耳熟能详的口碑营销，消费者互相推荐，或是利用、免费、激发好奇、沉浸体验、场景加速器等策略，从而以更方便、低价的优势吸引客户。当用户规模发展起来后，主要的挑战就变成如何绑定用户。因此需要提高用户的转换成本，尽量封闭用户流失出口，构建良好的品牌和用户体验以及建立用户的归属感。如今，共享经济的模式已深深影响着我们的观念和生活，从住宿的 Airbnb、出行的 Uber 到技能分享的 Taskrabbit，以及 Lendingclub，均为共享商业模式。我国从 2012 年起，在出行领域首先出现了共享模式，后来，共享模式也在更多的行业和领域出现，如短租平台、物品分享、知识分享、技能分享等。一大批的创业者在这条道路上探索。

案例 抖音的商业模式及创新

2016 年，当时的外部环境是：中国 4G 网络基本建成，流量资费下降，手机公司纷纷推出大屏智能机，这都为短视频爆发提供了机会。同年 9 月，字节跳动上线了一款叫 A.me 的产品，三个月后，A.me 改名“抖音”。当时字节跳动公司孵化了两个短视频项目：火山小视频和抖音。公司重点是火山，而抖音只是诸多实验项目中的边缘团队。当时的创始团队不足十人，带领团队的叫任利锋。这群人当时的设想只是做音乐短视频社区，觉得“做个社区就够了”。他们佛系但兴致昂扬，也正因为如此，抖音聚集起一帮热爱社区的人。通过调研，抖音团队认为年轻人对音乐有需求，且音乐能强化短视频信息里“表达”的部分，更容易产生社区，而不是让产品被工具化。创业团队注意到，音乐是一种通用的媒介，本身就有着良好的社交基因，它没有国界、不分性别、老少皆宜，可被用来传情达意，进而连接情感相通的个体。数据显示，带音乐的视频在播放、互动方面的数据要明显优于整体，音乐可提高视频播放量、互动量 20% 左右。于是，抖音垂直切入音乐领域，旨在建立年轻人的音乐短视频社区。抖音利用音乐，在平台建立之初就吸引了一大批用户，他们多是对音乐舞蹈感兴趣的年轻人，因为爱好相聚在一起，他们喜欢以节奏感强的音乐为背景设计一些肢体动作，并借助视频特效制造出画面随音乐抖动的效果，很好地诠释了“抖音”二字，音乐短视频社区由此建成。

抖音作为一款以拍摄发布音乐创意短视频为主的移动社交软件，自 2016 年 9 月 26 日上线以来，借助当时今日头条和西瓜视频的人气，短短两年内日播放量已经超过 10 亿，成为网络传播史上的一大奇迹。从 2017 年下半年开始，抖音国内日活跃用户、月活跃用户开始暴涨，在短视频 UGC 平台中 DAU 同比增长高达 113 633.0%，远超快手、火山小视频、西瓜视频、美拍、秒拍等，顺利挤进国内短视频第一梯队，瓦解了秒拍、美拍、微视三足鼎立的移动短视频市场格局。其商业模式可以从以下几方面分析。

一、目标用户及解决痛点

目标用户的选定与定位是抖音成功的关键因素。抖音最初定位是专注于年轻人的音乐短视频社区。目标用户主体是 95 后，受过良好教育的年轻人。抖音的目标用户为什么锁定年轻人？因为年轻人活跃度高，对世界充满好奇，从而传播能力相比于其他年龄段更加活跃。而良好的用户体验是产品的“躯体”，优质的内容是产品的“灵魂”。从解决用户痛点的角度看，抖音要让普通年轻用户获得感官的刺激与价值观的认同，填补孤独；让拍摄者满足于炫耀，并实现变现。抖音的初期，基本上所有的短视频都没有台词，全是节奏感极强的BGM，画面内容都是严格配合着BGM（背景音乐）节奏，迭代后的抖音让内容有了很强的继承性、发展性，大量视频内容完美地利用了“蒙太奇”效应。BGM搭配视频内容的输出，很容易让人情绪波动，陶醉其中。用户之间的短视频也是相互呼应，于是每一个视频都有可能引起蝴蝶效应，传递着某种情绪或表达方式，在“社区”的继承、发展中逐渐放大。正是由于充分认识到并利用了人们需打发大量碎片时间的需求，抖音通过提供简短、丰富的短视频内容吸引用户，从而触发了用户内心的共鸣和兴趣点，使用户群体最终变成活跃、忠实的用户。

二、核心竞争力

1. 沉浸式体验

除了内容因素外，抖音的界面简洁，操作方便，比如浏览视频时上下滑屏即可切换内容；同类内容横向滑屏再向下滑屏即可方便观看；还有点击右上角的搜索可方便地查找自己喜欢的人物或内容；屏幕上双击即可对自己感兴趣的内容视频点赞。

2. 录制短视频、写评论等交互操作流畅

抖音用“音乐＋短视频＋社交”的方式切入近几年最热门的短视频行业，音乐短视频面向年轻人的娱乐需求，还通过“挑战话题”等不断制造热点主题，逐步走向“去中心化”，最后取得了巨大的成功。它给我们的启发是：产品设计中要尽可能地降低用户的使用门槛，因此，投放的产品大多都占用的是用户的碎片时间。实际上，用户并没有太多时间来学习如何使用一款手机产品，产品体验越复杂，流失的用户就会越多。

3. 利用算法投放内容

抖音有着强大的算法优势，视频制作者无论粉丝多少，只要是优质的内容就会推荐给更多人观看，算法会根据用户喜好来推荐更加匹配的内容。这种算法对于内容制造者来说是公平的，对内容消费者是精准的。

4. 创作门槛低

为了让用户持续地产出高质量的视频内容，抖音团队定期创建一些新的话题和挑战，来刺激用户持续输出，同时也帮助用户提供了一些创作思路。

三、价值链构成

作为一款内容型产品来说，抖音的价值链构成来自众多内容创意。抖音创业团队认为，在抖音社区应包罗吃喝玩乐，于是他们设计了武术的、健身的、旅行的、赛车的、冲浪的、绘画的、音乐的、舞蹈的、美妆的、烹饪的，甚至还有帆船的类别，垂直类标签定义300多个。一方面，抖音通过签约一批网红、MCN（多频道网络）来保证优质内容的持续产出，且成立了服务达人的经纪团队，通过广告等变现手段进行激励；而另一方面，则采用相对“去中心化”的机制进行内容分发，通过算法持续挖掘普通用户的爆款内容，维持用户活跃度。在抖音提供的平台，越来越多的用户明白如何花短时间创作出优质内容，于是抖音上吸引人们的短视频源源不断，这些内容携带着各种人间百态以及人的七情六欲。用户受众越多，用户也越容易在抖音里找到共鸣，用户之间的互动也变得频繁，用户社交的底层需求被满足，丰富多彩的内容产品价值链构成了产品用户持续增长的核心生产力。

四、盈利模式

从表面看，抖音以“音乐＋短视频”的玩法，通过提供免费服务娱乐大众，但同时，它还提供基于抖音平台运营的关联服务，如抖音短视频运营培训，网红签约孵化，点赞、刷粉、转发、评论等多维数据的服务变现，同时也为公司盈利奠定了基础：

1. 广告变现

当用户的粉丝量到一定的级别，就有广告主找来，广告主给用户钱，用户给广告主拍视频，并发布到抖音上。也有只负责发布视频的方式，这种叫直发。抖音达人接广告，为品牌定制内容，进行品牌宣传，这是目前抖音号最主要的变现模式。

另一种变现模式是在短视频中插入广告，和传统广告相比，这些巧妙的植入往往更加具有新意，也更容易被大众所接受，并获得较高的用户好感度。简单讲，你很难找到像抖音这样一种费用相对低，而曝光量却无限放大的广告平台。

2. 抖音购物车变现

抖音上的MCN机构和有购物车权限的个人大号进行带货，也是电商变现的一种形式。电商变现是目前网络变现较普遍、效果较好的一种方式。

3. 多平台变现

如果你的抖音号可以引领潮流的话，粉丝多半还会在微博、公众号等平台去找这个号，给你的变现提供更多的方式。

4. 个人号微信变现

相比微信公众号，微信个人号的优势表现为都是直接和粉丝“生活”在同一个朋友圈，可以更直接地去了解和分析粉丝，比如粉丝的性别、年龄、爱好等，有了这些标签，更容易划定精准人群，转化率更高。在抖音短视频的内容中，巧妙地留下微信号，引导粉丝添加微信，然后在微信朋友圈展示，寻求变现。这种变现方式也比较普遍。

综上所述，抖音商业模式创新顺应了时代发展趋势。自2017年以来，通过热点运营、明星带流量、扶持达人快速形成“年轻人的潮流玩法”，迅速实现用户规模化。它的成功在于生产激励机制“中心化”，内容分发机制“去中心化”。在移动化、碎片化消费日益盛行的当下，低门槛、低成本地分享生活信息的短视频成了最应景的影像消费产品。

本章思考与研讨：

1. 为什么说商业模式是创业者生存的关键因素之一？
2. 什么是商业模式创新？为什么商业模式创新很重要？
3. 请查阅有关文章，尝试找出商业模式创新并取得成功的几个创业案例。
4. 查阅资料，试分析几种典型的共享商业模式是什么？

Chapter 10

第十章 目标市场的选择与开拓

创业案例

1992 年，华为自主研制的交换机批量进入市场，当时，国际电信巨头大部分已经进入中国，盘踞在各个省市多年，华为要与这些拥有雄厚财力、先进技术的百年老店直接交火，未免是以卵击石。最严峻的是，由于国内市场迅速进入恶性竞争阶段，国际电信巨头倚仗雄厚财力，也开始大幅降价，妄图将华为等国内新兴电信制造企业扼杀在摇篮里。

熟读毛泽东著作的任正非，选择了一条后来被称为“农村包围城市”的销售策略——华为先占领国际电信巨头没有能力深入的广大农村市场，步步为营，最后占领城市。

电信设备制造是对售后服务要求很高的行业，售后服务要花费大量人力、物力。当时，国际电信巨头的分支机构最多只设立到省会城市以及沿海的重点城市，对于广大农村市场无暇顾及，而这正是华为这样的本土企业的优势所在。另外，由于农村市场购买力有限，即使国外产品大幅降价，也与农村市场的要求有段距离，因此，国际电信巨头基本上放弃了农村市场。任正非深刻认识到，如果说小客户还可以单靠价格吸引，但对于欧美等发达国家的主流客户，单纯的价格战就很难起作用了，这些客户更关注的是设备提供商的综合实力，也就是说，从设备的设计、生产，到运输、安装、调试，以及到后期的服务，都要有完善的、持续的解决方案。

一名欧洲老牌电信运营商这样说：“我们最怕的就是设备买回来几年后，设备供应商倒闭了，没有人来升级、维护，因此我们购买设备要综合考察设备供应商，只有那些具有持续发展的可能、在产品和服务上不用我们担心的供应商才会进入我们的视野。”

这就要求华为要提升综合实力，为客户提供持续稳定的服务，且能够在最短时间内响应客户的需求。

事实证明，这个战略不仅使华为避免了被国际电信巨头扼杀，更让华为获得了长足发展，培养了精良的营销队伍和研发团队，积蓄了“打城市战”的资本。因此，在当年与华为一样代理他人产品，以及随后也研制出了类似的程控交换机的中国籍新兴通信设备厂商纷纷倒闭的时候，华为在广大的农村市场“桃花依旧笑春风”。[①]

思考与研讨：

1. 华为在创业之初是如何开拓市场的？它市场开拓成功的原因是什么？
2. 创业之初为什么要重视市场开拓？

---

① 董哲．华为创始人任正非：两万到千亿的创业史［EB/OL］．（2014-08-24）［2017-11-12］．https://www.qianzhan.com/people/detail/268/140822 — ca19cae5_3.html.

第一节 市场的概念

一旦迈出创业第一步，要想获得成功，当务之急就是尽快将自己的产品 / 服务推向市场。如果产品 / 服务没有市场需求，企业就没有了生存的根基。特别是对于新创企业来说，在初创期一切都是从零开始，需要创业者自己去开拓并不断扩大自己的目标市场。这就需要创业者找准自己的目标客户，围绕市场需求做文章，准确进行产品 / 服务市场定位，实施恰当的市场策略，如此才有可能取得创业的成功。

无论是从营销学家角度，还是从企业家角度讲，市场应该是指某种产品的实际购买者与潜在购买者的集合。由此可知，市场是个复杂的系统，它并不单纯是一个商品买卖交易的场所。因为如果你的产品既没有人认可，也没有人购买，即使你开设再多店铺，也无济于事。为便于理解，可用下面的公式解释市场的概念：

市场的大小 = 需求 × 支付能力 × 愿意进行交换的人数

上述公式表明，需求、支付能力、有支付意愿的人数是相互作用、缺一不可的，三位一体共同构成了市场规模。比如说，虽然对某产品或服务有需求，但当客户没有支付能力或没有购买意愿时，就形成不了市场；同样，虽然客户有需求，也有支付能力，但当他们对于某产品或服务不认同、没有购买意愿时，照样意味着该产品或服务没有市场。可见，企业在开拓市场时，既要注意分析客户的需求，也要了解客户的购买能力，同时还要考虑对你所提供的产品或服务认可并愿意购买的客户数量是多少。

绝大多数大学生在创业初期存在一个误区：永远只想着自己卖什么产品，而不是消费者需要什么产品。看到朋友圈很多人卖某产品赚钱，于是马上开始销售同样的产品；看到线下实体店开了一家奶茶店，于是也跟风开店。由于盲目性太大，因此忙活了半天，结果失败者居多。正确的做法是：先从认清消费者的需求或痛点入手，然后为消费者提供他们所需要的产品 / 服务，这样才能大大减少市场推广的难度，增加创业的成功率。

为了打造新创企业的产品或服务市场，不仅要力争满足客户显性的需求，也要注重开发客户潜在的需求。作为创业者，通常都是先根据自己对市场需求的判断创建出新产品或优势服务项目，然后设法广泛地推向市场。但大多数创业者在初期不知道如何开拓市场，对于如何提供给潜在目标客户则缺乏正确策略和行动，比较典型的有：

1. 等市场

一些创业者笃信“好酒不怕巷子深”，缺乏市场开拓的意识和行动，只重视生产和内部管理，以为只要自己的产品或服务做得好，就可以坐等客户自己找上门来，市场拓展投入的力度远远不够，导致市场影响力难以形成，没有客户群体。

2. 搏市场

一些创业者不注重研究市场，缺乏创新，不顾自己实力如何，见到机会就一哄而上、不择手段地抢占市场，结果不仅导致恶性竞争，自己也因自不量力而损失惨重。

3. 赌市场

虽然一些创业者也会研究和寻找市场，但不够深入，以偏概全，盲目性很大。当发现市场出现某些需求时，他们不是先理性分析，而是盲目乐观，以为找到了目标市场，并以赌博心态不计后果地投入该市场，结果大多以失败告终。

为了说明市场策略，我们以某制鞋企业开拓一个岛国市场为例进行比较分析。某制鞋企业为开拓某岛国的市场，先后派出一批业务员前去调研，并要求回来后写分析报告。第一批业务员调查后发现，这里的人长年赤脚，习惯不穿鞋。于是，他们回来后写了一份报告，结论是这里不会有市场，建议企业不要在此投入人、财、物进行市场开拓。第二批业务员也做了同样的市场调研，但结论略有不同，认为可能这里会有一些需求，但市场不会太大，建议在岛国开一些鞋品专卖店，方便需要者购买鞋子。第三批业务员调研后也写了一份报告，认为这里的鞋子基本处于空白状态，机会难得。如果在这里下大力气宣传穿鞋子的好处，普及相关健康知识，再利用当地人心目中的偶像作为产品代言人进行广告宣传，同时辅以其他促销活动，该市场将会非常大。他们的建议是，大力增加投入，积极开拓该市场。最终的结果是，第三批业务员的判断正确，企业据此开拓市场成功。从该案例中我们可以看出其中的区别：第一批业务员根本没有市场开拓的意识，他们只看到现象，没看到本质，因此也不可能有什么作为；第二批业务员虽然看到了机会，但没有开拓意识，只是开几家鞋店，满足于眼前及现有的需求，由于不知道如何激发潜在的需求，因此市场的开拓效果非常有限；而第三批业务员的做法代表的是一种市场开拓精神，他们不仅注意到市场现有的和潜在的需求，还能够以积极的措施激发潜在客户的需求，注重市场策划，形成品牌，使穿鞋子的意义真正做到深入人心，从而达到开拓该市场的目的。

第二节　市场细分与确定目标市场

新创企业要找准自己的目标市场，首先需要做好市场细分。所谓市场细分，是指按照客户的需求和欲望、购买行为和购买习惯等方面的明显差异，把某一产品的整体市场划分为若干个需求大致相同的顾客群（子市场）的市场分类过程。由于新创企业规模小，不可能面对整个市场，你所面对的往往是具体的、个性化的、对自己有利的市场。总之，创业者首先一定要清楚自己的产品或服务是针对哪些目标客户，在明确目标客户的基础上，通过确立“唯一性、独特性、优越性”等特色，实施对应的市场策略，尽量规避激烈的竞争。

市场细分是企业制定市场营销策略和选择目标市场的前提，通常把经济形态、地理环境、客户偏好和购买行为等影响因素作为分析对象，然后对成千上万客户构成的市场进行细分。细分化策略也要根据市场的实际情况来确定，如果经过细分，发现目标客户群体实在太小众，也没必要将其作为自己的目标市场；如果细分市场的规模足够大，企业又具备满足该市场的能力，就可以将其确认为企业的目标市场。

市场细分离不开市场调研，可以根据 5W1H 的工具模型，在以下几个方面展开调研：

WHO（谁是客户？）：目标客户是哪些人群？老年、中年，还是青少年？公司所确定的目标客户与市场调研后的判断一致吗？

WHAT（客户买什么？）：客户购买的是产品或服务所提供的什么效用和利益？客户的消费诉求或者说痛点是什么？

WHY（客户购买自己的产品或服务究竟是为了什么？）：客户在购买过程中最看重的是什么？是重复性消费，还是新的消费需求？购买产品或服务后解决了哪些痛点？据此创业者也可以判断竞争对手对客户的促销策略是否正确。如果竞争对手的策略不正确，那么创业者的市场机会就会很大。

WHEN（什么时间方便购买？）：目标客户什么时间购买或者购买频率如何？对每个消费终端都进行调研，再根据终端的数量，我们可以大致得出每个终端市场的销售量，为我们决定进入什么终端市场和在什么终端能够产生多少销售量提供依据。

WHERE（客户在何地购买？）：目标客户通常会在什么地方购买你的产品或服务？以此可以根据新产品的定位，结合对市场的了解，可以得出产品销售的最佳途径和最佳市场终端。

HOW（客户如何完成买卖交易？）：如何有效地将产品或服务提供给目标客户？创业者要知道，一个产品、一项服务或者一种购物体验与客户的消费观念发生冲突的时候，往往就会成为他们放弃购买的理由。比如，创业者要了解客户是不在乎价格贵却注重高品质的产品，还是愿意牺牲产品的品质而倾向于低价格？客户对于所购买的产品或服务的消费观有什么新变化？这种变化是否说明客户需求的产品与现实中所能买到的产品之间有着明显差距？

根据以上分析，大体就可以得出产品或服务是否有需求。当然，如果认为产品或服务根本没有前途，那就直接否决了。如果新产品或服务有需求，那就应该对相关的因素进行逐一分析。

新创企业要想获得成功，就必须要找准自己的目标市场并开拓该市场。在市场细分的基础上通常比较容易确定自己的目标市场，也就是确定产品 / 服务面向的是哪些客户。任何一款产品或服务都是有其特定目标群体的，选定目标用户实际上暗含着一种假设——你的产品能解决某类用户群的某些问题或痛点，从而为其创造价值。创业者在明确目标客户、要解决的问题以及解决方案的基础上，对于产品或服务能否创造用户价值，还需要通过市场进行确认。通过市场可以获取用户的各种反馈信息，创业者根据信息反馈结果，可以再次完善产品或服务。完善产品或服务后，反复上述的过程，通过不断迭代，形成稳定的产品或服务形态以及业务模式，以实现高速增长的目的。

怎样做才能更好地吸引目标用户？为了吸引和争取目标客户，创业者可以先分析客户的消费行为，比如，分析客户的消费心理、习惯和偏好等。通常情况下，人们一直重复一个行为，形成的惯性就越强，改变这种行为的可能性就越小。例如，很多客户习惯使用某种品牌的产品，如果换另一品牌他们就会很纠结、不放心、不习惯，因为对新品的使用需要进行大量的市场调研和产品（服务）体验。所以，为了避免麻烦，他们宁可选择经常使用或已经形成市场口碑的品牌产品。客户虽然可能对某产品有些不满意，却往往会被消费惯性所驱使，这正是创业者获取目标客户需要注意的。创业者只有从分析这种习惯或者从客户的偏好入手，找出竞争对手产品或服务的优点和不足，以及可以改善的地方，继而创造出更加新颖、更能满足客户需求的产品或服务，才能创造出新的商机。

再比如，客户有时虽然希望马上拥有某类商品，但在面对众多选择时，往往表现为犹豫不决。当面对这种情形时，创业者要认真分析自己和竞争对手的优势与劣势，努力挖掘自己的亮点，以此为卖点争取更多客户。

第三节　产品 / 服务定位

新创企业将自己的产品或服务推向市场时，最好先确定好产品 / 服务的定位。所谓"产品 / 服务定位"，是指产品 / 服务在客户心目中享有的独特地位，也就是新创企业所提供的产品 / 服务明显有别于他人的特色和亮点，该特色会影响到人们的购买决策。这一概念是现代心理学结合营销学的一项伟大发明。产品定位理论认为，人们在头脑中一般会对某个领域的产品或服务进行一个归类和排列，而那些特点突出、容易和其他产品产生明显区别的产品和品牌，往往是人们首先考虑选择的。为此，创业者就要努力将自己提供的产品或服务打造成有别于竞争者，并在目标客户的头脑中形成一个比较独特的、容易区别的良好印象，从而成为客户心目中的优选品牌，实现迅速影响客户购买决策的目的。当客户产生相关需求时，就会首先想到选购自己已经认定的品牌。比如，一提到计算机杀毒软件时，人们就会想到 360 杀毒软件具有免费、功能强大的特点。再如，一提起加湿器，人们普遍会想到亚都，其式样新颖、功能齐备、价格低廉，往往成为人们购买时的首选。再比如，诺基亚企业的质量控制和管理都非常好，原先的功能手机曾经独步天下，但由于不注重创新，没有下功夫开发智能手机，其产品定位违背了人们广泛接受智能手机的趋势，结果被市场淘汰。这说明即使曾经有着很好的品牌和质量，但如果产品定位不准确，同样也会在市场竞争中败下阵来。

第四节　市场营销组合策略

所谓营销组合策略，是指企业充分利用自身可控的有利资源，创造一定条件，以达到吸引客户认同并实施购买行为的过程。虽然几乎所有的创业者都能意识到，仅凭坐等客户上门是没用的，只有靠企业充分利用自身可控的要素，创造一定的条件，才能达到吸引客户认同的目的。但究竟有哪些要素可以为企业所控、所用？如何有效利用这些要素？这是一门大学问。我们知道，有些影响因素是新创企业无法掌控的，如宏观环境、市场需求以及人们的消费倾向等，但也有一些影响因素是企业本身可以充分控制的，如提供的产品或服务；制定产品或服务的价格；建立有效地将产品或服务送达到客户的渠道；向客户传递有关本企业及产品的各种信息，说服或吸引客户购买其产品，以达到扩大销售量的目的等。将这些可控的影响因素进行不同的组合，从而形成强大的市场拓展能力，就构成了营销组合策略。企业家要学会灵活实施营销组合策略，通过不同的组合，最终实现自己的经营目标。营销组合具体策略如下：

一、产品或服务策略

在确定目标市场的基础上，新创企业要为客户提供独特的、具有新价值的、有用的东西。为此，新创企业应该极为重视自己的产品或服务的质量及功能。创业者每天可能要面临大量的事务性工作，但其中最为重要的任务之一应是产品或服务的开发与生产。创业者要充分认识到自己提供市场所需要的产品或服务是企业的安身立命之本。

1. 产品的整体概念

创业者要建立产品的整体概念。也就是说，不要把产品只看作是具有某种特定形态和用途的物品，而是要看成能够满足客户某种需求和欲望的总和，它既包括具有物质形态的产品实体，又包括非物质形态的、能给人以某种心理上的感受和收益。因此，新创企业要从客户对产品全方位关注的角度来设计、开发和生产产品。现代市场营销理论认为，产品整体概念包含核心产品、有形产品、附加产品三个层次：

核心产品是产品整体概念中最基本、最主要的部分，是指客户购买某种产品时所追求的使用价值。客户购买某种产品，并不是为了占有或获得产品本身，而是为了获得能满足某种需要的效用或利益。

有形产品是核心产品借以实现的形式，即向市场提供的实物的外观形象。产品的基本效用和利益一般都是通过某些具体的实物形态得以实现，在市场上通常表现为产品的质量、外观、式样、结构、特色、品牌和包装等可以看得见、摸得着的东西。

附加产品是指顾客购买有形产品时所获得的全部附加服务和利益，包括厂方所提供的信贷、优惠、免费送货、质量保证、安装、售后服务等。

上述三个层次构成了产品的整体概念，缺少任何一个方面都会影响客户对产品的认可。有很多优质产品的用料好、加工也不错，甚至价格也不贵，但由于不注重广告宣传和附加服务，结果导致产品滞销和积压。此外，品牌对一家公司也非常重要，因为品牌可以把差异不大的产品卖出更好的价格，获得更多的收益。现实中，国内不少企业辛辛苦苦赚的收益还不如国外发达国家的专利费。比如，AJ（Air Jordan）是乔丹本人签名系列，一双标牌 AJ 鞋的价格是 140 美元，但制作成本只有 16.25 美元，其中给中国代工厂的费用只有 0.97 美元。剪刀行业中的中国驰名商标“张小泉”，祖祖辈辈就打造这一个品牌，至今将近 400 年。虽然品牌不是很大，但通过优质产品和服务还是留住了很多客户，赢得了消费者的尊重，可见有品牌才有未来。因此，创业者要重视品牌的打造与推广，不光要找到目标客户群体，摸透他们的消费心理，还要清楚地知道品牌该如何推广，如何针对目标人群塑造品牌形象。

2. 初期可行产品极简化

生产一种新产品实际上会涉及很多方面，如工艺流程、配套设备、生产材料、加工要求、专有技术等。产品的功能越复杂，各方面的投入就越多，如果将所有生产条件都建立健全后再推向市场，无论从时间，还是从经济上，对创业者来说都难以承受。对创业者来说，应该尽快形成产品某一方面的优势，打造出某品牌产品的第一家。为了以最快时间和最少的费用占领市场，创业者不要指望从一开始就能生产完美无缺、一步到位的产品，而是应先将首款产品极简化，制作出相对简单的原型产品，或称基础版产品。只要这款产品具备该市场目前还没有的核心特征和功能，并且能正常工作就可以了。然后再将这款基础版产品迅速投入市场，在此基础上，通过学习和用户的反馈，再对产品进行后续的完善和升级换代，进而以更优越的产品逐步扩大市场。

二、定价策略

企业定价策略直接关系到市场对其所提供的产品或服务的接受程度，影响着市场需求和企业的利润。为了使目标客户能接受自己所提供的产品或服务，新创企业要十分重视产品或服务的定价。随着市场经济的快速发展，人民生活水平的提高，人们对产品或服务品质的要求也在提高。但相对而言，某些市场的消费力还不足，如果产品或服务的价格过高，即使各项功能都不错也很难被市场接受。但定价太低，利润率也会比较低，企业后续的研发、创新或市场推广等都会面临缺乏资金的问题，这也不利于企业持久发展。因此，如何实施价格策略，是新创企业参与市场竞争的关键策略之一。

对于刚上市的新产品或服务，由于几乎没有竞争对手，可考虑先采用高价格策略（也称撇脂定价策略），直到需求趋于饱和或较多竞争者出现后，然后再逐渐降低价格。比如特斯拉电动汽车刚上市时价格定得很高，后来其他竞争品牌也开始推出电动车，特斯拉就开始大幅度降低价格，导致一些竞争力不强的对手因生产成本较高而不得不打退堂鼓。但是，开始时就制定高价格对新创企业来说也是有一定风险的。如果价格和收益明显过高，很容易导致实力雄厚的竞争对手不请自来，而他们在价格低、无利可图时通常是不会主动来争夺市场的。

一旦市场出现了较多竞争者，为了赢得客户，新创业企业在为产品或服务定价时就要尽量符合行业规范。比如，创业者可以用打折、降价等手段，使用同样的商业术语等吸引客户，因为这些都是客户所习惯的方式，接受起来也比较容易。

三、促销策略

促销策略是指企业通过一定方法和方式，向消费者或用户大力度传递产品信息，引起他们的注意和兴趣，激发他们的购买欲望和购买行为，以达到扩大销售目的的策略。创业者可以利用促销手段展现公司所提供产品或服务优秀的一面，吸引客户关注并实施购买行为。常见的促销形式有：

1. 人员推销

人员推销是指销售人员与购买者面对面直接接触的形式，向客户介绍产品或服务，答疑解惑，以达到说服客户实施购买目的的行为。人员推销的优势是可充分发挥推销人员的亲和力，提升客户好感度。同时，可以直接面对客户的关切，随时有针对性地解决困惑和问题，以利于促成交易。缺点是推销人员四处奔波，成本较高，效率也较低等。

2. 营业推广

营业推广是指通过一些方式刺激购买、吸引顾客的短期促销行为，常见的有：现场活动、有奖销售、附送样品、赠送礼品等。新创企业要注意的是，一定要通过营业推广，争取与客户建立起持久的关系，而不是只做一次性买卖。比如，要让客户购买自己的产品，常见的营业推广形式是打折或返钱，另一种是积分或返点，哪个更容易引起后续的服务？显然是后者，因为积分或返点也是下一次服务的开始。另外，还可考虑从盈利中拿出一部分作为回报，将主要客户变成本公司的利益相关者，从而使其成为自己忠实的客户。如董明珠从格力集团拿出一部分股份分给一些大经销商，使他们也能在提高市场销售额的同时，分享公司发展红利。

3. 公共关系

公共关系是指企业为改善与社会公众的关系，促进公众对组织的认识、理解及支持，达到树立良好组织形象，促进商品销售的目的的一系列公共活动。如企业参加公益活动；为新产品、新的开发项目、新的建设项目、新的合同等召开新闻发布会；请商业新闻媒体、大众新闻媒体等写一些与本企业发展动态有关的专题文章，在社交活动场合分发，或通过媒体向社会传播企业有关信息等。

4. 广告宣传

广告宣传就是通过媒体花钱宣传自家产品或服务的大众传播活动。广告的营销功能主要包括：可有效增加品牌知名度；有利于区隔产品身份；帮助产品流通；可增加产品的使用量；可增加新顾客，拉回老顾客；可以增加产品的附加价值；增加排他性，避免同质化。

对企业来说，广告是了解外部市场信息的渠道；对客户来说，广告则是商品信息的来源之一。需要注意的是，新创企业在做广告前要明确广告诉求对象、诉求重点以及诉求方法是否正确。在创业初期，创业者通常是先建好厂房，再生产，再投入广告费用开拓市场。然而，牛根生却提出“先建市场，后建工厂”这一大胆的开创性经营思路。他先拿出创业资金中的 1/3，即 300 万进行广告宣传，这种做法其实是一种拉式策略，即在还没有大规模生产出产品的情况下，通过广告将客户吸引过来。在产品投入期，通过大量的广告“轰炸”，能够有效地扩大产品知名度。结果，他的这一大胆行为给企业带来了 4000 万元的销售订单。

5. 产品手册

产品手册是指以文体的方式对某产品或服务进行相对详细的表述，使人们能清晰地认识、了解细节，包括公司的产品操作手册、产品结构图、维修手册、使用指南、产品说明书等。实际上，产品手册是产品的组成部分之一，编写原则是要真实科学、通俗易懂、简洁实用。如果向客户呈送的只是一份错综复杂的电路图，或者是晦涩难懂的操作说明，而不是看上去非常专业、言简意赅的产品宣传手册，那么，这只会使客户阅读起来困难重重，甚至望而却步，导致产品更难被客户接受。

案例

如今，星巴克在全世界有大约 13 000 家分店，有广大的消费群体。虽然星巴克没有花过一分钱做广告，可它的品牌却是全球咖啡行业响当当的，这是星巴克最大的成功秘诀。在全球各地星巴克一周销售 4000 多万杯咖啡饮料，每月销售差不多两亿杯，按每杯 3 美元算，仅咖啡销售就是每月 6 亿美元！正因为它不花钱做广告，所以它每卖出一杯咖啡的边际成本就很低，赚钱的空间就大了。

星巴克是如何做到不花钱做广告也能获得很好的品牌效应的呢？第一个因素是，从一开始，星巴克就只在最繁华的市区交叉路口开店，虽然这些地段租金很高，但非常醒目的位置给星巴克带来最自然的广告效果，经过的人不可能看不到招牌，看的次数多了，品牌信任自然就形成了。第二个因素是全球化和全球范围内的人口流动，为星巴克这样的品牌连锁店带来空前的机会。第三个因素是星巴克在纳斯达克上市。公司股票上市除了融资外，另一个同样重要的作用就是巩固公司的品牌、增加公司的知名度。①

四、渠道策略

渠道策略是指以什么样的方式才能有效地将产品送达客户手中。由于生产者与用户之间在时间、地点、数量、实物等多方面存在矛盾，而客户更愿意选购那些马上可以接触或到手使用的物品，因此，只有通过一定的营销渠道，才能在适当的时间、适当的地点，以适当的价格将商品提供给目标用户。为把自己的产品或服务提供给最终用户，企业除了自己组织销售队伍外，通常还可以采取与其他销售组织合作的形式。如代理商、经销商等。因为在这方面，销售组织要比生产企业有更健全的渠道网络，能创造出更高的总边际收益和净收入。

实施渠道策略的基础性工作是做好渠道调研。调研的内容主要包括经销商有哪些，他们需要什么样的盈利空间和合作方式，销售终端对这些经销商的态度、合作方式是怎样的，等等。该项调研的目的主要是确定自己的产品如何以更简捷、经济的方式进入市场。

需要注意的是，有的销售渠道虽然名气很大，但却存在店大欺客的现象，比如某大型家电零售企业在全国有着广泛的连锁店，影响也很大，但针对找上门来的厂家却有着很多苛捐杂费，主要有：无偿占用货款、收缴场地租赁费、促销员管理费、灯箱维护费、过节赞助费、质量保证金等，还有零负毛利条款等。它利用自身优势，强制厂家要压低价格，导致出现价格恶战，企业利润大幅度降低，无法将更多资本投入在技术开发上，发展缺乏后劲。

---

① 星巴克的商业模式使之成功［EB/OL］.（2013-01-10）［2017-12-02］. http://guanli.100xuexi.com/view/otdetail/20130110/7f41f678-2262-49d2-a02e-fa9444f6f9d3.html.

案例

方太集团选择的是独特的渠道策略，而这种策略恰恰与家电业渠道的发展相协调。在创业初期，方太集团需要的是一种能够尽快启动市场进入渠道销售而企业投入风险又不会太大的分销模式，这就出现了销售员承包制。进入 1999 年，经过近三年的辛勤耕耘，方太已由 1996 年的行业末位上升至行业第二位，产销近 4 个亿。此时，方太的带有明显“包单帮”特点的销售员承包制已经不能适应公司的发展，于是开始向销售分公司变革。

2002 年，市场竞争进一步加剧，公司需要进一步进行渠道的变革。方太重新定位，把分销系统和业务模式重新进行审视和检讨，基于现有分公司制和销售员承包制已无法承载流通业态的深刻变化，把全国的集多种职能（品牌维护、销售管理、服务执行、物流配送和公关策划等）于一身的二级法人分公司制调整为专注于销售职能的实地虚拟办事处制，剥离和整合非销售职能，并引入 BRP 系统和第三方物流，实现专业化运作和管理。

综上所述，营销组合策略是将企业可控资源进行优化整合运用的有效方法，也是新创企业开拓市场的有力武器。当客户对产品的需求欲望、偏爱等较为接近，购买数量和使用频率大致相同，对销售渠道或促销方式也没有大的差异时，就显示出市场的类似性，可以采用无差别市场策略。如果各客户群体的需求、偏好相差甚远，则最好采用差异性营销策略或集中化市场策略，使不同客户群体的需求得到更好的满足。同样，对于具有不同特性的产品 / 服务，也应采取不同的策略。对于同质性商品，虽然产品质量存在差别，但这些差别并不明显，只要价格适宜，客户一般无特别的选择，因而可以采用无差别市场策略。而异质性商品，如成分、配方、含量等差别很大，价格也有显著差别，客户对产品的质量、价格、包装等，常常要反复评价比较，然后决定购买，这时如果采用差别化市场策略，效果会更好。

再以新东方留学教育为例，其市场营销比组合策略是：

（1）产品策略：主要是提供《GRE 词汇精选》系列教材和高质量的外语培训课程；

（2）价格策略：外语培训课程的市场普遍价格为 300~400 元，新东方只收 160 元，且可免费试听多次再交钱；

（3）促销策略：教学形式多样，教学过程中不仅提供外语教学内容，也向学生进行人生哲理和励志教育，授课方式轻松幽默，树立独特的品牌，形成极好的口碑；

（4）渠道：新东方将办学点设置在高校和科研院所集中地区，方便有志出国的人员就近学习，同时也有利于吸引尽量多的目标客户。

上述营销组合策略的灵活运用，使新东方在外语教育培训市场上不断开疆拓土，规模越来越大。

第五节 市场开拓策略

一、把握有利时机

新创企业把握好新产品或服务项目入市的有利时机，不仅是创业成功的基础，而且是确保市场长久发展的重要起点。机不可失，失不再来。商机不是等来的，而是“抢”来的，善于识别和把握时机，是市场制胜之道。对于初创企业来讲，所要进入的目标市场可能还是未开垦的处女地，鲜有人问津；或者几乎处于非常不成熟的状态，因此，需要依靠市场开拓来实现业绩突破，完善自身发展。另外，在寻找市场机会时，也要注意市场的机会并非每时每刻都存在，当没有机会时，我们必须耐心等待，做好充分的准备工作，因为机会总是留给有准备的人的。（把握商机的具体内容可参考第三章创业商机的发现与创造）

二、做市场开拓的跟进者

新创企业挑头开拓新产品市场，对企业未必有利。在特殊情况下，率先开拓市场甚至可能会给新创企业带来灾难性的损失。这是因为客户的消费心理、习惯和购买力千差万别，客户并非都会对新产品感兴趣。相当一部分客户往往会观望一段时间，等待市场上出现价格较低、性能完善、质量趋于稳定、设计相对定型的产品再决定购买。客户群体的这种态度实际上为后续跟进者创造了良机。此外，任何一款新产品都要经过一个逐渐完善的过程，许多原料、工艺、设计方面的缺陷和问题可能具有一定的隐蔽性，常常要在投放市场后，在用户使用过程中逐渐暴露出来，在企业与用户间通过不断信息反馈和磨合加以改进。新创企业势单力薄，承受不起为这一“探索—开拓—完善”过程中的所有失误埋单。而作为跟进者却可以从先期进入市场的产品或服务中发现问题，然后做出改进，并借助先期进入者的广告宣传和市场培育效应，再把自己的产品或服务推向市场，由此不仅可避免走许多弯路，也可节约市场开拓成本。比如，微波炉刚刚上市时，客户对其功能、作用缺乏了解，对其微波辐射存在畏惧心理，害怕它会有损健康，也不知道如何利用微波炉做美味可口的食品。为了引导客户，最先进入市场的某公司曾投入巨额广告费进行市场宣传。显然，这样的投入，其受益者不仅是企业自身，在相当程度上也给那些后来跟进的企业“搭便车”。

三、设置竞争壁垒

为了减少竞争影响，创业者要主动去看看竞争对手在做什么，在满足客户什么样的需求，由此你就会知道将自己的能量聚焦在什么地方，如何避开竞争，而设置壁垒正是一种竞争战略。竞争战略之父迈克尔·波特认为：所谓竞争战略，最关键的问题是把你自己放在竞争之外。也就是说，有效的竞争战略就是设法避开竞争，实在无法避开，就要尽量使对手参与竞争的成本特别昂贵，或者能预见的收益特别少，从而使竞争对手望而却步。通常有以下方法：

1. 利用无形资产优势

技术和专利壁垒是最直接的竞争手段，最强大的竞争壁垒之一就是基于专利保护的知识产权，新创企业要及早将自己的创新产品，特别是技术含量高的产品，做好知识产权保护。如果自己的发明和技术明显超越对手，通过专利、知识产权保护等措施，竞争对手想与之抗衡是相当困难的。此外，一些高溢价权的品牌、特许经营牌照等无形资产，也是竞争对手没办法模仿的，同样可有效阻止竞争对手参与竞争。

2. 利用资源优势

新创企业可以充分利用资源优势，如人才、地理位置、自然资源等。由于独占资源，使竞争者不得不退却。如某饮料具有独特的配方；某种酒具有独特的生产环境；某种矿泉水具有独特的微甜口感等，这些资源优势都是其他竞争对手无法获得的。

3. 利用高质量产品或服务的优势

企业家型创业者普遍具有强烈的品质意识和工匠精神，在生产加工过程中肯下功夫，做到精工细做、精益求精，再加上确保你的产品与市场需求是符合的，就很容易取得客户的信任。要知道，靠生搬硬套或剽窃竞争对手的产品和技术，往往花了很大力气却未必能真正取而代之。比如苹果、特斯拉就是通过生产同类中的高端产品，利用高质量产品和精细技术竖立壁垒的典型。

4. 利用高转换成本优势

如果你能使客户从消费你的产品转换到消费竞争对手的产品的过程变得很困难，甚至要付出较高的代价，如金钱、时间、学习、风险性损失等，这也就意味着你已经具有了高转换成本优势了。通常情况下，转换成本不仅是金钱，而且还包括学习时间。因为学习使用一种新产品和服务需要大量的时间，这种投入对消费者而言就是损失。技术是复杂的产品，转换起来没那么简单。如果要转换，消费者需要丢弃已经积累的知识，并且花费时间重新学习新的技术操作规范。以某行业软件开发商为例，行业知识的积累是其核心竞争力之一，因为软件的开发本身需要软件企业对该行业的核心业务有深刻的理解；同时，由于软件运行要求符合行业规定，内容涉及面广，数据量大，需要软件开发商对行业内的相关规则具有长时间的积累和准确理解，在此基础上，当逐步积累了一定的客户后，就很容易形成客户高转换成本的竞争优势。

5. 利用集中化优势

新创企业普遍规模较小、实力差、资源缺乏，在各类资源有限的情况下，企业开拓市场不宜四面出击、分散力量，而应采用集中化的市场策略，集中自己的优势资源重点开发少数新型的市场紧缺产品，建立自己的相对优势，这不失为一条积极参与竞争，提高整体竞争水平的捷径。

6. 利用政策壁垒优势

所谓政策壁垒，是指国家通过立法的手段，制定一些行业的准入政策，以达到限制不合规企业进入，保护符合要求的企业正常经营的做法。以电器为例，一些民营小家电企业在市场上有成本低的优势，但为了用电安全，国家制定了一系列的安全环保标准，从某一时期起禁止不达标的电器企业进入该行业。由于要生产符合这些环保政策的电器需要做大量的工艺流程和生产资料的改进，在完成改进之前，不符合标准的企业就不能进行生产。这些标准就像一堵墙，阻断了小企业参与该市场竞争的路径。所以，新创企业只有站在高的起点，让自身过硬的指标超过国家的标准，争取满足政策壁垒的限定性要求，成为合格的企业，从而将很多潜在的竞争对手阻挡在行业之外。

四、拾遗补阙

拾遗补阙策略是指把营销和产品开发的重点集中于那些被大企业所忽视掉的市场。由于新创企业初期缺乏实力，为了避免与实力雄厚的主要企业发生正面竞争，新创企业发现及占有某些大企业不屑一顾的细分市场，并借助专业化局部优势对那些可能为大企业所忽略或放弃的市场提供有效的服务，以此来获得自己的发展和生存空间。适合实施拾遗补阙战略的市场通常具备以下特征：一是为了能获利，此市场必须有足够规模及购买力；二是此市场有成长的潜能；三是此市场被主要竞争者所忽视；四是企业有卓越的能力足以有效地服务于此市场；五是新创企业已在顾客中建立良好信誉，可借此抵抗强大竞争者的攻击。以生产实验设备的行业为例，许多企业只生产一种产品或产品线，如只生产显微镜，甚至只生产显微镜片，不仅交货及时，而且是精工细做、质量稳定，深得合作厂家的信赖。因此，拾遗补阙战略的关键是具有良好口碑的专业化水准。

总之，选择适合于本企业的市场开拓策略，是一项复杂的、随时间变化的、有高度艺术性的工作。企业本身的内部环境，如研发能力、技术力量、设备能力、产品的组合、资金是在逐步变化的，影响企业的外部环境因素也是千变万化的。企业要不断通过市场调查和预测，掌握和分析这些变化的趋势，与竞争者各项条件对比，扬长避短，把握时机，采用恰当且灵活的策略，去争取更大的利益。

案例 马化腾背后的人①

原腾讯高级副总裁兼科技总裁张志东与同窗 4 年的挚友马化腾一起创办了腾讯，他是技术人员出身，年轻时就是一位技术大牛。即使在当时深圳整个计算机牛人圈子里，张志东依然是其中的翘楚。QQ 产品的架构是他在 1998 年所设计的，历经十多年，QQ 用户数量从上百万增长到数亿，他所设计的架构却依然适用，被人尊称为“互联网最牛的架构师”。

张志东是一个很注重方法论的人，他对待产品一直都秉承着两个理念：一个是“三个柱子能够顶起一颗球”，在 QQ 快速发展的过程中，产品几乎是 1 到 2 个月更新一个

① 马化腾背后的男人张志东［EB/OL］.（2020-08-06）［2021-11-02］. http://baijiahao.baidu.com/s?id=16741744/8553841078wfr=spider&for=pc.

版本，在当时这种更新速度是少见的。张志东要求在每一个新版本里至少包含3个关键特性的革新，这迫使技术人员绞尽脑汁去找出产品中的问题，不断做出更好用、更能符合用户体验的产品。

另外一个是“小步快跑，快速迭代”，电脑端应用程序可以在发现问题的时候通过向用户发送一个新的版本做出改进。跟许多产品做出来就不能修改、只能回收重做不同，张志东并不需要产品做得多完美（而事实上，在他眼中就没有完美的产品这一说法），而是需要根据用户体验不断改进，每一次版本的改进可能都是微不足道的，但随着产品的不断更迭，带来的变化却是显著的。

在产品研发的过程中容易犯的一个错误是，开发者往往自己挖空心思做出一个自认为很牛的产品，但实际上用户并不接受，这样的产品并不是一个好产品。在产品研发的过程中，张志东很注重用户体验。注重从用户的使用习惯、需求去研究什么样的功能是他们最需要的。据了解，腾讯内部的产品经理形成了一个“10/100/1000 法则”：产品经理每个月必须做10个用户调查，关注100个用户博客，收集反馈1000个用户体验。这种方法虽然简单，但却很有效。

思考与研讨：

1. 张志东是如何通过市场细分最终确定自己的目标市场的？
2. 张志东为什么持续不断地进行产品开发？
3. 张志东是如何了解和开拓市场的？

本章思考与研讨：

1. 什么是市场细分？为什么要对市场进行细分？
2. 只要有盈利可能的就是目标市场吗？
3. 市场营销组合的内容是什么？如果你新创了家企业，你将如何运用营销组合策略？
4. 创业初期，如何有效地开拓市场？

Chapter 11

第十一章　新创企业财务管理基础知识

创业案例 因企业财务管理问题导致融资失败[①]

章某创建了一家清洁设备公司并担任总经理，经过近两年的努力，业务有了很大的起色，客户关系稳定，市场逐步打开，踌躇满志的他准备扩大规模。为了筹资，他联系了一家青年创业扶持基金会。基金会对他的项目非常感兴趣，专门安排了三位企业管理方面的专家去公司考察，专家们对他的创业经历和项目都表示满意，但最后，当财务专家要求提供财务报表和相关的财务资料时，刚才还信心满满的章某则面露难色：他没有请专业的会计核算人员，也没有健全的记账和财务管理制度，他能提供的就是一沓产品销售凭证。最后，他的项目融资申请没有通过，专家们的意见是：财务资料不全，无法判断运营能力，更不能预期未来的成长空间。

案例思考：

1. 本案例反映的新创企业财务管理问题为什么会导致融资失败？

2. 新创企业财务管理不佳还会引起哪些其他不良后果？

第一节 企业财务管理基本概念

企业财务管理主要是指企业运营过程中所需要的筹资管理、投资管理、营运资金管理、成本管理、收入与分配管理，此外还包括财务预测、财务分析和财务控制等。财务管理是企业开展财务活动、组织资金运动、处理财务关系的一项综合性经济管理工作。实际上，在任何一家新创企业中，财务管理都是一项重要的工作。良好的财务管理，能够及时为企业决策层提供所需要的财务信息，不仅有助于优化战略决策，正确分析经营状况，而且有助于更快地实现创造价值的目标。通过财务管理，严格核算制度化，可以有效降低企业运营成本，减少各项费用支出。如，加强工资管理、减少节日加班、控制资金支出、减少次品率、降低原材料采购成本、提高资金周转率等，从而增加企业利润。通过财务管理，也可以促成企业资金合理分配，健全资金管理体系，以便及时发现资金的不当流出，发现资金浪费现象，改善和加强对资金使用的管理，使有限的资金得到合理的使用，以实现正常的生产经营活动。通过财务管理，还可以促成发出的商品能及时办理结算手续，及时收回货款，杜绝呆账、死账的生成。对于一时无法及时收回的货款，可通过财务管理定期核对、办理相关手续等，以保证债权的时效性，避免当期债权失去时效，给企业造成不必要的经济损失。

财务管理是企业管理的重要基础。企业的生产、经营、进、销、调、存每一个管理环节都离不开财务的信息反馈和调控提示。财务管理所提供的数据是对企业经营状况和经营成果的评价，是监督企业经营管理的有效工具，也是企业进行预测、决策，实施战略管理的基础和依据。此外，财务数据反映的也是企业的家底，只有对家底非常清楚，才能为决

① 张晖．企业初创期的财务管理要点［J］．实效管理，2013（2）．

策者制订下一步计划提供更好的信息支持。同其他管理相比较，财务管理涉及生产、材料采购、市场推广、确保应付及应收账款等多个环节，具有综合性强、涉及面广、信息及时准确等特点。显然，通过强化财务管理可以及时发现企业经营过程的很多问题，有利于企业及时调整经营策略，提升整体管理水平，无论是从企业所需资金的筹集和配置角度，还是从经营成本控制角度，财务管理都是具有非常重要的基础性作用的。

财务管理是企业开展经营活动的重要组成部分。企业开展正常的经营活动离不开资产的配套和健康的生产活动，资产的配套有长期资产和短期资产，长期资产包括：建筑物、用于生产的设备和各种设施等；短期资产包括：半成品存货，原材料存货，现金和应收账款。健康的生产活动应是一个连续稳定的动态循环系统，企业生产经营活动的复杂性，决定了企业各作业单位的管理需要多层次、多环节的配合，诸如生产管理、技术管理、质量管理、劳动人事管理、营销管理、财务管理等，这些工作既有科学分工，又需紧密配合。其中的企业财务管理是伴随企业在经营中存在的财务活动和财务关系而产生的，是遵循客观经济规律，按照国家政策、法律、法令和财经制度，以提高企业综合经济效益为目的，合理组织资金运动，正确处理财务关系的综合价值管理的工作。

财务管理质量高低会直接影响企业的后续发展。企业的一切管理和经济活动很大程度上都是基于财务预测、财务分析、财务决策和财务计划等提供的支持，即使新创企业规模很小，财务运作模式仍需尽量规范，新创企业资本的有效运用与所投资的项目，包括实物资产、技术和人力资源的投入和产出是否经济合理，投资收益是否高于成本，风险是否得到补偿，企业的投资决策是否正确等都可通过财务管理而获得具有指标意义的数据，这些数据会直接促进企业内部管理的调整和改善，从而提高企业经济效益。此外，企业的经济核算、财务监督，更是企业各部门开展经济活动的有效制约手段。由于新创企业具有生产不稳定、产品调整频繁、市场开拓困难等特点，决定了新创企业在资金筹措、产品生产、价格形成，货款结算方式、成本预算及考核等财务管理工作都会面临许多新的挑战，因此，通过对财务数据的核算、分析、对比，可以及时发现企业存在的问题，找出日常生产经营中的薄弱环节，从而可堵住漏洞，降低成本费用，改善经营管理，为企业的后续发展创造良好条件。

财务管理是企业与外界沟通的桥梁。新创企业的一切财务活动与其外部环境息息相关，财务管理就是在一定的外部环境影响下，使企业努力寻求有效的方法，运用和发挥财务的优势，以实现财务管理的目标要求。通过一系列财务管理环节，企业可以向外界展示准确、真实的信息，从而有助于投资人进行合理投资，有助于银行据此做出信贷决策，有助于税务机关依法征税等。

新创企业创办者虽然不必从事具体的财务管理活动，但应该绝对重视企业的财务管理，及时进行必要的财务风险管控，在追求企业利润收入、实现企业价值最大化的同时，努力实现企业职工个人、企业组织本身和社会收益的同步增长。

第二节 新创企业容易出现的主要财务管理问题

在创业过程中，由于工作千头万绪，再加上缺乏经验等原因，不少新创企业在财务管理方面普遍存在下列问题：

1. 对财务工作重视不够

新创企业中多数是民营性质，在这些企业中，创业者大都对于财务管理缺乏应有的认知和重视，习惯于根据个人偏好来管理财务。有些创业者认为，财务管理的重要性只有在公司做大后才能体现出来，创业初期没什么财务工作好管理的，有一个会计、一个出纳就可以了，负责收钱、记账即可。由此导致出现财务管理职责不分、越权行事、财务管理混乱、监控不严、会计信息失真等现象。

2. 财务管理人员不专业

初创企业受自身规模小与投入有限等多方面因素的制约，难以聘请到非常专业的财务管理人员，而不少被聘用上岗的财务管理人员甚至还没有从业资格证书，他们在担当这一职位时，不仅无法进行必要的财务分析，制定科学有效的财务管理规章制度，而且也不能从专业知识的视角，掌握和解读国家最新出台的财经税收政策，更不能向企业决策层提供有效的经营绩效信息。让不太专业的人去做这项有一定专业难度的工作，长此以往，一旦出了问题，弥补起来将会耗费大量的人力、物力、财力，也很容易触犯工商、税务、社保等相关规定，被国家机关处罚。还有的公司在创业早期，由于财务管理工作不多，公司常会安排财务人员兼做行政、人事以及其他内勤杂务等工作，结果导致财务会计人员纷纷辞职跳槽。

3. 创业者不了解基本财务管理规范

创业者早期大都只重视进、出账管理，而对财务制度建设、财务数据分析、财务控制等管理业务几乎不懂，他们不看账目，不懂三大报表（损益表、资产负债表、现金流量表）数据指标所反映的业务状况，既不知道企业究竟掌控了哪些资源，也不了解企业掌控的哪些资源已经产生了经济效益，哪些业务是在浪费企业的资源，更不知道运营、筹资和投资等活动中的现金流状况以及存在的问题，也无法对财务数据进行分析，结果导致他们的经营决策充满盲目性和随意性。此外，不少创业者过分强调市场占有率，虽然在一定时间内还获得了相当可观的利润，但是因为财务管理制度松弛，缺少成本核算和预算，决策时缺乏财务信息分析的支持等，不仅为企业后续发展埋下了严重的隐患，而且当市场规模扩大时，可能会使企业陷入财务危机，最终导致创业失败。

4. 财务管理制度不严

不少新创企业财务管理过于随意，财务制度的制订和执行不力，在企业财务方面也存在很多薄弱环节，比如没有形成完善的成本核算和收支审批等制度等。这些不规范现象极易导致财务管理混乱、收支不清、资金使用不透明等情况出现。由于初创企业的财务管理制度不完善，无法形成正确的财务报告，因此向审计部门报送的财务报表资料不完整、数据不准确。这种情况也会影响企业向银行申请贷款，因为银行很难收集到企业完整而准确的财务信息，不得不花费大成本对借贷企业进行调查与评估。由于银行面对极大的借贷风险，就会提高新创企业的借贷利率，从而导致企业贷款成本的增加。

5. 成本核算和控制粗放

新创企业提供的产品或服务在进入市场受到客户认可之前，通常对资金的依赖程度极高，而在资金配置方面管理人员又极易忽略资产与负债是否平衡这一要求。现实中，不少新创企业成本核算和控制十分粗放，只注重生产过程的成本控制，缺乏事前的财务预算、事中的财务控制以及事后财务审核的意识，只知事后算账，习惯将各种产品成本笼统汇总核算，这不利于加强成本的及时控制。比如，贷款到期需要支付本金和利息时，企业债务压力极大，如果对资金不足的情况没有提前发现并采取预先应对措施，就会导致企业到时无法偿还贷款，资不抵债也会严重影响企业的运转情况，资金无法周转还会影响到企业持续稳定的再生产活动。

6. 缺乏财务风险管理意识

初创企业内控体系普遍不完善，决策层大都缺乏科学评估和分析的意识，片面地认为企业能否发展下去的关键在于经营规模的扩大，如果企业经营规模大，就能在激烈的市场竞争中站稳脚跟，健康成功地发展下去，但实际情况却没有这么简单。要知道，如果企业没有采取理性且有效的财务风险规避措施，就会因为进行过度地规模扩张而导致资金短缺，必将面临巨大的财务风险，甚至最终导致企业倒闭。此外，不少新创企业财务运行不够规范，缺乏风险管理和控制机制，权责不到位，内部控制制度和基本财务管理制度不健全等，也都会引发企业的生存问题。

第三节　财务管理制度建设

对于任何企业来说，完善的财务管理制度都具有基础性作用。提高财务管理制度建设水平是初创企业生存和开展经营活动的根本，企业的规模不管多大，都应该有规范的财务制度或者会计操作准则，以确保有制度可依。如果没有科学有效的财务管理制度作为支持，企业在面临突发状况时就只能通过直观感受来做出判断，很容易导致决策失误。尤其是在创业初期，创业者往往会把大部分精力都投入经营生产这一环节，而忽视了企业的财务管理和财务制度建设，如随意更改财务管理规章，甚至根据个人的喜好来管理财务，导致企业在财务方面出现管理混乱、收支不清、资金使用不透明等情况。为避免出现财务管理的混乱情况，新创企业要结合自身的实际发展状况，建立规范的财务制度，设置相应的财务部门，安排专业的财务人员，规范财务部门的主要职责，具体包括：

1. 建立规范的财务制度和记账体系

新创企业要及早建立规范的财务制度，确保财务工作有章可循、行之有效，使收支平衡透明。比如企业在创业初期开展经营活动时，不仅要重视已有资产的充分利用，还要重视对原材料等半成品的管理，此外，还要重视账目管理，将所有资产与财务活动及时入账，做到有迹可循、信息准确。

2. 加强财务监督管理

新创企业要对财务的运作管理方式、财务数据信息汇集对象及使用金额进行严格的监督和管理，加强财务预算约束，形成良好的内部管控机制，保障财务信息能准确及时地反映企业的发展质量。

3. 养成以财务数据作为决策依据的习惯

在进行企业发展决策时，重要的是要习惯用财务数据说话，根据这些能反映企业经济运行状态的数据，再综合考虑其他相关因素进行决策。比如，初创企业在进行融资决策时，首先要了解企业自身的经营情况和财务资金状况，要有明确完整的资本运行结构分析和财务数据支撑，确保自身具备偿债能力，为科学筹资和管理优化提供有力的信息支持。

4. 建立行之有效的财务状况定期分析制度

新创企业要定期全面盘查资金使用情况、分析企业的经营利润率与资产负债率等，同时进行必要的风险评估，并将分析报告保留存档，作为日后经营发展或决策时的参考依据。

第四节　新创企业资金管理

资金问题是制约新创企业发展的最大因素。随着新创企业的发展，经营所需的场地租用、人员薪酬、开发成本、市场推广等逐渐开始需要花费较多资金。然而，初创企业一般自身的资金储备并不充足，融资途径很窄，主要还是靠向银行借贷。但银行往往也不愿意为初创企业提供贷款服务，因为绝大多数新创企业都要与成熟的企业展开激烈的市场竞争，被市场淘汰的概率也比较高，银行在借贷环节要面临无法回收本金与利息的巨大风险，所以银行就会通过提高融资门槛或提高初创企业融资借贷利率来规避风险。资金不足或融资成本过高对新创企业来说也意味着风险加大，可能会导致企业无法偿还贷款，资不抵债，甚至严重影响到企业的持续正常运转。

资金的筹集与利用水平是评判企业经营管理好坏的核心因素之一。任何企业都要在生产资料到位的前提下，确保生产秩序安全稳定，这就需要稳定且源源不断的资金支持。为达到这一目标，新创企业既可以从创业启动资金和自身经营收益中提取资金，也可以从金融市场上以一定的价格发行股票、债券或向金融机构借贷获取资金，然后用于资产投资和再生产活动等。作为企业经营的重要组成部分，企业的财务管理人员要在筹集资金过程中充分运用财务管理能力，设计最优的筹资方案，使企业筹资的成本最小，所筹集的资本能发挥最大的效益。

由此可知，新创企业在制定资金筹集和使用方案时，要从长远出发，制定合理的筹资计划，并结合社会经济状况和企业自身的实际情况及时调整。在科学配置资金使用额度和投入衔接上，要做到资金的流入流出在时间、数额上的匹配，防止资金链断裂。同时，新创企业切勿将大量短期债务用于大规模扩建中，以降低借贷风险。同时新创企业要结合生产经营计划的需要，合理配置流动资产和长期资产，以此确定长、短期资金配比关系。在此基础上，及时对资金的使用效益进行科学有效的评估，并作为企业发展方向正确与否的重要判断标准。（关于筹融资方面的具体内容请阅读本书第十二章）

一般来讲，企业的资金常分为固定资金、流动资金和发展资金三种。

固定资金通常是企业用来购买办公设备、生产设备和交通工具等固定资产的资金，这些资产的购买是企业长期发展所必需的，但是一般都会涉及较大资金需求，而且收回投入的时间也较长。由于财力薄弱，新创企业在早期应尽可能减少用于固定资产的资金投入。为满足实际需要，可以采用一些成本支出较少、占用资金量小的方式，比如新创中小企业可以通过租赁等方式来解决对生产设备和办公场所的需求问题。

流动资金通常是用来支持新创企业在短期内正常运营所需的资金，比如办公费、员工工资、差旅费等。在新创企业正常运转的过程中，营运资金占有非常重要的地位。营运资金有时也被称为营运资本，是企业流动资产总额减去流动负债总额后的净额，即企业在经营中可供运用、周转的流动资金净额。其中的流动资产是指可以在一年内或超过一年的一个营业周期内变现或运用的资产，具有占用时间短、周转快、易变现等特点。流动资产在资产负债表上主要项目包括：货币资金、短期投资、应收票据、应收账款、预付费用和存货等，企业拥有较多的流动资产，可在一定程度上降低财务风险。营运资金中的流动负债是指需要在一年或者超过一年的一个营业周期内偿还的债务。流动负债具有成本低、偿还期短的特点，主要项目包括：短期借款、应付票据、应付账款、应付工资、应付税金及未交利润等。由此可知，对营运资金的管理就是对企业流动资产及流动负债的管理。

流动资金管理是企业财务管理的重要组成部分，其核心内容就是对资金运用和资金筹措的管理。企业流动资金的管理质量如何，直接关系到企业的生存与发展。流动资金过多并非好事，虽然流动资金较多，反映出企业的变现能力较强，但过多的流动资金也说明企业的资金出现闲置、资产利用率不高；而流动资金过少也不好，表明企业流动资产问题较多，预示固定资产投资依赖短期借款等流动性融资额的程度较高，变现能力较差，潜在的偿债压力较大，甚至可能会导致经营上面临困难。因此，企业要维持正常的运转，流动资金的多少一定要适量。要搞好流动资金管理，重要的是解决好流动资产和流动负债两个方面的问题，即从资金运用角度讲，企业应该投多少资金用于流动资产，做好资金运用的管理，这主要包括现金管理、应收账款管理和存货管理。从资金筹措角度讲，企业应该怎样来进行流动资产的融资，即资金筹措的管理，包括银行短期借款的管理和商业信用的管理。

由于财务结算方式和市场需求的季节性变化对流动资金的影响较大，因此，新创企业一定要做到精打细算，在合法合规的前提下拓宽除银行外的各类融资渠道，保证有充裕的流动资金应对企业日常运营的需求，同时，认真严谨地使用好每一笔资金，尽可能地减少对流动资金的占用。

发展资金通常是企业从税后企业留利基金中分配用于自身发展的一项专用基金。企业发展基金主要用于仓库、中小型商业网点、其他经营性基本建设、简易建筑、零星固定资产购置、技术改造等支出和科技教育经费补助，以补充企业流动资金的不足。企业发展基金是企业生存和发展的基础，企业发展基金在企业留利基金中所占比例，反映了企业发展生产的能力、扩大再生产的程度，其比例越大，标志着企业留利基金用于提高生产能力的资金力量越雄厚。

第五节 现金流和成本管理

新创企业的产品或服务在进入市场受到消费者认可之前，对资金的依赖程度极大，因而，确保足够的现金流、控制成本、避免浪费是十分必要的。

一、现金流管理

现金流包括现金在企业的流入和流出。创业者，尤其是对财务比较陌生的创业者经常会将利润当作现金流入，将成本当作现金流出。这种看法是不正确的，甚至时常会误导创业者的决策。现金流入在绝大多数情况下并不等于利润，成本的支出也绝不是现金流出的全部。由于赊销现象的存在，许多企业的现金流入会小于企业的账面利润。对于创业者来说，一个很重要的财务问题就是充分理解现金流和账面利润之间的关系。因此，要时刻关注库存与现金周转的状况，降低流通时产生不必要的成本。

需要注意的是，企业的现金流应该是真实的存在。如果只是在账面上看到资金的变动，是无法表明已经有了可支配的资金，决策层也不能据此就可对企业的经营发展进行全局谋划的。由于会计准则是按照权责发生制确认收入，且受到企业销售政策的影响，因此，企业在账目上记录的销售收入很可能不会产生现金流，比如赊销；而其他业务收入也未必会在确认收入的当期产生现金流，比如利息收入一般是年度或季度付息，这就导致了企业的名义收入大于真实的现金流入。此外，企业的采购可能会采取预付款形式，在成本还未在会计中确认时，现金流出已经产生；有些营业外支出虽然已发生并产生现金流出，但由于原始凭证尚未取得而未入账，这就会使企业账面所显示的支出小于现金的真实流出。将上述情况综合考虑，就会发现一个很普遍的现象：企业当期的会计账面名义上盈利很多，但实际的现金流可能是零甚至是负的。

现实中，不少企业由于片面追求销售业绩，可能会忽视对应收账款的管理，为了实现利润、销售更多产品，经常会采用赊销的形式。如果对赊销的现金流动情况及信用状况缺乏控制，未能及时催收货款，就很容易出现货款被拖欠现象，造成账面名义上有利润，但实际却根本没有现金或现金很少的情况。为防止此类现象发生，企业的财务部门应加强对赊销、预购业务的控制和管理，制定相应的应收账款、预付货款控制制度，及时收回应收账款，以减少风险，提高企业资金的使用效率。

二、成本管理

1. 成本

成本一般是与开展生产活动的消耗，如原材料采购、生产加工及存货管理相联系的，此外，还要加上人工费、水电费等日常开支，同时将企业购买的设备、厂房，专利、软件等资产成本按照一定比例，分期摊销至成本中，这样核算出的成本才准确真实。以生产成本为例，通常包括：

（1）直接材料——指构成产品实体或有助于产品形成的各种原材料及材料。如企业生产过程中实际消耗的原材料、辅助材料、备品备件、外购半成品、燃料、动力、包装物等。

（2）直接工资——指生产人员的工资、奖金、津贴、补贴及福利等。

（3）制造费用——指企业各个生产车间为组织和管理生产所发生的各项费用。如管理人员工资、生产单位用房建筑物和机器设备的折旧费、修理费、运输费、试验费、劳保费、保险费等。

需要指出的是，有一种支出是不计入产品成本的，那就是期间费用，是指在会计期间内为企业提供一定生产条件，以保持产品产销能力所发生的费用，如管理费用、财务费用、销售费用等，期间费用全部是从当期产品销售利润中扣除的。

2. 成本控制

成本控制是企业根据一定时期预先建立的成本管理目标，运用系统工程的原理对企业在生产经营过程中所发生的各种耗费进行计算、调节、改善和监督的过程。成本控制同时也是一个发现薄弱环节，挖掘内部潜力，寻找一切可能降低成本途径的过程。企业要想在日益激烈的市场竞争中谋求经济利益，以取得持续性的竞争优势，那么就必须精打细算，加强成本管理控制，努力寻求各种降低成本的有效途径和方法。良好的成本控制可以有效降低产品成本，提高企业生产能力和资源利用率，提高市场竞争能力，促进企业改善经营管理，有利于企业的持续发展和改进，最终提高企业盈利能力。

企业降低成本、提高利润，关键是要将成本控制落到实处，成本控制与企业的基础管理工作紧紧相连。成本控制主要方法包括：

（1）提高资金运作水平。首先，新创企业要千方百计开源节流，增收节支；其次，要对资金实施跟踪管理，加强资金调度与使用；最后，要努力降低存货比例，加强存货管理。通过以上措施以减少资金占用，优化资金结构，合理分配资金，加速资金周转。

（2）抓好事前、事中、事后的成本控制工作。新创企业要主动在业务开展前就抓好成本预测、决策和成本计划工作；在业务开展过程中，要及时发现问题，抓好成本控制和核算工作。一个业务周期结束后，要及时抓好成本控制的考核和分析工作，汇总相关数据信息，提出改进措施，努力去挖掘成本降低和提升效益的潜力。

（3）严格控制和节约各项费用开支。新创企业对于一般可控的费用应尽量节约开支，如一般耗材费、差旅费等。此外，要坚持勤俭办企业，反对铺张浪费，尽量降低制造成本，节约生产成本，严格控制期间费用，压缩非生产性费用开支。

（4）通过技术创新寻求降低成本新出路。在成本降低到一定程度后，原先的各种措施效力开始减弱，企业只有通过不断技术创新来降低成本。具体包括：从原材料创新上寻找或制造新的、价格更便宜的材料来替代原有老式的、价格较高的材料；从工艺创新上不断提高材料的利用率、降低材料的损耗量、提高商品率或一级品率；从工作流程和管理方式创新上来提高劳动生产率、设备利用率以降低单位产品的人工成本与固定成本含量；从营销方式创新上来增加销量、降低单位产品营销成本，只有用有效的方式不断激励创新，才是企业降低成本的根本出路。

（5）避免盲目生产导致产品滞销而造成积压。企业的决策者要进行比较准确的市场分析和销售预测，通过以销定产等方式，确定企业生产产品的数量，确保在较短时间内能够将产品及时顺利销售出去，避免造成资金占用和产品积压。一般来说，采购部门通常是根据企业生产计划来编制，而企业生产计划是根据销售计划来制定的，这样环环相扣，只要销售计划不出大的偏差，生产材料采购计划大体上就是合理的。表 11–1 给出了企业生产不同环节的成本控制方法。

表 11–1　企业生产不同环节的成本控制方法

采购环节降低成本的方法	生产环节降低成本的方法	销售环节降低成本的方法
①利用科学的决策分析方法，合理决定经济订货量或经济批量、决定采购项目、选择供应单位、决定采购时间。 ②进一步推进集中采购制，建立原材料等对外服务的统一采购平台，实现价格、供应商等资源共享。 ③推进直供制，逐步取消中间供应商；建立采购责任制，强化采购人员、审价人员的责任意识。 ④整顿辅料、零星物资采购价格，采购价格要在前一次采购销售价格的基础上逐步下降。 ⑤探索建立采购奖罚制度，奖罚要与领导、个人挂钩；加强技术攻关力量，降低采购成本。	①努力提高设备的利用率，合理组织安排生产，科学安排班次，避免设备忙闲不均；加强设备的维修保养，提高设备的完好率。实行专业化协作等，以减少单位产品的固定资产折旧费用。 ②优化工作流程，合理制定原材料、燃料、辅助材料等物资费用的定额；严格健全产品、产量、品种、质量、原材料消耗、工时考勤和设备使用等原始记录，为财务统计部门提供有效、系统、准确的信息。 ③减少库存。从降低库存数量着手，把存货量和库存成本、库存金额控制在最佳范围内。 ④控制人员成本。精减人员、合理定岗定编，控制劳动力的投入、降低人工成本。 ⑤充分调动员工的积极性，将成本控制责任落实到部门或个人，完善收入分配制度，完善激励机制。 ⑥控制质量成本。要加强工作过程中的质量控制，减少废品率和返工时间，减少资源耗用。	①控制销售成本，销售部门在扩大销售成果，提高市场占有率的同时，要强化销售费用的使用效率，相对降低成本。第一，销售部门要研究、推进销售、服务的营销体系，以规模经营降低成本；第二，销售部门要认真研究国家、各地方的税收政策，合理进行分公司的税收策划；第三，销售部门要利用经济决策方法，降低运输成本；第四，销售部门要利用成本最优决策，提高广告费的使用效率。 ②降低物流成本，通过有效配送来降低物流成本。企业实现效率化的配送，减少运输次数，提高装载率及合理安排配车计划，选择最佳的运送手段，从而降低配送成本。

第六节　三大财务报表与财务分析

随着新创企业经营活动的展开，一些需要财务管理来解决的相关问题就会出现。比如，企业是盈利还是亏损？成本细分都有哪些构成部分？企业目前还有多少现金流？这些现金流能否用来偿还债务或投入新的项目？企业资产的使用效率如何？企业是否需要筹集资金来支持未来经营发展？等等。显然，这些信息反映的是企业经营的现状好坏，也是未来展开决策的依据，而所有这些信息都可以从企业财务部门负责处理的三大财务报表，即损益表、资产负债表、现金流量表中的各项财务数据指标反映出来。作为创业者和决策者，对这些信息所表示的意义应该做到心中有数，至少需要明白四项主要财务指标：盈利性、流动性、资产使用效率和稳定性。财务部门通过对三大财务报表中的财务数据指标经常性的计算、预测、整理、分析，及时肯定成绩、发现企业存在的问题、寻找原因，为决策层改善管理提供可靠的财务数据支持，并据此做出科学决策，及时改善工作并修正经营方针等，促使企业不断提高经济效益和社会效益。

企业外部相关方通常会根据财务报表中的财务数据指标，比较准确地了解企业目前的经营状况、资信水平、偿债能力，甚至还可以预见企业未来的发展前景等，在此基础上，他们会做出是否与新创企业合作的决定。当然，由于新创企业早期的规模普遍比较小，因此，在创业初期很少对外开展筹融资活动，固定资产的购置不会很频繁，原材料和低值易耗品的出入库量也不多，成本核算内容和任务相对简单，特别是一些服务业、餐饮业、高科技公司等，公司的三大财务报表、财务分析等的关注者主要还是限于新创企业的决策层、市场工商管理部门和税务部门等。

损益表、资产负债表、现金流量表所反映的数据信息是对企业经营状况的高度概括和总结，是创业者在短时间内了解企业经营状况的必由之路。三大会计报表如同行军打仗的地图，没有地图，就会迷失方向，创业者若不懂这三张报表，就会失去对企业的控制力，不能做到知己知彼，必败无疑。比如说，有些新创企业通常会向某大企业供货，但由于决策者不懂财务报表，不能通过财务报表提供的信息了解对方的财务状况和资信水平，结果，货物虽然已经发给了对方，但却迟迟拿不到货款，而在此期间，企业还有许多要做的事需要资金支持，如购买零部件、原材料、给员工发工资、补偿日常开支和运费等。因此，作为创业者必须要通过财务报表清楚地了解以下信息：

（1）目前已经筹了多少资金？用在了什么地方？

（2）经营过程中都有哪些开支？有哪些收入？

（3）有哪些应收账款还没有收到？哪些应付账款还没有支付？

（4）公司经营是否有盈利？

（5）还有多少现金可以使用？

（6）目标客户的财务状况、经营状况如何？（可从三大财务报表获得相关信息，尤其是上市公司）

（7）目标客户是否具备按时支付货款的能力？还款信用记录是否良好？

从财务管理的角度讲，针对上述问题，首先应按照基本财务账本进行记录，然后根据财务数字做出报表。作为新创企业的决策者，应该大体上理解财务三大报表中的信息所表示的含义。三大报表是个整体，拆开看都无法看到完整的企业经营结果。为了评估企业是否实现了各项财务目标，掌握企业目前经营是否处于健康状况，需要对财务报表进行分析，只有这样，才能及时发现问题、控制成本、使利润最大化。

三大报表具体内容如下：

一、资产负债表（也称财务状况表）

它表示企业在一定日期（通常为各会计期末）的财务状况（即资产、负债和业主权益的状况）的主要会计报表。通过资产负债表可看出企业掌控的资源和经济实力。在表中的右方表示“负债”，反映的是企业的钱从哪里来？如长短期负债、资本金、股东权益等，也包括经营利润或投资收益等；左边则是“资产”，表示企业把这些资金投入到哪些资产上了？如现金、债券、原材料、商品、在建工程、长期投资等。

资产负债表通常可为创业者提供以下主要信息：

（1）企业资产及分布状况；

（2）企业负债及分布情况；

（3）企业净资产（所有者权益）金额；

（4）企业长、短期偿债能力；

（5）与利润表结合可以计算企业资金周转情况及资金创利情况；

（6）企业未来的财务形势和趋向，主要是根据本年数据与上年数据比较来判断。

二、损益表（也称利润表）

它反映每年 1 月 1 日至 12 月 31 日的经营成果，具体反映企业在这一期间的各类成本结构以及利润的水平。通过利润表可进行企业盈利能力分析、企业长期偿债能力分析以及投资效益分析。损益表由两部分组成：一部分提供的信息是资金流入（即销售产品或服务后顾客支付现金或承诺在将来偿付，计为应收账款）——现金或应收账款，也称为收入。另一部分提供的信息是为获得收入所需的资金流出（也称为费用）。收入超过费用的部分就是利润（即收益）。收入总额超过费用总额的净值称为净收益。管理者和其他利益相关者需要经常了解企业的收益情况，因此，普遍是一个月要编制一份损益表，有时短到一周甚至一天。

损益表通常可提供以下主要信息：

（1）企业各项收入情况；

（2）企业成本费用情况；

（3）主营业务税金及附加；

（4）企业实现税前利润；

（5）企业上交所得税；

（6）企业实现税后利润；

（7）与资产负债表结合可得出资产周转和创利指标，如将净利润与资产总额进行比较，可算出资产收益率。

需要说明的是，尽管利润很重要，但以损失其他后续发展的投入为代价，反而得不偿失。比如，有的新创公司为了获得股东的欢心或融资时获得较高估值，往往会把利润表做得更漂亮些，常用的方法是：一方面砍掉或压缩应有的费用，压低相关人员的薪酬；另一方面砍掉或压缩研发费用。虽然从账面上看确实是降低了成本，提高了利润，但新创公司却因此而失去了发展后劲。压低相关人员的薪酬，会导致管理团队积极性受挫，缺乏对高素质人才的吸引力，甚至难以留住人才；砍掉或压缩研发费用也会导致产品或服务档次低、更新换代慢、缺乏市场竞争力等。因此，为了公司的长久发展，有些必要的再投入应该是随着收益的增加而增加的。

三、现金流量表

它反映的是营运、理财、投资等三种活动的现金流入和流出状况，是企业在一定会计期间（一般指一月、一季、一年）的现金流入和流出的财政报告，主要是要反映出资产负债表中各个项目对现金流量的影响，为我们提供的是一家公司经营是否健康的证据，可看出企业未来存活的可能性。对创业者来说，现金流量表最重要，因为现金的高流动性使之能任意转换为其他任何类型的资产。只有纸面利润而没有实际的现金流入，企业的业务很快就会萎缩。结合现金流量表和利润表，做出的财务分析才有价值。创业者要特别关注有关现金流的问题，要注意库存与现金周转，注意及时解决应收货款问题。

现金流量表通常可提供如下信息：

（1）提供企业现金流量信息；

（2）可以分析企业应收账款和存货的质量；

（3）可反映企业经营、理财、投资等三种活动的现金流入和流出状况；

（4）可预测企业未来发展状况；

（5）现金流量结构百分比分析（比如：经营、投资、筹资等引起的现金流入与流出所占比例）；

（6）现金流量变动趋势分析；

（7）现金流量财务比率分析（比如：现金净流入占净利润的比率，如果小于 1，说明存在尚未实现的现金）。

在新创公司成立之初，应该设立好公司的资本结构，做好现金流的预警分析，在达到某一预警指标时，及时采取措施，防止出现资金链断裂的情况。一个健康的新创公司，一定要有良性循环的现金流量。

特别要提醒的是，应收账款与现金流是负相关关系，也就是说如果新创公司的应收账款增加，就意味着现金流量的减少，反之亦然。真实的利润率代表着公司的发展，而现金流则代表着新创公司当下的运营能力。没有真实的现金流而空谈利润没有任何意义。有了足够的现金，才能有机会获得远比账面利润多得多的利润。

其实，现金流是实打实的公司账户里的现金量变化，利润只是财务报表上的数字而已。比如一笔生意下来，合同金额是 1000 万元，所有成本总计 800 万元，利润则是 200 万元。可这 200 万元利润要变成现金，必须要等到客户将款全部打到公司账户里才成为可能。也许是两年后，也许还会有坏账的风险等。因此，新创公司要重视应收账款的管理，尽量采用现销，避免用赊销的办法。另外，在商业活动过程中，对于所有现金往来、交易凭证等票据都要保存完整且与所记录的账簿一致，同时还要特别关注客户的资质和信用情况，以防现金流管理出现问题。

第七节　新创企业其他财务管理活动

对于一个企业来说，财务管理除了以上内容外，还包括：财务预测、财务分析、财务控制和财务风险预警等。

一、财务预测

新创企业进行经营决策时，必然要涉及成本费用、收益以及资金需要量等问题，而这些大多需要通过财务预测进行估算。财务预测就是依据目前的财务收支情况，通过合理的分析，结合市场环境的变化来预计企业未来某一期间的财务情况。例如以当前企业的收入和支出为依据，分别乘上一个合理的系数，来推算未来某一期间的相关数据。值得提醒的是，随着企业的规模不断扩大，单位固定成本会略有下降。但随着企业的发展，管理费用和相关市场开拓成本也会大幅增长。所以在预测未来支出时，尽量多留一点余量，这样有利于创业者在实施决策时更加具有可行性。财务预测的目的正是为了让企业者对企业今后发展中会出现的相关财务风险进行事前准备，防患于未然。

合理的财务预测会帮助创业者制定和运行各种计划，有助于公司的成功。为此，可以参考以下做法：

1. 成本预测

从成本开始，而不是从收入开始。在创业阶段，预测成本比预测收入容易得多。比如固定成本通常一目了然。而一般管理费用则包括：租金、公共费用支出（水电煤气费）、电话费 / 通信费、会计费、法律 / 保险 / 许可费、邮费、技术、广告 / 营销、工资等；可变成本则包括：已销售商品成本、材料和供应、包装，以及直接人工成本等。

2. 收入预测

这包括营业收入和收益预测等方面。多数创业者常常在保守的现实和积极的理想状态间预测未来收入，对未来良好的收入预期会让创业者动力十足，也有助于鼓舞团队成员。

3. 资金需求量预测

一般而言，资金需求量的预测往往是借助财务报表预测来进行的。要想知道公司未来的经营成果和资金需求量，首先要进行销售预测，然后估计所需要的资产投入，因为资产投入通常是销售量的函数，根据预计销售量和资产销售函数，可以预测所需资产的总量；再根据销售额估计收入和费用，并确定净利润；根据预计资产总量，减去已有的资金来源、负债和内部的留存收益，得出应追加的资金需要量，以此为基础进一步确定所需的资金数额。

二、财务分析

财务分析是对企业一定期间内发生的财务数据进行管理层面的分析，例如：制造成本/销售收入；管理费用/销售收入；毛利润/销售收入；工资/管理费用；应收账款/销售收入；存货/销售收入等。通过这些财务分析，可以帮助新创企业从定性及定量的角度寻找自身目前存在的问题，如单位成本过高；管理效率较低；应收账款期限太长；存货周转速度过慢等。

通过三大财务报表综合分析，可以判断新创企业的财务状况和经营成果。对企业自身而言，可以通过财务报表将当前的经营情况加以对比，这种比较不仅对于制定未来的发展计划有帮助，而且有助于认清企业经营中的优势与劣势。

三、财务控制

财务控制是指对企业的资金投入及收益过程和结果进行衡量与校正，目的是确保企业目标以及为达到此目标所制定的财务计划得以实现。创业者创业之初肯定在管理和控制方面存在诸多不足，但有些控制一定要尽早实施，良好的财务控制能够为企业构建一面防火墙，能使创业者的努力不被内部的机制缺陷所葬送，主要包括：预算控制、成本控制、实物资产控制、风险控制等。

财务控制是一个动态的控制过程，要确保财务预算的贯彻落实，就必须对预算的执行情况进行跟踪监控，及时发现问题，即刻调整并纠正偏差。为此，必须建立一个反应灵敏的信息反馈系统。这一系统不仅能自下而上反馈财务预算的执行情况，也能自上而下传递调整偏差的要求。同时，这一系统既要求信息传递及时、快捷，也要确保信息真实、可靠，并配备相应的信息审查人员，制定相应的责任制。

四、财务风险预警

企业在出现财务方面的问题时，要及时发出预警信号，警示决策团队在企业经营方面所面临的经济危险，并积极采取措施调整和改善，化解企业经营危机。新创企业要在内部形成良好的管控机制，确保财务监督和风险预控行动的有效开展。这就要求企业采取实时全面监控措施，在规定的时间监督统计财务报表、经营计划等相关资料，对运行情况、盈利能力、偿债能力等关乎企业生存发展的指标进行全面正确的评估，准确预测出企业的潜在危机。

五、其他财务管理活动

银行账户管理：企业一般应设立一个基本户、一个一般账户、若干个特殊用途账户（如基础建设、项目研发），不同账号的性质和用途各不相同，它能够让管理者更好地掌握企业的资金流动。

现金管理：现金的保管和记账一定是由两个人分别负责，同时，对现金的提取和使用应该由财务负责审核批准，金额较大的甚至要公司负责人批准，现金每日下班前进行盘点。

费用报销控制：费用报销申请应由相关部门负责人批准，财务人员将报销申请交至复核人员复核，金额较大的由财务负责任或公司负责人审批。

存货和资产管理：存货和资产的采购申请、审批、资金发放、验收入库及库存管理应由不同部门的人员分别负责和监控，存货库房有专人看管并记录相关产品出入库情况。

账务往来管理：具体需要注意项目包括：原始资料保持完整；与客户的账要清楚，特别是明细账，收款要及时，月底应该要对账；开发新客户要进行信用评估；自己要核对银行对账单；股东一起编制各月预算；每个月向合伙人报告现金状况及财务报表；外地销售的出差费用要及时报账，有关出差费用要先订下限额及报账方法。

报税管理：企业每个月都必须向税务局申报企业的经营情况。企业每个月都要根据运营情况做账，然后根据账本数据向税务局做税务的申报。如果在税务局规定的时限内没有进行纳税申报，对于情节较轻的，除补缴税款外，税务机关将会对企业处以每月一定数额的罚款，如果超期更长，将加收滞纳金；对于情节严重的，税务机关将视情节严重程度，给予相应更高金额的罚款。连续三个月不到税务登记机关纳税申报的，税务登记机关将对该企业的税务登记证做注销处理。一旦税务登记证被税务局注销，就意味着不可能再被恢复，也就是说，企业的所有证照都会因为税务登记证的注销而相继作废。

案例 个人独资企业与一人有限责任公司征税比较

由于一人有限责任公司与其股东是两个不同的法律主体，因此在征税时将一人公司与股东实行双重征税，即对一人公司征收企业所得税，再对股东取得的工资薪金、分得的税后利润征收个人所得税。

例：假定 2020 年某个人独资企业与一人有限责任公司从业人数均为 30 人，资产总额 300 万元，不考虑纳税调整项目，在未扣除投资者费用（工资）的情况下，年度利润均为 25 万元，个人独资企业和一人有限责任公司的投资者每月取得 13 000 元工资，经税务机关认定，一人有限责任公司的投资者取得的工资、薪金支出合理，公司符合小型微利企业的认定条件，适用企业所得税税率 20%，税后利润都用来分配股利，比较个人独资企业和一人有限责任公司的税负。

个人独资企业应纳个人所得税 =（250 000−24 000）×35%−6750 = 72 350（元）

一人有限责任公司纳税情况：

投资者工资薪金应纳个人所得税 =［（13 000−2000）×20%−375］×12 = 21 900（元）

应纳企业所得税 =（250 000−12×13 000）×20% = 18 800（元）

股利应纳个人所得税 =（250 000−12×13 000−18 800）×20% = 15 040（元）

个人所得税与企业所得税合计 = 21 900 ＋ 18 800 ＋ 15 040 = 55 740（元）

通过比较不难发现，尽管存在双重征税，由于企业所得税法取消了计税工资的限制，一人有限责任公司的税负较个人独资企业要轻。

案例

2007 年年初，任正非致信 IBM 公司 CEO 彭明盛，希望 IBM 公司派出财务人员，帮助华为实现财务管理模式的转型。当然，华为将支付巨额费用。

为什么要雇用 IBM 的财务人员？因为任正非注意到，虽然华为销售收入保持高速增长，净利润却逐年下降，他甚至不知道一个单子接下来是否会赚钱。尽管从 2000 年开始，华为公司的财务部门已经参与成本核算，但是公司还是缺乏前瞻性的预算管理——国内绝大部分企业很难做到这点，但这却是跨国企业擅长的。

不久，华为公司正式启动了 IFS（集成财务转型）项目。与此同时，IBM 正式把华为公司升级为事业部客户——在其全球几十家事业部客户中，华为是唯一一家中国企业。从这方面来说，任正非的眼光，超出了其他国内企业。

IFS 项目给华为培养了数千名合格的财务总监，把规范的财务流程植入华为公司的运营流程，实现了收入与利润的平衡发展，这也是近几年华为虽然营收增长放缓，但利润的增长仍然不错的重要原因。

思考与研讨：

1. 从上述案例中如何理解财务管理的重要性？
2. 你认为财务管理的内容都包括什么？
3. 华为通过花费巨资寻求财务管理支持是否值得？为什么？

第八节　新创企业财务业务外包

对新创企业来说，找一个能够应对各式财务难题的财会人员很难，如果有合适人选企业不仅要支付比较高的工资，还得买社保，这对于新创企业来说负担不小。但要找一个兼职的财会人员，他不一定对代开发票、企业税务登记、财务分析等样样精通。

新创企业在发展的不同阶段，对财务的要求也大不相同。刚成立时规模不大，业务相对较少，因此，比较适合选用代理记账的方式来处理公司的财务问题。当公司规模变大变强，涉及的面也变广时，用财务外包的方式则是一个很好的选择，是以低成本实现专业财务管理的有效途径。财务外包可有效规避新创企业的经营风险；可在很大程度上节省创业者的时间和精力，让将时间和精力更多地投入到产品开发、市场推广和运营管理方面。

财务外包就是将整个企业财务管理业务根据实际需要分解成若干模块，如工资核算、固定资产管理、报表系统等，将这些模块中企业不擅长管理的部分外包给专业机构去处理。当然，企业为此要支付一定的外包费用。

一旦条件成熟，新创企业还是要有自己的财务部门，配备全职的财务人员，负责资金收支的工作和基础的税务事宜。为配合外包机构的工作，新创企业的财务人员在必要时还需要接受外包机构负责人的安排和指导，共同完成财务工作。有人不理解，既然外包了，何必还要自己的财务人员配合？道理很简单，管钱的人最好是新创企业内部的自己人会更放心。

目前，市场上有许多财务公司拥有专业成熟的财务外包团队，他们在业内也有着良好的口碑。这些财务公司可为企业提供商事注册、会计代理、薪资、税务等专业的服务，使新创企业可以从烦琐的财务管理事务性工作中解脱出来，以便更专注于核心业务，实现企业效率最大化。

本章思考与研讨：

1. 为什么说财务三大报表的数据反映了企业是否处于健康运行的状态？
2. 分别说明三大财务报表的数据内涵。
3. 根据某新创企业财务报表信息，尝试对该企业经营状况做认真分析。
4. 请解释财务管理的一般过程。

Chapter 12
第十二章　新创企业融资

创业案例

某公司开发大学生创业训练软件，虽然技术的开发有了很大的进展，但资金的短缺越来越突出。自运行一年来，公司主要进行产品开发，几乎没有收入。当得知可获得科技型中小企业技术创新支持时，公司进一步加快了研发的速度，于2008年12月通过了科技部的技术审查，取得了阶段性的成果。因为有良好的技术基础，公司相继获得科技部创新基金资金支持100多万元。这不仅起到了雪中送炭的作用，而且起到了引导资金的作用。第二年，该项目又得到了教育部重点规划课题、北京市海淀区科技计划项目等100多万元资金支持。如今，该企业产品已经成为多个省市全国大学生创业比赛指定产品。2013年又得到了南京创业园区200万元的资助。

思考与研讨：

1. 创业过程为什么需要及时融资？
2. 新创企业怎样才能得到资金的支持？
3. 在获得资金支持的同时，新创企业付出的代价是什么？

第一节　两类不同的融资

在企业创业初期，要做的事很多，而前期资金已经用完，投入又没有取得收益，此时必须要考虑是否有足够的资金继续支持企业的日常运营。因此，对资金的需求在创业初期一直会伴随着创业者，资金是企业的血液，没有资金，企业将无法继续生存，所以融资问题几乎是创业者的核心财务问题。对于初创企业来说，如果连续几个月入不敷出或者因为其他原因导致企业的现金流中断，都会给企业带来极大的威胁。相当多的企业在创办初期因资金紧缺而严重影响业务的拓展，甚至错失商机而不得不关门大吉。

实际上，无论成功与否，新创企业普遍会出现资金短缺现象：如开办时间短，资金还没回笼就已经用光，如果不能保证循环再生产，企业将面临发展困境；再有，创业初期，企业需要尽快形成核心竞争力，要做的事很多，但已有资金积累太少，根本不够用，如果不能保证研发经费并尽快形成产能，很可能在还没有形成竞争力之前就被对手挤垮；此外，当企业面临重大市场机会，急需一笔资金投入市场，否则就会坐失良机时，却苦于没有资金支持等。对于创业者来说，能否快速、高效地筹集资金，是创业企业站稳脚跟并继续发展的关键。事实上，如果资金问题解决不好，很多极具潜力的新创企业都可能会半路夭折。

虽然新创企业开始时的经营规模并不大，对流动资金的需求还可以通过自有资金和向亲朋好友借款的方式解决，但多数创业者也会发现，随着业务的开展，创业所需要的资金仅靠个人积蓄或向朋友借款渐渐无法满足需求，特别是新创企业在技术开发、产品研发、市场开拓等的资金需求量一般都会很大，对于这部分资金的筹措不得不通过更多外部渠道来解决。

新创企业最大的困难就是从外部渠道筹集急需的资金。对创业者来说，在选择融资渠道时，重要的是要对融资方式的差异、融资成本、融资速度和融资条件进行综合比较。目前国内创业者的融资渠道较为单一，主要还是依靠银行等金融机构。而实际上，政策资金支持、天使投资、风险投资、民间资本、融资租赁等都是可供选择的创业融资渠道。大体上讲，新创企业融资方式主要有以下两大类。

一、债务融资类

债务融资是指企业依法筹集并依约使用、按期偿还的资金，包括从银行及其他金融机构获得的各种借款、应付债券、应付票据等。债务融资主要是通过银行借款、发行债券、商业信用、融资租赁等方式筹集，它体现了企业和债权人之间的债权关系。

一般债务融资需要用某种资产做抵押、质押或由其他方做担保。然而，融资本身也有许多困难，主要包括：新创企业业绩有限，还没有建立起广泛的信用，不容易取得金融机构的认可和信任；资金来源渠道窄；融资计划滞后；融资成本高等。

二、权益融资类

权益融资是企业依法筹集并长期拥有自主支配权的资金。它主要是通过吸收直接投资和发行股票等方式筹集，其所有权归投资者。权益融资具有永久性特点，无到期日，不需归还。权益融资也没有固定的按期还本付息压力，股利的支付与否和支付多少，视项目投产运营后的实际经营效果而定。这种融资方式的显著特点之一就是在获得时无须资产抵押。两种权益融资的区别见表 12-1。

表 12-1　两种权益融资的区别

比较项目	债务融资	权益融资
抵押或担保	需要	不需要
本金	到期从企业收回	不能从企业抽回，可以向第三方转让
报酬	事先约定固定金额的利息	根据企业经营情况而变化
风险承担	不承担	承担
对企业的控制权	无	按比例享有

第二节　债务融资的主要形式

一、银行贷款

新创企业早期的资金需求具有高度不确定性，而且资金的需求量较小，对金融机构来说也因其缺乏规模而难以形成吸引力。对于一个处于创业阶段的新企业来说，从银行等金融机构获得融资的方法一般不适用。因为此时，初创企业一方面因业绩有限且不稳定，还没有建立起市场信用；另一方面企业也缺乏固定资产做抵押或难以得到其他方的担保。除了一些特殊情况，银行几乎不会在这一阶段对新创企业提供融资服务。但是，在有资产可作抵押或有第三方担保的情况下，商业银行也可以是创业者解决短期资金困难的融资渠道。需要注意的是，办理银行贷款手续复杂、周期长、门槛相对较高。

商业银行以资金债务的形式注入企业，同时需要企业提供一些有形的抵（质）押资源或第三方担保，抵押品可以是企业资产（如地产、设备等），也可是个人资产（如创业者的房产、股票、债券等），还可以是票据担保人的资产等。通过银行贷款一般有以下 5 种形式：

（1）抵押贷款，指借款人向银行提供一定的财产（如房子）作为信贷抵押的贷款方式。一般不超过抵押品评估价的 70%，期限不超过 10 年。

（2）质押贷款，指借款人通过提供存单、国库券、保险公司保单等凭证以获得商业银行发放的贷款。

（3）信用贷款，指银行仅凭对借款人资信的信任而发放的贷款，借款人无须向银行提供抵押物。如创业者可以利用家人是从事律师、医生、公务员等有稳定收入的工作进行信用贷款。

（4）担保贷款，指以担保人的信用为担保条件而发放的贷款。

（5）贴现贷款，指借款人在急需资金时，以未到期的票据向银行申请贴现而融通资金的贷款方式。

比如，上海某家高科技公司属国内一流艺术灯光景观建设专业企业，开发了数十项产品。因具有强大的科技研发能力，该公司业务发展迅速。与业务发展相伴而行的则是资金困境。工程类企业的行业特点是资金回笼速度慢，营运资金占用情况严重。但由于公司规模较小，又缺乏与银行合作的信用记录，获得银行融资困难重重。2005 年年底，该企业得到中投保提供的担保，获得了 80 万元流动资金贷款，由此，该公司取得了快速发展，2007 年 6~7 月，该公司在 2008 年北京奥运场馆照明工程项目中标。

当新创企业在融资不多（比如 20 万元以下）且从大银行货款比较困难时，也可以考虑求助小额信贷公司。自 2004 年以来，为了弥补面向微小企业的金融产品支持的空白，国家陆续推出了一系列支持性的政策，发展小额信贷。一些专业的小额信贷公司出现，接着几大银行也陆续开展小额信贷业务。小额信用贷款是微小贷款在技术和实际应用上的延伸。特别是一些可以提供无抵押贷款的小额信贷公司，其特征就是债务人无须提供抵押品或第三方担保、仅凭自己的信誉就能取得贷款，并以借款人信用程度作为还款保证。由于这种贷款方式风险较大，小额信贷公司一般都要对借款方的经济效益、经营管理水平、发展前景等情况进行详细的考察，以降低风险。

二、租赁融资

租赁是一种以融资为直接目的的信用方式，表面上看是借物，而实质上是借资，以租金的方式分期偿还。其优势是不占用新创企业的银行信用额度，创业者支付一笔相对较少的租金后即可使用租来的设备，而不必在购买设备上大量投资，从而使有限的资金用于最急需资金的地方。

租赁融资比较适合需要购买大件设备的初创企业。当新创企业因生产需要而必须使用较贵重的设备、设施等固定资产时，由于资金有限，企业可以先不急于购买，而是找租赁公司以租赁的形式获得。这样一来，就可为新创企业节省一大笔固定资金支出。当然，采用这种方式的前提是，企业的预期营业利润必须能超过租金的费用。

此外，租赁作为一种特殊的筹资方式，对减轻企业税负具有重要意义。对承租人而言，经营租赁不仅可以规避设备更新换代较快的风险，而且支付的租金允许在税前扣除；在融资租赁中，承租方支付的手续费及安装交付使用后所支付的利息，可以在支付当期直接从税前扣除，筹资成本比权益资本要低，对融资租赁设备的改良支出，也可作为递延资产，在不短于五年的时间内摊销，因此，利用租赁筹资可实现快速摊销、合理节税。

三、典当融资

典当融资就是通过自有合法财产或合伙人的财产进行抵（质）押的形式，向典当行申请创业所急需的开业资金、周转资金和经营资金等。如果企业发展急需资金，通过典当融资可能是比银行更快捷的一种选择。

典当融资的方式灵活、方便，适合解决阶段性资金短缺之需。当期最短为 5 天，一般不超过 6 个月。典当的主要作用就是救急，与作为融资主渠道的银行贷款相比，典当融资虽只起着拾遗补阙、应对急需的作用，但由于能在短时间内为新创企业争取到急需的资金，目前也开始获得越来越多创业者的青睐。

比如周先生是通信设备代理商，前段时间争取到了一款新手机品牌的代理权，可问题在于要在 3 天内付清货款才能拿货，而他的资金正投资在另一商业项目上。他不甘心失去这来之不易的代理权，他想到了自己的车，于是，他马上开车来到典当行。业务员了解情况后告诉他：当天就可以通过典当拿到资金。周先生立即着手办理典当手续，交纳相关证件、填表、把车开到指定仓库、签合同，然后领取当金。不出半天的工夫，他就拿到了急需的 50 万元。一个月后来赎当，这笔当金帮他赚了近 10 万元。

四、政府支持资金

近年来，各级政府充分意识到中、小企业在国民经济中的重要地位，也更加支持“大众创业，万众创新”工作，国家对自主创业出台了很多资金支持政策。比如，政府通过建立小额担保机构，对自主创业者提供小额担保贷款，一般在 5 万元左右，根据人数和项目具体情况，最高额度一般在 50 万元左右，并且为全额贴息；对于劳动密集型小企业，贷款额度为 200 万元以内，贴息资金由中央财政和当地财政各负担一半。随着我国科技型中小企业发展迅速，面对处于创业初期的企业在融资方面的迫切要求和融资困难的矛盾，科技部、财政部联合建立并启动了政府支持为主的科技型中小企业技术创新基金，以帮助中小企业解决融资问题。以上海企业技术创新基金为例，就是根据上海市中小企业和项目的不同特点，分别以贷款贴息、无偿资助、资本金投入等不同的方式给予资金支持。上海创新基金将支持创业初期、有较高的创新程度和技术水平、市场前景好，但企业资金较少的小企业的技术创新项目。小企业注册资金不超过 300 万元，注册成立时间不超过 18 个月，原则上应是在初创期小企业创新项目服务机构内注册经营，且没有承担过创新基金项目的企业。创新基金以无偿资助方式支持立项项目，资助额度为每个项目 40 万元。

第三节 权益融资的主要形式

一、风险投资（或称创业投资 VC）融资

获得风险投资是绝大多数新创企业最期待的融资形式。

广义的风险投资泛指一切具有高风险、高潜在收益的投资；狭义的风险投资是指以高新技术为基础，生产与经营技术密集型产品的投资。根据美国全美风险投资协会的定义，风险投资是指由职业金融家投入新兴的、迅速发展的、具有巨大竞争潜力的企业中的一种权益资本。

风险投资家以参股的形式进入新创企业，为降低风险，在实现增值目的后往往会退出投资，而不会永远将自己与创业企业捆绑在一起。投资人、创始人和员工分别应该拥有多少股份都要看市场情况来确定。现实中，若投资人获得超过 50% 的公司股权，创始人将担心自己不重要而丧失控制权，甚至因此而丧失创业动力。所以，好的投资人通常都不会要求拿超过新创企业 50% 的股权。

风险投资机构一般对缺钱的新创企业兴趣不大，在挑选投资对象时，除了关注创业者手中的技术外，还会看重其创新意识、敬业精神、诚信程度、合作交往能力、应变决断能力等“软因素”。在创业不同阶段，股权融资的作用也各有不同。

种子轮融资：种子期是指新创企业发展的最早期的一个阶段。在这个阶段，新创企业可能只有创业构思（idea）却没有具体的产品或服务，创业者只拥有某项技术上的新发明、新设想以及对未来企业的一张蓝图，缺乏初始资金投入。种子期融资就是新创企业在这一阶段所进行的融资行为。一般来说，创业初期的资金来源主要是创业者自掏腰包或者亲朋好友资助，如果项目很好，也会有种子期投资方和投资机构的介入，种子期的投资数量级一般在 10 万 ~100 万。

天使轮融资：天使投资是个人投资者或非正式风险投资机构，对处于小型初创企业进行的一次性前期投资。当新创企业有了产品初步的模样，可以拿去展示和市场推广，而且新创企业也已经有了初步的商业模式，积累了一些核心用户时，这一阶段的融资来源就可以考虑获得天使投资方、天使投资机构的投资。天使投资者主要看重的因素有：一是创业者的技术是否是市场所需要的，且有足够的盈利能力和空间，也就是市场是否足够大；二是看你的创业项目是否具备一定的竞争壁垒，即能否有效阻止更强的竞争对手超过你，如果你有一两项受法律“保护”的先进技术或产品，则更有可能获得天使投资者的青睐；三是看你的项目最近和未来一段时间如何增长；四是看你及其团队的基本构成和素质。天使

轮投资的量级一般在 100 万 ~1000 万元。天使投资虽是风险投资的一种，但却是一种非组织化的创业投资形式，其资金来源大多是民间资本，而不是专业的风险投资机构。天使投资的门槛相对较低，有时即便是一个创业构思，只要有发展潜力，就有可能获得天使资金的支持。

A 轮融资：这时，新创企业的产品已经比较成熟，企业也开始正常运作了一段时间并有了比较明确有效的商业模式和盈利模式，在业内已经开始拥有一定的地位和口碑，但企业可能依旧处于亏损状态。这时的融资所需资金来源一般就是通过专业的风险投资机构（VC）。VC 需要尽可能找成功率和可能性高的项目，例如未来市场大、产品价值高、竞争壁垒高、现阶段竞争少或者竞争优势大、管理团队靠谱的项目。因为项目处于早期，离成功还比较远，积累的经营质量量化信息有限，VC 对新创企业更多的是进行定性分析。VC 在这个时候进入新创企业非常关键，它不仅能为新创企业带来急需的资金，还可以利用自身资源和经验为新创企业提升价值，包括帮助新创企业进一步开拓市场，使企业进一步获得资本市场的认可，为后续融资奠定基础等。A 轮融资的量级在 1000 万 ~1 亿元。

B 轮融资：新创企业经过前一轮融资后，获得了较大发展，一些企业已经开始盈利，商业模式和盈利模式的运作逐渐趋于稳定成熟。新创企业目前的主要任务是推出新业务、拓展新领域。这时的资金来源大多是上一轮的风险投资机构领投、新的风投机构跟投、私募股权投资机构（PE）也可能加入。投资量级在 2 亿元以上。

C 轮融资：新创企业的产品或服务市场化运作这时已经非常成熟，企业也已经开始稳定盈利，该企业甚至在行业内基本是位于前三强，离 IPO（首次公开募捐）也不远了。这轮融资除了拓展新业务，也有准备上市的意图。资金来源主要是 PE，有些之前的 VC 也会选择跟投。如果说 VC 更多的是赚取经历了风险后估值变动的钱，那么 PE 更多的则是赚取稳定阶段收益增长的钱。PE 作为私募股权投资机构，一般是在新创企业进入发展成熟期，已经有了上市的基础，很快临近 Pre-IPO（即将上市）时期而出现，他们通常会提供必要的上市融资前所需要的资金和经验帮助，完成 IPO 所需要的重组架构，按照上市公司的要求帮助公司梳理治理结构、盈利模式、募集项目，以帮助新创企业至少在 1~3 年内上市。PE 的投资量级为 10 亿元以上。

一般在 C 轮融资后，新创企业可能已经上市了，也有新创企业选择 D 轮融资，但不是很多。VC 对处于不同发展时期的创业公司的关注点见表 12-2。

表 12-2　VC 对处于不同发展时期的创业公司的关注点

企业发展阶段	种子期	创业期	成长早期	成长晚期	成熟期
标志	初步的商业计划	逐步进入市场，收入低，甚至亏损	开始有收入，逐渐高速成长	规模利润，建立竞争优势	成为行业的主导者之一

续表

企业发展阶段	种子期	创业期	成长早期	成长晚期	成熟期
投资方关注点	● 创意 ● 创始人的商业经验以及在该项目中的作用 ● 产品或服务的市场需求	● 确认市场需求，切入市场 ● 产品研发和制造 ● 制定和执行业务计划 ● 组建创业团队	● 营销渠道 ● 管理体系建立 ● 战略性资源和合作 ● 制定中期战略 ● 提升管理团队	● 战略的有效性（规模扩张和取得竞争优势） ● 体系驱动 ● 创始人授权	● 借用资本的手段扩张 ● 战略转移

IPO 是指一家企业或公司（股份有限公司）第一次将它的股份向公众出售并筹集所需资金的方式。选择在国内还是境外证券市场 IPO 主要应考虑以下因素：

1. 时间紧迫性

相比国内股市，海外股市运作效率要高得多。只要企业本身符合要求，市场认可，很短时间（在中国香港、新加坡只要一年左右）即可完成发行上市的运作计划。因此，企业在选择国内还是境外上市时，必须衡量本身对资金需求的迫切性。

2. 融资规模与成本

目前，在国内发行股票的融资成本相对比较低。同样是 IPO，在国内可以融到更多的资金。但境外资本市场的融资成本就比较高，包括交易所费用、中介费用、推广辅助费用等。融资成本占融资总额的比例在不同市场从 5% 到 20% 不等。在国内 IPO 显性成本虽然很低，但是却可能有不少隐性成本，最大的问题是上市的时间长而且不确定。中国香港地区和美国上市的费用较高，一般都在融资总额的 10% 以上，如果融资额很小（比如有些创业板企业只筹集到几千万港币），比例就可能高达 20%。不过，在境外市场上市的时间较短，而且时间较容易确定。

3. 再融资的需要

一家上市公司在其成长过程中，因发展的需要而不断融资。但在内地市场，企业通过 IPO 之后，其再融资也要受到很严厉的限制，这其实对很多企业都非常不利。首先，根据相关规定，两次配股之间要相隔 1 年，3 年净资产收益率平均超过 6% 等。其次，有关配股计划必须得到证监会的审批。而申请能否获得批准、何时获得批准还要取决于证监会根据股市行情状况对总供应量的控制程度。相比之下，在境外市场的再融资机会就很灵活，主要取决于企业本身对于融资成本的判断。证监会和交易所只是监督有关的程序是否合规，以及有关信息是否已经充分披露等。

4. 成功的把握

国内资本市场市是有一定门槛的，对盈利能力有比较硬性的要求。国内审批制为了给予 IPO 一个审批理由，通常设置了一些硬性指标，比如盈利能力、成长性、资产规模等，拟上市公司要达到这些指标通常还要假以时日，即使能达标，也还有个 IPO 排队的过程。

国内主板（包括中小企业板）对企业三年的盈利记录有严格规定，能够上市的比例不超过总申请数的10%。证监会和发改委就是通过这些指标，来替投资者做出判断。国内上市能否成功，既有企业自身是否符合要求的原因，还在于企业的公关水平，选择好承销商和保荐人也是决定成功与否的重要因素。中小企业和虚拟业务公司比较难进入国内资本市，而美股市场比较看重成长性，腾讯等很多互联网公司在创业的初期，不符合内地的上市标准，也导致了内地互联网公司几乎全部流失到了美国和中国香港上市。

二、获得其他权益融资

新创企业融资的主要目的是扩大规模、占有市场，因此，融资要考虑资金用于哪个产品或服务的扩产、增销上？这些产品或服务将为企业带来多大的市场份额？带来多少整体利益？同时，还要考虑能否争取到其他资金，运用多种资金和资源，多个市场统筹决策，达到互补效应。

对于大多数创业者而言，创业中最痛苦的经历之一就是筹集资金过程中所面临的困难。很多打算创业的人都有很好的创业构想和计划，在创业初期，创业者几乎都会在企业中投入一定量的个人资金，也就是说，个人资金永远都是创业资金的第一来源。个人资金具有使用成本低、得来容易和使用时间长等优势。其他投资者也很看重创业者个人资金的投入情况。一方面，创业者投入个人资金可以分散投资者的风险，使其他投资者也愿意增加资金的投入；另一方面，如果有创业者个人的资金投入，通常会使创业者有更大动力全身心投入经营企业；同时，创业者本人投入大量的资金，也表明了创业者本人对创业成功有信心。有了创业者的这些投入，也就比较容易争取到其他参与者入股。如：

（1）向其他债权人融资。创业初期的企业可以选择向熟人等其他债权人进行股权融资，但是这种融资方式必须合理设计相关选择性条款，如赋予债权人以后某个时点的入股资格和条件等；

（2）向现有股东动员增资入股；

（3）吸引新的股东入伙。

拿到股权投资并不意味着新创企业的前程就是一片坦途，获得投资只是在一段时间内得到资金保障而已。要明白从拿到投资开始的5到10年内，任务将更艰巨，工作将会非常辛苦，创业者这时需要做的是向创业团队和投资方展示一种百尺竿头更进一步、持续奋斗的态度和精神。

第四节　新创企业首轮融资时应注意的问题

事实上，投资人在约见创业者之前，对创业项目的判断主要是基于商业计划书。因此，商业计划书是打动投资人的第一步，也是企业融资的敲门砖。一份充分展示项目亮点、核心竞争力的商业计划书，能够大大提高融资成功的概率。（有关商业计划书的内容请参考本书第十三章）

为了吸引投资人，需要了解投资人最关注的是什么。通常，投资人关注的三大核心问题分别是：市场在哪里？规模有多大？未来发展趋势如何？就上述三大核心问题，切忌“假大空”。特别是关于市场规模，也就是关于“蛋糕大小”的问题，一定要有针对性，越细分越好。在与投资者的面谈之前，新创企业应准备好必要的文件资料：公司背景、所需金额及用途、公司组织机构、市场情况、产品情况、生产状况、财务状况、前景预测和风险因素等。多次谈判过程都将会围绕新创企业的发展前景、新项目的想象空间、经营计划和如何控制风险等重点问题进行。为了吸引投资者，对于无技术背景，或仅有少数技术背景的创业者来说，最好的方法就是先开发出一款具有市场可行性的初级产品原型，这种产品开发起来相对并不困难，之后，创业者可以在路演时向投资方详细介绍未来如何进行产品迭代，直至打造出一款完美的、有竞争力的产品。

投资方各有强项和弱项，他们所提供的增值服务也不同，因此，创业者需要选择最适合自己的投资方。投资方的作用不仅表现在资金方面，也表现在投资后提供的增值服务上。创业者在选择投资方前需要考察投资方对行业的熟悉程度，有无成功的经验，人脉关系对企业帮助的大小，对企业开拓市场帮助的大小，未来会成为董事会成员还是观察员，企业在制订战略时是否会得到投资方的帮助，会得到怎样的帮助等。

在初步确定投资意向之后，新创企业还要根据实际情况，在众多的意向投资者中优中先优。在接触之前，要对准备引入的投资方有整体性了解。如资质情况、业绩情况、提供的增值服务情况、商业信誉等。在与投资者签订的合同书中，新创企业和投资人双方必须明确如下问题：

1. 股份

双方的出资数额与股份如何分配？其中包括对被投资企业的技术开发设想和最初研究成果的股份评定，预留多少给员工期权？期权池将来发放时会稀释谁的股份，稀释多少？如果创业者出让的股权超出实际需要，说明股权出让得太便宜了，创业者应该考虑一下未来以更高的价格通过出让股权能赚多少钱？

2. 董事会

创始团队在董事会的席位、投资方有几个席位？投资方指派的董事对哪些事情有否决权？双方在企业中各自担任的角色是什么？

3. 相关知识产权

这指的是专利、著作权、商业秘密、商标等是否已经明确或做出书面承诺将从个人或第三方转给新创企业。

4. 交割时间

即投资方什么时候将资金转账到新创企业。一手交钱，一手交股份，才算数。如果双方都靠谱的话，签了合同，交易就算完成了，转款只是时间问题。

5. 条款清单（或称 Term Sheet）

该条款通常是作为未来融资文件中主要的路线图。创业者首先要注意的是条款清单中哪些部分是有法律约束力的（比如前期费用、保密条款、对赌协议、仲裁条款等），至于反稀释条款、优先购买权和共同出售之类的专业条款最好还是交给律师把关。条款清单不是投资承诺，大部分条款都没有法律约束力，只有签了正式合同，才具有真正的法律效力。所以，创业者需要仔细研究，以判断投资方是否有投资的诚意。

6. 包括创始人在内的员工是否与企业签订了所有重要协议

这包括：劳动合同、知识产权所有权合同、保密协议、竞业限制协议等（根据中国法律，竞业限制仅限高层员工和接触保密信息的员工）。

7. 股权稀释

随着后续成功融资，新的投资进入新创企业后将会“稀释”创业早期股东的股份。比如有2个创始人，创业时将公司股份分成5000股，每人占2500股股份，即每人拥有公司的50%股份。然后找了天使投资，天使投资提出给投资100万换取1/3的公司股份。于是，新创企业将增加的2500股给了天使投资，公司股份就由原来的5000股变成了7500股。天使投资持有1/3公司股份，创始人各自持有1/3。为了防止手中的股份贬值，投资方一般都会在投资协议中要求加入防稀释条款。投资方通常会采取设置两类反稀释条款来解决股权稀释问题：一是为防止股权比例被摊薄而设置的优先购买权；二是为防止单股股份价值和股份价值总额被摊薄而设置的转换价格调整权。同理，为了防止创业者股权稀释可能会造成大权旁落的风险，也需要在条款中做出制度性安排（具体内容请参考本章第六节）。

第五节　融资多少和时间的确定

新创企业务必要根据实际需要筹集资金。新创企业是否需要融资，主要是通过比较预期收益和融资成本来决定。例如，项目未来的年均报酬率（或年均利润率）是多少？通过融资活动占用资金所要付出的代价（或称融资成本）是多少？新创企业在开展融资活动之前，必须对未来的收益作一个较为可靠的预测，只有当收益远大于融资成本的前提下，才可以确定所进行的融资活动是合理的、有意义的。

一、融资成本

企业选择的融资渠道不同，融资成本也不一样。过高的融资成本对新创企业反而是一个负担，甚至会抵消企业的成长效益。因此，新创企业仍然要努力寻求一个较低融资成本的融资组合，在未来收益率和融资成本的权衡中做出选择。新创企业对融资的总收益、总成本是多少应该做到心中有数。只有当总收益大于总成本时，才可考虑去融资。融资成本从小到大的顺序为：财政政策性拨款、商业信用贷款、内部集资、银行贷款、发行债券、发行股票。

二、融资规模

控制新创企业的融资规模非常重要。筹资过多，可能造成资金闲置浪费，增加融资成本；或者可能导致企业负债过多，使其无法承受，偿还困难，增加经营风险。而企业筹资不足，又会影响企业未来投融资计划及其他业务的正常开展，缺乏产品竞争力。新创企业的过度杠杆（负债）融资比成熟企业的过度杠杆融资更危险，因为新创企业对市场的变化具有更高的敏感性。从根本上来说，负债融资形成的资本结构不具有容错性，投入收益率短期可能增加，但是一旦由于市场因素变化如商机变化、市场识别失误等，债务危机将毫不留情地淘汰一个看似发展良好的高负债新创企业。在融资规模上，要切记：量力而行，综合决策。

为确定融资规模，创业者最好先对本企业的发展有明确的阶段性分析，设置几个发展阶段及目标，根据每个阶段的任务和运营支出情况来决定需要融资的时间，继而决定融资额。比如，一个要做电子商务的创业团队准备融资，可以先把用户数发展到 10 万人作为一个阶段性目标，如果实现这个目标需要 1 年时间，那么，创业团队就可以仔细计算一下这一年需要投入的资金大概是多少？计算出来后，乘以一个保险系数，比如 1.5，便可作为首次融资的数额。关于首次融资规模的问题存在着不同的认知，有人认为，创业之初，向新企业注资越多越好，其理由如下：

（1）即使发生了产品投放市场后意外受挫、迟缓或出师不利的情况，如果有更多资金做后盾，也能使创业者渡过难关。

（2）有了更多的资金，创业者在新的机会出现时，往往会有更大的余地，也更具灵活性。

（3）有了较多的资金，也会更容易取得供应商、银行等的信任。

（4）在创业早期，当创业者看到财务报表上有数目可观的现金值时，会更有安全感。

另一种观点则认为，创业初期融资并非越多越好。只要能够满足创业不同发展阶段的基本资金需求即可。其理由如下：

（1）有限的资金有利于谨慎决策，防止出现重大损失，也可以防止失去金融机构对自己的长期信誉。

（2）有限的资金会使创业者将精力集中在重要的目标和公司的主要任务安排上，而不是浪费在寻找更好的机会上，更不是浪费在其他无意义的投入上。

（3）资金紧张会使创业者得到一些管理现金的经验，得到在资金短缺条件下生产运营的经验和小规模经营的经验，以及承受客户压力的经验等。

（4）较少的融资可以避免一开始就发生股份稀释过度的情况。在创业早期进行融资，由于企业业绩水平较低，因此，新创企业的估值也会较低，从而使投资方即使投资较少，也可以占有较多的股权比例。

三、融资时机

新创企业一般有不同的业务发展阶段，即筹划期、创立期、成长早期、快速成长期和成熟期。在不同的阶段，新创企业基于不同的业务重点会有各不相同的资金需求，因此要选准经营、开发与发展的关键时机，配合以适度、及时的资金。新创企业要根据正常生产经营计划做好公司预算，将未来一定时期可能出现的收入与支出进行分析，然后以此测算出资金缺口出现的时间和数量。在此基础上，还要考虑通常情况下融资过程所需的时间周期。以权益融资为例，通常会涉及寻找投资方、撰写创业计划书、与投资方接触并谈判、投资方展开尽职调查、双方就条款清单进行商议以及签订合同等一系列活动，这一过程，一般至少需要 6 个月的时间。而在此期间，企业的经营活动不能停止，因此，新创企业股权融资应该提前着手进行融资的各项工作，而不是等到资金链马上发生断裂时才着手融资。

第六节　融资风险及控制

创业者努力筹集尽可能多的资金，其中最易犯的毛病就是忽视融资的风险管理。企业融资的目的是将所融资金投入企业运营中，最终获取经济效益，实现股东价值最大化。在每次融资之前，企业往往会预测本次融资能够给企业带来的最终收益，收益越大往往意味着利润越多，因此融资总收益最大似乎应该成为企业融资的一大原则。然而，“天下没有免费的午餐”，融资不仅是有代价的，而是还蕴含着不同的风险。融资中常会使新创企业的所有权、控制权有所削弱；投资折股、利润分流；企业重要信息外泄，如：专利技术公开、上下游重要客户暴露、企业内部隐私被明晰化、公开化等，这些都会影响企业的稳定与发展。对企业而言，尽管融资风险是不确定的，可一旦发生，企业就要承担百分之百的损失。

新创企业获得融资的另一个风险是创业者可能会大权旁落，甚至被迫离开。比如 2000 年新浪网创始人王志东成功融资并带领公司上市后，在 2001 年却被迫离开董事会；2014 年雷士照明创始人吴长江引进资本却接连三次出局；2015 年 1 号店先被平安，后被沃尔玛控股，创始人于刚被迫离开。

为了避免出现在融资过程中创业者大权旁落，可以在股权架构上做好设计。具体讲就是在公司发展的任何时期都要避免股权采取 50%+50% 的模式，因为这种模式极易导致公司管理陷入僵局，发生争抢控制权的情况，可以采取分阶段股权架构设计的模式，即：初期阶段要保障创始人的绝对控股，建议创始人股权所占比例在 66% 以上；中期阶段要保证创始人处于简单控股状态，建议股权比例在 50% 以上；企业发展到成熟期则应保障创始人的相对控股权，建议在 33% 以上。如果公司发展期间存在股权代持等，还应考虑是否需要签订“一致行动人协议”（参考本书附件 3）等事项，这有利于公司重大事项在股东会投票时保持一致，以免被其他人各个击破，乘虚而入，也便于创始人保持控制权。

总之，由于新创企业的特点之一就是规模小，抗风险能力低，一旦风险演变为最终的损失，必然会给企业经营带来巨大的不利影响。因此，新创企业在融资时千万不能只把目光集中于最后的总收益上，还要考虑在既定的总收益下，在保证对企业拥有相当控制权的同时，既要达到融资目的，又要有序让渡所有权，以避免风险演变成最终的损失。

第七节 新创企业融资时的估值

企业估值是件相对主观的事情。对创业者来说，融资阶段确定创业公司的估值是最头疼的事情之一。创业者对项目信心满满通常会倾向于比较高的估值，投资方则认为自己的投资是在雪中送炭，他们往往会通过专业分析看到企业的不同成长阶段，估算出未来不同时间点企业成长的价值，然后在不同的时间点下注购买股权，希望通过未来企业价值的增长，使自己手中的股权增值后，再以更高的价格卖出去变现。所以投资方往往会提出相对较低的估值，以保证未来足够的获利空间。由于投资者通常采用资金换新创企业股权的方式，因此，投资者自然会关心自己投资后的股权占多少比例问题。投资方估值时的关注点主要有：目标企业目前和未来的盈利能力如何？是否有类似的企业被 VC 投资过，这些被投企业的估值大概是在什么范围？如果根据计划发展，目标企业多久后要进行下一轮融资，到那时候，VC 前期投入的钱至少会有几倍增值？企业估值对投、融双方股权分配来说是此消彼长的关系，企业估值过高，投资方所占的股权比例就会较低，反之亦然。因此，建议创业者对自己的新创企业进行估值时主要关注以下几点。

1. 供求关系

像其他商品一样，估值受制于供求关系。如果新创企业的产品及概念是全新的，在市场上具有独一无二的地位，这对新创企业的估值肯定有帮助。相反，如果市场已经充斥着相同或类似的产品，或者是有可替代商品，那么，低估值则是正常的。比如新创企业有一项很好的、可以带来巨大经济效益的专利技术，那么，就会有很多的投资者竞相投资给新创企业。这时，最好要让投资方觉得已经有多家机构对自己有兴趣，这样做可以给该投资方带来竞争压力，对估值会非常有利。所以在进行融资之前，一定要先把自己的业务做好，体现出创新和价值，这样才能将估值最大化。一个过度竞争激烈的行业中，很难获得较高的估值。需要注意的是，市场风云莫测，把握融资时机很关键。即使自己的产品在当下供不应求，也不能代表永远是如此。

2. 新创企业所处行业

每个行业都有自己独特的估值逻辑和方法。相对一家餐馆或者一家普通的零配件生产公司来说，一家创新生物技术公司的估值肯定要高得多。一家餐馆的估值一般是它各种资产的三到四倍，而一家互联网公司，如果流量很可观，那么，其估值应该在年营收的五到十倍。所以在和投资方进行相关的洽谈之前，创业者要花些时间研究，自己所在的行业最近一段时间的融资和收并购消息，如所在行业最近完成融资交易企业的营业额、现金流、净收入等是多少；所在行业最近完成收并购交易的企业的营业额、现金流、净收入是多少；等等，了解这些行业信息对于新创企业的准确估值很有必要。

3. 新创企业的发展状况

新创企业不同的发展状况也是决定估值的一个重要因素。评价创业公司的未来价值是最难和最主观的一步，特别是早期投资。相比进入发展期企业体现出来的成长性，早期的业绩不是很好。通常初创期估值也较低，进入成熟期其估值就可能越高。因此，良好的经营业绩数据有助于新创企业潜力被投资方关注，一份对企业未来成长预测表达准确的商业计划书（BP）也能起到很好的帮助作用。此外，拥有知识产权等独有的优势对于新创企业获得较高估值常会起到非常关键的作用。新创企业的知识产权可能是专利、版权、设计，或者是独特的代码等，如果这些知识产权能给企业带来竞争优势，创业者可以比较并参考一下其他拥有相似专利企业的估值。但是，没有创新性产品的新创企业，估价一般也不可能太高。

4. 投融资双方共赢

投资机构一方面看重的是企业成长壮大后的巨大价值，一方面也会充分考虑整个资金投入过程中的风险。投资方每天要看大量的项目，对于市场脉搏把握非常准确，所以创业者也要多选几个备选融资方，然后仔细比较各家给出的估值，并尽可能与每个投资方进行洽谈，在投融资双方共赢的基础上，选择最佳投资伙伴。一般来说，按照相关的经验，创业者要准备出让 25% 到 35% 的股权作为融资的交换。比如一家处于种子期的新创企业计划融资 50 万元，那么，企业的合理估值应该是 200 万左右。

5. 常用估值方法

（1）“P/E 倍数”法（市盈率法）。目前 VC 比较流行 P/E 倍数估值，不同行业的项目，VC 愿意给出的 P/E 倍数从二、三倍到十多倍。市盈率越低，意味着收回投资成本的日期就越短。10 倍市盈率相当于年投资回报 10%，15 倍是 6.7%。

$$市盈率 = 每股市价 \div 每股盈利$$

上式中的分子是当前每股市价，分母可用最近一个会计年度的每股盈利，则得到当期 PE（current PE）；如果选择下一个会计年度的预期每股盈利，则得到预期 PE（forward PE）。

$$投资后企业估值 = PE倍数 \times 投资后一个年度的预测利润$$

如，预测投资后第一年企业的利润是 100 万元，采用 10 倍 PE，投资后估值（post-money）就是 1000 万元。如果 VC 现投入 200 万元，所占的股份就是 20%。

（2）现金流量折现法（DCF 法）。现金流折现就是把企业未来特定期间内的预期现金流量还原为当前现值。时间是具有价值的，一家成长性公司股票，它的内在价值是会因为时间的推移而增长的。

$$公司价值 = \sum_{t=1}^{n} \frac{CF_t}{(1+r)^t}$$

其中：t 为产生现金净流量的时间；CF_t 为 t 年的现金流量；r 为折现率或资本成本。

资本成本是投资者对投入资本所要求的收益率，是投资本项目（或企业）的机会成本。（一般来说，早期创业公司为 40%~60%，扩张期为 30%~50%；成熟期为 10%~25%）

6. 估值分歧的解决——对赌条款

创业者在企业估值时容易陷入的另一个误区就是经常将企业的价值估得过高。高估值的做法往往弊大于利，往往会让投、融资双方难以解决作价分歧。为了解决估值不准的问题，通常在投资前，为了保证投资方的权益，投、融资双方会签订一份对赌协议（“对赌”协议只是坊间说法，真正的表述应该是一种价值调整机制，或者一系列的风险对冲协议安排）。对赌的结果一是赌股份，就是投资方投的钱不能变，但股份可以变化；二是赌钱，就是投资方股份不变，但投入的钱要变化。如协议一般会规定，如果新创企业未来的业务发展没有达到估值所依托的水平，那么，VC 会认为投资时对企业的估值偏高了，企业需要给予更多的股份作补偿。或者是投资方的股份不变，超值的部分要连本带利退回钱。所以，高估值也就意味着企业未来的销售和利润目标也要很高。企业经营者如果不能达到这些预期的目标，其所持的股份占比将会减少很多。一旦 VC 拿到更多的股份补偿，创业者的股份就会被稀释。同时，创业者的信誉也会大打折扣并影响到进一步的融资。如果新创公司的发展比 VC 投资时预想还要好，VC 是不是应该将一部分股份返还给创业者呢？这种情况主要看双方在对赌协议书上如何规定。（对此可参考本章最后的案例。）

例：根据某公司预测，在投资一年后可实现 60 万美元利润，按 P/E 为 10 倍计算，企业估值为 600 万元。VC 占 20% 股份，投资 120 万元。如果在 VC 投资后一年，企业只实现了 50 万美元利润，那么投资后估值就只应有 500 万美元。如何对 VC 补偿?

根据：120 万 / 500 万 =24%，VC 的 120 万元投资分得的股份应为 24%。因此，创业者需要再拿出 4% 股份来补偿 VC。

对赌协议除了可以用“预测利润”作为对赌条件外，也可采用其他条件，如收入、上市时间对赌、股权对赌，或者是赌后续融资的估值对赌，如一年后融资时估值达到多少、董事会一票否决权安排、企业清算优先受偿协议等进行对赌。目前，融资采取对赌的方式有较大争议，根据中国的法律，股东之间的对赌是有效的；而股东对公司的对赌则无效，即对赌结果将得不到法律的支持。也就是说，如果达不到双方规定目标，结果只能由股东承担还钱的责任。因此，在企业初创阶段，创始人可以考虑赌股份，但千万不要赌钱。

实际上，创业者没有必要执着于较高的企业估值，应该从投资者的角度来看自己企业估值，这样不仅可以顺利吸引到投资，而且可以为创业者自己带来更多的利益。

通常来说，根据新创企业的行业和发展状况，在企业未来现金流折现分析的基础上，再乘以一个系数，在 3 到 10 倍之间比较合适。当然，在所有的因素中，最为重要的就是今后的预期收入，如果用营业额作为基数，那么，对于成长快的企业可以将这一基数放大 1 到 3 倍作为估值，对于那些爆发性增长的新型互联网或高科技公司，有的可以达到 10 倍。但是如果新创企业暂时连收入都没有，那么除了一些特殊情况，将很难对新创企业进行估值了。另外，新创企业通常要比同类已上市公司的估值低 30% 左右。

案例

2003 年，蒙牛与摩根士丹利、鼎辉、英联三家投资机构签订了一份“对赌协议”，协议约定：如果在 2004 年至 2006 年三年内，蒙牛乳业的每股盈利复合年增长率超过

50%，三家机构投资者就会将最多 7830 万股转让给金牛（蒙牛为了在海外上市注册的壳公司）；反之，如果年复合增长率未达到 50%，金牛就要将最多 7830 万股股权转让给机构投资者。

蒙牛的速度，让外资股东无话可说，按照协议的要求，蒙牛乳业 2004 年的净利润是以 3 亿元为界限，而蒙牛公布的 2004 年业绩为 3.19 亿元，超出了外资股东的期望值。2005 年 4 月，三家机构投资者以向金牛支付本金为 598.76 万美元的可换股票据的方式提前终止了双方协议。

对赌，需要勇气和魄力，牛根生参与这个“赌局”，并且笑到了最后。同样是与投行对赌，此后乳品行业中的太子奶及飞鹤乳业均栽了跟头，对赌均以失败告终。①

本章思考与研讨：

1. 新创企业筹集资金主要有哪些渠道？各自区别是什么？
2. 如何获得风险投资资金？
3. 新创企业筹集资金会有哪些风险？
4. 如何对新创企业做简单估值？
5. 针对以下问题请提出你的对策和理由：

（1）投资人、资源承诺者要求在新创企业里占大股。

（2）其他亏损的公司，却能吸引风投、PE 都追着投资，而自己的企业虽然业绩不错，但却对 VC、PE 没有吸引力，原因是什么？

（3）股东和投资人遇到后续无法进入与退出的尴尬局面，该如何应对？

① 李静 . 盘点多面牛根生成败争议：三聚氰胺事件留污点［EB/OL］.（2011-06-20）［2017-12-15］. http: //news.qq.com/a/20110620/00071.htm.

Chapter 13
第十三章　商业计划书的撰写

商业计划书（BP）是确保新创企业良性运行的基础，它不但是创业的蓝图，而且是创业者向外筹资的重要依据和窗口。通过它与外界沟通，有助于将人才和资金吸引到你的新创企业中。商业计划书也是一种内部控制机制，利用这一机制，可以检查实际经营的情况并及时纠偏。商业计划书也应该是定期更新的计划，由此可见，拟写一份成功的商业计划书，是所有创业者所面临的极大挑战。

第一节　商业计划书的用场

商业计划书是新创企业的行动纲领，通常是对新创企业 1~3 年的规划，且在实践中还要不断调整。商业计划书是创业的行动导向和路线图，计划设计得越周密，创业成功的可能性就越大。

商业计划书不仅是给投资人看的，更是给自己看的。通过商业计划书梳理新创企业的发展脉络、发展战略和规划部署都是非常必要的。好的商业计划书可以帮助创业者提炼和厘清创业思路，指导创业者全面分析市场和用户，找到好的定位和切入点，明确产品推广逻辑和业务走向，规划发展路径，搭建团队，定制资金规划等。

创业如果仅凭一腔热血却缺乏深度缜密的思考，要想取得预期的成功非常不易。将创业思路和资源条件等整理、归纳到纸面上，有助于创业者仔细检查自己的运作构思是否可行；帮助创业者改正那些不切实际的想法，减小试错的成本；有助于创业者进一步增强核心竞争力，如市场竞争优势、独特的解决方案等。

一份只有 15~20 页、简明扼要、引人入胜的商业计划书比 200 页的冗长的计划书将增加数十倍的阅读次数。所以，创业者要尽可能用简洁朴实的文字，提供适合阅读对象的认知、兴趣和需求的材料，如果再附上能反映市场数据和财务图表的内容，则更容易增强说服力。

商业计划书一般用于下列情形：

第一，说服投资者提供新创企业急需的资金。当创业者需要向投资人提出融资请求时，无论是种子轮、天使轮，还是 A 轮、B 轮等，通常都被要求向投资方提供商业计划书。因此，商业计划书的写作质量对创业者的融资至关重要。比如，风险投资企业在评估新创企业的投资申请时，首先参考的资料就是商业计划书。一般来说，只有内容翔实、数据丰富、体系完整、装订精致的商业计划书才有可能吸引投资方的关注。那些既不能给投资方带来充分的信息，也不能引起投资方兴趣的商业计划书，其最终结果只能是被扔掉。

第二，为企业决策层制订日常运营计划打好基础。商业计划书是企业发展的行动纲领，创业者通过商业计划书，可以规划创建事业的构想与策略，确定企业未来发展的路径和方向，预测产品市场需求规模与成长潜力，制订财务计划以及投资回收年限等。

第三，为管理层应对风险而事先做好应变规划。在商业计划书中，创业者可提前制订不同阶段的发展目标，确定实现目标的具体要求和指标，根据这些要求和指标，创业者可随时进行检查、纠偏、调整、改善，从而确保企业管理层正确执行决策，保持正确的发展方向。

第四，根据需要通过计划书向企业内部各部门负责人、员工，以及外部的律师、银行家、供应商和投资者提供具有参考价值和说服力的文件资料，使他们更加了解新创企业未来的发展，增加他们对新创企业的信心，提高对企业的认同感和参与感。

第二节　商业计划书的初步编写

商业计划书的重要作用之一是让投资方了解新创企业未来的发展和价值，从而获得投资方的关注和资金支持。在创业初期，为获得投资者的资金支持，或者是在某些场合进行项目路演推介时（此时一般要求采用 PPT 形式），创业者通常都被要求递交一份简明扼要的商业计划书，重点描述企业的核心优势、商业模式、未来的发展预期以及收益空间等。虽然很多新创企业都是请专业人士撰写商业计划书，但由于创业者对创业项目了然于胸，且知道商业计划书中的主要内容，所以最好由创业者亲自参与撰写商业计划书，这样在与投资方商讨特定内容时，创业者就不会不知所措了。

商业计划书是创业者提供给投资者的第一份材料，也是创业者与投资者接触的起点。资本有逐利的天性，因此，要引起投资者的兴趣，商业计划书给人的第一印象很重要，它必须要能说明新创企业将要运营的商业模式将如何带来收益。具体来说，要回答以下六个问题：

（1）新创企业计划做什么？

（2）目标市场有多大？

（3）创业项目的优势和竞争壁垒是什么？

（4）商业模式是什么？

（5）盈利模式是什么？

（6）通过融资如何促进创业项目发展？

创业者在编写商业计划书时要尽量详尽地解答上述问题，切忌空泛。创业者通常不太在意细节，总认为自己的创业项目特别好，理想化成分较多。而投资者通常比较挑剔，在分析众多创业成功的要素中，如果发现其中某个点或某几个点有问题，他们一般就认为创业不会成功，由此放弃投资是多数投资方的做法。

要写好一份达标的商业计划书非常需要写作功力，它的好坏直接关系到能否在几分钟之内引起投资方的兴趣。因此，撰写商业计划书时应注意突出重点，文字要简洁、精练，最好在 20 页以内，尽可能配有图片和表格。

在编写初步的商业计划书时，第一，封面的设计要有审美性和艺术性。一个好的封面会给阅读者留下良好的第一印象。在封面写上项目名称（包括项目提供的产品或服务），最好用一句话表达清楚，然后列出项目所要面对的目标客户，再用一句话或通过关键词的形式列出目标客户的痛点，特别是把最重要的痛点写出来。这样做是为了使投资方了解你的项目能解决目标客户的什么问题，从而关注你的项目是否有广泛的目标客户群，是否有相应的功能，是否能解决那些痛点等。

第二，比较详细地介绍你的项目。比如，你的项目形式是产品还是服务，最好配有项目图片（如网页、App 界面等），以说明实际应用的情形和效果。此时，还需要简要描述一下项目的核心功能是什么，主要能解决什么问题，填补了市场哪些空白，特别是要说明你提供的产品或服务能解决客户的哪些痛点，从而让客户甘心情愿地购买你提供的产品或服务。一定要把产品或服务功能的特点写清楚，让投资方明白你的产品或服务所特有的功能是否具有明显的竞争优势。

第三，用比较简短的文字（包括具体数字）描述创业项目未来的市场规模和发展潜力。创业者要给投资方讲清楚自己想要做的事情是多大，是否具有可复制性和可推广性，未来能涉及多少人，为什么你的解决方案能解决客户的痛点问题，为什么客户选择你的产品或服务而不是选择其他类似产品或服务，目前日常业务量是多少，用户是多少，到底靠什么产品来实现这样的数据，等等。这些内容一定要有数据支撑。

第四，写出在该领域都有哪些竞争者。竞争者的产品与服务的优势、劣势是什么，你们之间的差距在哪里，你的项目有哪些壁垒可以有效阻止竞争者，最好能写出目前竞争对手解决客户相关痛点问题的主要方法及失败或不理想的原因。这一环节很重要，投资方可据此判断你们的创业团队是否对竞争对手有比较深入的研究和清醒的认识。如果对竞争对手的分析很肤浅，投资方就会质疑你们团队的专业水平和能力。

第五，简单介绍一下你的创业团队，包括团队总人数、专业背景、分工等，特别要列出创业团队的核心成员（最好附上本人的照片），说明这些成员是全职或是兼职，尤其要通过对团队核心成员职业经历的介绍（如名校、名企、职场经历等），突出团队的竞争力。

第六，写出创业项目当前的进展情况。一般是通过关键词的形式，如果是处于开发阶段，就要写出项目的预测开发周期；如果项目已经正式发布，就要写出项目进入市场的措施和进度等；如果已进入市场并有销售业绩，就要写出具体数据，如用户量、活跃度、交易额、客户扩展速度等。如果已有（试）运营综合数据，就要以一目了然的图表形式展示。

第七，写出所需筹资金数额及主要用场，讲清对资金需求的紧迫性和重要性，同时写明准备出让多大比例的股权以换取所需资金。

第三节　正式商业计划书的编写

如果投资者对你的创业项目感兴趣，通常会让你把商业计划书再做进一步细化和完善处理，以便投资机构的决策委员会就是否对项目投资进行分析和决策。因此，在正式商业计划书撰写过程中，需要下更多的工夫。一般来说，一份比较规范的商业计划书由以下几部分组成：

一、摘要（也称执行摘要）

商业计划书中的摘要部分十分重要，因为它是投资者首先要看的内容。它必须让投资者从看第一眼就有兴趣并渴望得到更多的信息。由于摘要浓缩了商业计划书的精华，因此计划摘要一定要涵盖所要表达的要点，以求一目了然，使投资方能在最短的时间内评审计划并做出判断。通常，摘要部分要简短而精练（一页或两页）。计划书摘要部分一般包括以下内容：

（1）企业介绍；

（2）创业团队主要成员介绍；

（3）主要产品和业务范围；

（4）目标市场概貌；

（5）市场营销策略；

（6）销售计划；

（7）生产管理计划；

（8）财务计划；

（9）资金需求状况等。

摘要的撰写要做到简明扼要、坦诚真实，特别要说明创业项目的独特之处以及企业获取成功的市场因素。摘要还需要讲清商机是什么以及为什么存在这样的条件，为什么你对此商机有兴趣，谁来把商机付诸实施，为什么这些人可以这样做，开发此商机的战略以及企业如何进入市场并进行市场渗透等。

其中对新创企业介绍的重点包括：企业基本情况；企业经营理念；主要产品和业务的范围及突出特色；目标市场与潜力；销售计划；财务计划；资金需求状况等。同时，还要大概描述一下关键事实、条件、竞争者的痛点（如服务质量差等）、行业发展趋势及其他可以定义商机的证据和逻辑推理。此外，还要适当说明在产品与服务进入市场并扩展到其他细分市场（如国际市场）后企业的发展和扩张计划。根据实际情况，在摘要部分也可强调一下新创企业的利益诉求，如新创企业目前还有哪些困难需要借助外力解决等。

创业者最好在完成计划书其他全部内容的编写后再撰写摘要，因为这样可以总结出计划书中各组成部分的精华内容。因此，在草拟其他部分时，很有必要从每一部分中提出一两句关键语句或一些关键事实和数字作为摘要内容的组成部分。

二、行业分析

在行业分析部分，应该正确评价所选行业的基本特点、竞争态势以及未来的发展趋势等内容。关于行业分析需要回答以下问题：

（1）该行业现在的发展动态如何？

（2）创新和技术进步在该行业中扮演着怎样的角色？

（3）该行业的总销售额多少？总收入多少？发展趋势怎样？

（4）价格趋势如何？

（5）经济发展对该行业的影响程度如何？政府政策是如何影响该行业的？

（6）是什么因素决定着它的发展？

（7）业内竞争的本质是什么？你将采取什么样的战略？

（8）进入该行业的主要障碍是什么？你将如何克服？

（9）该行业典型的投入回报率是多少？

三、产品 / 服务介绍

在商业计划书中，应提供所有与企业的产品或服务有关的细节，包括企业所实施的各项市场调查的结论，如：产品正处于什么样的发展阶段？它的独特性怎样？企业分销产品的方法是什么？谁会使用企业的产品，为什么？产品的生产成本是多少？售价是多少？企业发展新的现代化产品的计划是什么？其目的是争取把投资者拉到企业的产品或服务中来，使投资者对产品产生兴趣。通常，产品介绍应包括以下内容：产品的概念、性能及特性；主要产品介绍；产品的市场竞争力；产品的研究和开发过程；发展新产品的计划和成本分析；产品的市场前景预测；产品的品牌和专利等。

在产品（服务）介绍部分，企业家要对产品（服务）做出详细的说明，说明要准确且通俗易懂，使不是专业人员的投资者也能明白。一般来说，产品介绍最好附上产品原型、照片或其他具象形式的介绍。产品 / 服务介绍部分必须要清晰地回答以下问题：

（1）你提供的是什么样的产品或服务？功能是什么？产品或服务能解决什么问题？顾客能从产品或服务中获得什么好处？

（2）与竞争对手相比，你提供的产品或服务有哪些优缺点？特有的功能是什么？顾客为什么会选择你的产品或服务？

（3）企业采取了何种保护措施，申请专利、许可证，还是与已申请专利的厂家达成了哪些协议？

（4）为什么你的产品或服务的定价可以产生足够的利润？为什么用户会大批量地购买你的产品或服务？

（5）采用何种方式去改进产品或服务的质量、性能，企业对发展新产品或服务有哪些计划，等等。

四、市场分析和预测

商业计划书要提供新创企业对目标市场的深入分析和理解。一般从三个角度提供数据：一是宏观的；二是微观的；三是具体新创企业的目标市场。从宏观角度讲，要细致分析经济、地理、职业以及心理等因素对消费者选购本企业产品或服务这一行为的影响，以及各个因素所起的作用。但由于投资机构对宏观领域的信息一般也比较了解，因此，创业者不必在此费时编写太多的内容。

进行市场分析，首先要对需求进行预测：市场是否存在对这种产品或服务的需求？需求程度是否可以给企业带来所期望的利益？新的市场规模有多大？需求发展的未来趋向及其状态如何？影响需求的因素都有哪些。其次，市场预测还要对市场竞争的情况、企业所面对的竞争格局进行分析：市场中主要的竞争者有哪些？是否存在有利于本企业产品的市场空档？本企业产品或服务在市场上的地位如何？预计的市场占有率是多少？本企业进入市场会引起竞争者怎样的反应，这些反应对企业会有什么影响？等等。

在商业计划书中，市场分析部分应包括的内容有：市场现状综述；主要竞争厂商概览；目标顾客和目标市场；本企业产品的市场地位；市场区位和特征等。关于目标市场和预测，要明确并简要解释行业和市场、主要客户群、产品或服务定位以及你计划如何接触这些客户群并向他们提供服务。这里包括的信息有：市场结构、你正在寻找的细分市场或机会市场的大小和成长率、你估计的销售数量和销售额、你预计的市场份额、客户的付款期以及你的定价战略（包括价格性能比、价格价值比、价格效益比等因素）等。

此外，计划书还要对所提供产品或服务的经济性、盈利性和收益潜力进行阐述。如：经济性（如毛利和经营利润、期望盈利率和盈利持续的时间）、达到盈亏平衡点和正现金流的大致时间框架、关键财务预测、预期投资回报等。这部分最好简要介绍毛利分析以及营运和现金转换周期，尽可能用关键数字进行说明。重要的是要有与新创企业的产品或服务相关的市场数据，即企业的微观市场和力所能及的市场，这些数据越详细越好。即使你没有这些数据，投资者自己也会去找的。如果你提前就把投资者要做的工作做好了，你就有可能提前得到资金的支持。

五、　市场（营销）策略

市场策略是企业经营中最富挑战性的环节，包括一个重要的营销计划，计划中应列出本企业打算开展广告、促销以及公共关系活动的地区，明确每一项活动的预算和收益等。营销计划中还应简述企业的销售战略：企业使用外部的销售代表还是内部职员？企业是使用转卖商、分销商还是特许商？企业将提供何种类型的销售培训？此外，商业计划还应特别关注销售中的细节问题。影响市场策略的主要因素有：

（1）消费者的特点；

（2）产品的特性；

（3）企业自身的状况；

（4）市场环境方面的因素，最终影响营销策略的是营销成本和营销效益因素。

在商业计划书中，市场策略应包括以下内容：

（1）市场机构和营销渠道的选择；

（2）营销队伍和管理；

（3）促销计划和广告策略；

（4）价格决策。

六、介绍组织结构及重要成员

这部分的重点是把一个创意转化为一家新创企业的故事讲好。其中的关键环节是介绍拥有一支实力较强的创业团队，这支队伍的成员具有怎样的专业技术知识、管理才能和工作经验，要给投资者留下这支创业团队很优秀的印象。因此，在商业计划中，必须要对主要创业团队及成员加以重点介绍。在对团队及成员介绍时，首先描述一下整个创业团队及其职责，然后再分别介绍每位重要创业团队成员的职业背景、特殊才能、特点和造诣，细致描述这些重要创业团队成员将对企业未来所做的贡献。在商业计划书中，重点介绍团队成员所具有的优势和能力；他们在本企业中的职务和责任；他们过去的详细经历及背景。此外，在商业计划书中，还应对企业组织结构做简要介绍，表明企业是如何运转的，包括：企业的组织机构图；各部门的功能与责任；各部门的负责人及主要成员；企业的报酬体系；企业的股东名单；认股权、比例和特权；企业的董事会成员；各位董事的背景资料等。

七、市场竞争分析

几乎所有企业都会有竞争对手。你如果开发了一种新产品，风险投资机构通常都会向同类产品的行业巨头打探，了解这些巨头为什么自己不研发同类的产品，再让巨头们谈谈对这类产品的看法和观点。其中的关键是你的产品要比竞争品牌的产品做得更好、更先进。

在商业计划书中，创业者应详细分析竞争对手的情况：主要竞争对手都有谁？他们的产品处于什么水平？竞争对手的产品与本企业的产品相比，有哪些相同点和不同点？竞争对手所采用的营销策略是什么？在商业计划书中，最好能提供主要竞争者的销售额、毛利润、收入以及市场份额等信息，然后再介绍本企业相对于每个竞争者所具有的竞争优势。要表现出能在与其他企业的竞争中胜出的信心，还要说服投资者，顾客之所以偏爱本企业提供的产品或服务的原因是：产品或服务质量好（具体指标）；价格定位适中（具体价格对比）；性能更全面（具体指标）；供货周期有优势（具体时间对比）；其他竞争者存在市场进入障碍（具体障碍）；竞争者缺点和薄弱环节（具体数据）等，从而说服投资方并让他们相信，你家企业不仅是行业中的有力竞争者，而且将来还有可能成为确定行业标准的领先者等。

八、行动计划

这部分内容需要说清新创企业将如何有效地开拓市场，主要应阐明下列问题：企业如何把产品推向市场？如何设计生产线，如何组装产品？企业生产需要哪些原料？企业拥有哪些生产资源，还需要什么生产资源？生产和设备的成本是多少？企业是买设备还是租设备？解释与产品组装、储存以及发送有关的固定成本和变动成本的情况。在介绍市场开拓策略时，与其说需要数百万去大做媒体广告，然后烧钱去建立品牌，还不如说："我们已经和某知名企业达成意向协议，通过他们的渠道进行全国推广。"

以生产制造计划为例，应包括以下内容：产品制造和技术设备现状；新产品投产计划；技术提升和设备更新的要求；质量控制和质量改进计划等。一般情况下，生产制造计划应明确几个问题：企业生产制造所需的厂房、设备情况如何；怎样保证新产品在进入规模化生产时的稳定性和可靠性；设备的引进和安装情况；选择了哪些供应商；生产线的设计与产品组装是怎样的；供货者的前置期和资源的需求量；生产周期标准的制定以及生产作业计划的编制；物料需求计划及其保证措施；质量控制的方法是怎样的，等等。

这部分内容还需要写明项目计划执行的预期进度。因为投资者非常关心新创企业的产品或服务什么时候能够通过各种测试并推向市场，什么时候企业的账面上开始有收入，什么时候企业能达到盈亏平衡。当然，投资方并不会满足于盈亏平衡，而是通过对平衡建立对新创企业的信心，从而投入更多的资金去扩大企业规模，求得更大的发展。

为了反映创业项目已经受到市场认可，最好提供一些与客户签订的合同书、意向书或订单之类的材料。投资者不在乎你是否能成为亿万富翁，他们最关心的是你什么时候可以赚到第一笔钱。因此，最好要讲清楚第一笔钱是怎么获得的？什么时候获得的？

九、财务计划

通常，投资者会要求创业者提供一个详细的财务计划，最好用 Excel 文件的形式，而且至少要做三年的财务计划，最好是五年的计划，把重点放在第一年。财务计划需要花费较多的精力来做具体分析，其中就包括现金流量表、资产负债表以及损益表的制备。流动资金是企业的生命线，因此企业在初创或扩张时，对流动资金需要有预先周详的计划和进行过程中的严格控制；损益表反映的是企业的盈利状况，它是企业在运作一段时间后的经营结果；资产负债表则反映在某一时刻的企业状况，投资者可以用资产负债表中的数据得到的比率指标来衡量企业的经营状况以及可能的投资回报率。

无论创建什么样的企业，账面收支平衡越早越好。一个企业开始有收入了，说明企业的产品或服务已经有了市场价值。企业达到盈亏平衡，说明新创企业有盈利的潜力。只有具有盈利能力的企业，才是真正具有价值的企业，也才会有更多的投资机构青睐，从而送来更多的资金支持。

这部分还需要写明现金流的结构。要在计划书中说明现金的流入和流出是如何构成的，然后根据对现金流的分析，结合实际问题提出调整策略，从而改善现金流，增加稳定性、降低风险。

财务规划一般要包括以下内容：

（1）商业计划书的条件假设；

（2）预计的资产负债表；预计的损益表；

（3）现金收支分析；

（4）资金的来源和使用。

十、融资策略

融资策略是给投资方看的，因此最为关键的还是要体现出能给投资方带来巨大的收益回报。现在的投资方都在寻找 10 倍的投资回报。比如说，新创企业的估值为 500 万元，投资方占股 25%，价值 125 万，那么，新创企业就要拿出一份商业计划，证明企业能在 5 年之内把投资方的预期收益推高到 1250 万。对于投资方来说，投资一个企业意味着要和这家企业一起走过 3 年到 5 年甚至更长时间，还有 B 轮 C 轮等多次融资。投资不是一个短期行为，需要创业团队有着更广阔的视野、更多的耐心。同理，投资方也需要有更敏锐的洞察力、更大的魄力、更强的前瞻性。

合理的融资决策必须在保证与企业经营的现金流量相匹配的基本前提下，尽可能降低融资成本，以提高股东的市场价值。在实际中，不同性质的企业对融资方式和融资成本会有不同的考虑和侧重。对于高成长性企业，业务扩张快，投资的预期回报率高，同时经营的现金流往往不稳定，财务风险较大，债务融资不能保证资本扩张和业务扩展的需要，所以一般采用股权融资方式。股权融资的成本虽高，但如果企业经营成功，投资的回报率远超股权的融资成本，有利于提升股东的价值。

在这一部分创业者还要写出你已经投入了多少资金。如果你一分钱也没有投入，投资者可能会怀疑你对这个项目的信心和创业态度。你还要在融资部分写明筹集资金的数额是多少，准备出让多少股份。不管你的心理价位是多少，你都应该明确提出自己的要价，并将它作为谈判的起点。

需要什么样的资金？什么时候需要？目的是做什么？长期还是短期融资？对每一项融资问题都要进行合理的叙述。什么时候上市？为什么能上市？在融资之前要明确产权、股票期权、认股权证、其他承付款项的描述等。即使你有详细的财务预测，最好还是列出一张清单，把主要的资金用途罗列出来。

十一、应变计划（风险控制）

投资方一般都非常强调风险控制，他们除了要进行投资前的风险评估，同时也很关注拟投资的目标企业对待风险的态度和措施。如果新创企业在商业计划书能清楚地写明风险所在以及应变计划，不仅可打消投资方的很多顾虑，也会使投资方对新创企业的创业思路、市场分析能力和运营管理水平等都更有信心，这将有助于投资方下决心做出投资决策。因此，在这部分主要需要阐明如下内容：

（1）你的企业在市场、竞争和技术方面都存在哪些基本的风险？

（2）你准备怎样应对这些风险？

（3）就你看来，你的企业还有一些什么样的附加机会？

（4）在你的企业现有资本基础上如何进行扩张？

（5）在最好和最坏情形下，你家企业未来五年计划如何？

（6）最好列出大概需要处理的两个或三个可能出现危机的应对计划。

如果你的估计不那么准确，应该给出误差范围到底有多大。如果可能的话，建议对关键性参数做出最好和最坏的范围设定。

十二、总结

一般用一页纸，总结一下你的创业项目将给投资方带来的收益，重点强调这项投资是很值得的，同时还要指明主要风险所在，简要说明如何将风险降到最低。

在商业计划书后面，最好附上支撑材料，如相关产品预估销售额的支持材料、核心成员的主要业绩和经历、市场分析数据、竞争对手及其产品系列表、独立的研究结果等。

表 13-1 列出了商业计划书应该包含的主要内容：

表 13-1 商业计划书的主要内容

	内容	描述重点	撰写要求	运营计划内容
1	概述	一般包括以下内容：企业介绍；主要产品和业务范围；市场概貌；营销策略；销售计划；生产管理计划；管理者及其组织；财务计划；资金需求状况等	必须要回答下列问题： （1）企业所处的行业，企业经营的性质和范围； （2）企业主要产品的内容； （3）企业的市场在那里，谁是企业的顾客，他们有哪些需求； （4）价值内涵：核心能力、优势资源、差异化基础； （5）企业的合伙人、投资人是谁； （6）企业竞争对手是谁，竞争对手对企业的发展有何影响。	不需要
2	背景介绍	产品原有情况介绍、商机的描述，市场潜力介绍等	本部分很重要，需要 1~5 页说明	包括未来的整合
3	团队介绍	描述团队成员素质的描述，为什么能形成团队？提出组织的框架结构，明确负责人	本部分内容要方便阅读，一些投资人会首先阅读这页内容	岗位描述和组织架构都需要详细介绍
4	产品描述	什么样的产品？功能是什么？产品在哪方面优于竞争对手？特有的功能？产品族，客户利益	这部分是实质性内容，一定要认真写好这部分内容，如果可能的话，最好加上一些图示	包括此内容
5	产权界定	在融资之前明确产权。股票期权、认股权证、其他承付款项的描述	包括此内容	包括此内容，而且还有给员工的股票和期权的分配标准
6	市场描述	目前市场的成长、价格趋势、对你产品的需求等材料，包括重要客户、营业代表、代理机构等的名字	用图表说明，包括业界领袖、有影响的咨询公司、行业协会和政府机构等的验证说明	还要包括支持性统计数据和市场细分情况的内容
7	市场策略	详细的市场销售渠道、每年的销售成本、销售人员。独特的促销活动，货物配送等，列出时间表和阶段性要求	要有对基本营销活动成本掌控的详细证据，并进行描述	包括预算和时间安排的全部详细内容
8	运营规划	如何形成学习曲线，如何使销售更经济，关键的卖方，制造和采购决策点，设备，详细的成本清单	投资人倾向假定你会做好一切事情	写出全部细节内容，详细的时间安排，单位成本，说明假定条件
9	研究与开发	目标、成本和进度安排	强调开发，投资人不愿意为研究提供资金支持	确保你的理由正当，包括细节内容

续表

	内容	描述重点	撰写要求	运营计划内容
10	职工规模	雇用的时间表，所需要的技能，获得的可能性和用工成本	简要介绍，投资人通常乐于假定员工能被雇用	细节内容要合理，尽量做出图形表示组织两年后发展的预期
11	融资策略	需要什么样的资金？什么时候需要？目的是什么？长期还是短期融资？对每一项都要进行合理的叙述，什么时候、为什么要上市？租赁策略	对现金流的情况最为期待，还要提供最佳 / 最差情形模式的惯例描述，一定要经注册会计师审阅	详细内容，包括每个月的现金流（共 6 个月），需要图形格式和数字
12	应变计划	列出应对两个或三个可能出现的危机的计划	详细写，但不是必需的	尽可能写出详细内容
13	总结	给投资人带来的收益，指明主要风险	用 1 页的内容说明：如何将风险降到最低？相对其他项目而言，为什么这项投资是值得的？	最基本的有关风险方面的内容
附录				
A	支持体系、市场分析数据、独立的研究等	如果可能的话，总结一下数据，重新做一下全面研究	包括全部支持的内容	
B	核心成员的主要介绍	保持言简意赅	不必	
C	核心成员发表过的文章	为了外部咨询人员的利益，如果可行，可加上这一内容	不必	
D	竞争对手及其产品系列表，相关产品的估计销售额	对建议的简要评价	包括所有细节，加上对计划和人物的情报报告	

第四节　撰写商业计划书的注意要点

当新创企业还处于探索商业模式以及产品方向的阶段时，写商业计划书是没有任何必要的。在创业的早期阶段，新创企业应该做的是将产品尽快推向市场并进行测试，通过用户的反馈意见持续改进产品，而不是一味地对自己的创意精雕细琢成商业计划书。否则，你可能会发现，通过闭门造车不断精练出来的产品创意其实根本没市场，自己只是在浪费时间。其实，你的创意一开始只需要有一个粗略的大纲即可（用一页纸阐述商业模式或者是展示价值），之后就马上开始进行市场测试，然后在实践中逐步完善你的创意想法，并且不断精益求精。在你找到充分的证据足以证明自己的想法可行之前，你应该使用更具灵活性、更实干的方式将产品尽快推向市场并接受市场的检验，而不是急着写一份商业计划书。

总之，一旦时机成熟，就可以着手撰写高质量的商业计划书。不要忘记，除了个别很挑剔的人之外，商业计划书的读者都是普通人。不要将商业计划书写得特别复杂，如同雾里看花，让读者不知所云。比如在描述产品和市场时，要避免使用言过其实的形容词。计划书要言简意赅，如果需要用到图示、表格等，可以考虑花钱找专业人士来做。设计好漂亮的封面，产品照片最好用网版印刷纸，而不要用光面纸，以方便有的读者使用复印机拷贝照片。在最后定稿和印刷之前，最好请一些写作水平较高或有过投资经验的朋友将商业计划书预审一遍，征求他们对外观、内容和商业模式的建议和评价，以确保商业计划书撰写更规范并更容易打动投资机构。

本章思考与研讨：

1. 商业计划书的作用是什么？
2. 商业计划书的主要内容有哪些？每个部分的作用是什么？
3. 根据本章有关商业计划书撰写要求，自己尝试写一份商业计划书。
4. 为什么在商业计划书中要把可能会遇到的风险也写上？这将对投资方的决策产生怎样的影响？

Chapter 14
第十四章　与创业相关的法律常识

创业案例 新创公司推行“弹性工作制”，是否还需要向员工支付加班工资？

小林是某新创文化公司的内容编辑。在职期间负责公司两个微信公众号以及一个微博账号的编辑、运营工作。由于公司处于初创阶段，人手不足，公司负责人经常要求小林加班。半年后，小林提起了劳动仲裁，要求公司支付双休日、法定节假日加班工资等款项。

案件审理过程中，公司负责人表示，公司实行弹性工作制，并没有严格规定小林的具体上下班时间，也没有对小林记录考勤，虽然有时候存在加班情况，但小林都已经自行安排了倒休。因此，公司不需要向小林支付双休日、法定节假日加班工资。

最终，在文化公司无法提供考勤记录的前提下，而公司负责人曾数次以短信、电子邮件等形式向小林安排工作，要求小林在双休日、法定节假日更新公众号并完成其他工作内容，法院采信了小林的主张，判决文化公司向小林支付双休日、法定节假日加班工资。

【法官释法】

《劳动合同法》第三十一条规定，用人单位应当严格执行劳动定额标准，不得强迫或者变相强迫劳动者加班。用人单位安排加班的，应当按照国家有关规定向劳动者支付加班费。

本案中，新创文化公司虽然主张公司实行弹性工作制，不强制要求员工的到岗工作时间，但文化公司无法就此提交打卡记录等有效的考勤证据，故文化公司应就此承担相应的不利责任。反观小林一方，小林主张在职期间存在休息日、法定节假日加班，并就此提交了短信、电子邮件等材料为证。因此，从证据方面，小林所提交的证据足以有效证明文化公司在休息日、法定节假日给他安排了工作、要求其加班加点完成工作任务。因此，小林要求文化公司支付加班工资，有理有据，可以得到法院支持。①

【案例启发】

创业者如果不懂法，往往会在经营过程中造成很多不必要的损失和被动。因此，创业者要以本案例为戒，积极主动学习相关法律知识，在营造良性企业文化的同时，学会依照法律法规处理遇到的问题，特别是要注重对员工权益的保护。

创业所需要的不仅仅是有新意的项目、有活力的团队、有眼光的投资人，而且还需要创业者懂得基本的法律常识，自觉提高合法合规创业的意识。只有懂法、守法，并依据法律规定开展经营活动，依法保护自己的合法权益，才能确保创业行稳致远。当然，由于创业者本人精力有限，不一定做到熟读法律，也不能做到依法处理每个问题，但重要的是要有基本的法律意识，至于具体处理与企业经营相关的法律问题，可以交给法务负责。特别是对于规模较小的初创公司或小微企业，首先要解决的是生存问题，每一分钱的支出都要

---

① 蔡笑 . 创业，你所需要知道的劳动法律法规［EB/OL］.（2016-07-28）［2021-09-20］. http: //bjgy.chinacourt.gov.cn/.

精打细算，这一阶段，也没有必要聘请专职的法务人员。如果遇到涉及诉讼或公司治理等专业问题时，可向专业律师或机构咨询。目前，在网上有很多可以提供法律服务的公司，如易法客可以提供撰写合同、审合同、劳动协议、法律咨询等一站式服务，每项服务收费也是公开透明的，根据法务服务项目不同，收取几百元到几千元的服务费。这对初创企业来说比较经济实惠。

第一节 创建新企业时所涉及的相关法律规定

根据我国相关规定，创业者因从事经营活动而注册公司，首先要到工商行政管理部门办理登记手续，领取营业执照，如果从事特定行业的经营活动，还须事先取得相关主管部门的批准文件，即要经过前置审批。企业设立后，还需要到税务部门进行税务登记，需要配备会计人员处理财务，因此也要了解相关的税法和财务制度。

一、制订公司章程

公司的设立从订立公司章程开始，以注册登记获批结束。公司章程是规范公司组织和活动的根本准则的书面文件，也是设立公司时最重要的文件。公司章程可以约束股东之间的权利义务关系，所以，公司股东在成立公司时一定要在公司章程中把权利义务写清楚，写详尽，以保证出现纠纷时能够顺利地解决。

1. 公司章程定义

公司章程，是指公司依法制定的有关公司名称、住所、经营范围、经营管理制度等重大事项的基本文件，也是公司必备的规定公司组织及活动基本规则的书面文件。

2. 公司章程的重要作用

《中华人民共和国公司法》（以下简称《公司法》）明确规定，股东共同订立公司章程是设立公司的条件之一。公司如果没有章程，就不会获得批准，也不能登记。公司章程确定了公司最基本的权利、义务关系，是公司生活中的“小宪法”，在推动公司自治、调整公司内外部关系方面发挥着重要作用。

3. 公司章程的法律效力

《公司法》第十一条规定，设立公司必须依法制定公司章程。公司章程对公司、股东、董事、监事、高级管理人员具有约束力。同时，公司章程也具有对外的法律效力：

（1）对公司的效力。公司应当依章程规定产生相关组织机构，并在章程确定的经营范围内从事经营活动，公司股东依章程应履行各项义务。

（2）对股东的效力。股东依章程规定享有权利和承担义务，如有权出席股东会、行使表决权、转让出资等，同时有缴纳认缴的出资等义务。

（3）对董监高人员的效力。公司的董事、监事、高级管理人员必须依照法律和公司章程的规定行使职权，若其行为超出章程赋予的职权范围，其应就自己的行为对公司负责。

（4）对外的效力。章程是公司对外进行经营交往的基本法律依据，为投资者、债权人和第三人与公司进行经济交往提供了条件和资信依据。

（5）公司章程一经有关部门批准，并经公司登记机关核准即对外产生法律效力。公司依公司章程，享有各项权利，并承担各项义务，符合公司章程的行为受国家法律的保护；违背公司章程的行为，有关机构有权对其进行处罚。

但很多新创公司的创业者都认为公司章程仅仅是用于工商注册登记的，不少股东甚至发生纠纷时都不知道公司章程中都规定了哪些内容。现实中，大部分公司的章程是采用工商局提供的范本，内容也是简单照搬《公司法》的规定。在这种情况下，一旦发生股东及公司之间的争议，章程反而无法发挥其应有作用，形同废纸。为了解决这类问题，在制订公司章程时要尽可能地将股东关注的内容与约定写入章程，无论是公司设立协议中的约定，还是在公司运行中，股东就公司管理、权力制约、利益分配等达成的一致意见，都应该是公司章程的内容。同时，尽可能地预测纠纷产生的可能并建立解决机制，并将这些内容都规范地写入章程，成为公司运行的规则，只有这样，才能使得公司股东之间、公司与股东之间建立起规范的关系，也才能使得公司的自治纳入法律的体系中，受法律的保护。

案例

老徐大学毕业后就开始创业，多年打拼稍有成就，手中有几十万的闲钱，他想找机会投资。刘先生和周先生合作开办了一家 IT 公司，所开发的一套电子安保系统应用于小区管理、公共场所治安、超市防盗等领域，具有很大的市场潜力。公司为了扩大市场，急需一笔资金，经朋友介绍，他们希望与徐先生合作。

徐先生看好这个项目前景，拿出自己 30 万的闲钱，同时借贷 20 万，共 50 万元作为资本金入股，占 50% 的股份，刘先生和周先生以技术和原先积累的销售渠道等折价占 50% 的股份。

合作的第一年年底，企业税后利润 20 万，但刘先生和周先生决定增资扩产。老徐因借贷问题，本不想继续再投资，希望拿 10 万分红，但想到公司正在增长势头上，就又借钱 20 万连同分得红利 10 万增资。第二年年底，公司税后可分配利润有 200 万，老徐松了口气。

但刘先生和周先生希望继续壮大企业，决定在提取了 20 万元按出资额分红后，剩下的 180 万全部转为公司发展资金。老徐因为借贷的 50 万马上到期，且家中也急需大额资金，就与刘先生和周先生协商，几番协商无果，股东之间的关系因此也僵了。

事态发展到了这个地步，老徐觉得再合作下去，根本毫无意义，就决定退股。谁知，无论是退股还是第三人转股，没有刘先生和周先生的同意，均不可操作。原来，公司章程中有明确约定：公司存续期间，任何一方都不得退股，如要转股，需要征求全体股东一致同意。

公司章程的这一规定，完全堵死了徐先生的资本兑现之路。

这个教训对老徐影响很深，当再次与他人合作之时，他特别请了律师帮忙审阅有关的文件，认真程度让新的合作伙伴都认为老徐小题大做，鸡蛋里挑骨头。

【案例启示】

公司章程对公司非常重要，它是公司经营、管理活动的基础。对投资者来说，一份详细而又完备的投资协议固然必不可少，但一份精致细化的公司章程，是判断公司能否成长、壮大的重要参考依据。

公司创办之初，因为规模小，任务简单，股东之间可以保持默契，出现分歧也可以协调。但随着公司逐渐壮大，事务性工作日渐繁杂，股东之间分歧也越来越多，这时，通过协商途径一般不能轻易解决彼此的矛盾。如果公司章程拟定之初没有考虑到这些情况，没有预先设计好如何解决这些问题的规则，就有可能在股东之间形成难以调和的矛盾，轻则影响公司正常经营，重则导致公司解散。

二、办理营业执照

营业执照是工商行政管理机关发给工商企业、个体经营者的准许从事某项生产经营活动的凭证。其格式由国家工商行政管理局统一规定。没有营业执照的工商企业或个体经营者一律不许开业，不得刻制公章、签订合同、注册商标、刊登广告，银行也不予以开立账户。新创企业在办理营业执照时需要提供明确的内容包括：企业名称（含公司组织形态）、地址、负责人、资金数额、经济成分、经营范围、经营方式、从业人数、经营期限等，在出资方式的选择上，法律允许投资者以货币、实物、无形资产出资，不允许以劳务出资。下面重点介绍不同的创业组织形态。

不同创业组织形态的创业者承担债务的法律责任也不同。作为个体工商户、个人合伙企业、个人独资企业的创业者，对该组织形式的债务承担无限责任或者无限连带责任。2006 年 8 月 27 日修订通过的新《合伙企业法》规定，普通合伙企业的合伙人、有限合伙企业的普通合伙人对合伙企业债务承担无限连带责任，而有限合伙企业的有限合伙人则以其认缴的出资额为限对合伙企业债务承担有限责任；我国《公司法》规定，有限责任公司的股东是以其认缴的出资额为限对公司债务承担有限责任。

（1）个体工商户。根据我国的政策法规，个体工商户是生产资料属于私人所有，雇工在八人以下，主要以个人劳动为基础，劳动所得归个体劳动者自己支配的一种经济形式。其特点是，创业者本人亲自从事经营活动，而且是承担创业风险与收益唯一者。此外，根据相关规定，个体工商户创业并不强制要求一定要有固定的经营场所，从而一方面降低了其创业初期的成本，另一方面也给个体工商户创业提供了更多的灵活性和选择性。

（2）个人独资企业。个人独资企业是依据《个人独资企业法》成立和规范运行的，由一个自然人投资，财产为投资人个人所有，投资人以其个人财产对企业债务承担无限责任的营利性经济组织。需要注意的是，个人独资企业的投资人可以自行管理企业事务，也可以委托或者聘用其他具有民事行为能力的人负责企业事务的管理。

个人独资企业由于注册资金较少、内部机构设置简单、经营管理方式灵活，无须双重缴税，所有者只缴纳个人所得税，从而成为广大创业者投资创业的一种常见选择。个人独资企业的投资者与经营者可以是不同的人，投资人可以委托或聘用他人管理个人独资企业事务。个体工商户基本上自己是老板同时也是员工。个人独资企业可以设立分支机构，就是说可以设立分公司和子公司。而个体工商户根据规定是不可以设立分支机构的，总的来说个人独资企业会比个体工商户的规模大一些。

由于个人独资企业的出资人要承担无限责任，并不是以出资额为限承担责任，因此法律上对个人独资企业没有最低注册资金的要求，仅要求投资人有自己申报的出资即可，这一规定有利于个人独资企业的设立和发展。在设立个人独资企业时允许以个人财产出资，如果以家庭共有财产作为个人出资，应当以家庭共有财产对企业债务承担无限责任。因此，当创业者决定以家庭共有财产出资时需要慎重些，以免企业经营失败造成整个家庭陷入财务困境。

在创建个人独资企业时，还需要注意三点：一是个人独资企业不具备法人资格，这是因为企业本身没有独立的财产所有权，投资者是以其个人财产对企业的债务承担无限责任；二是个人独资企业需要有合法的企业名称，并享有企业名称专用权，其企业名称也可以依法转让，但在登记时，名称中不可使用“公司”字样；三是与个体工商户不同的是，个人独资企业建立的基本条件是必须要有固定的生产经营场所和必要的生产经营条件。

（3）合伙制企业。根据我国的政策法规，合伙制企业是指由两个以上合伙人订立合伙协议，共同出资，合伙经营，共享收益，共担风险，并对合伙企业债务承担无限连带责任的经营性组织。创业者可约定采取货币、实物、土地使用权、知识产权或其他财务权利出资，甚至可以用劳务出资。

当新创企业发展到一定规模，或者是创业者有较多的创业资源，特别是具备优势互补的志同道合者希望共同创业时，为了发挥各方专长与优势，分担创业风险，可以考虑选择创建合伙制企业的组织形式。如果选择的是个人合伙、普通合伙企业等组织形式，由于人合的因素，部分创业者可能无法控制该组织的债务规模，则创业者应当通过合伙协议、规章制度、参加保险等法律措施对组织的债务规模进行约束，对相关的风险进行控制和规避。

由上述内容可知，个人独资企业、个体工商户及合伙企业都要对其债务承担无限连带责任。有时，这些创业者辛辛苦苦挣了一些钱，可能因为一次生意失败，就会把过去所赚的钱全赔进去，甚至还可能连自己个人的全部财产也赔进去。因此，对有一定财产实力，而且能证明自己的财产可独立于企业财产的，比较好的组织形式就是建立有限责任公司，从而使之成为债务人规避债务的合法形式。如果出现公司债务问题，个人只需承担有限责任（以出资额为限）即可。

（4）有限责任公司。根据《公司法》的规定，有限责任公司是指由 2 个以上 50 个以下创业者共同出资设立，创业者以其出资额为限对公司承担责任，公司以其全部资产对公司承担责任的法人组织。根据规定，投资人可以货币出资，也可以实物、知识产权、土地使用权等可用货币估价并能依法转让的非货币作价出资，货币出资额不得低于注册资本的 30%。需要注意的是，有限责任公司需要双重纳税，即公司盈利时不仅要缴纳公司所得税，而且创业者作为股东还要上缴个人所得税。根据规定，一般的有限责任公司需要成立董事会，同时设一个董事长；小公司由于股东较少，没必要设立董事会，也就没有董事长，只设执行董事即可。

如果选择的是有限责任公司，则公司合伙人、投资人（股东）由于对组织债务承担的是有限责任，则这些创业者就没有了承担无限责任的风险，这样打官司时，合伙人和股东的私人财产就不会被牵扯进去。在创业过程中为了避免合伙人之间、股东之间发生各种各样的冲突，合伙人或股东之间在正式合作之前最好要签订一份合同，把各自的权利和义务讲清楚。

我国新修订的《公司法》还规定了一人有限责任公司，自然人和法人都可以出资设立一人有限责任公司。一人公司（指个人占股100%）作为公司的一种，是企业法人在公司成立时取得法人资格。一人公司的投资人（股东）仅以出资额为限对公司负责，即负有限责任。这类公司虽然名称上是有限责任公司，但有限责任的前提是你个人的账户与公司的账户要完全分离开，也就是说在经营过程中，如果你的个人账户与公司账户哪怕只有一分钱的经济往来，一旦公司出现巨额债务问题，你个人就要承担无限连带责任。所以，一定要找一个合伙人，自己的家人也可以。

因此，一人有限责任公司作为独立的法人实体，只承担有限责任，风险相对较小；个人独资企业要承担无限责任，风险较大。根据规定，一人有限责任公司的注册资本不得低于10万元，并且必须一次缴足；个人独资企业没有最低注册资金的限制。因此，投资者要综合考虑所得税税负及企业的经营风险、经营规模、管理模式、投资额等因素，选择适合自身实际情况的企业组织形式，实现投资—收益的最大化。

综上所述，创业者在创建不同的企业组织形态时，要认真了解相关的法律规定并避免可能的风险。如果选择的是个体工商户、个人独资企业等组织形式，由于对债务要承担无限责任或者无限连带责任，应尽量控制新创企业的资产负债率。

三、开业其他手续

拿到营业执照后，还要尽快做好以下五件事，否则，公司就会被拉入黑名单：

（1）在一个月之内，要到税务部门进行税务登记，之前需要配备好会计人员处理财务，同时也要了解相关的税法和财务制度。

（2）按要求刻四个章：公章、法人章、财务章、发票专用章；

（3）到银行开对公账户；

（4）每月按时记账、按时报税；

（5）按时提交企业年报和工商年报。企业年报是企业整个会计年度的财务报告及其他相关文件。企业提交年报的时间为每年的1月1日至6月30日。过期未按时申报公示的，将会被列入经营异常名录。在企业日常的工作中，提交年报是每年必经的工作程序。通过工商年报，可以让社会公众与合作伙伴了解企业的经营情况，保障交易安全；而企业通过工商年报，可向外界展现企业的实力与诚信经营的形象，有利于企业的长远发展。

第二节　有关劳动用工的基本法律规定

与劳动用工相关的法律主要有:《劳动法》《劳动合同法》等。

《劳动法》主要是用于规范企业的劳动制度，保障企业员工的权益，保证劳资关系的和谐。

劳动合同是指劳动者与用人单位之间确立劳动关系，明确双方权利和义务的协议。订立和变更劳动合同，应当遵循平等自愿、协商一致的原则，不得违反法律、行政法规的规定。

《劳动法》第十九条规定了劳动合同的法定形式是书面形式，其必备条款有 7 项：

一、劳动合同期限

法律规定合同期限分为三种：一是固定期限，如 1 年期限、3 年期限等；二是无固定期限，合同期限没有具体时间约定，只约定终止合同的条件，无特殊情况，这种期限的合同应存续到劳动者到退休年龄；三是以完成一定的工作为期限。用人单位与劳动者在协商合同期限时，应根据双方的实际情况来约定。

二、工作内容

在这一必备条款中，双方可以约定工作数量、质量，劳动者的工作岗位等内容。在约定工作岗位时可以约定较宽泛的岗位概念，也可以另外签一个短期的岗位协议作为劳动合同的附件，还可以约定在何种条件下变更岗位条款等。掌握这种订立劳动合同的技巧，可以避免工作岗位约定过死，因变更岗位条款协商不一致而发生的争议。

三、劳动保护和劳动条件

可以约定工作时间和休息休假时间，各项劳动安全与卫生的措施，对女工和未成年工的劳动保护措施与制度，以及用人单位为不同岗位劳动者提供的劳动、工作的必要条件等。

四、劳动报酬

此必备条款可以约定劳动者的标准工资、加班加点工资、奖金、津贴、补贴的数额及支付时间、支付方式等。

五、劳动纪律

此条款应当将用人单位制定的规章制度放进来，可将内部规章制度印制成册，作为合同附件的形式加以简要约定。

六、劳动合同终止的条件

此必备条款一般是在无固定期限的劳动合同中约定，因这类合同没有终止的时限。但其他期限种类的合同也可以约定。需注意的是，双方当事人不得将法律规定的可以解除合同的条件约定为终止合同的条件，以避免出现用人单位应当在解除合同时支付经济补偿金而改为终止合同不予支付经济补偿金的情况。

七、违反劳动合同的责任

新创企业与员工订立劳动合同时，一般要约定两种违约责任形式：第一种是一方违约要赔偿给对方所造成的经济损失，即赔偿损失的方式；二是约定违约金的计算方法，采用违约金方式应当注意根据职工一方承受能力来约定具体金额，避免出现显失公平的情形。违约不是指一般性的违约，而是指严重违约，致使劳动合同无法继续履行，如职工违约离职、单位违法解除劳动合同等。

为减少矛盾，建议新创企业与员工签订劳动合同时不要一年一签或两年一签，按照规定，在连续两次签订固定期合同后，如果再续签（即第三次签劳动合同），就必须要签订无固定期合同。如果不签订无固定期劳动合同，而是签订固定期合同，那么就应该给职工双倍工资，否则员工一旦维权就比较麻烦，企业最后是得不偿失。

初创企业大都机构设置简单，没有充足的资金，没有规范的管理制度，创业者的注意力一般会集中在减少成本、创造利润上。而国家制定《劳动合同法》的本意是为了保护员工的利益，这正好与创业初期企业降低成本的需求有一定矛盾。如果新创企业不重视劳资关系问题，没有规范的公司制度，往往容易引发劳资纠纷，如果处理不好劳资关系，致使员工的权益得不到保障甚至受到损害，其结果是不仅留不住员工，企业还会因违反《劳动合同法》而受到相关法律的处罚。

案例 1

王某大学毕业后应聘到一家国企工作，双方约定了5年服务期，并且约定在服务期内如果王某解除劳动合同，应支付相应的违约金。2年以后，王某发现该企业的工作环境并不利于自己发展，便去悄悄应聘某新创企业的工作职位，经过笔试、面试、体检后，该新创企业对王某比较满意，很快就发了录用通知书，其中还注明了工作岗位、工资报酬、工作地点、报到日期等。拿到录用通知后，王某立即用电子邮件通知该新创企业的人力资源经理，表示将在规定的日期内前去报到。随后他辞去了在国企的工作，并支付给了国企违约金。然而，就在他准备去这家新创企业报到时，该新创企业由于找到了更好的人选，便告知王某，公司不打算再录用他了。由于双方尚未签订劳动合同，公司此前发出的录用通知无效，王某也不必来公司报到了。王某非常生气，将该新创企业告到法院，要求法院判令该企业应该与其签订劳动合同，否则要承担违约责任，赔偿其经济损失 6 万元。法院受理该案件后，经调解，双方同意签订劳动合同。

【案例启示】

本案争议的焦点是录用通知的效力问题。《劳动法》虽然对此没有相应的规定，但是根据《劳动合同法》的规定，录用通知在法律上的属性应为“要约”。《劳动合同法》第 14 条规定，要约是希望和他人订立合同的“意思表示”，“意思表示”应当符合下列规定：一是内容具体确定；二是表明经受要约人承诺，要约人即受该“意思表示”约束。内容具体明确，就是当事人不需进一步协商，受要约人单纯地接受就可以成立合同。要约人即受该“意思表示”约束，表明要约人受合同的约束。要约人把成立合同的最终权利交给了对方。承诺是受要约人以做出声明或以其他行为对某一要约表示同意，承诺一旦生效，就产生合同约束力。本案中，该新创企业向王某发出了录用通知，注明了工作岗位、工资报酬、工作地点、报到日期等，同意录用王某的意思是很明确的，显然属于要约。尽管录用通知并不等同于劳动合同，但是向王某发出的录用通知，就是愿意同王某建立劳动关系的意思表示，王某可以选择接受或不接受，而一旦王某承诺同意按录用通知与公司建立劳动关系，那么通知的内容对双方都有约束力。当然，录用通知并不能替代劳动合同，用人单位还应依法与劳动者订立劳动合同。或许有人会提出疑问，要约不是也可以撤销吗？根据《劳动合同法》的规定，撤销要约的通知应当在受要约人发出承诺通知之前到达受要约人，且有下列情形之一的，要约不得撤销：一是要约人确定了承诺期限或者以其他形式明示要约不可撤销；二是受要约人有理由认为要约是不可撤销的，并已经为履行合同作了准备工作。而本案中，录用通知已送到了王某的手中，王某也已经同意，并且辞去了原来的工作，这说明王某不仅发出了承诺，而且还为履行承诺做了一系列的准备工作。在这种情况下，该新创企业如果单方面撤销，就要付出代价。

本案经调解，双方同意签订劳动合同，是个双赢的结果。否则，新创企业要承担缔约过失责任。

案例 2

刘某是某软件公司的软件开发工程师，与公司签订了期限为 2 年的劳动合同。由于刘某的出色表现，软件公司便出资6万元送刘某到国外进行为期6个月的专业技术培训，并与刘某签订了 3 年的服务期协议，即培训结束后刘某应再为公司服务 3 年，否则应承担违约责任。培训结束回国后的第一年，刘某就要求提高职位和薪水，与公司协商无果后，遂向公司提出解除劳动合同的要求，公司明确表示不同意其提前解约。刘某便不辞而别，跳槽到了一家动漫设计公司，并与该公司签订了劳动合同。软件公司发现刘某跳到一家动漫设计公司后，遂向劳动争议仲裁委员会提起仲裁申请，要求刘某和动漫设计公司对软件公司的损失承担连带赔偿责任。最后动漫设计公司被判承担连带赔偿责任。

【案例启示】

本案是一起典型的劳动合同纠纷案，动漫设计公司在招聘刘某时，没有对刘某是否与原单位解除劳动合同关系作初步审查，就招用尚未解除劳动合同的刘某，结果导致自己连带赔偿责任。这个案例再次提醒企业人事部门在招聘人员时，应验明拟聘用人员与其他企业是否还存在劳动关系，拟聘用的人员没有与原单位解除劳动合同的，不应与其签订劳动合同。

第三节　市场准入涉及的相关法律规定

市场准入制度是国家对市场主体资格的确立、审核和确认的法律制度，包括市场主体资格的实体条件和取得主体资格的程序条件，其表现是国家通过立法，规定市场主体资格的条件及取得程序，并通过审批和登记程序执行，即政府或其授权机构规定公民和法人进入市场从事商品生产、经营活动所必须满足的条件和必须遵守的制度与规范的总称。市场准入方式有三种：禁止进入、许可进入和限制进入。

市场准入的形式包括许可、批准、注册、登记、核准、资质认定、发放许可证等。食品质量安全市场准入制度就是如此。为保证食品的质量安全，具备规定条件的生产者才允许进行生产经营活动，具备规定条件的食品才允许生产销售。因此，实行食品质量安全市场准入制度是一种政府行为，是一项行政许可制度。

为保证经济正常有序地运行，在一些领域进行创业，还必须得到政府有关部门的许可。如，凡是对环境有不良影响的各种规划、开发、建设项目、排污设施或经营活动，其建设者或经营者，需要先提出申请，经主管部门审查批准，颁发许可证后才能从事该项活动。这种制度多表现为某种凭证即许可证的审批许可形式，故称“许可证制度”，也称“许可制度”。它一般包括许可证的申请、审核、批准、监督、中止、吊销以及作废等一系列管理活动过程，根据管理对象不同要求，可分为规划、开发、生产销售和排污许可证等类型。比如你要创办一家造纸企业，你就不能只顾生产纸产品，还要解决造纸过程所产生的水污染及排放问题。如果你没有达标的排污设备和具体措施，就不会得到批准建厂。

许可证制度可保证对环境或民生有影响的管理对象必须符合国家环境管理的有关规定，从而将其负面影响限制在国家允许范围内。实践表明，它是国家强化环境卫生管理的一种行之有效的方法。其实，创业者可以充分利用市场准入和市场许可制度，利用自己独特的优势，获得政策的保护，从而形成竞争壁垒，为自己创业避开竞争奠定基础。比如你创业所提供的产品是绿色（有机）食品，那么，这种产品必须要符合一定的标准、要经权威组织认证后，方可进入市场。如果你的绿色（有机）食品的主要是出口，特别是向欧洲各国、美国、加拿大、日本等发达国家出口，就要考虑这些国家严格的强制性技术标准和法规，即对进口食品实施非关税的技术壁垒，也称绿色壁垒或环境壁垒。在食品贸易方面，发达国家利用食品安全问题设置了极为严格的市场准入制度，特别是对食品的生产环节控制严格，对产地的生态环境、食品的生产条件、卫生条件、加工环境以及产品的质量要求十分严格。如果你的产品达标，就意味着出口有机食品的大门已经向你打开，而且将其他低水平的竞争对手阻隔开，有效保证了你的市场发展不受恶意竞争的干扰。

第四节 经济交往过程中所涉及的法律规范

市场经济为人们充分发挥个人参与经济活动的主观能动性提供了可能。但是，由于微观经济体为了各自的利益而有可能各行其是，因此难免会对其他方的利益造成损害和影响，从而产生冲突，影响经济健康运行。因此，国家为了使经济有序健康发展，必然要通过法制手段，规范企业和个人的经济行为。

新创企业开始经营后，必然涉及市场主体间的各种交易行为和法律关系，如销售时和消费者形成的法律关系；进货时和供货商形成的法律关系；融资时与金融机构形成的法律关系等。这些法律关系通常是通过经济合同的形式确定下来，无论是从合同的订立到合同的履行，还是违约责任的承担，都与《合同法》关系密切，相关的法律规定还有《产品质量法》《票据法》《反不正当竞争法》等。这就需要新创企业协调好对外的商业关系，处理好签订和执行合同的相关事务。比如，销售产品需要和经销商签订“产品销售合同”或“买卖合同”；提供服务需要和客户签订“服务合同”或者“咨询合同”；自有资金不足时，公司向银行申请贷款需要签订“贷款合同”，或者从股东处贷款需要签订“股东贷款协议”等。此外，公司还可能会引入新的投资者，甚至是VC/PE这样的专业投资机构。如果只是一般的投资者，那么只需要签订“股权转让协议”即可。但如果是VC/PE，那么需要签订一系列复杂的“投资协议”并重新调整公司的股权架构，这时就需要专业律师来协助公司处理这些专项法律业务。

一、合同有效性问题

在订立合同过程中，为保证合同有效性，通常要明确以下四项内容：

1. 合同主体是否具有法人资格

创业者签合同前要弄清对方有无签合同的合法授权，如果对方连签订合同的权利都没有，那么，签订出来的合同也等于废纸一张。创业者在审查对方是否具备法人资格时，应注意审查合同签订人的代理人资格及其代理权限。其中：盗用、冒用单位名义签订合同的，其所签订的合同无效；超越代理权限的，其越权部分无效；代理人以被代理人的名义同自己或者同自己所代理的其他人签订的合同无效；合同签订人既无委托书，也无委托单位能够说明情况的介绍信，应视为无代理资格。

2. 合同内容是否合法

只有内容合法的合同，才能在双方发生纠纷时起到保护当事人利益的作用，否则合同内容不规范或不合法，合同条款不严谨，一旦发生纠纷，麻烦会更大。审查合同时首先要看合同标的是否属于法律、政策禁止生产经营的范围；其次是审查合同中有关标的的数量、质量、价格和违约责任等规定是否违反国家计划、法规和政策；再次是审查合同的内容是否违反国家利益或社会公共利益，有无规避法律的行为；最后是审查合同内容是否超越批准的经营范围。

3. 合同当事人的意思表示是否真实

根据规定，在签订合同过程中，要审查当事人的意思表示是否真实，有无违反平等互利、协商一致、等价有偿原则的情况等。

4. 合同是否履行了法定的审批手续

法律法规规定合同必须经过主管部门审核批准后才能生效，如果没有履行法定的审批手续，则不具有法律约束力。合同的法律约束力应是法律赋予合同对当事人的强制力，即当事人如违反合同约定的内容，即产生相应的法律后果，包括承担相应的法律责任。约束力是当事人必须为之或不得为之的强制状态，约束力或来源于法律，或来源于道德规范，或来源于人们的自觉意识，当然，源于法律的约束力对人们的行为具有最强的约束力。

经济交往过程应用法律时，应该遵循“事先”和“及时”两条原则。“事先原则”是指在进行经营活动时，比如最常见的签订合同，最起码要先了解一下《合同法》的有关内容；同时，要向专业人士进行咨询。如果可能，还应该询问更多的人士，以求获得最完整的解决方案。在出现了法律问题或经济纠纷时，首先要冷静，在完全了解法律规定之前，不要用法律以外的方式解决，以免错上加错。“及时原则”是指在出现了问题后，不要认为自己是弱者，而忽略了自己事先应有的防范和事后应当采取的及时补救措施。

二、违约责任的承担方式

1. 支付违约金

违约金：指合同当事人在合同中约定的，在合同债务人不履行或不适当履行合同义务时，向对方当事人支付的一定数额的金钱。

2. 损害赔偿

损害赔偿：是指因合同一方当事人的违约行为而给对方当事人造成财产损失时，违约方向对方当事人所作的经济补偿。

范围：包括直接损失和间接损失，但不包括非财产损失，即精神损害。

经营者对消费者提供商品或者服务有欺诈行为的，依照《中华人民共和国消费者权益保护法》的规定承担损害赔偿责任。（双倍返还）

限制规则：合同预见规则、减轻损害规则、损益同销规则。

3. 继续履行

继续履行：是指由法院或仲裁机关作出要求实际履行的判决或下达特别履行命令，强迫债务人在指定期限内履行合同债务。

4. 其他补救措施

对质量不符合约定的，应当按照当事人的约定承担违约责任。对违约责任没有约定或者约定不明确的，通常，受损害方应根据标的的性质以及损失的大小，可以合理选择要求对方承担修理、更换、重作、退货、减少价款或者报酬等违约责任。

第五节　知识产权保护的相关法律规范

知识产权在商业竞争中的作用十分重要。创业过程中，特别是利用高科技成果创业，往往会遇到知识产权问题。有的创业者拥有自己的知识产权，也可能会利用他人的知识产权，创业既不能侵犯他人的知识产权，又要建立自己的知识产权保护体系，要注意应该在法律允许的范围内使用他人的知识产权，让知识产权为自己创业提供技术开发的思路和可行性支持。

知识产权是关于人类在社会实践中创造的智力劳动成果的专有权力。随着科技的发展，为了更好地保护产权人的利益，知识产权保护制度应运而生并不断完善。目前我国已经建立了一个比较完备的知识产权法律保护体系，主要包括《中华人民共和国商标法》《中华人民共和国著作权法》《中华人民共和国专利法》(以下简称《专利法》)等。创业者需要主动学习和了解相关法律条文中关于著作权、商标、域名、商号、专利、技术秘密等知识产权的保护规定。

一、专利权与专利保护

专利权是指一项发明创造向国家专利局提出专利申请，经依法审查合格后，专利申请人被授予在规定时间内对该项发明创造享有的专有权。根据《专利法》，发明创造有三种类型：发明、实用新型和外观设计。《专利法》所称的“发明”，是指运用自然规律或本质去解决具体问题的技术方案，包括对产品、方法或者其改进所提出的新的技术方案。《专利法》所称的“实用新型”，是指对产品的形状、构造或者其结合所提出的实用的新技术方案。一般涉及产品结构的改进，尤其是小改进，选择实用新型。它与发明的不同之处在于：第一，实用新型只限于具有一定形状的产品，不能是一种方法也不能是没有固定形状的产品；第二，对实用新型的创造性要求不太高，而实用性较强。《专利法》所称的“外观设计”是指对产品的形状、图案或者其结合，以及色彩与形状、图案的结合所做出的富有美感并适于工业应用的新设计。

对于发明专利的保护客体，可以是一种方法或者是一种产品，包括只有方法的发明专利申请、只有产品的发明专利申请和产品及其生产方法、产品及其使用方法等发明专利申请等；对于实用新型专利申请的保护客体，由于对所保护的客体限制为有形的产品或者由多个产品连接在一起组成的系统，只能对看得见、摸得着的有形产品进行保护；对于外观设计专利保护客体则与发明专利和实用新型专利的区别较大，它只能对看得见、摸得着的有形产品的形状、图案或色彩及其组合进行保护。

在技术发展日新月异的今天，几乎没有一项技术能够独领风骚数十年，一项新技术出现，其他竞争者马上就可以复制。因此，在一般情况下，专利申请越早越好。一方面使技术尽快得到法律的保护，另一方面也能增加公司的无形资产。

以某创业者开发软件为例，创业者一般先有个思路，但自己不会软件编程，于是请外人或其他公司帮助软件开发。软件开发完成后，承接开发业务的软件编程单位或个人如果缺乏商业道德，很容易剽窃这一成果。他们会通过直接申请知识产权保护的形式，把真正的原创者排除在知识产权之外。由于软件产品并不具备传统意义上看得见、摸得着的有形产品特征，如果只是机械地沿袭《专利法》，那么无论该软件产品中阐明的内涵具有怎样的新颖性、创造性和实用性，都无法用专利申请对其进行保护。而由于软件著作权相关规定只是保护所谓的源程序代码，无法延伸到该软件产品的原创思想，显然这是很不公平的。其实，每一个软件产品在编程过程中，都有其相应的思想、算法和流程，往往只有根据该设计思路和算法流程，最终才得以技术实现。因此，这些设计思路应该属于发明专利保护的客体，至少是其中的重要组成部分，而不是简单归类为实用形专利。

比如国内某高校支付了一笔费用，向 A 公司采购一款教学软件。由于当时该公司根本没有能满足学校要求的现成软件，学校只好委托该公司根据学校设计方案进一步开发。根据双方协商，软件所要实现的主要教学功能和操作流程均由该高校的教师团队提供方案，然后由 A 公司进行软件编程和技术实现。在开发过程中，学校教师分别提出了相关功能模块技术方案并一直与 A 公司技术开发人员保持密切合作。但由于学校没有知识产权保护经验和意识，没有在此之前通过签订合同的形式，明确知识产权的相关事项，从而造成在产品开发结束并投入使用后，A 公司很快就把学校甩到一边，单独申请了该软件的完全自主知识产权，并进行了商业化运作。A 公司老总对此还振振有词："知识产权只保护源程序，不保护思想。"结果，学校为此出钱、出力、出思想、出方案，但知识产权及其成果却与自己无关。

基于以上案例，如果需要通过外包进行软件产品开发，特别是对于具有较好商业前景的软件产品，为了确保自己拥有相关知识产权，通常可采取两种方法：一是直接签订外包协议和保密协议，明确提出受托方只是接受委托开发，知识产权归属委托方，一旦开发验收结束，受托方应将全部与知识产权相关的材料和软件源程序交给委托方，并承诺不得转让他人或谋利；二是如果合作开发，也要通过协议形式，明确双方的权利和义务，写清双方知识产权所占比重，如果等到事后再提出此事，维权的难度就非常大了。（有关外包协议内容请参考附件 2）

二、专利的有效保护

专利的有效保护依赖于专利的有效性。由于发明专利的审查制度比较严谨，获得授权的发明专利的有效性大多是有保障的。但我国的实用新型专利仅仅经过形式上的审查就可以获得授权，简单地说类似于走一个登记程序，只要是申请文件的形式符合规定就先予以授权登记，并不代表该专利具有新颖性和创造性，这点需要注意。如何保护实用新型专利呢？申请人首先应当在实用型专利授权后向知识产权局申请做出《实用新型新颖性检索报告》，报告会对该实用新型的新颖性和创造性做出结论，可以理解为实用新型专利的实质审查程序。在以后的维权诉讼中，主管部门或法院都会要求以此报告为重要依据来审理。

个人发明专利的成果转化一般有两个途径：一是等待企业对专利项目进行考察，然后对专利使用权进行购买，从而利用新技术进行生产；二是专利持有人利用专利技术投资创业。

案例 利用专利为创业保驾护航[1]

王正平从“国家专利局网站”看到一项360度任意旋转万向定位多功能铝合金组合窗新技术，于是产生了利用这项技术进行创业的想法。经过一年的研发，投入过百万的资金，终于成功地制作出了符合要求的模具，并且成功地生产出了成品。为了保护自己的专利不受侵犯，防止一些不法商人为了走捷径，专门仿制市场上走俏的产品赚钱的行为，他在成品研制出来后，特意聘请了代理律师维护产品不受侵权，同时也为产品将来获得更大的市场打好了基础。

三、专利的变更 / 转让

专利申请提交后或专利权被授予后，专利申请人或专利权人可以对专利申请或专利申请人的地址、发明人姓名、联系人姓名及地址、联系电话、代理机构名称及地址，代理人姓名、电话等著录事项进行变更，专利申请人或专利权人也可以将其专利申请权或专利权进行转让，即变更申请人姓名。专利的变更 / 转让，需要去国家知识产权局办理，依据不同情况提交著录项目变更申报书及不同种类的相关证明文件，如果变更手续错误，审查员将发出视为未提出通知书，变更 / 转让失败；如果变更手续正确，审查员将发出手续合格通知书，完成变更 / 转让。

比如某人发明了一套臭氧消毒装置，具有高温消毒装置所没有的广泛适应性，对于家庭或餐饮场所来说都非常有价值，已经取得专利权很长时间了，但是一直就没有企业对此感兴趣。造成这个现象的原因是专利供求双方信息沟通不畅，个人专利持有人没有一个能和企业交流的平台。如果企业能够及时地了解最新的发明专利项目情况，把适合自己生产的技术使用权买过来，那么不但使专利有了用武之地，许多企业可能就不至于一筹莫展，甚至可能扭亏为盈了。

四、专利的申请

创业者如果开发出了自己的独特产品，最好及时申请专利，因为申请专利具有如下好处：

1. 垄断权

专利权人可以直接阻止商业对手采取相应的竞争行为，有利于取得更高的垄断利润回报。

2. 赚取特许费

一项专利，即使市场没有即时的需要，那么日后很可能会有商家察觉到该专利的用途和价值，并愿意支付专利使用费。如美国施乐公司发明了图形用户界面，但未申请专利，

---

① 资料来源：根据瞧这网《利用别人的专利创业》整理，http: //www.795.com.cn/wz/88314.html.

后来微软公司及苹果公司利用图形用户界面作为其个人电脑操作系统的基础，从而抢占了市场先机。初步估计，施乐公司为此白白损失了近 10 亿美元的特许费；而 IBM 公司则及时将自己开发的产品申报专利，并通过转让自己的专利在 2001 年获得 17 亿美元的专利特许收入。

3. 作为防卫手段

如发明人未能在第一时间申请专利，竞争对手便可能捷足先登，届时，发明人研发的一切努力将会付诸东流，且发明人本人甚至还无权使用自己的科研成果。

4. 助力开发外国市场

目前世界上已有 170 多个国家和地区建立并实行了专利制度，不少外国买家，尤其美国买家会要求当地制造商或卖家证明其拥有产品的知识产权，以保障本身不至于卷入侵权诉讼，这样才会愿意进行交易。

5. 以小胜大，增强企业竞争力

专利对大、中、小型企业及新型企业都同等重要，在竞争激烈的市场上，小型企业完全可以利用专利反胜大型企业用巨资打造起来的主导产品。

6. 增加企业的价值

投资机构在选择目标企业时，非常看重目标企业的专利技术及市场价值，若该公司拥有若干有价值的专利，则公司的估值将可大幅度提高。1997 年微软公司以 4.25 亿美元收购一家拥有不足 6000 用户的小公司，收购价是业内平均价格的 40 倍，微软公司愿意以这一价格支付，就是因为该公司持有 35 项通过互联网传送电视节目内容的重要专利。

7. 支持企业科学决策

通过专利分析，企业可以了解科技动态，行业动态，市场走向，新产品趋势，进而预测、制定本企业的近、中、远发展规划，确定企业发展哪些产品以占据市场，保持企业的领先地位，扩大市场占有份额。

比如对软件开发知识产权的保护，目前国内、外大多采用著作权的方式，在我国，特别是从著作权中分支出“计算机软件登记办法”对自主知识产权的软件来进行重点保护，采用软件登记这种版权保护方式有许多优点：

一是通过登记的软件会将权利人、开发时间、完成时间、名称及内容进行公告，发生纠纷时有一个明确的依据，能够明确软件的归属，避免了因人员跳槽而引起的不必要的权属纠纷，也可以说软件登记是提出软件权利纠纷行政处理或法律诉讼的前提。

二是授权快，两个月左右就可拿到证书，版权保护的时间长，保护期达 50 年。

三是经过登记的软件不公开软件程序，只在发生侵权时，才会作为侵权认定的依据，保密性极好。

四是保护范围较广，能有效作为侵权认定的依据。

五是费用较低，且只需一次性付费，不必缴年费。

本章思考与研讨：

1. 新创企业为什么要重视用法律做武器保护自己的权益?
2. 创新型创业过程可能会涉及哪些知识产权相关法律问题?
3. 什么是知识产权? 如何有效保护知识产权?
4. 查询并分析创业过程中涉及法律纠纷并造成经济损失的案例。
5. 你认为创业起码应掌握哪些重要的法律常识? 请说明理由。

Chapter 15
第十五章　新创企业的发展

创业案例

马化腾 1989 年考入深圳大学计算机系。大学期间他非常专注，经常在学完课本上的知识之后又去研究其他内容，比如计算机病毒的处理与计算机的维护。深圳作为改革开放的前沿地，随着经济的发展，计算机产业也在迅速发展。马化腾看着学长们通过计算机知识挣取外快，自己也动了这个念头，但是很快他就发现，当时深圳的华强北只是一个简单的电子产品的组装基地，自己却没有这方面的经验，根本无法胜任。马化腾很失望，但是这更坚定了他要把计算机学好的决心。

1993 年从深大毕业后，马化腾开始找工作，偶然在书店里碰到了一个同学，同学在一家很大的民营企业——润迅通信集团工作，他们公司正好缺少一位编写 C 语言的工程师，马化腾正好适合这个岗位。于是他进入润讯并工作了五六年，马化腾自己回忆说，过去懂程序的不懂通信而懂通信的却不懂程序，自己恰好两样都懂，这也为他之后创业奠定了基础。

1998 年 11 月，马化腾离开润迅，并带着炒股和工作积攒的资金，拉上 4 位朋友共同创办了腾讯计算机系统有限公司。公司创办初期的主业并非即时通信软件，一次偶然机会马化腾接触到 OICQ ——一个由以色列人开发的即时聊天工具，后来他又发现这个软件没有中文版本，便做了一个中国的 OICQ 并于 1999 年 2 月上线，也就是后来的 QQ。由于采取通讯录在线保存机制，以及推出 QQ 群等创新功能，QQ 获得了用户的追捧，用户量开始高速增长。

2000 年美国纳斯达克崩盘，全球互联网行业遭受了很大的冲击，此时的腾讯也岌岌可危，险些把开发的 ICO 软件卖给深圳电信数据局，但终因价格原因告吹。软件卖不掉，但用户增长却很快，运营 QQ 所需的投入越来越大，马化腾只好四处去筹钱，他拿着改了 6 个版本、20 多页的商业计划书开始寻找国外风险投资，最后 IDG 和盈科数码给了他第一笔投资。

这时中国移动正好推出了移动梦网，马化腾看到了商机，开始寻求与其合作，并推出了 5 元包月套餐，可以将 QQ 信息无限发送到手机上，据此获得大量的营收，从而支撑腾讯度过危机。

2004 年 6 月，马化腾带领腾讯控股在香港联合交易所主板正式挂牌，股份代号 700，这也是第一家在香港主板上市的中国互联网企业。2005 年在腾讯网取得一定的成绩之后，马化腾开始带领腾讯全面走向多元化，比如腾讯游戏、腾讯网、QQ 音乐、财付通等这些业务与 QQ 一起构成了庞大的产品生态。

2010 年开始，移动互联网开始崭露头角，素以产品经理著称的马化腾迅速接纳了广元张小龙开发语音聊天 App 的建议，并亲自将这一 App 命名为微信。腾讯目前市值超 5 万亿港元，马化腾身价 400 多亿美元，除了腾讯自有产品，日常生活中我们所接触到的京东、美团、滴滴等，背后也有他的参与。

思考与研讨：

1. 请查阅有关文献，思考腾讯公司在马化腾的领导下，是如何不断发展壮大的？
2. 新创公司在发展中可能会遇到哪些发展瓶颈？如何超越自我？

第一节 初创期的经营管理

将企业做大做强，是新创企业在发展进程中面临的重要任务。根据企业的成长周期理论，一家企业的成长大体上分为四个阶段：初创期、成长期、稳定期、衰退期。对于事业型创业者来讲，在企业的不同成长阶段，对它的管理风格也不尽相同。当企业已经脱离了初创阶段，具备了足够的实力和强大的创收与盈利能力，甚至在很多领域处于领先或领导地位时，就不应该有见好就收、不思进取的思想，而应该向更高的方向努力，向更大、更广阔的格局发展，不断创新产品或服务。

对于创业者来说，第一阶段的首要任务就是尽快将自己的产品或服务推向市场，实现企业盈利。由于产品或服务还处于市场导入期，在这一阶段，消费者对新产品和服务还不太了解，大部分的消费者不愿意放弃或改变以往的消费习惯，因此产品或服务的销售量小，这一时期的购买者大部分是一些追求新奇的消费者。根据以上特点，在导入期，市场策略的重点是要突出一个“快”字，即尽量以最短的时间、最快的速度使产品或服务进入市场。企业在这一阶段占领目标市场，首先要以某个“关键市场”作为突破口，即使没有盈利也要争取，然后再利用这个突破口的辐射力来影响周边广大的市场，以达到全部占领目标市场的目的。如国内某教学训练软件开发公司在将自己的新产品推向市场的过程中，首先以国内高校中的国家级和省部级示范教学中心为目标，通过免费试用、完善合作、价格优惠等方式，将这些高校发展为第一批用户，然后利用这些高校示范中心的示范效应，迅速在其他高校推广并取得了巨大收益。

实际上，我国大多数的新创企业在这个阶段都会失败。尽管企业的失败有种种原因，甚至不乏宏观上的政策风险、国内外竞争压力等，但由于创业者自身缺乏经验积累，无法制定出明确的策略及商业模式，再加上企业创建初期的通病都是太相信奇迹，总是指望突然间能创造出一个非常好的产品，然后赚大钱，而轻视企业从小到大、由弱到强的发展规律，轻视制度建设，轻视员工的创造力，因此很难摆脱失败的命运。

一家刚刚创立的企业首先要考虑如何生存的问题。公司处于创业初期，由于各种资源非常有限，为了赢得时间和市场，这时应尽量选择见效快的产品或服务，也就是那些能够被市场很快接受、能带来短期回报的产品或服务。比如，由于初创阶段企业规模小、产品或服务尚未定型，比较现实的选择就是对已经具有一定市场认可度的产品或服务进行改良或优化，使其能更好地满足用户需求。因此，此阶段成功的关键是创造真正符合市场需要的产品和服务。新创企业的主要任务就是为产品和服务确定适当的市场定位，确保产品和服务能满足市场的需求。

企业一旦建立并开始运营，创业者的重点就要马上转移到经营企业上，角色应开始向管理者转变。世界著名实业家稻盛和夫针对如何管理企业有一段很精辟的口诀：凡是工作必有目标；凡是目标必有计划；凡是计划必有执行；凡是执行必有检查；凡是检查必有结果；凡是结果必有责任；凡是责任必有奖罚。

创业者管理企业主要有三项任务：一是企业的日常运营管理，二是员工管理；三是促进企业成长管理。在企业日常运营管理方面，创业者主要应做的事有：做出决策，制定行动方案，分析企业的内部环境和外部环境变化，考核并评估执行情况，以及审时度势及时调整工作重点。在员工管理方面，创业者主要应做的事有：筛选和录用员工，鉴定、培训和激励员工，处理各种矛盾，尽量做到人尽其才，做一个有领导力的企业家。在促进企业成长管理方面，创业者主要做的事有：制定适当的成长策略，寻求企业持续增长方式，不断明确和提升企业的价值，处理突发或危机事件，提高自己的竞争力等。

在这一阶段，第一项重要的任务就是要尽快建立健全良好的商业模式。优质的商业模式是创业团队的智慧结晶，更是创业实践的高度浓缩。对于首次创业者，立刻构建一套科学而可行的商业模式也不太现实，所以，在创业起步阶段，最好是“站在巨人肩膀上”（如加盟、连锁等）或者是学习和模仿成功创业者的商业模式，在此基础上有所创新或改善，然后去实施自己的创业计划。因为那些“巨人”和成功企业在创业实践过程中历经市场锤炼已形成了一套成熟的、经得起考验的商业模式，学习、模仿和借用他们现成的商业模式可有效地降低创业风险，实现稳健而快速的创业发展。

这一阶段的第二项重要任务就是价值创造。价值创造是指企业生产、供应满足目标客户需要的产品或服务的一系列业务活动及其成本结构。要做到这一点，则需要建构能实现客户价值的业务流程——价值链。新创企业如果想要分享价值链的利润，就必须参与其中对创造价值有重大贡献的关键流程。价值链创新的典型企业是迪士尼。迪士尼的整体收入来自各个产品或服务的价值链，它的源头是迪士尼动画制作价值链；除了电影票房收入，迪士尼还通过发行、销售拷贝和录像带，赚到第二桶金；然后是主题公园价值链创收构成其第三桶金；接下来是通过建立世界范围的迪士尼主题乐园的价值链，吸引世界上大量游客游玩消费，获得第四桶金；最后是品牌产品和连锁经营所形成的价值链，迪士尼通过在美国本土和全球各地授权建立了大量的迪士尼专卖商店，销售各种玩具、食品、礼品等品牌产品，其相关消费品主要包括迪士尼动画形象专有权的使用与出让、品牌产品的生产和销售以及相关书刊、音乐乃至游戏产品的出版发行等，这第五桶金更是赚得盆满钵满。

企业初创期的第三项重要任务就是尽快形成市场竞争优势。新创企业一般是通过三种方式来创建自己的竞争优势，即：低成本策略、产品差异化策略和重点集中策略。

所谓低成本策略，是指企业通过改善企业整体经营状况，在保证产品质量和产量的基础上，合理降低各生产运营环节的支出，加强对成本的控制，最终逐步形成在行业中的竞争优势。低成本策略的主要目标就是使企业成本低于同行业竞争对手。如果企业能够持续保持全面的低成本优势，那么其产品的市场价格就低于同行业的平均水平，从而吸引更多的消费者，企业的经营业绩提高，最终也会将低成本优势转化为效益优势。企业在初创阶段，降低运营成本的主要方法有：

（1）与其他企业共用办公室或经营场所；

（2）下班后使用其他公司的设备、车间、场地；

（3）尽可能采购二手办公和生产设备，特别是在别人经营不善或破产时；

（4）使用兼职专业人员，如根据业务开展需要临时聘用工程师、技术员、打字员等，节省一些不得不支付的费用和税款；

（5）开始时尽量使用兼职推销员或代理机构销售产品，而不是聘用全职销售人员；

（6）将产品外包给其他企业生产，这样做可以避免许多麻烦，关系比较简单，通过合同的方式明确双方的权利义务，而且也便宜；

（7）充分利用设备供应商提供的优惠条件，减少资金的占用，如设备供应商希望能出售自己的产品，因此常常为客户提供很多优惠条件，如免费试用、延期偿付等。

所谓产品差异化策略，是指企业利用顾客的挑剔和个性化心理，通过提供有明显差异的产品或服务，来满足客户的特定需求，是完成企业目标的一种竞争生存战略。现在的竞争是多元化、差异化的，当市场上同一产品众多时，新创企业必须展示差异化，突出你产品和服务的特色，才能在众多同质商品或服务中引起关注，并成功吸引广大消费者。差异化追求的是打造独特的价值，这种独特性可以体现在企业生产和服务各个方面，比如：原材料差异化、产品设计差异化、制作工艺差异化、渠道差异化、产品功能差异化、服务差异化等。差异化的优势应该体现在具有一定门槛上，让竞品对手难以模仿和剽窃，否则差异化会很快变成同质化。比如，某新款食品上市一段时间后常被他人模仿，无法形成差异化优势，但如果每周出一款爆品，这就会成为一种难以被模仿的优势了。

所谓集中化策略，是指在市场细分后的基础上，选择少数几个细分市场作为目标市场，集中自家有限的资源和能力，实行专业化生产和销售，形成局部优势，从而提高市场占有率的一种策略。集中优势资源和能力用于一个或几个目标市场是大部分新创企业应当采取的策略。日本尼西奇公司起初是一个生产雨衣、尿布、游泳帽、卫生带等多种橡胶制品的小厂，由于订货不足，面临破产。总经理多川博因一个偶然的机会，从一份人口普查表中发现，日本每年约出生 250 万个婴儿，如果每个婴儿用两条尿布，一年需要 500 万条。于是，他们决定放弃尿布以外的产品，实行尿布专业化生产。这一炮打响后，又不断研制新材料、开发新品种，不仅垄断了日本尿布市场，还远销世界 70 多个国家和地区，成为闻名于世的“尿布大王”。

新创企业对待员工要充满包容性和亲和力。由于新创企业还处于萌芽状况，未来的发展态势并不明朗，企业对员工的吸引力并不高，跳槽现象很容易发生。因此，创业者应当采取亲和型为主的管理风格，将更多的精力集中于与员工建立良好的关系，培养家庭般的组织氛围，加强组织的无形吸引力。此外，由于新创企业缺乏经验，创业者应当鼓励员工参与组织发展建设，以主人公精神主动献计献策，进行多方面的开拓，为组织未来的发展做出贡献。

第二节　新创企业成长期的经营管理

经过了初创期的磨合与摸索，新创企业通常会逐渐找到适合自己的核心产品或服务，企业也开始进入成长期。在这个阶段，企业虽有了一定的营业额和规模，也有了较规范的管理制度和管理团队，但是很多管理的事务还需要创业者参与，经营权和所有权还没有真正分开，这时也可能会碰到管理危机和发展瓶颈。据统计，在我国有 67% 的企业在这个阶段会倒闭。如果管理工作和各项业务的决定权还是由创业者说了算，那么他就会因忙于繁杂的日常事务而不能自拔，没有时间去考虑对企业具有战略意义的大事，这将导致新创企业继续发展比较困难。如果创业者管理有方，各项管理标准也能逐渐建立起来，专职管理人员各司其职，他就可以专注于企业的发展大计。企业家型创业者在这一阶段的主要任务应该是确定企业持久稳定的发展方向，实现管理的规范化、业务的扩大化和规模化。因此，应当采取以教导型为主的管理风格，给予员工长期的发展目标预期及相应考核标准，同时增强对新员工的培养力度，使之能快速适应工作岗位的需要。

随着组织成长步入加速期，这时，企业的产品或服务进一步获得足够的市场认可，甚至吸引 VC 的青睐或银行投资，企业规模急速扩张，新员工数量剧增，未来发展态势良好。这一阶段的新创企业通常会引起主流社会的关注，可能还会在这个行业呼风唤雨，甚至可能会将竞争对手淘汰，成为行业领军企业。但人性的趋利本性和市场的逐利本能往往容易使企业管理者被暂时的成功冲昏头脑，因过于看重眼前利益，而忘记了企业的长远战略。如过度地市场投机，过高的广告营销费用，非理性的投资决策，不顾实际盲目扩张，管理体系跟不上，人员流动频繁，导致企业组织根本不能适应等。

在企业发展顺利的情况下，团队成员之间存在的一般性利益冲突会被掩盖，而当企业发展遇到瓶颈时，团队成员之间的矛盾就容易被激发出来。随着产品订单的出现，送货压力的增加，日复一日运营问题的困扰，想保持原先那种充满创造力的组织氛围就显得愈加困难。这时，新创企业要发展，其管理方法和手段应随着公司规模的扩大和特色的改变进行必要的调整。具体讲企业家型企业者应该做好如下工作：

一是确定管理幅度，即在一个组织结构中，确定管理人员所能直接管理或控制的下属数目。管理幅度决定着组织要设置多少层次，配备多少管理人员。在其他条件相同时，管理幅度越宽，组织效率越高。但如果管理跨度过宽，也可能会降低组织的有效性；管理幅度过小，也会产生问题：一方面会导致管理层次增多，管理成本会大大增加；另一方面，会使组织的垂直沟通更加复杂。

二是适当集权和分权，即明确权力（主要是决策权）在领导和下属之间的分配格局，它反映了某种类型的领导体制和组织体制。集权式组织的优点主要有：一是易于协调各职能间的决策；二是有利于对沟通进行规范；三是能与企业的目标达成一致；四是危急情况下能实现快速决策；五是有助于实现规模经济。集权式组织的缺点主要有：一是高管层可能不会重视个别部门的不同要求；二是由于决策时需要通过集权职能的所有层级向上汇报，因此决策时间过长；三是对级别较低的管理者而言，其职业发展有限。

三是实行正规化管理，这是指组织中的工作实行标准化的程度。如果一种工作的正规化程度较高，就意味着做这项工作的人对工作内容、工作时间、工作手段没有多大自主权。在高度正规化的组织中，有明确的工作说明书，有繁杂的组织规章制度，对于工作过程有详尽的规定。工作标准化程度越高，员工决定自己工作方式的权力就越小。工作标准化不仅减少了员工选择工作行为的可能性，而且使员工无须考虑其他行为选择。

四是落实部门化，这是指根据组织中管理人员为完成规定的任务有权管辖而建立的特定部门。一旦通过工作专门化完成任务细分之后，就需要按照类别对其进行分组以便协调工作。部门化通过把专业技术、工作性质接近的员工分配到同一个部门中，以实现规模经济。部门化方法也可根据地域来进行部门划分。例如，就营销工作来说，根据地域，可分为东、西、南、北四个区域，分片负责；根据产品类别，可分为 A、B、C 等不同产品业务，由不同营销团队分别负责。

随着创业企业进入成长期，新创企业的产品或服务也会从导入期逐步开始进入成熟期，顾客对产品或服务已经比较熟悉并且有了一定的忠诚度，产品或服务的销量快速增长，生产工艺基本成熟，大批量生产能力形成，因而生产成本降低，企业的利润加大，购买者越来越多，由此也吸引了大批竞争者的加入，市场竞争加剧。根据以上特点，成长期市场开拓的任务主要是扩大市场占有率，掌握市场竞争的主动权。市场策略的重点应该是突出“好”和“黏性”，即在继续扩大生产能力的同时，进一步改进和提高产品质量，防止因产品粗制滥造而失信于顾客，设法使产品或服务能增加客户的深度认可度和忠诚度，确保销售和利润进一步增长，获取更大的经济效益。

案例

1985 年，张茵来到香港，在一家中外合资贸易公司担任会计。一年以后，这家公司倒闭了。此时摆在张茵面前有三种选择：回广东，接受一份年薪 6.41 万美元的工作，或者创业。最后，张茵选择了创业——怀揣着 3 万元，她做起了废纸回收的生意。

据张茵回忆，真正把她领进该行业的是一位“师傅”——内地某造纸厂的厂长。她当初并不愿意从事废纸收购这个行业，然而“师傅”说：“废纸就是森林，将来造纸业肯定要从资源造纸向再生纸发展。”他认为，“从香港进口的纸浆多掺有水分，品质不高，希望能够改变这个现象。”这两句话为张茵指明了创业的方向。

当时在内地，从事该行业的人很多，但成大事业的人很少，张茵于是想凭借智慧和勇气去香港闯荡。1985 年，27 岁的她放弃了深圳一家合资企业的优厚待遇，一个人怀揣 3 万元闯荡香港。在创业之初，张茵就坚持品质第一，改变往纸浆里面掺水的做法，结果触犯了同行利益，被认为是违反了“行规”，并因此接到黑社会的恐吓电话。就连合伙人也欺骗她，偷偷往纸浆里掺水，但她没有退缩，也没有害怕，而是以她的公道和诚实经营迅速在香港市场占据了一席之地，并在同行中赢得了良好的口碑，事业蒸蒸日上，收废纸的人都愿意和她做生意。短短几年内，她的生意在香港得到了迅速发展，并建立了纸行和打包厂。

1987 年，已经在香港创业两年的张茵开始在内地选择合作伙伴。在与辽宁营口造纸厂合资成功之后，她又与武汉东风造纸厂、河北唐山造纸厂合资，投资规模进一步扩大。1988 年，她在东莞建立了自己的独资工厂——东莞中南纸业有限公司。

经过几年的发展，香港的废纸回收已经不能满足业务需求，1990 年，张茵把目光投向了大洋彼岸——美国。移居美国后张茵创建了美国中南有限公司（America Chung Nam）。目前该公司是美国最大的对华废纸出口商之一，也是玖龙纸业最重要原材料的最大供应商之一。

1996 年，国内的高档包装纸出现了供不应求的局面，尤其是高级牛卡纸几乎全部从国外进口。张茵及时抓住了这一历史性机遇，决定建立东莞玖龙纸业有限公司，主要生产高档牛卡纸。她投资 1.1 亿美元于 1996 年 12 月开始了一期工程的建设；1999 年 7 月，张茵继续注资 1.1 亿美元，进行二期工程扩建，2006 年继续注资 1 亿多美元，进行三期工程扩建，届时东莞纸业的生产规模将超过 100 万吨，成为世界上可数的巨型包装用纸生产企业之一。

回收废纸的玖龙纸业发展成美国集装箱出口最多的企业之一。事实上，从 1990 年起，张茵的中南有限公司已经成为美国最大的造纸原料出口商之一，这一地位至今仍在。而在美国本土，张茵的大名早已上榜，1997 年美国评出妇女企业五百强，中南有限公司名列第 95 位，而张茵是其中唯一的中国女性。而在 2006 年的排行榜上，张茵已经跃居第 54 位，成为名副其实的"废纸回收大王"。2010 年胡润女富豪榜公布，张茵家族以财富 380 亿元第三次摘冠。①

思考与研讨：

1. 张茵创业发展壮大的主要做法是什么？

2. 你从张茵创业过程中受到哪些启发？

第三节 企业发展进入稳定期的经营管理

经历了前几轮大风大浪的洗礼，能留下的企业已经是久经沙场的高手了。到这个时候，做大做强已经成为企业稳定持久发展的本能要求，而且也有一定实力去吞并小公司或者引入大量机构投资实现规模扩张。在新创企业具备了规模稳定、方向稳定、发展稳定等特征后，不稳定的因素就会减少，组织也将进入一个相对稳定的时期。由多年积累而成的业务规范与业务标准已经自成体系，同时企业规模经过前期的发展，达到了前所未有的发展高度，员工的数量远远超出了企业管理者有效控制的范围。此阶段企业的主要任务应该是在保证现有产品或服务市场占有率的前提下，持续创新。现实中，多数企业在该阶段被淘汰出局的原因往往是安于现状、不求进取，没有将创新坚持下去。

在管理风格上，这时的企业家型企业者可以考虑采取以权威型为主的管理风格，利用自身的无形影响力去引导员工，依据企业的发展方向，在企业中建立起自上而下的标准体系，并向员工解释采用这些标准的原因，寻求员工的认同并按标准执行。此外，在扩大企

① 张茵：中国第一位女首富传奇［EB/OL］.（2015-03-20）［2021-01-02］. http://eladies.sina.com.cn/news/.

业发展规模的同时，加强正规化管理，大力推进公司治理结构的现代化，包括经营权和所有权分离，引进职业经理人从事具体的管理任务，董事会负责战略决策和设定企业经营目标，管理层负责达成目标等。有了正规化的管理，企业可以有效降低运营成本，提高企业收益。随着经济效益的提升，企业家可以考虑将一部分股份分给核心骨干员工，以避免出现核心员工离职或被竞争对手挖走的情况。

在发展处于稳定期阶段，公司发展停滞不前的状况可能也会出现。如决策的形成过于缓慢，失去发展的良好时机；组织中沟通不良导致难以协调人事纠纷；组织的机能不能得到正常的发挥，人员情绪低落，贪图安逸；工作效率低，人浮于事严重，人员素质不足以适应形势变化；组织缺少创新，奖惩不分明，吃“大锅饭”，内部纪律涣散，甚至出现任人唯亲，违反财务纪律，生产部门安全问题多，废品多，等等。这些都说明企业出现了问题，需要引起高度警惕，并及时进行组织变革。组织变革可以大致分成三类：

一是适应性变革，是指实施经过试点并证明卓有成效的、员工已经比较熟悉的管理模式，这是一种属于复杂性程度较低、确定性较高的变革，适应性变革对员工的影响较少，潜在的阻力较小。

二是创新性变革，是指实施完全不同过去的、全新的管理模式，例如，实施“弹性工时制”或员工持股等，这种变革的实施过程往往具有较高的复杂性和不确定性，因而容易引起员工的思想波动和抵触。

三是激进性变革，是指在论证和实践都还不充分的情况下，实行大规模的、强力推进的管理模式变革，由于实施激进性变革具有高度的复杂性和不确定性，变革的代价可能也很大。

创业进入稳定期后，企业家型企业者应开始更加重视战略管理，不要为眼前的成功所陶醉，更不要抱有小富即安、不思进取的思想，而是要根据环境变化，结合本身资源和实力，选择具有长远意义并切实可行的产品和经营领域，努力寻找新的业务和利润增长点，进一步强化核心竞争力。以阿里巴巴为例，在企业做大做强以后，马云看到了发展的瓶颈——虽然淘宝已经做得很成功了，但是这仅仅是一个电商平台，并没有真正的核心技术，因此，马云开始进行公司的转型规划，将单纯的电子商务公司变成真正的科技公司。为实现这一转型，马云还专门花重金从硅谷等高科技人才聚集地挖掘了一批在云计算方面的人才。现在的一切都证明马云当初的决定是对的，“阿里云”服务器的成功出世一举打破了各界对马云的质疑；“阿里云”不仅帮助我国铁路总公司解决了网络购票服务器的问题，还拿下了全亚洲众多的云计算服务商业订单。

随着企业发展进入稳定期，产品或服务也开始进入成熟期，这个时期的市场竞争非常激烈，市场基本饱和，导致产品或服务的销售量增长缓慢且有下降的趋势。对此，企业要千方百计地维持甚至扩大原有的市场份额，尽量延长产品或服务的市场寿命。因此，其市场策略的重点是要突出“改”和“优”，即对原有的市场营销组合进行调整、改进、优化。这时，无差别营销策略就可能无效，须采用差别营销策略，才有利于开拓新市场，延长产品或服务的成熟期，维持和扩大销售量，此外，也可将资源收缩并集中用于个别有重要发展前景的目标市场，通过集中化策略来实现上述目的。

比如北京某科技公司发现在学校开展计算机销售和系统集成服务市场日趋饱和，及时调整了产品策略，开发了智慧校园系统，在校园层面上为学校提供了顶层设计、软件研发、系统集成、设备配套和运行维护服务，整体解决方案覆盖了基础平台、数据中心、应用服务支撑、教学应用、管理应用、环境应用等所有二级和三级子系统，应用了云计算、物联网、移动互联、大数据等新技术和新理念，整合了 IT、通讯、音视频、自控、弱电、安防等多个专业的服务，满足了目标市场新的需求，从而也保持了公司的持续发展。

第四节　企业进入衰退期的经营管理

企业进入衰退期的特征就是出现了业务规模萎缩、业绩下滑等现象。衰退期的主要特征是产品老化，产品的销售量下降较快，企业的利润也很低甚至是负的，产品的购买者也只是少数的忠实用户，市场开始有其他新的需求。此时，企业成长环境开始恶化，业务进入萎缩衰退状况。企业员工由于已经意识到危机的到来而人心惶惶，跳槽和辞职现象开始增多，这些现象极大地影响了组织的凝聚力。在这一阶段，对大多数企业来说，应当机立断，弃旧图新，及时实现产品或服务的更新换代。企业管理者应当采取以民主型为主的管理风格，让员工充分了解企业的发展态势，并征求员工的意见，让员工参与企业的发展决策，激发员工的主人翁精神，发挥群策群力的效应，并鼓励员工对以往的陈规旧习提出改革建议，从而避免较大的动荡与损失，并从中谋求生路，以备东山再起。

一项研究显示，美国硅谷初期创业的半导体公司，约有八成曾任职于 AT & T 公司。其中光是由贝尔实验室科学家 Dr. Shockely 所领导的团队成员，就在硅谷创立了三十多家新公司。AT&T 公司因为步入成长瓶颈，所推动的几次重大新事业开发与并购案，均以失败落幕，损失超过数百亿美元。公司的发展逐渐进入衰退期，最后倒闭。在企业进入衰退期时，很多优秀员工纷纷离职，而就是这些从 AT&T 离职的员工，先后创立了遍布全球的新公司，成为引领美国高科技产业发展的主要动力。

为什么 AT & T 无法充分利用员工的积极性和资源？为何让如此宝贵的内部创新力量与创业精神流失？显然，员工之所以离职创业，必定是因为在企业内部看不到希望，无法实现其事业理想，无法获得所需要的资源支持，当然企业也欠缺一套激励机制。所以说，企业如果不与具有伟大抱负的员工分享创新与创业的收益，那么，员工必然会选择自己创业，最后反而会增加企业在市场上的竞争对手。

如果企业在进入衰退期时能及时建立起一种新的机制，形成企业与员工风雨同舟、共度时艰、合伙推动新事业开发的风气，由企业提供员工开创新事业所需要的资源与网络关系，支持员工实践创新创业愿景，让有能力的人才借助原企业的力量，发挥自己的聪明才智和主观积极性，不仅可以使企业尽快走出衰退期，而且也有利于保持企业基业长青。显然，这是一种双赢的选择。

本章思考与研讨：

1. 从一般规律看，新创公司要经历哪些阶段？这些阶段应该如何寻求进一步的发展？
2. 请阅读有关文献，查找一些新创公司不断发展的例子，试分析其成功之道。
3. 创业初期面临的主要发展风险有哪些？创业者应如何应对？
4. 企业发展进入衰退期，企业家型企业者应该采取哪些措施应对？

附件 1　创业合作协议书（仅供参考）

甲方合伙人：王 ××　　身份证号码：×××××××××

乙方合伙人：张 ××　　身份证号码：×××××××××

甲、乙双方本着公平、平等、互利的原则订立合伙协议如下：

第一条：合伙创业人应该遵循的章程：

（一）规矩：凡事依章办事，不可逆章而行。

（二）负责：对自己负责，对企业及合伙成员负责。

（三）信任：信任对方，体谅对方；不互相埋怨，不隐瞒。

第二条：甲、乙双方自愿合伙合资创业、经营“×× 项目”，总投资为 ______ 万元，甲出资 ______ 万元，乙出资 ______ 万元，各占投资总额的 ______%，______%。

第三条：本合伙人依法组成合伙企业，在合伙期间合伙人出资的为共有财产，不得随意分割。合伙终止后，各合伙人的出资仍为个人所有，届时予以返还。

第四条：本合伙企业经营期限为三年。如果需要延长期限的，在期满前六个月办理有关手续。

第五条：合伙双方共同经营、共同劳动，合伙人执行合伙事务所产生的收益归全体合伙人，所产生的亏损或者民事责任由全体合伙人共同承担。

（一）企业盈余按照各自的投资比例分配。

（二）企业债务按照各自投资比例负担。任何一方对外偿还债务后，另一方应当按比例在十日内向对方清偿自己负担的部分。

第六条：合伙人分工与责任

为了保证计划的顺利地进展，对合伙成员进行分工：

（一）人力资源管理：甲方为责任人，其他人为辅助；

（二）技术和市场开发：甲方为责任人，其他人为辅助；

（三）客户关系与售后跟进：乙方为责任人，其他人为辅助；

（四）设备管理及财务管理：乙方为责任人，其他人为辅助；

（五）组织、外联、运营策划、宣传策划、合作，以及筹资中小企业融资等：甲方为责任人，其他人为辅助；

（六）后勤保障，给养调配：乙方为责任人，其他人为辅助。

第七条：盈余分配原则

每年项目产品总销售利润的百分之十进行固定资产投入。销售利润分红，当年进行结算。

此合伙创业的所有成果与收益盈余，全部根据投资金额比例分配计算。

第八条：他人可以入伙，但须经甲、乙双方同意，并办理增加出资额的手续和订立补充协议。补充协议与本协议具有同等效力。

第九条：保密条款

双方在合伙或合伙之外从合伙合作中获得任何有价值的商业信息或技术信息应予以严格保密，未经对方书面同意不得向合伙人之外的其他人、其他单位或其他组织披露或泄露，也不得擅自许可别人使用，违反本条将视为严重违约，应承担相应的违约责任并赔偿一切由此导致的经济损失，甚至包括但不限于通过合伙人协商取消、取缔其合伙人的资格。

第十条：协议之不可转让性

本协议约定之权利义务具有不可转让性，任何人在未获得其他合伙人明确的书面同意之前，不得就本协议书部分或全部内容进行转让，否则实施转让方将视为严重违约，转让行为无效。

第十一条：撤出

（一）合伙创业经营中任何一方单独明确地书面提出撤出时，合伙人须结算企业的营业盈余并清偿所有债务，方可撤出。

（二）撤出时，同时遵循本协议的“第五条”“第七条”内容执行。

第十二条：出现下列事项，合伙终止

（一）合伙期满；

（二）合伙人协商同意；

（三）合伙创业、经营的事业已经完成或者无法完成；

（四）一方合伙人出现法律上问题及做出对企业有损害的，另一方有权解除合作协议；

（五）其他法律规定的情况。

第十三条：争议解决

协议书发生争议或纠纷，应首先协商解决。如果双方通过协商不能达成一致，则提交仲裁委员会进行仲裁，或依法向人民法院起诉；

本协议到期后，双方均未提出终止协议要求的，视作均同意继续合作，本协议继续有效，如果不再继续合作的，退出方应提前三个月向另一方提交退出的书面文本，并将己方的有关本合同项目的资料及客户资源都应交给另一方。

第十四条：本协议未尽事宜，双方可以补充规定，补充协议与本协议具有同等效力。

第十五条：本协议一式两份，合伙人各一份。

本协议自合伙人签字 / 盖章之日起生效，合伙资金自签字之日起融资到位。

甲方合伙人：__________（签字 / 盖章）
乙方合伙人：__________（签字 / 盖章）

二〇 ×× 年 × 月 × 日

附件 2　软件开发、软件服务外包合同范本

软件开发（委托）合同

甲方：×××××××××
乙方：×××××××××

××××年××月

依据《中华人民共和国合同法》及相关法律法规之规定，甲乙双方在平等、自愿的基础上，经双方协商一致，达成如下协议，以共同遵照执行。

一、合作方式

甲方委托乙方，乙方接受甲方委托，并根据甲方的要求定制开发甲方所需的软件产品，甲方向乙方支付费用。

二、合同标的

1. 依据本合同约定，甲方委托乙方开发的软件产品（以下简称：软件）为：××××××××系统。

2. 乙方负责完成软件的设计开发、交付、培训及相关其他服务工作，并保证该软件满足甲方的要求，且不存在任何权利瑕疵和质量瑕疵。

3. 乙方承诺，为完成本合同约定事项，乙方已取得为开发本软件所需的其他软件的许可使用权，并有权许可甲方或甲方指定的第三方使用并用于本软件，且该授权长期合法有效。

4. 未经甲方书面同意，乙方不得将合同标的分包或转包给第三方。在向甲方交付软件产品之前，乙方不得自行将软件转让给第三人或交第三人使用。

三、开发进度及软件成果交付

1. 自签订本合同起 30 日内，乙方完成软件的需求分析、设计、编码、测试工作，并交付甲方使用。

2. 软件产品交付地点为 ××××××××，交付内容包括但不限于全部源代码、安装盘、技术文档、用户指南、操作、安装指南和测试报告等。

四、开发费用

软件总开发费用为（人民币）×××××××× 元整，费用包括：完整的软件交付成果、技术文件开发费用；乙方应承担的提供技术服务及技术支持的费用；其他软件的全部接口费用；税费；技术培训费用（包括教材、课程费等）；以及乙方为全面履行合同义务所需支付的所有其他费用。

五、付款结算方式

1. 在本合同签订后 7 个工作日内，甲方向乙方支付预付款：计人民币 ×××× 元。

2. 在乙方完成软件开发并交付甲方后，甲方在可正确使用后的 15 个工作日内，甲方向乙方支付进度款：计人民币 ×××× 元。

3. 软件经甲方验收合格后，乙方提供全额开发费用 17% 税率的增值税专用发票，甲方凭增值税发票在 7 个工作日内，向乙方支付余款：计人民币 ×××× 元。

六、知识产权条款

1. 根据本合同产生的全部研究开发成果（包括软件产品和以此为基础研发出的其他技术成果）的知识产权归甲方所有。

2. 双方确定，甲方有权利用乙方按照本合同约定提供的研究开发成果，进行后续改进。由此产生的具有实质性或创造性技术进步特征的新的技术成果及其权利归属，由甲方享有。

3. 乙方保证按照本合同约定提供的研究开发成果及其开发过程不侵犯第三方知识产权，任何第三方如果提出侵权指控时，乙方须与第三方交涉并承担可能发生的一切法律上和经济上的责任。

七、双方的权利和义务

1. 甲方的权利和义务

（1）甲方有权获得乙方所提交的软件交付成果、服务及相关知识产权。

（2）甲方有权及时了解和监督软件开发的进展情况。

（3）甲方应向乙方提供完成软件开发所必需的资料和工作条件。

（4）甲方应当按照合同约定向乙方支付合同价款。

2. 乙方的权利和义务

（1）乙方有权按照本合同约定收取合同价款。

（2）乙方有权要求甲方提供软件开发所必需的资料和支持。

（3）乙方保证所交付的软件产品是完整的、全新的、技术上先进和成熟的，并在性能、质量和设计方面满足安全、可靠和高效运行与方便维护的全部要求，能够满足甲方的个性化需求与接口的相关开发工作。乙方所提供的技术文件应是完整的、清晰易读的、准确无误的，能够满足软件交付成果的检验、安装、调试、测试、验收、运行、维护和培训的需要。

（4）乙方应派遣身体健康、有工作经验和相应技能的技术人员到甲方现场提供开发实施、安装、调试、测试、试运行、维护及培训等技术服务，该技术服务费用包括在合同价格内。

（5）如果甲方发现乙方交付的软件产品有缺陷，或性能和质量不符甲方要求时，乙方应负责无偿地排除缺陷、替换或更换所交付的软件产品。因乙方交付的软件产品存在缺陷，或性能和质量不符合本合同约定而给甲方造成损失或者工作障碍的，乙方应承当相应的责任。

（6）在售后服务期内，乙方应负责免费向甲方提供与软件有关新的或改进的运行经验、技术开发和安全方面的所有资料及信息，且负责对本合同项下的软件进行免费更新、升级。

（7）乙方保证其所交付软件产品及服务不存在任何权利瑕疵，如任何第三方就乙方交付的软件产品及服务向甲方提起侵权索赔，乙方应负责与第三方交涉，并承担由此引起的一切法律责任，相关费用由乙方承担。

（8）乙方承诺所提供的软件产品不含有任何安全隐患，并在软件使用期内承担全部责任（包括但不限于消除安全隐患、退款、赔偿损失等）。发生任何由于软件产品安全引起的事故时，乙方应赔偿甲方及相关用户因此所发生的损失。

八、验收

1. 乙方向甲方交付所开发的软件产品后进入试运行期，试运行期限为 2 个月，如果在试运行期间，如发现软件产品有缺陷，或性能和质量不符甲方要求时，乙方有责任对其进行修改和更正。同时试运行期依据上述修改、更正期间进行相应顺延。

2. 试运行期届满，在甲方可正常使用乙方所交付的软件产品，且乙方向甲方提交软件设计文件后（包括但不限于软件开发计划及管理变更日志、需求规格说明书、软件设计文档、软件架构文档、软件系统设计、软件安装前测试方案、测试计划、模块设计、模块组织、模块流程及模块间接口设计等，同时应提交软件开发各阶段文件及软件全部源代码），甲方与乙方共同签署两份软件验收合格证书，甲、乙双方各保存一份。

3. 验收不合格，由乙方负责更正和修改，乙方更正、修改后必须再次进行验收。如果再次验收仍不合格，甲方有权终止本协议。

九、售后服务支持

1. 在验收合格后，乙方对所开发的应用系统提供一年免费的售后服务。

2. 在售后服务期的前两周，乙方协同甲方使用该软件。

3. 售后服务内容包括软件缺陷、故障等，用户因工作需要要求对部分功能作小范围改动时，乙方应免费给予完成。

4. 在售后服务期内，乙方保证在出现应用系统故障时应及时、积极响应，遇有特殊情况双方协商。

十、培训

乙方在向甲方交付软件产品后，负责为甲方的管理员提供软件操作指导和培训。

十一、保密责任

甲、乙双方保证本软件产品的所有技术信息和资料，不得透露给第三方。

十二、不可抗力

1. 如合同双方中任何一方由于不可抗力，如：地震、水灾、台风、战争和其他双方都认为的不可抗力原因而无法按期履行合同。由双方协商确定后，合同执行的时间做相应延期。

2. 受影响方应尽快将所发生的不可抗力事故的情况以电话或传真通知另一方，并在不可抗力发生 14 天内尽快用传真和挂号信将有关权威机构出具的证明文件提交另一方确认。

3. 当不可抗力事故终止或事故消除后，受阻方应尽快用传真或电传通知对方关于不可抗力形势的解除并以挂号信加以确认，并继续履行合同。

4. 如果不可抗力阻碍合同的履行超过 180 天，双方就合同的进一步履行问题进行讨论并达成一致意见。

十三、争议的解决

1. 凡与本合同有关的一切争议，甲、乙双方应通过友好协商，如经协商后仍不能达成一致，任何一方都有权向合同签订地仲裁部门提请仲裁。

2. 仲裁结果对双方都有约束力，双方应遵照执行。

3. 由上述过程发生的费用，除仲裁结果另有规定外，应由败诉方承担。

4. 仲裁地点为合同签订所在地。

十四、其他事项

1. 合同签订时间：× 年 × 月 × 日

2. 合同签订地点：××。

3. 合同由双方签字盖章后生效。

4. 本合同一式四份，均具有同等效力，甲、乙双方签字盖章后各执两份。

5. 本合同未经事宜，双方协商解决。

（以下无正文）

甲方：××××××××××

（公章）

住所：

法定代表人：

委托代理人：

电话：

传真：

开户银行：

邮政编码：

乙方：××××××××××

（公章）

住所：

法定代表人：

委托代理人：

电话：

传真：

开户银行：

邮政编码：

附件 3　一致行动人协议（参考模板）

甲方：

身份证号：

住址：

乙方：

身份证号：

住址：

鉴于：

1.×××××××××× 股份有限公司（以下简称“公司”）系依法设立的有限公司，本协议签订时公的注册资本为人民币 ××× 万元，甲方、乙方均为公司的股东，分别持有公司 ××× 万元和 ××× 万元出资，占公司注册资本的 ×××%、×××%。

2. 基于对公司战略发展的共同认知及双方共同利益高度一致的基础上，为保障公司治理的有效性、规范运作和公司的长期持续稳定发展，甲方、乙方就公司重大经营、管理决策等事项愿保持统一行动。经充分沟通和协商，甲方、乙方对保持一致行动事宜作出如下约定：

第一条　协议双方的权利和义务

1. 在处理有关公司经营发展、根据《公司法》等有关法律法规和《公司章程》需要由公司股东会作出决议的事项及其他相关重大事项均应采取一致行动，包括但不限于按照协议双方事先确定的一致的投票意见对股东会审议的议案行使表决权，向股东会行使提案权，行使董事、监事候选人提名权。

2. 采取一致行动的方式为：就有关公司经营发展的重大事项向股东会行使提案权和在股东上行使表决权时采取相同的意思表示，保持充分一致。

3. 如一方拟就有关公司经营发展的重大事项向股东会提出议案时，须事先与协议另一方充分进行沟通协商，在取得一致意见后，以本协议双方名义共同向股东会提出提案。

4. 协议双方在公司召开股东会审议有关公司经营发展的重大事项前须充分沟通协商，就行使何种表决权达成一致意见，并按照该一致意见在股东会上对该等事项行使表决权。

如果协议双方进行充分沟通协商后，对有关公司经营发展的重大事项行使何种表决权达不成一致意见，本协议双方在股东会上对该等重大事项共同投弃权票。

5. 在本协议生效期限内，未经协议另一方全部同意，任何一方不得将所持股份进行质押或设置其他第三方权益。

第二条　协议双方的声明、保证和承诺

1. 双方承诺，任何一方持有公司的股份不得通过协议、授权或其他约定委托他人代为持有。

2. 一致行动关系不得由协议的任何一方单方解除或撤销；协议所述与一致行动关系相关的所有条款均为不可撤销条款。

3. 协议双方承诺，任何一方均不得与签署本协议之外的第三方签订与本协议内容相同、近似的协议或合同。

4. 协议双方承诺在其作为公司的股东期间，确保其（包括其代理人）全面履行本协议的义务。

5. 协议各方均具有权利能力与行为能力订立和履行本协议，本协议对协议各方具有合法、效的约束力。

6. 各项声明、保证和承诺是根据本协议签署日存在的实施情况而做出的，协议各方声明，其在本协议中的所有声明和承诺均有不可撤销的。

第三条　一致行动的特别约定

1. 协议一方如转让其所持有的公司股权时应至少提前 30 天书面通知协议另一方，协议另一方有优先受让权。

2. 本协议在双方作为公司股东期间持续有效。

第四条　违约责任

由于任何一方的违约，造成本协议不能履行或不能完全履行时，由违约方承担违约责任。

第五条　争议解决方式

凡因履行本协议所发生的一切争议，协议各方均应通过友好协商的方法解决；但如果该项争议在任何一方提出友好协商之后仍未能达成一致意见的，双方应当将争议提交郑州仲裁委员会按其届时有效的仲裁规则仲裁。

第六条　其他

1. 本协议履行过程中的未尽事宜，双方应本着诚实信用的原则友好协商予以解决。协商一致的，签订补充协议。补充协议与本协议具有同等效力。

2. 本协议经双方签字之日起生效。

3. 本协议一式四份，双方各执二份，具有同等法律效力。

（以下无正文）

4（本页无正文，为 ×××、××× 之《一致行动人协议》签署页）

甲方：×××（签字）
乙方：×××（签字）

签署日期：　　　　年　　月　　日

参考文献

[1] 熊彼德．经济发展理论［M］．何畏，易家详，等译．北京：商务印书馆，1990.

[2] 蒂蒙斯，等．创业学［M］.6 版．周伟民，吕长春，译．北京：人民邮电出版社，2005.

[3] 特维德．创业：从初创到成功［M］．王晋，译．北京：中信出版集团，2020.

[4] 鲁玉桃．创新创业基础训练［M］．镇江：江苏大学出版社，2019.

[5] 林嵩，谢作渺．创业学：原理与实践［M］．北京：清华大学出版社，2008.

[6] 南勇．给你一个公司看你怎么管？［M］．长沙：湖南文艺出版社，2011.

[7] 方志远．我国商业模式构成要素分析［J］．中山大学学报（社会科学版），2012（3）.

[8] OSTERWALDER A，PIGNEUR Y. 商业模式新生代［M］．王帅，等译．北京：机械工业出版社，2011.

[9] 德鲁克．管理的实践［M］．齐若兰，译．北京：机械工业出版社，2011.

[10] 周杰，杜平．大学生创新创业基础教程［M］．上海：上海交通大学出版社，2018.

[11] 李华强．创业的革命［M］．长沙：湖南人民出版社，2010.

[12] 金新．大学生就业与创业指导［M］．北京：中国轻工业出版社，2019.

[13] 刘亚娟，孙静，等．创业融资［M］．北京：中国劳动社会保障出版社，2011.

[14] 丁栋虹．创业管理：企业家的视角［M］．北京：机械工业出版社，2012.

[15] 德鲁克 .21 世纪的管理挑战［M］．朱雁斌，译．北京：机械工业出版社，2010.

[16] 叶明全，陈付龙．互联网+大学生创新创业基础与实践［M］.北京：科学出版社，2017.

[17] 孙金云．崛起：民营企业创业密码［M］．北京：企业管理出版社，2019.

[18] 王纯．创业理财［M］．上海：上海财经大学出版社，2013.

[19] 沈志群．创投中国：优秀创业案例［M］．北京：中国时代经济出版社，2012.

[20] 麦克斯韦尔．领导力的 5 个层次［M］．任世杰，译．北京：金诚出版社，2012.

［21］刘澜老师的企业培训课程《领导力的十项修炼》[EB/OL].（2021-04-20）[2021-06-23].https：//app.lzd × edu.com/te × t/138.html.

［22］吕宁.老板其实是熬出来的：祝你成功的创业技巧［M］.北京：北京工业大学出版社，2013.

图书在版编目(CIP)数据

大学生创新创业：企业家型创业者的培养 / 杨炜苗著. -- 2 版. -- 北京：中国传媒大学出版社，2022.8（2025.6重印）
ISBN 978-7-5657-3207-2

Ⅰ. ①大… Ⅱ. ①杨… Ⅲ. ①大学生—创业—高等学校—教材 Ⅳ. ① G647.38

中国版本图书馆 CIP 数据核字 (2022) 第 086776 号

大学生创新创业：企业家型创业者的培养（第2版）

DAXUESHENG CHUANGXIN CHUANGYE: QIYEJIAXING CHUANGYEZHE DE PEIYANG (DI-ER BAN)

著　　者	杨炜苗		
策划编辑	曾婧娴		
责任编辑	曾婧娴		
封面设计	拓美设计		
责任印制	李志鹏		
出版发行	中国传媒大学出版社		
社　　址	北京市朝阳区定福庄东街 1 号	**邮　　编**	100024
电　　话	86-10-65450528　65450532	**传　　真**	65779405
网　　址	http://cucp.cuc.edu.cn		
经　　销	全国新华书店		
印　　刷	三河市东方印刷有限公司		
开　　本	787mm × 1092mm　1 / 16		
印　　张	17.75		
字　　数	377 千字		
版　　次	2022 年 8 月第 2 版		
印　　次	2025 年 6 月第10次印刷		
书　　号	ISBN 978-7-5657-3207-2	**定　　价**	56.00 元

本社法律顾问：北京嘉润律师事务所　郭建平